# Livy's Ab Urbe Condita Book 1

## Latin Text with Facing Vocabulary and Commentary

Geoffrey Steadman

Livy's Ab Urbe Condita Book 1
Latin Text with Facing Vocabulary and Commentary

First Edition

© 2019 by Geoffrey D. Steadman

All rights reserved. Subject to the exception immediately following, this book may not be reproduced, in whole or in part, in any form (beyond that copying permitted by Sections 107 and 108 of the U.S. Copyright Law and except by reviewers for the public press), without written permission from the publisher.

The author has made an online version of this work available under a Creative Commons Attribution-Noncommercial-Share Alike 3.0 License. The terms of the license can be accessed at creativecommons.org.

Accordingly, you are free to copy, alter, and distribute this work under the following conditions:

(1) You must attribute the work to the author (but not in any way that suggests that the author endorses your alterations to the work).
(2) You may not use this work for commercial purposes.
(3) If you alter, transform, or build upon this work, you may distribute the resulting work only under the same or similar license as this one.

The Latin text is the Oxford Classical Text edited by Robert Conway and Charles Walters in 1914.

ISBN-13: 978-0-9991884-8-4

Published by Geoffrey Steadman
Cover Design: David Steadman

Cover Image: Ancient World Mapping Center © 2019 (awmc.unc.edu). Used with permission

geoffreysteadman@gmail.com

# Table of Contents

Pages

Preface to the Series…………………………………………………………………..v-vi
How to Use this Commentary………………………………………………………….vii
Notes on Livy's Prose…………………………………………………………………viii-x
Running Core Vocabulary……………………………………………………..…....xi-xv
Abbreviations…………………………………………………………………….........xviii

### Livy's *Ab Urbe Condita* Book I

Text and Commentary ……………………………………………….…..…......1-165

### Livy's Preface to *Ab Urbe Condita*

Text and Commentary ……………………………..…………………………166-170

Correlatives…………....……………………………………………………………...171
Use of the Subjunctive…………....…………………………………………………..172
Verb Synopses………….....……………………………..…………………...173-177
Alphabetized Core Vocabulary……………....……………………………...178-182

# Preface to the Series

The aim of this commentary is to make Livy's *Ab Urbe Condita* Book 1 as accessible as possible to intermediate and advanced level Latin readers so that they may experience the joy, insight, and lasting influence that comes from reading one of greatest works in classical antiquity in Latin.

Each page of the commentary includes 12 lines of Latin text from R. Conway and C. Walter's 1914 Oxford Classical Text with all corresponding vocabulary and grammar notes below the Latin on the same page. The vocabulary contains all words occurring 7 or fewer times, arranged alphabetically in two columns. The grammatical notes are organized according to line numbers and likewise arranged in two columns. The advantage of this format is that it allows me to include as much information as possible on a single page and yet insure that entries are distinct and readily accessible to readers.

To complement the vocabulary within the commentary, I have added a list of words occurring 8 or more times at the beginning of this book and recommend that readers review this list before they read each section. An alphabetized form of the core list can be found in the glossary. Together, this book has been designed in such a way that, once readers have mastered the core list, they will be able to rely solely on the Latin text and commentary and not need to turn a page or consult dictionaries as they read.

The grammatical notes are designed to help beginning readers read the text, and so I have passed over detailed literary and historical explanations in favor of short, concise, and frequent entries that focus exclusively on grammar and morphology. The notes are intended to complement, not replace, an advanced-level commentary, and so I recommend that readers consult an advanced-level commentary after each reading from this book. Assuming that readers complete their initial study of Latin with varying levels of ability, I draw attention to almost all subjunctive and accusative-infinitive constructions, identify unusual verbs forms and noun constructions, and in general explain aspects of the Latin that they should have encountered in their elementary review of Latin grammar but perhaps forgotten. As a rule, I prefer to offer too much assistance rather than too little.

One of the virtues of this commentary is that it eliminates time-consuming dictionary work. While there are occasions where a dictionary is necessary for developing a nuanced reading of the Latin, in most instances any advantage that may come from looking up a word is outweighed by the time and effort spent in the process. Many continue to defend this practice, but I am convinced that such work has little pedagogical value for intermediate and advanced students and that the time saved can be better spent reading Latin, memorizing vocabulary, mastering principal parts, and reading advanced-level commentaries and secondary literature.

As an alternative to dictionary work, I recommend that readers review the running core vocabulary list (8 or more times) as soon as possible. Once they have mastered these words, I encourage them to single out, drill, and memorize the words that occur 5-7 times, for example, as they encounter them in the reading. Many of the remaining words can be learned in the context of reading and rereading the speech. Another viable approach is for readers to review and memorize all of the corresponding vocabulary before they begin reading a passage. Altogether, I am confident that readers who follow this regimen will learn the vocabulary more efficiently and develop fluency more quickly than with traditional methods.

I wish to thank Alan Fleming and Mariah Smith for suggesting numerous improvements to the latest revision of the commentary.

If you would like to suggest changes or download a free .pdf copy of this commentary, please see one of the addresses below. All criticisms are welcome, and I would be very grateful for your help.

Geoffrey Steadman, Ph.D.
geoffreysteadman@gmail.com
http://www.geoffreysteadman.com

# How to Use this Commentary

Research shows that, as we learn how to read in a second language, a combination of reading and direct vocabulary instruction is statistically superior to reading alone. One of the purposes of this book is to help readers identify the most frequent words and encourage active acquisition of vocabulary.

**1. Read through the Notes on Livy's Prose and familiarize yourself with the overview.**

Familiarity with these topics will help relieve anxiety and enhance your enjoyment as you read.

**2. Develop a regimen for memorizing vocabulary before you begin reading.**

**A. First, master the running core vocabulary listed on the following four pages.**

Although very many core words (8 or more times) come within the first few lessons of the book, readers have already learned most of these words in earlier levels of Latin and can devote their efforts to mastering the handful of new vocabulary that they encounter. Use digital flashcards available on the website to quiz yourself.

These core words are not found in the corresponding lists, and so if you encounter a word in the text that you do not know, look it up in the alphabetized core list in the glossary and commit it to memory.

**B. Develop the habit of reviewing dictionary entries before you read.**

The presence of the corresponding vocab lists (7 or fewer times) gives readers and instructors several options for review. In a classroom, instructors may select words from each lesson that they want students to review for a prereading exercise or post-reading test (words that occur 4-7 times, for example). Instructors may also ask students to memorize the entire vocabulary for the lesson as a homework assignment and use the next class as an opportunity to assess mastery and sight-read the reading passage. For readers who find such an exercise impractible, I recommend that you review the word list however briefly before you read.

Readers and instructors can create their own online flashcards from any selection of words within minutes by copying and pasting selected vocabulary entries from the pdf into a single list and then copying and pasting that list into an online flashcard program such as Quizlet.com. When the app requests how you wish to divide each entry, enter the colon ':' and the app will create flashcards with the Latin *definiendum* on one side and English *definiens* on the other.

**3. Read actively and make lots of educated guesses**

Develop the habit of making an educated guess under your breath before you consult notes or dictionary entries. If you answer correctly, you will reaffirm your understanding of the Latin. If you answer incorrectly, you will become more aware of your weaknesses and therefore more capable of correcting them in the future. If you are honest, you will learn from your mistakes.

**4. Reread a passage or lesson immediately after you have completed it.**

Repeated readings not only help you commit Latin to memory but also increase your ability to read the Latin as Latin. You learned to read in your first language through repeated readings of the same books. Latin is no different. The more comfortable you are with older passages the more easily you will read new ones.

**5. Reread the most recent passage or lesson immediately before you begin a new one.**

This additional repetition will strengthen your ability to recognize vocabulary, forms, and syntax quickly, bolster your confidence, and most importantly provide you with much-needed context as you begin the next selection in the text.

# A Few Notes about Livy's Prose

A. **Indirect Discourse** (Oratio Obliqua)
Livy writes so frequently in indirect discourse that it is not identified throughout the commentary except in the initial pages and on particular occasions. Instead, the notes draw attention to the first word, the accusative subject, and the infinitive and offer a concise translation hint (that…):

> **Aenēam…fuisse**: *that…*

Extended indirect discourse that includes multiple clauses and few conjunctions is not unusual. While Livy does use the verbs *ferunt*, 'they report,' (11 times) and *trādunt*, 'they pass down,' (4 times) to introduce extended indirect discourse, these verbs are not as common as one would think.

B. **Ellipsis**
Livy frequently omits the form *esse* in perfect passive and future active infinitives and the forms *est/sunt* in 3s and 3p perfect passive verbs, and so *esse*, along with most instances of ellipsis in the commentary, is regularly included in the notes in parentheses:

> **foedus ictum (esse)**: *that…*
> **appellāta (est)**

C. **Historical Infinitives:**
Unlike infinitives in indirect discourse, historical infinitives govern a nominative subject, are present in form, and translate as finite imperfect verbs. These infinitives are found at least 24 times in Book 1. To make this construction less jarring, consider adding the verb *dicitur/dicuntur*.

> **fremere plēbs**   *the plebs were muttering*
> → *the plebs (are said) to mutter*

D. **Subjunctive of Subordinate Verb**
Subordinate clauses—including relative, conditional (i.e. sī-clauses), and quod clauses—automatically assume the subjunctive within indirect discourse and within other subjunctive constructions such as cum clauses, purpose clauses and result clauses. These verbs are identified in the notes with the phrase 'subordinate verb in…' (at least 66 times in Book 1) and in most cases can be translated as one does an indicative:

> **postquam audīverit**: pf. subj. of subordinate verb in ind. disc.

Sometimes these subjunctives are over-determined: the verb is subjunctive of a subordinate verb in indirect discourse, for example, but would also be subjunctive in direct discourse for other reasons. In such instances, if the subjunctive requires a modal verb in translation, it is included in the notes.

This use of the subjunctive explains why causal quod clauses in direct speech may govern either an indicative or a subjunctive. When Livy uses the indicative, he is expressing a cause from his own point of view as a fact. When he employs the subjunctive, he is expressing a 'reported cause' or 'alleged cause' from a character's point of view—a cause Livy himself may not accept. In effect, when Livy uses the subjunctive, he is treating the quod clause as if it were a subordinate clause in indirect speech expressing the character's own thoughts.

A quod clause with subjunctive (at least 14 times in direct discourse in Book 1) is often called 'reported cause' but throughout this commentary is identified as 'alleged cause.'

Verbs in clauses of comparison (e.g. quam clauses) do not behave the same way but instead assume the same verb form for the same reason as the verb in the overarching clause: an infinitive in indirect discourse and a subjunctive in cum, purpose, and result clauses. And so, when readers encounter a subjunctive in a quam clause within a larger purpose clause, for example, the reason is not 'subordinate verb in…' but subjunctive of purpose.

## E. Relative of Characteristic

Most relative clauses with subjunctive in Book 1 are relative clauses of characteristic This construction generally has one of three types of antecedents:

> (1) a vague demonstrative such as is, ea, id  (e.g. eī quī…)
> (2) nēmō, nihil, or nūllus
> (3) an indefinite pronoun, vague noun, or missing antecedent (e.g. quisquam, pastōrēs, urbēs)

The purpose of a relative clause of characteristic is to clarify *what sort of person* or *what sort of thing* the vague antecedent is, and the clause is almost always a type of consecutive (result) clause (i.e. quī = ut eī). You may translate the present and imperfect subj. two different ways (a) as a potential subj. with the modal verb *would* (e.g. those who would give…) or (2) as an indicative (e.g. those who give). Perfect and pluperfect subj. are translated in the indicative.

**plūrēs inventī (sunt) quī…nōmina darent**: *Many were found who would give their names* (p. 29)

This construction occurs at least 41 times in direct discourse alone. By contrast, relative of result and relative of purpose (*would/might*) occur only 1 and 14 times respectively. And so, subjunctives in most relative clauses in direct speech can be translated with modal 'would' or as an indicative.

## F. Gerundives

On at least 62 occasions, Livy uses a noun + gerundive (fut. pass. pple) pair in the genitive, dative, or accusative that is almost always more suitable to translate as a gerund (verbal noun) + obj. to conform to English idiom. This conversion is called a gerund-gerundive flip:

|  | flip |  |
|---|:---:|---|
| **condendae urbī** | → | **condendō urbem** |
| *for the city to be founded* | | *for founding the city* |

On only 7 other occasions, the gerundive is used predicatively with an action verb (i.e. as a accusative predicate) expressing purpose. In those cases, the translation 'to be Xed,' is appropriate.

Finally, there are 11 instances of the passive periphrastic (gerundive + esse) expressing necessity or obligation. A dative of agent, often used with the periphrastic, occurs only 3 times in Book 1.

**vēra dicenda sunt**   *true things are to be said* → *true things must/have to be said*

## G. Fore and Foret

On 12 occasions, Livy uses the archaic verb form *fore* as the future active infinitive of *sum*—equivalent to *futūrum esse*. On 2 other occasions Livy employs the archaic form *foret/forent* (*fore* + ending) as an equivalent to *esset/essent*.

**parvum Lāvīnium…fore**   *that Lavinium would be small*

## H. Syncopated Verbs

On at least 27 occasions, Livy uses syncopated, "cut off," 3p perfect verbs, where the -ērunt ending has been contracted to –ēre. This practice is common in poetry but found less often in Cicero and Caesar than in Sallust and Livy. On at least 7 occasions, Livy omits a letter or two from the middle of a verb form. In the notes, parentheses are used to reveal the unsyncopated forms.

**āmīsēr(unt)**: syncopated 3p pf.   **vocā(vē)runt**

## I. Historical Present

Livy frequently writes in the historical present—a tense believed to add vividness and immediacy to historical narratives. Since Livy treats the historical present as a primary tense on some occasions and as a secondary (past) tense in other occasions. Reader will find that a historical present may govern subjunctives in either primary or secondary sequence.

**Aenēas…Lāvīnium appellat**   *Aeneas calls (the town) Lavinium*

## J. Impersonal Passive

Intransitive passive verbs (at least 29 pf. pass., 4 plpf. pass., and 3 pres. pass.) are impersonal because they lack a suitable acc. obj. in the active to become the subject in pass.. In translation, it is common to make the verb active.and supply a subject from context.

  **ventum est**  *it has been come → they came*
  **migrātum est**  *it was migrated → they migrated*

## H. Double Accusative

In at least 40 instances, Livy uses a double accusative, particularly with the verb *appellō*, 'call (x) (y)' and *faciō*, 'make (x) (y)' The first accusative is the direct object; the second, a predicate. At times, the second accusative must be supplied from context.

  **appellat (oppidum) Lavīnium**  *He calls (the town) Lavinium*

## I. Dative of Compound Verb

On at least 73 occasions, Livy chooses not to use a preposition with accusative or ablative and instead employs a dative of compound verb. The easiest way to translate this dative is to translate the prefix of the verb as a preposition and make the dative noun the object of that preposition.

  **Duōbus...Achīvōs abstinuisse**  *the Achaians kept (away from) the two...* (1.1)
  **orīginī...deōs adfuisse**  *the gods were present (at) the beginning...* (9.4)

## J. Double Dative

At least 31 times, Livy use a dative of purpose. On 6 occasions, he adds a dative of interest to create a double dative construction. Since a raw translation of the dative of purpose with the verb *sum* is awkward in English, translate the verb and dative together as "serves as X" and omit the preposition 'to/for' in English.

  **Rōmānīs auxiliō est.**  *It is for help for the Romans.*
  →  *It serves as help for the Romans.*

## K. Ablative of Quality and Genitive of Description

Livy uses the ablative of quality at least 7 times and genitive of description 14 times. These constructions are often an adjective-noun pair following closely after the noun that they modify, but Livy and Sallust often employs these constructions as a predicate after the verb *sum*. Translate both with the preposition 'of' in English.

  **bovēs mīrā speciē**  *cattle of amazing appearance*
  **quadringentōrum annōrum opus**  *a work of 400 years*

Note that the terms 'quality' and 'description' are used interchangably in different Latin grammars.

## L. Ablative of Degree of Difference

Livy uses this ablative 25 times: most often with a comparative adjective or adverb and less often with a superlative (multō, 'by far') or with *post* and *ante*. It is common to translate this ablative with the preposition "by" or, more preferably, with a relatived adverb.

  **nihilō minus**  *no less (less by nothing)*
  **paulo ante**  *a little before (before by a little)*

*Multō*, *paulō*, and *aliquantō* are the most common uses of this ablative in book 1.

## M. Ablative Constructions without prepositions

Livy frequently omits the preposition 'in' for ablative place where (at least 48 times) and less often 'cum' in abl. of accompaniment (at least 5 times) and single-term abl. of manner and 'ab' in abl. of separation. These ellipses are mentioned in the notes.

  **(in) animō**  *in mind*

# Running Core Vocabulary (8 or more times)

The following list includes all 425 words in Book I that occur eight or more times arranged in a running vocabulary list. The number on the left of the dictionary entry indicates the page on which the word first occurs. The number on the end of the entry indicates how many times the word occurs in Book I. These same dictionary entries are found in an alphabetized list in the glossary.

1 **ā, ab, abs**: from, away from, by (abl), 153
1 **ad**: to, toward; near; for; in regard to (acc) 212
1 **Aenēās, -ae m.**: Aeneas, 17
1 **appellō (1)**: call (by name), name, 32
1 **auctor, -is m.**: author, originator, promoter, 25
1 **bellum, -ī, n.**: war, 98
1 **capiō, -ere, cēpī, captum**: take, seize, 32
1 **cēterī, -ae, -a**: the other, remaining, 21
1 **cum**: with (abl); when, since, although, 209
1 **deinde**: then, thereupon, 49
1 **domus, -ī f.**: house, home; *domī*, at home, 35
1 **dūcō, -ere, dūxī, ductus**: lead, draw, 13
1 **duo, duae, duo**: two, 35
1 **dux, ducis** m/f.: leader, guide, chieftain, 22
1 **ē, ex**: out from, from, out of; as a result of (abl), 108
1 **et**: and, also, even, 280
1 **gēns, gentis** f.: clan, family; race, people, 22
1 **iam**: now, already, soon, 55
1 **in**: in, on (abl), into, against (acc), 352
1 **inde**: from there, then, afterward, 83
1 **initium, -ī n.**: beginning, entrance, 8
1 **inter**: between, among (acc), 51
1 **is, ea, id**: this, that; he, she, it, 332
1 **iūs, iūris n.**: justice, law, right; oath; court, trial, 31
1 **locus -ī m.** (*pl.* loca): place; *pl.* region, 55
1 **maior, maius**: greater, larger; older, 14
1 **mare, maris n.**: sea, 8
1 **multitūdō, -tūdinis f.**: population, multitude, 27
1 **nōmen, nōminis, n.**: name, 44
1 **omnis, omne**: every, all, 107
1 **pāx, pācis f.**: peace, 36
1 **pellō, -ere, pepulī, pulsum**: drive, beat, 8
1 **prīmus -a -um**: first, foremost; early, 56
1 **quaerō, -ere, -sīvī, -sītum**: seek, ask, 13
1 **que**: and, 420
1 **quī, quae, quod (quis quid)**: who, which, 574
1 **quia**: because, seeing that, 31
1 **reddō, -ere, -didī, -ditum**: give back, render, 8

1 **rēs, reī, f.**: matter, situation; restitution; state, 140
1 **rēx, rēgis m.**: king, 148
1 **satis**: enough, sufficiently, 19
1 **sed**: but, moreover, however, 56
1 **sēdes, sēdis f.**: seat; abode, home, 16
1 **semper**: always, forever, 9
1 **sum, esse, fuī, futūrum**: to be, 583
1 **teneō, -ēre, -uī, tentum**: hold, keep, 19
1 **terra, -ae f.**: land, earth, ground, 18
1 **Troiānī, -ōrum m.**: Trojans, 11
1 **veniō, -īre, vēnī, ventus**: come, 38
1 **vocō (1)**: call, name; invite, summon, 22
2 **aciēs, -ēī f.**: battle line, army, 19
2 **agō, -ere, ēgī, āctum**: drive, lead, spend, 43
2 **ager, agrī m.**: land, field, territory, 27
2 **alius, -a, -ud**: other, another, else, 75
2 **arma, -ōrum** n.: arms, equipment, tools, 24
2 **armō (1)**: arm, equip, 37
2 **atque**: and, 43
2 **aut**: or; *aut...aut*, either...or, 37
2 **classis, -is f.**: fleet, 11
2 **fāma, -ae f.**: report, rumor, reputation, 13
2 **hic, haec, hoc**: this, these, 139
2 **ibi**: there, in that place; then, 36
2 **īnstruō, -ere, -xī, -ctum**: set up, arrange, 9
2 **iungō, -ere, iunxī, -iunctum**: join, 11
2 **Latīnus, -a, -um**: Latin; King Latinus, 55
2 **nihil**: nothing; *adv.* not at all, 18
2 **praeda, -ae f.**: plunder (=cattle), spoils, 18
2 **prīmōrēs, -um m.**: first ranks, leaders, 16
2 **proelium, -iī n.**: battle, 10
2 **proficīscor, -ī, profectum**: set out, 10
2 **prope**: near, close; *adv.* nearly, 17
2 **ve**: or, either...or, 9
2 **signum, -ī n.**: sign, signal; military-standard, 10
2 **trādō, -dere, -didī, -ditum**: hand over, say, 18
2 **tum**: then, at that time, 77
2 **unde**: from where, whence, 13

2 **urbs, urbis, f.**: city, 87
2 **ut (utī)**: as, when (ind); that, so that, 190
2 **vincō, -ere, vīcī, victum**: conquer, beat, 13
2 **vīs, vīs, f.**: force, power; *pl. vīrēs*, strength, 52
3 **animus, -ī m.**: spirit, soul, mind; passion, anger, 79
3 **apud**: among, in the house/presence of (acc), 18
3 **audiō, -īre, -īvī, audītum**: hear, listen to, 25
3 **certus, -a, -um**: decided, fixed; sure, reliable, 15
3 **condō, -ere, -didī, -ditum**: found, establish, 20
3 **dō, dare, dedī, datum**: give, put; grant (+ inf), 67
3 **deus, -ī m.**: god, 54
3 **dexter, -ra, -rum**: right (hand); skilful, 11
3 **dīcō, -ere, dīxī, dictus**: say, speak, tell, 36
3 **exercitus, -ūs m.**: army, 37
3 **faciō, -ere, fēcī, factum**: make, do, 120
3 **fidēs, eī f.**: faith, trust, confidence; pledge, 19
3 **fīlia, -iae f.**: daughter, 11
3 **fīlius, -iī m.**: son, 26
3 **foedus, -eris n.**: treaty, alliance, 26
3 **iciō, -ere, icī, ictum**: strike, hit, 11
3 **Lāvīnium, -ī n.**: Lavinium (town), 8
3 **novus, -a, -um**: new, recent, strange, 31
3 **oppidum, -ī n.**: town, 8
3 **parō (1)**: prepare, make ready, 17
3 **parēns, -entis m.**: parent, ancestor, 17
3 **patria, -ae f.**: fatherland, country, 15
3 **postquam**: after, when; after that, 12
3 **pūblicus, -a, -um**: public, of the people, 34
3 **quoque**: also, 46
3 **spēs, -eī f.**: hope, expectation, 23
3 **stirps, stirpis f.**: offspring; roots, lineage, 15
3 **uxor, uxōris f.**: wife, 9
3 **vel**: or, either…or, 8
3 **vir, virī m.**: man; husband, 42
4 **abeō, -īre, -iī, -itus**: go away, depart, 12
4 **ante**: before, in front of (acc); *adv.* before, 27
4 **certāmen, -minis n.**: contest, rivalry, combat 12
4 **crēscō, -ere, crēvī, crētum**: grow, 14
4 **īdem, eadem, idem**: same, 31
4 **etiam**: also, even, 37
4 **Etrūscus, -a, -um**: Etruscan, 16
4 **haud**: by no means, not at all, 43
4 **inferō, -ferre, -tulī, -lātum**: bring in, wage, 9
4 **nec**: and not, neither…nor, 87

4 **ops, opis f.**: power, help; *pl.* resources, wealth, 22
4 **orīgō, orīginis f.**: origin, 10
4 **patior, -ī, passum**: suffer, endure; allow, 11
4 **petō, -ere, -īvī, petītum**: seek, head for; attack, 17
4 **plūs, plūris**: more, many, 12
4 **reor, -ī, ratus**: think, reckon; ratify, confirm, 26
4 **sē**: himself, herself, itself, themselves, 126
4 **simul**: at the same time (as), 14
4 **sōlus, -a, -um**: only, alone, sole, 19
4 **sub**: under, beneath (abl), 15
4 **tantus, -a, -um**: so great/many/much; *adv.* only, 42
4 **terror, terrōris m.**: terror, fright, 8
4 **Turnus, -ī m.**: Turnus, 13
4 **victor, -ōris m.**: conquerer, vanquisher, 8
5 **ac**: and, 84
5 **aetās, aetātis f.**: age, lifetime, generation, time, 22
5 **diēs, -ēī m./f.**: day, time, 27
5 **flūmen, -inis n.**: river, 8
5 **imperium, -iī n.**: power, command, 48
5 **impleō, -ēre, -ēvī, implētum**: fill, fill up, 8
5 **Iuppiter, Iovis, Iovī, Iovem, Iove m.**: Jupiter, 23
5 **magis**: more, rather, 28
5 **maneō, -ēre, mānsī**: stay, wait, wait for, 12
5 **moenia, -ōrum n.**: city-walls, 10
5 **nōn**: not, 87
5 **opus, -eris n.**: work, project; *opus est*, is a need, 24
5 **per**: through, over, across, 49
5 **populus, -ī m.**: people; population, 89
5 **possum, posse, potuī**: be able, can; be powerful, 60
5 **quamquam**: although, 9
5 **quīcumque, quae-, quod-**: whosoever, which- 11
5 **secundus, -a, -um**: favorable; following (acc.), 10
5 **sinō, -ere, sīvī, situm**: let, permit; lay, 9
5 **suus, -a, -um**: his, her, its, their (own), 82
5 **tamen**: nevertheless, however, 36
5 **tōtus, -a, -um**: whole, entire, 12
5 **ultimus, -a, -um**: farthest, last, 12
5 **uterque utra- utrum-**: each (of two), both, 13
6 **Alba Longa, -ae f.**: Alba Longa (town), 15
6 **Albānus -a -um**: Alban, of Alba, 59
6 **enim**: for, indeed, in truth, 27
6 **fuga, -ae f.**: flight, retreat, 16
6 **ipse, ipsa, ipsum**: -self; the very, 81
6 **māter, matris f.**: mother, 10

| | |
|---|---|
| 6 **mons, montis m.**: mountain, 14 | 8 **Rōmulus, -ī m.**: Romulus, 43 |
| 6 **mulier, -is f.**: woman, 12 | 8 **scelus, sceleris n.**: wickedness, crime, 14 |
| 6 **nāscor, nascī, nātum**: be born, 21 | 8 **species, -ēi f.**: sight, look, appearance, 11 |
| 6 **prō**: before; for, in proportion to, in place of, 20 | 9 **aqua, -ae f.**: water, 10 |
| 6 **puer, -ī, m.**: boy, 12 | 9 **ferō, -re, tulī, lātum**: carry, bear, endure, 48 |
| 6 **rēgnum, -ī n.**: kingdom, kingship, 59 | 9 **fors, fortis**: chance; *forte*, by chance, 18 |
| 6 **relinquō, -ere, -uī, -lictum**: leave behind, 19 | 9 **homō, -inis m/f**: person, people, human, 25 |
| 6 **seu (sīve)**: or if; whether…or, 14 | 9 **iubeō, -ēre, iussī, iussum**: order, bid, 34 |
| 6 **tam**: so, so much, so very, 21 | 9 **mittō, -ere, mīsī, missum**: send, let go, 23 |
| 6 **vetus, veteris**: old, experienced, ancient, 11 | 9 **proximus, -a, -um**: nearest, next, 13 |
| 7 **annus, -ī m.**: year, 24 | 9 **rēgius, -a, -um**: regal, of the king/queen, 10 |
| 7 **audeō, -ēre, ausum sum**: dare, venture, 11 | 9 **sacerdōs, -dōtis m/f**: priest, priestess, 8 |
| 7 **conveniō -īre -vēnī -ventum**: come together, 11 | 9 **ubi**: where, when, 41 |
| 7 **creō (1)**: create, appoint, 19 | 9 **velut (velutī)**: just as, as if, as, 20 |
| 7 **fīnis, -is m./f.**: end; border, territory, 15 | 10 **adeō**: so, to such a degree, to such an extent, 8 |
| 7 **fundō, -ere, fūdī, fūsum**: spread out, pour, 11 | 10 **circā**: about, around, 19 |
| 7 **ita**: so, thus, 61 | 10 **corpus, corporis, n.**: body, 23 |
| 7 **maximus, -a, -um**: greatest; *adv.* especially, 32 | 10 **dīvidō, -ere, -vīsī, -vīsum**: divide, 8 |
| 7 **mors, mortis, f.**: death, 16 | 10 **ēdūcō (1)**: bring up, rear, train, 8 |
| 7 **moveō, -ēre, -vī, mōtum**: move, set in motion, 16 | 10 **hinc**: from here, hence, 8 |
| 7 **muliebris, -e**: womanly, of a woman, 10 | 10 **impetus, -ūs m.**: attack, assault, 13 |
| 7 **nē**: lest, that not, so that not, 43 | 10 **inveniō, -īre, -vēnī, -ventum**: find, 8 |
| 7 **nunc**: now, 20 | 10 **itaque**: and so, 18 |
| 7 **orior, orīrī, ortum**: arise, spring up, 19 | 10 **mīrāculum, -ī n.**: marvel, wonder, 10 |
| 7 **posterus, -a, -um**: following, next; posterity, 13 | 10 **pāstor, -is m.**: shepherd, 9 |
| 7 **priscus, -a, -um**: ancient; Tarquinius Priscus, 17 | 10 **rapiō, -ere, -uī, raptum**: snatch, kidnap, 14 |
| 7 **quīdam, quaedam, quoddam**: certain, some, 15 | 11 **dedō, -ere, -didī, -ditum**: give up, dedicate, 9 |
| 7 **quidem**: indeed, in fact, certainly; for one's part, 25 | 11 **fīō, fierī, factum**: become, be made, 29 |
| 7 **rēgnō (1)**: rule, reign, 33 | 11 **genus, -eris n.**: race, class, family; birth, 10 |
| 7 **Tiberis, -is m.**: Tiber, 12 | 11 **īnstituō, -ere, -ī, -tum**: set up, establish, 16 |
| 8 **accipiō, -ere -cēpī -ceptum**: receive, 19 | 11 **īra, īrae f.**: anger; passion, 15 |
| 8 **addō, -ere, -didī, -ditum**: bring to, add, 21 | 11 **iuvenis, -is m.**: youth, young man, 30 |
| 8 **adimō, -ere, -ēmī, -ēmptum**: take (away), 8 | 11 **modus, -ī m.**: way, manner; *modo*, only, 21 |
| 8 **collis, -is m.**: hill, 8 | 11 **multus, -a, -um**: much, many, 24 |
| 8 **frāter, -tris m.**: brother, 17 | 11 **ob**: on account of, because of (acc), 11 |
| 8 **honor (honos), -ōris m.**: honor; offering, 11 | 11 **Palātinum, -iī n.**: Palatine hill, 9 |
| 8 **legō, -ere, lēgī, lectum**: choose, select; read, 16 | 11 **Remus, -ī m.**: Remus, 10 |
| 8 **manus, -ūs f.**: hand; band, group, 21 | 11 **sollemnis, -e**: regular; sacrifice, sollemn rite, 13 |
| 8 **Numitor, -ōris m.**: Numitor, 8 | 12 **aperiō, -īre, -uī, -ertum**: open, disclose, 10 |
| 8 **pars, partis, f.**: part; direction, side, 27 | 12 **habeō, -ēre, -uī, -itum**: have, hold; consider, 29 |
| 8 **pariō, -ere, peperī, partum**: bring forth, produce, 8 | 12 **metus, -ūs f.**: dread, fear, 14 |
| 8 **pater, patris, m.**: father; senator, 87 | 12 **nam**: for, 13 |
| 8 **post**: after, behind (acc); *adv.* afterward, next, 18 | 12 **perveniō, -īre, -vēnī, -ventum**: arrive, come to, 10 |
| 8 **Rōmānus, -a, -um**: Roman, 129 | 12 **prior, prius**: before, earlier, 25 |

12 **quīn**: why not?; that, but that, 8
12 **sciō, -īre, -īvī, -ītus**: know, 16
12 **sīc**: thus, in this way, 11
12 **tempus, -poris n.**: time, 21
13 **arx, arcis m.**: citadel, hilltop, 16
13 **caedēs, -is f.**: murder, killing, 15
13 **concilium, -iī n.**: meeting, council, 12
13 **hostis, -is m./f.**: stranger, enemy, foe, 43
13 **medius, -a, -um**: middle of, 14
13 **pār, paris**: equal, 9
13 **praesidium, -iī n.**: protection, garrison, 11
13 **rēgia, -ae f.**: palace, royal house, 25
13 **sequor, -ī, secūtum**: follow, pursue; attend, 21
13 **tumultus, -ūs m.**: tumult, uproar, confusion, 9
13 **videō, -ēre, vīdī, vīsum**: see; *videor*, seem, 61
14 **augurium, -ī n.**: augury, divination, 9
14 **facilis, -e**: easy, 9
14 **malus, -a, -um**: bad, wicked, evil, 14
14 **parvus, -a, -um**: small, little, 8
14 **templum, -ī n.**: temple, 21
14 **vōx, vōcis, f.**: voice, utterance, word, 19
15 **adiciō, -ere, -iēcī, -iectum**: add, throw to, 8
15 **avis, avis f.**: bird, 9
15 **cadō, -ere, cecidī, cāsum**: fall, 8
15 **ille, illa, illud**: that, those, 61
15 **interficiō, -ere, -fēcī, -fectum**: kill, 8
15 **meus, -a, -um**: my, mine, 12
15 **mūrus, -ī m.**: wall, rampart, 10
15 **numerus, -ī m.**: number; group, 16
15 **nūntiō (1)**: announce, report, 12
15 **sacer, -cra, -crum**: sacred; *sacra*, sacred rites, 21
15 **verbum, -ī n.**: word, speech, 12
15 **vertō, -ere, -tī, versum**: turn, change, 16
16 **absum, -esse, āfuī**: be away, be absent, 8
16 **āvertō, -ere, -vertī**: turn aside or away, 11
16 **bōs, bovis m/f**: cow, ox, bull, cattle, 10
16 **exciō, -īre, -īvī, -itum**: rouse, draw out, 9
16 **ferōx, -ōcis**: fierce, savage, 19
16 **quisque, quidque**: each, every, whatever, 27
16 **sī**: if, whether, 55
16 **volō, velle, voluī**: will, wish, be willing, 17
17 **ars, artis f.**: skill, craft, art, 13
17 **crēdō, -ere, -didī, -ditum**: believe, trust, 28
17 **īnfēstus, -a, -um**: hostile, insecure, 9

18 **augeō, -ēre, -xī, -ctum**: increase, enrich, 18
18 **caelestis, -e**: celestial, of the gods; the gods, 11
18 **causa, -ae f.**: reason; *causā* for the sake of, 18
18 **dē**: down from, about, concerning (abl), 31
18 **hūmānus, -a, -um**: human, humane, 14
18 **inquam, inquis, inquit**: say (direct speech), 29
18 **eō, īre, iī, itūrum**: go, 18
18 **ego, meī, mihi, mē, mē**: I, 34
18 **mīror, -ārī, -ātum**: wonder, be amazed/surprised, 8
18 **tū, tuī, tibi, tē, tē**: you, 33
18 **tuus, -a, -um**: your, yours, 14
19 **dīvīnus, -a, -um**: divine, 11
19 **dōnec**: until, 10
19 **lēx, lēgis f.**: law; term, condition, regulation, 13
19 **nūllus, -a, -um**: none, no, not any, 17
19 **peregrīnus, -ī m.**: foreigner, stranger, 11
19 **servus, -ī, m.**: slave, 9
19 **ūnus, -a, -um**: one, single, 34
19 **virtūs, -ūtis f.**: valor, manliness, virtue, 9
20 **commūnis, -e**: common, 9
20 **fīnitimus -a -um**: neighboring, bordering, 9
20 **īnsignis, -e**: distinguished, noted; *insigne* badge, 9
20 **līctor, līctōris m.**: lictor (bodyguard), 9
20 **magnitūdō, -tūdinis f.**: size, greatness, 9
20 **singulī, -ae, -a**: one by one, individual, 13
21 **centum**: hundred, 9
21 **coepī, coepisse, coeptum**: begin, 10
21 **cōnsilium, -iī n.**: plan, advice; council, 29
21 **līber, lībera, līberum**: free, 9
21 **sine**: without (abl), 19
22 **cīvitās. cīvitātis f.**: city-state, state, city, 35
22 **īnfimus, -a, -um**: lowest; bottom of, 9
22 **lēgātus, -ī m.**: legate, ambassador, envoy, 10
22 **magnus, -a, -um**: great, large; important, 31
22 **quippe**: certainly, of course, obviously, 8
23 **dubius, -a, -um**: doubtful, uncertain, unsure, 9
23 **indīcō, -ere, -dīxī**: inform, declare, appoint, 16
23 **līberī, -ōrum n.**: children, 13
23 **quantus, -a, -um**: how great/much, as great as, 12
23 **Sabīnus, -a, -um**: Sabine, 45
23 **spectāculum, -ī n.**: spectacle; spectator's seat, 9
24 **plēbs, plēbis, f.**: plebs, masses, 16
25 **fortūna, -ae f.**: fortune, chance, luck, 18
25 **ingenium, -ī n.**: character, talent, 16

25 **iniūria, -ae f.**: wrong, insult, injustice, 10
25 **minor, minus**: smaller, less, 27
26 **regiō, -ōnis f.**: region, district, 9
26 **Tatius, -ī m.**: Tatius, 12
26 **trēs, tria**: three, 12
27 **gerō, -ere, gessī, gestus**: carry on, wage, 19
27 **spolium, -iī n.**: spoils, loot, booty, 8
28 **clāmor, -is f.**: shout, cry, 9
28 **decus, decōris n.**: distinction, honor, adornment, 7
28 **igitur**: therefore, then, accordingly, 10
28 **Rōma, -ae f.**: Rome, 51
28 **victōria, -ae f.**: victory, 9
29 **aliēnus, -a, -um**: of another, foreign, 11
29 **contrā**: against (acc); in response, opposite, 10
30 **exemplum, -ī n.**: example, 8
31 **inclīnō (1)**: incline, lean, bend, turn, 10
31 **Mettius, -ī m.**: Mettius, 16
31 **monumentum, -ī n.**: monument, memorial, 8
31 **porta, -ae f.**: gate, 13
31 **prīnceps, -cipis m.**: leader; foremost, leading, 9
31 **pugna, -ae f.**: fight, 19
31 **utrimque**: on both sides, 10
32 **equus, -ī m.**: horse, 11
32 **longē**: far, by far, far and wide, 10
33 **nōs, nostrī, nōbīs, nōs, nōbīs**: we, us, 8
33 **pavor, -is m.**: panic, terror, 10
33 **vōs, vestrī, vōbīs, vōs, vōbis**: you (all), 15
34 **aliquis, aliquid (*adj.* -quī, -qua, -quod)**: someone, something, anyone, anything; *adj.* some, any, 14
34 **alter, -era, -erum**: other (of two); one…another, 18
34 **cūria, ae f.**: curia (district); senate house, 15
34 **Quirītēs, -ium m.**: Quirites (Romans), 11
34 **statuō, -ere, -uī, -ūtus**: establish, set up; decide, 8
34 **vulnus (volnus), -eris n.**: wound, blow, 9
35 **centuria, -ae f.**: century (unit), 21
35 **eques, equitis m.**: horseman, equestrian, 17
36 **Fīdēnātēs, -ium m.**: people of Fidenae, 10
36 **nūntius, -iī m.**: messenger, 11
36 **occupō (1)**: seize, occupy, 8
36 **neque**: and not; neither…nor, 24
37 **castra, -ōrum n.**: camp, 18
37 **mīlle (pl. mīlia)**: thousand, 13
38 **repetō, -ere, -īvī, -ītum**: seek again or back, 15
38 **Vēiēns, -entis m.**: Veientii (people), 12

38 **vērus, -a, -um**: true, real; *vērō*, actually, indeed, 11
39 **mōs, mōris m.**: custom, habit; morals, character, 13
39 **pōnō, -ere, posuī, positum**: put, place, 13
39 **redeō, -īre, -īvī**: go/come back, return, 21
39 **trānseō, -īre, -iī, itus**: go across or over, cross, 8
40 **mīlitia, -ae f.**: military service, 8
42 **caput, capitis, n.**: head; life, 23
43 **ōrdō, -inis m.**: order, rank, line, 11
44 **summus, -a, -um**: highest, top of; *subst.* sum, 16
45 **bonus, -a, -um**: good, kind, noble, 13
46 **habitō (1)**: inhabit, dwell, live, 9
46 **Numa, -ae m.**: Numa Pompilius, 23
46 **quisquam, quicquam (quidquam)**: anyone, something, someone, something, 17
46 **Servius, -ī m.**: Servius, 21
47 **acciō, -īre, -īvī, -ītum**: rouse to, summon, 8
47 **cīvis, -is m/f**: citizen, 15
48 **peragō, -ere, -ēgī**: carry/drive through, continue, 8
49 **noster, nostra, nostrum**: our, 9
50 **cūra, -ae f.**: care, concern, worry, 9
51 **ordior, -īrī, -sum**: begin, undertake, 8
52 **prīvātus, -a, -um**: private, 8
53 **cōnsulō, -ere, -uī, consultum**: consult, 9
53 **prōdigium, -ī n.**: prodigy, omen, 13
55 **adversus, -a, -um**: opposite; against (acc), 16
55 **Tullus, -ī m.**: Tullus, 39
56 **glōria, -ae f.**: glory, 8
58 **ingēns, ingentis**: huge, immense, 11
60 **imperō (1)**: order, command, 8
61 **Cūriātius, -ī m.**: Curiatius, 9
61 **ferrum, -ī n.**: iron; sword, 8
61 **Horātius, -ī m.**: Horatius, 10
64 **gladius, -ī m.**: sword, 11
74 **fānum, -ī n.**: shrine, 8
86 **Ancus, -ī m.**: Ancus, 15
94 **Tarquinius, -ī m.**: Tarquinius, 66
97 **L.**: Lucius, 11
105 **Collātīnus, -ī m.**: Collatinus (name), 7
116 **cēnsus, -ūs m.**: census, registration, 10
122 **Diāna, -ae f.**: Diana, 8
143 **Gabiī, -ōrum m.**: Gabii (town), 8
146 **Sex.**: Sextus, 8
152 **Brūtus, -ī m.**: Brutus, 13
156 **Lucrētia, -iae f.**: Lucretia, 12

## Abbreviations

| | | | | | |
|---|---|---|---|---|---|
| abs. | absolute | gen. | genitive | PPP | perfect passive pple. |
| acc. | accusative | imper. | imperative | pple. | participle |
| act. | active | impers. | impersonal | pass | passive |
| adj. | adjective | impf. | imperfect | pf. | perfect |
| adv. | adverb | ind. | indirect | plpf. | pluperfect |
| app. | appositive | indic. | indicative | pred. | predicate |
| comp. | comparative | inf. | infinitive | pres. | present |
| dat. | dative | inter. | interrogative | rel. | relative |
| dep. | deponent | m. | masculine | s, sg. | singular |
| dir. | direct | n. | neuter | seq. | sequence |
| disc. | discourse | nom. | nominative | subj. | subject, subjunctive |
| f. | feminine | obj. | object | superl. | superlative |
| fut. | future | p. pl. | plural | voc. | vocative |

1s, 2s, 3s    1st, 2nd, 3rd person singular        1p, 2p, 3p    1st, 2nd, 3rd person plural

**Citations:** Livy (ca. 59 BC - AD 17) wrote *Ab Urbe Condita* in 142 books that covered the period from the founding of Rome in 753 BC to the Augustan Age in AD 9, and only 35 books have survived today. The books are traditionally divided into chapters (or sections) roughly equal in length, and Book I contains 60 chapters. When citing a passage in Book I, it is common to include the book as a Roman or Arabic numeral and the chapter as an Arabic numeral: I.14 or 1.14 is therefore chapter 14 in Book I.

The editors of this Oxford Classical text, Robert Conway and Charles Walters, subdivided the 60 chapters into sections (or subsections), which are often appended as an Arabic numeral to create a more precise citation: I.14.2 is section 2 in chapter 14 of Book I. In this commentary, the chapter and section numbers are embedded in the Latin text and included in the heading for easy reference. The line numbers 1-12 in right margin of the Latin text are used just in this commentary and should not be included when citing the text.

## Additional Resources

**Intermediate level Commentary**

Gould H.E. and Whiteley, J.L. *Livy: Book 1.* London, 1939.
Jaegar, M. *A Livy Reader: Selections From Ab Urbe Condita:* Wauconda, 2011.
Minkova, M. and Tunberg, T. *Reading Livy's Rome: Selections From Books I-VI:* Wauconda, 2005.

**Advanced level Commentary**

Ogilvie R.M. *A Commentary on Livy: Books 1-5.* Oxford, 1965.

**General**

Chaplin, J.D. *Livy's Exemplary History.* New York, 2000.
Jaeger, M. *Livy's Written Rome.* Ann Arbor, 1997.
Luce T.J. *Livy: The Composition of His History.* Princeton, 1977.
Miles G.B. *Livy: Reconstructing Early Rome.* Ithaca, 1995.
Walsh P.G. *Livy: His Historical Aims and Methods.* Cambridge, 1961.

To make the ancients speak, we must feed them with our own blood.
- von Wilamowitz-Moellendorff

# Foundation Legends 1.1-4

**1.** iam prīmum omnium satis cōnstat Troiā captā in cēterōs saevītum esse Troiānōs, duōbus, Aenēae Antēnorīque, et vetustī iūre hospitiī et quia pācis reddendaeque Helenae semper auctōrēs fuerant, omne iūs bellī Achīvōs abstinuisse; **2.** Cāsibus deinde variīs Antēnōrem cum multitūdine Ēnetum, quī sēditiōne ex Paphlagoniā pulsī et sēdēs et ducem rēge Pylaemene ad Troiam āmissō quaerēbant, vēnisse in intimum maris Hadriāticī sinum, **3.** Euganeīsque quī inter mare Alpēsque incolēbant pulsīs Ēnetōs Troiānōsque eās tenuisse terrās. et in quem prīmō ēgressī sunt locum Troia vocātur pāgōque inde Troiānō nōmen est: gēns ūniversa Venetī appellātī. **4.** Aenēam ab similī clāde domō profugum sed ad maiōra rērum initia dūcentibus fātīs, prīmō in

---

**abstineō, -ēre, -uī, -tentum**: hold back, 3
**Achīvī, -ōrum m.**: Archaians (Greeks), 1
**Alpēs, -ium f.**: Alps, 2
**āmittō, -ere, -mīsī, -missum**: lose, let go, 7
**Antēnor, -is m.**: Antenor, 2
**cāsus, -ūs m.**: misfortune, accident, event, 4
**clādēs, -is f.**: disaster, destruction, loss, 5
**cōnstō, -āre, -stitī**: it is agreed; stand firm, 6
**ēgredior, -ī, -gressus**: go out, disembark, 5
**Ēnetī, -um m.**: Enetians (of Paphlagonia), 2
**Euganeī, -ōrum, m.**: Euganei (people), 1
**fātum, -ī n.**: fate, ruin, death, 5
**Hadriāticus, -a, -um**: Adriatic, 1
**Helena, -ae f.**: Helen, 1
**hospitium, ī n.**: guest-friendship/hospitality, 6

**incolō, -ere, -uī**: inhabit, dwell on, 2
**intimus, -a, -um**: inmost, 1
**pāgus, -ī m.**: district, 1
**Paphlagonia, -ae f.**: Paphlagonia, 1
**profugus, -ī m.**: fugitive, refugee, 4
**Pylaemenes, -is m.**: Pylamenes, 1
**saeviō, -īre, -īvī, -itum**: be savage, 2
**sēditiō, -tiōnis f.**: insurrection, riot, 2
**similis, -e**: similar to, like (gen., dat.), 6
**sinus, -ūs m.**: bay, gulf; bosom, lap, 1
**Troia, -ae f.**: Troy, 5
**ūniversus, -a, -um**: one and all, entire, whole, 4
**varius, -a, -um**: various, alternating, 6
**Venetī, -ōrum m.**: Veneti (people), 1
**vetustus, -a, -um**: ancient, old, 4

---

1 **prīmum omnium**: adv. acc. + partitive gen.
  **cōnstat**: *it is agreed that*; impers. verb governs all the ind. disc. (acc. + inf.) below
  **Troiā captā**: abl. abs.
  **in cēterōs...Troiānōs**: *against...*
2 **saevītum esse**: *that they were savage toward...*; ind. disc.with impers. pf. pass.: make 3p active
  **(et) duōbus...Achīvōs abstinuisse**: *(and) that from...*; ind. disc., Achīvōs is acc. subj.; duōbus...Antēnorī is dat. of compound verb (add preposition ab 'from' from the verb)
  **et..iūre...et quia...fuerant**: *both (because of)... and because...*; abl. of cause and causal clause
  **vetustī...hospitiī**: gen. sg.
3 **reddendaeque Helenae**: *of...*; noun + gerundive perform a gerund-gerundive flip and translate as gerund (-ing) + obj., reddō
4 **fuerant**: the subject is Aeneas and Antenor
  **omne iūs bellī**: *every right of war*; i.e. the privilege of a victor to mistreat the defeated
  **cāsibus variīs**: *by...*; abl. cause

5 **Antēnōrem...vēnisse**: *that...*
  **sēditiōne**: *because of...*; abl. cause
6 **pulsī**: PPP, pellō, modifying nom. pl. quī
  **rēge...āmissō**: abl. abs.
8 **Euganeīs...pulsīs**: abl. abs., PPP pellō
  **Ēnetōs...tenuisse**: *that...*
9 **eās**: *those*; demonstrative adj. with terrās
  **in quem...locum**: *(the city) into which...*; missing antecedent is subject of vocātur and Troia is nom. pred.; pf. dep. ēgredior
  **ēgressī sunt**: pf. dep.
10 **pāgō...est**: *to...*; dat. of possession
  **Troiānō**: "*Trojan;*" nom. attracted into the dat. of pāgō
11 **appellātī (sunt)**: 3s subject and 3p nom. pred.
  **Aenēam...vēnisse**: *(and) that...*
  **ab**: i.e. as a result of...
  **domō**: *from...*; abl. separation
12 **maiōra**: comparative magnus with neut. initia
  **dūcentibus fātīs**: abl. abs.
  **prīmō**: *at first*

Macedoniam vēnisse, inde in Siciliam quaerentem sēdēs dēlātum, ab Siciliā classe ad Laurentem agrum tenuisse. 5. Troia et huic locō nōmen est. ibi ēgressī Troiānī, ut quibus ab immēnsō prope errōre nihil praeter arma et nāvēs superesset, cum praedam ex agrīs agerent, Latīnus rēx Aborīginēsque quī tum ea tenēbant loca ad arcendam vim advenārum armātī ex urbe atque agrīs concurrunt.

6. Duplex inde fāma est. aliī proeliō victum Latīnum pācem cum Aeneā, deinde adfīnitātem iūnxisse trādunt: 7. Aliī, cum īnstrūctae aciēs cōnstitissent, priusquam signa canerent prōcessisse Latīnum inter prīmōrēs ducemque advenārum ēvocāsse ad conloquium; percontātum deinde quī mortālēs essent, unde aut quō cāsū profectī domō quidve quaerentēs in agrum Laurentīnum exīssent,

---

**Aborīginēs, -um m.**: Aborīgines, 5
**adfīnitās, -tātis f.**: relationship (by marriage), 3
**advena, ae m.**: foreigner, immigrant, 7
**arceō, -ēre, -uī**: fend/shut off, keep away, 5
**canō, -ere, cecinī, cantum**: sing, prophesy, 5
**cāsus, -ūs m.**: misfortune, accident, event, 4
**concurrō, -ere, -currī**: clash, gather, 2
**conloquium, -iī n.**: conversation, 1
**cōnstō, -āre, -stitī**: it is agreed; stand firm, 6
**dēferō, -ferre, -tulī, -lātum**: carry away, bring, 5
**duplex (duplicis)**: double, 3
**ēgredior, -ī, -gressus**: go out, disembark, 5
**error, errōris m.**: wandering; uncertainty, 3
**ēvocō (1)**: call out, challenge, 3

**exeō, -īre, -iī, -itus**: go out, 6
**immēnsus, -a, -um**: immense, 2
**Laurentēs, -um m.**: Laurentines (people), 3
**Laurentīnus, -a, -um**: of Laurentum, 1
**Macedonia, -ae f.**: Macedonia, 1
**mortālis, -e**: mortal, 6
**nāvis, nāvis, f.**: ship, boat, 1
**percontor, -ārī, -ātum**: inquire, 1
**praeter**: except, besides, 5
**priusquam**: before, sooner than, 7
**prōcēdō, -ere, -cessī, -cessum**: proceed, 5
**Sicilia, -ae f.**: Sicily, 2
**supersum, -esse, -fuī**: remain, survive, be left, 5
**Troia, -ae f.**: Troy, 5

1 **vēnisse**: pf. inf.; Aeneām is acc. subject
**inde...dēlātum (esse)**: *that then (he)...*; pf. pass. inf. in the same ind. disc.
**quaerentem sēdēs**: modifies Aeneām
2 **ab...(cursum) tenuisse**: *that (he) held (course)...*; ind. disc.; a common idiom: add obj.
**et**: *also, too*; adv.
**huic locō**: dat. of possession
3 **ēgressī**: dep. PPP; translate as 'having Xed'
**ut quibus...superesset**: *just as (those) for whom...*; a clause of comparison and quibus begins a rel. clause of characteristic with impf. subj.; quibus is dat. of interest
4 **cum...agerent**: cum-clause with impf. subj.; the praeda are cattle and agō therefore means 'drive'
5 **ea...loca**: locus in acc. pl. and nom. pl. is neut.
**ad arcendam vim**: *for...*; noun + gerundive: perform a gerund-gerundive flip and translate as gerund (-ing) + obj.; ad expresses purpose
7 **fāma**: *report*; i.e. story

**aliī...Aliī...**: *some...others...*
**proeliō victum (esse) Latīnum...iūnxisse**: *that...*; ind. disc. with pf. pass. and pf. act. inf. following trādunt, 'say, hand down by tradition'
8 **Aliī (trādunt)**: *others (say)...*
**cum...cōnstitissent**: plpf. subj.
9 **priusquam signa canerent**: i.e. from blaring horns; temporal with impf. subj. of anticipation
**prōcessisse Latīnum...ēvōcā(vi)sse**: *that Latinus...*; ind. disc. with pf. inf. following aliī (trādunt) above
11 **quī...essent**: first of a series of ind. questions, here with impf. subj. sum
**quō cāsū**: *by what...*; quō is an inter. adj.
**profectī**: dep. PPP proficīscor: translate as 'having Xed'
12 **domō**: abl. place from which
**quidve...exīssent**: *or what...*; ind. question with plpf. subj. exeō

8. postquam audīerit multitūdinem Troiānōs esse, ducem Aenēam fīlium Anchīsae et Veneris, cremātā patriā domō profugōs, sēdem condendaeque urbī locum quaerere, et nōbilitātem admīrātum gentis virīque et animum vel bellō vel pācī parātum, dextrā datā fidem futūrae amīcitiae sānxisse. 9. Inde foedus ictum inter ducēs, inter exercitūs salūtātiōnem factam. Aenēam apud Latīnum fuisse in hospitiō; ibi Latīnum apud Penātēs deōs domesticum pūblicō adiūnxisse foedus fīliā Aenēae in mātrimōnium datā. 10. Ea rēs utique Troiānīs spem adfirmat tandem stabilī certāque sēde fīniendī errōris. oppidum condunt; 11. Aenēās ab nōmine uxōris Lāvīnium appellat. brevī stirpis quoque virīlis ex novō mātrimōniō fuit, cui Ascanium parentēs dīxēre nōmen.

---

**adfirmō (1)**: affirm, strengthen, confirm, 3
**adiungō, -ere, -iunxī, -iunctum**: join to, add to, 1
**admīror, -ārī, -ātum**: admire, 1
**amīcitia, -ae, f.**: friendship; alliance, 3
**Anchīsēs, -ae m.**: Anchises, 1
**Ascanius, -iī m.**: Ascanius, 5
**brevis, -e**: short, brief, 5
**cremō (1)**: burn; cremate, burn in burial, 1
**domesticus, -a, -um**: of a house, 4
**error, errōris m.**: wandering; uncertainty, 3
**fīniō, -īre, -i(v)ī**: to limit, end, enclose, 3
**hospitium, ī n.**: guest-friendship/hospitality, 6

**mātrimōnium, -iī n.**: marriage, 6
**nōbilitās, -tātis f.**: nobility, renown, 4
**patrius, -a, -um**: of a father, ancestral, 7
**Penātēs, -ium m.**: Penates, 4
**profugus, -ī m.**: fugitive, refugee, 4
**salūtātiō, -tiōnis f.**: greeting; ceremonial visit, 1
**sanciō, -īre, sānxī**: make sacred, sanctify, 2
**stabilis, -e**: steadfast, stable, 2
**tandem**: finally, at last, in the end, 4
**utique**: in any case, anyhow, 1
**virīlis, -e**: of a man, masculine, 4

1 **audī(v)erit**: subj. of subordinate verb in ind. disc.; pf. subj. (translate as pf. indicative)
  **multitūdinem...esse**: *that...*
  **(et) ducem (esse) Aenēam...Veneris**: *(and) that...*
2 **(et) cremātā patriā domō**: abl. abs., domus is fem. and patriā is an adj. from patrius
  **profugōs...quaerere**: *that...*
3 **condendae urbī**: *for...*; dat. of purpose; noun + gerundive: perform a gerund-gerundive flip and translate as gerund (-ing) + obj.
  **et (eum) nōbilitātem admīrātum...sānxisse**: *and that (he) having...*; Latinus is the missing subject of pf. inf.; nōbilitātem is obj. of dep. PPP
  **admīrātum**: dep PPP: translate 'having Xed'
4 **bellō...pācī...**: *for...*; dat. of purpose
  **dextrā datā**: abl. abs., i.e. in oath-taking
5 **futūrae**: fut. pple. sum
  **foedus ictum (esse)**: *that...*; pf. pass. iciō; an extended ind. disc. governed by trādunt above

  **salūtātiōnem factam (esse)**: *that...*; pf. pass inf.
  **Aenēam...fuisse**: *that...;*. pf. inf. sum
7 **Latīnum...adiūnxisse**: *that...*; pf. inf.
  **apud penātēs deōs**: *in the presence of...*; the two nouns refer to the same thing
  **pūblicō (foederī)**: *to the public treaty*; dat. of compound
8 **fīliā...datā**: abl. abs.
  **Ea rēs**: i.e. the marriage of Aeneas to Lavinia
9 **Troiānīs**: *for...*; dat. interest
10 **fīniendī errōris**: *of...*; objective gen. with spem; perform a gerund-gerundive flip and translate as gerund (-ing) + obj.
  **ab nōmine uxōris**: i.e. Lavinia
11 **appellat (oppidum)**: governs a double acc. (obj. and pred.)
  **brevī (tempore)**: *in...*; abl. time when
12 **cui**: dat. ind. obj.
  **dīxēr(unt)**: syncopates 3p pf.

**2.** bellō deinde Aborīginēs Troiānīque simul petītī. Turnus rēx Rutulōrum, cui pacta Lāvīnia ante adventum Aenēae fuerat, praelātum sibi advenam aegrē patiēns simul Aenēae Latīnōque bellum intulerat. 2. neutra aciēs laeta ex eō certāmine abiit: victī Rutulī: victōrēs Aborīginēs Troiānīque ducem Latīnum āmīsēre. 3. inde Turnus Rutulīque diffīsī rēbus ad flōrentēs opēs Etrūscōrum Mezentiumque rēgem eōrum cōnfugiunt, quī Caere opulentō tum oppidō imperitāns, iam inde ab initiō minimē laetus novae orīgine urbis et tum nimiō plūs quam satis tūtum esset accolīs rem Troiānam crēscere ratus, haud gravātim socia arma Rutulīs iūnxit.

4. Aenēās adversus tantī bellī terrōrem ut animōs Aborīginum sibi conciliāret nec sub eōdem iūre sōlum sed etiam nōmine omnēs

---

**Aborīginēs, -um m.**: Aborīgines, 5
**accola, -ae f.**: neighbor, 3
**adventus, -ūs m.**: arrival, approach, 6
**advertō, -ere, -tī, -versum**: turn to, notice, 2
**advena, ae m.**: foreigner, immigrant, 7
**aeger, -gra, -grum**: sick, injured; *adv.* poorly, 6
**āmittō, -ere, -mīsī, -missum**: lose, let go, 7
**Caere (no gen.) n.**: Caere (town), 2
**conciliō (1)**: win over, unite (dat.), 6
**cōnfugiō, -ere, -fūgī**: flee, 2
**diffīdō, -ere, -fīdī, -fīsum**: distrust, have no confidence in, 1
**floreō, -ēre, -uī**: bloom, flower, flourish, 2
**gravātim**: reluctantly, 1

**imperitō (1)**: command, rule over (dat), 4
**laetus, -a, -um**: happy, fortunate; abundant, rich, 6
**Lāvīnia, -ae f.**: Lavinia, 2
**Mezentius, -ī m.**: Mezentius, 2
**minimus, -a, -um**: very little; *adv.* least, 6
**neuter, neutra, neutrum**: neither, 2
**nimius, -a, -um**: excessive, too much, 1
**opulentus, -a, -um**: opulent, wealthy, 5
**pacīscō, -ere, , pactum**: agree upon; betroth, 2
**praeferō, -ferre, -tulī -lātum**: prefer; put before, 2
**Rutulus, -ī m.**: Rutulians, 6
**socius, -ī m.**: ally, companion, comrade, 5
**tūtus, -a, -um**: safe, secure, guarded, 4

---

1 **bellō**: *in*...; means
**petītī (sunt)**: The Aborigines refer to the Latins led by Latinus.
2 **cui**: *to whom*; dat. interest
**pacta...fuerat**: *had been (once)*...; either PPP pasciscō; or "a betrothed woman,' a substantive from the PPP; the use of fuerat rather than erat in the plpf. pass. stresses the completedness of the action: i.e. once betrothed but no more
3 **praelātum (esse)...advenam**: *that*...; pf. pass.
**sibi**: *over*...; dat. of compound verb
**Aenēae Latīnōque**: *upon*...; dat. of compound
4 **intulerat**: plpf. inferō
**abiit**: pf. abeō
**victī (sunt)**: pf. pass. vincō
5 **āmīsēr(unt)**: syncopated 3p pf.
7 **Caēre**: *at*...; locative, opulentō oppidō is in apposition
8 **minimē**: *least*; superl. adv.
**novae orīgine urbis**: *because of*...; abl. of cause following laetus; unhappy with the rise of Rome
9 **et tum...ratus**: *and having*...; extended pple phrase with dep. PPP reor: 'having Xed'
**nimiō**: *too*; 'by too much,' an abl. degree of difference with comparative plūs
**quam...esset accolīs**: *than*...; clause of comparison with impf. subj. *sum*; subj. of a subordinate clause in ind. disc.
**accolīs**: dat. of interest
**rem Troiānum crēscere**: *that the Trojan state*...; ind. disc. governing nimiō plūs...accolīs
11 **terrōrem**: *to*...; obj. of adversus, PPP advertō; adversus elsewhere in the commentary is a common preposition: 'against' + acc.
**ut...conciliāret...essent**: *so that he might*...; purpose with impf. subj.
12 **nec...sōlum sed etiam**: *not only...but also*...
**iure**: *law*
**(sub eōdem) nōmine**: ellipsis

essent, Latīnōs utramque gentem appellāvit; 5. nec deinde Aborīginēs Troiānīs studiō ac fide ergā rēgem Aenēam cessēre. frētusque hīs animīs coalēscentium in diēs magis duōrum populōrum Aenēās, quamquam tanta opibus Etrūria erat ut iam nōn terrās sōlum sed mare etiam per tōtam Ītaliae longitūdinem ab Alpibus ad fretum Siculum fāma nōminis suī implēsset, tamen cum moenibus bellum prōpulsāre posset in aciem cōpiās ēdūxit. 6. secundum inde proelium Latīnīs, Aenēae etiam ultimum operum mortālium fuit. situs est, quemcumque eum dīcī iūs fāsque est, super Numīcum flūmen: Iovem indigetem appellant.

3. nōndum mātūrus imperiō Ascanius Aenēae fīlius erat; tamen id imperium eī ad pūberem aetātem incolume mānsit; tantisper

---

**Aborīginēs, -um m.**: Aborigines, 5
**Alpēs, -ium f.**: Alps, 2
**Ascanius, -iī m.**: Ascanius, 5
**cēdō, -ere, cessī**: withdraw; yield to (dat) 3
**coalēscō, -ere, -ēvī**: combine, coalesce, 3
**cōpia, -ae f.**: abundance, supply; troops, 5
**ēdūcō, -ere, -xī, -ctum**: lead or draw out, 4
**ergā**: toward, for (acc), 3
**Etrūria, -ae f.**: Etruria, 5
**fās n.**: right, righteousness, divine law, 6
**fretus, -a, -um**: relying on, depending on (dat) 1
**fretum, ī n.**: strait, 1
**incolumis, -e**: unscathed uninjured, safe, 2

**indiges, -etis**: born in the country, 1
**Ītalia, -ae f.**: Italy, 3
**longitūdō, -inis f.**: length, 1
**mātūrus, -a, -um**: mature; timely, early, 2
**mortālis, -e**: mortal, 6
**nōndum**: not yet, 4
**Numicus, -ī m.**: Numicus river, 1
**prōpulsō (1)**: drive back, repel, 1
**pūbēs, pūberis f.**: men (young, of military age), 7
**Siculus, -a, -um**: Sicilian, 1
**studium, -ī n.**: zeal, desire, pursuit, 5
**super**: on top of, over, above (acc.), 7
**tantisper**: for a while, so long, meanwhile, 3

1 **appellāvit**: *called (x) (y)*; governs a double acc.
2 **studiō ac fide**: *because of...*; abl. of cause
   **ergā...**: following closely after studiō ac fide
4 **cessēr(unt)**: syncopated 3p pf.
3 **hīs animīs**: i.e. the feelings of studiō ac fide
   **in diēs**: *day by day, daily*; duration
4 **opibus**: *in...*; abl. respect
   **ut...implē(vi)sset**: *that...*; result with plpf. subj. impleō
5 **nōn solum...sed etiam**: *not only...but also*
6 **suī**: *of their*; gen. sg. reflexive
   **cum moenibus..posset**: *when (Aeneas)...*; cum clause with impf. subj. possum; moenibus is abl. means
7 **prōpulsāre**: *drive back*; from Aeneas'

perspective he is driving the enemy forward—away from the city-walls to the enemy's rear
8 **secundum**: *favorable*
   **Latīnīs**: *for...*; dat. of interest
   **Aenēae**: *for...*; dat. of interest
9 **situs est**: *was buried*; pf. pass. sinō
   **quemcumque...iūs (est) fāsque est**: *whatever it is justice and right that he be called*; i.e. whether Aeneas is called a god or simply a man; iūs est and fās est are impers. verbs
10 **Iovem indigetem**: *Jupiter Indiges*
   **appellant (eum)**: governs a double acc.
11 **imperiō**: dat. of purpose
   **eī**: *for...*; i.e. Ascanius; dat. of interest, is, ea, id

tūtēlā muliebrī—tanta indoles in Lāvīniā erat—rēs Latīna et 1
rēgnum avītum paternumque puerō stetit. 2. haud ambīgam—quis
enim rem tam veterem prō certō adfirmet?— hicine fuerit Ascanius
an maior quam hic, Creūsā mātre Īliō incolumī nātus comesque
inde paternae fugae, quem Iūlum eundem Iūlia gēns auctōrem 5
nōminis suī nuncupat. 3. is Ascanius, ubicumque et quācumque
mātre genitus—certē nātum Aeneā cōnstat—abundante Lāvīniī
multitūdine flōrentem iam ut tum rēs erant atque opulentam urbem
mātrī seu novercae relinquit, novam ipse aliam sub Albānō monte
condidit quae ab sitū porrēctae in dorsō urbis Longa Alba 10
appellāta.
  4. inter Lāvīnium et Albam Longam colōniam dēductam trīginta

---

**abundō (1)**: overflow, 2
**adfirmō (1)**: affirm, strengthen, confirm, 3
**ambigō, -ere**: argue; waver, be uncertain, 1
**an**: or (in questions), 7
**Ascanius, -iī m.**: Ascanius, 5
**avītus, -a, -um**: ancestral, of a grandfather, 5
**colōnia, -ae f.**: colony, 4
**comes, -itis m. f.**: companion, comrade, 6
**cōnstō, -āre, -stitī**: it is agreed; stand firm, 6
**Creusa, -ae f.**: Creusa, 1
**dēdūcō, -ere**: lead or bring forth, launch, 7
**dorsum, -ī n.**: back (body part); ridge 1
**floreō, -ēre, -uī**: bloom, flower, flourish, 2
**gignō, -ere, genuī, genitum**: beget, 4
**Ilium, -ī n.**: Ilium (city of Troy), 1

**incolumis, -e**: unscathed uninjured, safe, 2
**indoles, -is f.**: natural ability, talent, 4
**Iūlius, -a, -um**: Julian, of the Julian family, 1
**Iūlus, -ī m.**: Julus, 1
**Lāvīnia, -ae f.**: Lavinia, 2
**noverca, -ae f.**: step-mother, 1
**nuncupō (1)**: call, name, 3
**opulentus, -a, -um**: opulent, wealthy, 5
**paternus, -a, -um**: paternal; ancestral, 4
**porrigō, -ere, -rēxī, -rēctum**: project, hold out 1
**situs, -ūs m.**: site, position; situation, 3
**stō, -āre, stetī**: stand, 1
**trīginta**: thirty, 7
**tūtēla, -ae f.**: protection, guardianship, 4
**ubicumque**: wherever, whenever, 1

---

1 **tūtēlā muliebrī**: *because of...*; abl. cause;
  the mother Lavinia rules as the child grows ups
  **rēs Latīna**: *the Latin state*
2 **avītum paternumque**: i.e. Latinus and Aeneas
  **puerō**: dat. of interest
  **ambīgam**: 1s fut.
  **Quis...adfirmet**: *Who is to...*; deliberative
  question with pres. subj.
3 **enim**: *for*; postpositive: translate first
  **prō certō**: *for certain*
  **hici-ne...an**: *whether this one...or...*; hicine is
  equiv. to hic-ne, and -ne...an is a double ind.
  question with pf. subj. sum (translate as pf. ind.)
4 **maior (natū)**: *(someone) older*; 'greater (by
  birth)' i.e. a second son; hic refers to Ascanius
  **Creūsā mātre**: *from...*; abl. of origin with nātus
  **Īliō incolumnī**: i.e. before the fallI of Troy; abl.
  abs.; supply pple 'being;' 3rd decl. i-stem adj.
  **nātus comesque**: in apposition to maior; dep.
  PPP nāscor
5 **paternae fugae**: comes often governs dat./gen.

  **eundem**: acc. sg. īdem
  **auctōrem nōminis suī**: *as...*; in apposition to
  Iūlum eundem
6 **nuncupat**: *calls (x) (y)*; governs a double acc.
  **is**: demonstrative adj.
  **quācumque matre**: *from...*; abl. origin
7 **(eum) nātum (esse) Aeneā**: *that (he)...*; pf.
  pass. inf.; supply the boy as subject; Aeneā is
  abl. of origin
  **cōnstat**: *it is agreed*; impers.
  **abundante...multitūdine**: abl. abs.
8 **ut tum rēs erant**: *as circumstances were at the
  time*; i.e. flourishing compared to other cities at
  the time; a clause of comparison
9 **seu**: *or*; with dat. ind. obj.; seu = sīve
  **novam...aliam (urbem)**
  **ipse**: *he himself*
  **sub**: *at the foot of...*
11 **appellāta (est)**: Alba Longa is nom. pred.
12 **dēductam**: *launched*; 'led forth, verb often
  used with colōnia

fermē interfuēre annī. tantum tamen opēs crēverant maximē fūsīs    1
Etrūscīs ut nē morte quidem Aenēae nec deinde inter muliebrem
tūtēlam rudīmentumque prīmum puerīlis rēgnī movēre arma aut
Mezentius Etrūscīque aut ūllī aliī accolae ausī sint. 5. pāx ita
convēnerat ut Etrūscīs Latīnīsque fluvius Albula, quem nunc    5
Tiberim vocant, fīnis esset. 6. Silvius deinde rēgnat Ascanī fīlius,
cāsū quōdam in silvīs nātus; 7. is Aenēam Silvium creat; is deinde
Latīnum Silvium. ab eō colōniae aliquot dēductae, Prīscī Latīnī
appellātī. mānsit Silviīs posteā omnibus cognōmen, quī Albae
rēgnārunt. 8. Latīnō Alba ortus, Albā Atys, Atye Capys, Capye    10
Capetus, Capetō Tiberīnus, quī in trāiectū Albulae amnis
submersus celebre ad posterōs nōmen flūminī dedit. 9. Agrippa

---

**accola, -ae f.**: neighbor, 3
**Agrippa, ae m.**: Agrippa, 2
**Albula, -ae f.**: Albula (old name for Tiber), 2
**aliquot**: several, 6
**amnis, -is m.**: river, swift-moving stream, 2
**Ascanius, -iī m.**: Ascanius, 5
**Atys, -is m.**: Atys, 2
**Capetus, -ī m.**: Capetus, 2
**Capys, Capyis m.**: Capys, 2
**cāsus, -ūs m.**: misfortune, accident, event, 4
**celeber -bris -bre**: frequented, celebrated, 1
**cognōmen, -minis n.**: nickname, 7
**colōnia, -ae f.**: colony, 4
**dēdūcō, -ere**: lead or bring down, launch, 7

**fermē**: nearly, about, 4
**fluvius, -ī m.**: river, 2
**intersum, -esse, -fuī**: engage in, be among (dat), 3
**Mezentius, -ī m.**: Mezentius, 2
**posteā**: after this, afterwards, 5
**puerīlis, -e**: of the boy, boyish, 2
**rudimentum, -ī n.**: first attempt, beginning 1
**silva, -ae f.**: wood, forest, woodland, 3
**Silvius, -ī m.**: Silvius, 5
**submergō, -ere, -mersī, -mersum**: drown, sink, 1
**Tiberīnus, -ī m.**: Tiberinus, 2
**traiectus, -ūs m.**: crossing, 1
**tūtēla, -ae f.**: protection, guardianship, 4
**ūllus, -a, -um**: any, 7

1 **interfuēr(unt)**: syncopated 3p pf.
   **tantum**: acc. obj.
   **fūsīs Etrūscīs**: abl. abs., PPP fundō
2 **ut...ausī sint**: *that...*; result clause with pf. subj. semi-deponent audeō (audeō is deponent in the pf. tenses: translate this pf. pass. subj. as pf. act.)
   **nē...quidem**: *not even...*; emphasizing the intervening word
3 **puerīlis rēgnī**: *of the boy's rule*; i.e. the boy was finally mature enough to rule
   **movēre arma**: i.e. to make an attack
4 **ūllī aliī**: nom. pl.
5 **convēnerat**: *had come together*; i.e. had been agreed upon
   **ut...esset**: *that...*; result with impf. subj. sum
   **Etrūscīs Latīnīsque**: *for...*; dat. of interest

7 **cāsū quōdam**: *by some chance*
8 **dēductae (sunt)**: *were launched*
   **appellātī (sunt)**: *(they)...*; + nom. pred.
9 **Silviīs omnibus**: *for...*; dat. interest; the Silvii
   **Albae**: *at...*; locative
10 **rēgnā(v)ērunt**: syncopated 3p pf.
   **Latīnō Alba ortus (est)**: *from Latinus Alba arose*; i.e. was born; pf. dep. ōrior and abl. of origin; Alba here is the name of a person
   **Albā Atys (ortus est)...Tiberīnus (ortus est)**: parallel construction: supply the same verb from above; Alba is the name of a person
12 **ad posterōs**: *to posterity*; 'to those (coming) after'
   **flūminī**: dat. ind. obj.

inde Tiberīnī fīlius, post Agrippam Rōmulus Silvius ā patre
acceptō imperiō regnat. Aventīnō fulmine ipse ictus rēgnum per
manūs trādidit. is sepultus in eō colle quī nunc pars Rōmānae est
urbis, cognōmen collī fēcit. Proca deinde rēgnat. 10. is Numitōrem
atque Amūlium prōcreat; Numitōrī, quī stirpis maximus erat,
rēgnum vetustum Silviae gentis lēgat.

plūs tamen vīs potuit quam voluntās patris aut verēcundia aetātis:
pulsō frātre Amūlius rēgnat. 11. addit scelerī scelus: stirpem frātris
virīlem interemit, frātris fīliae Reae Silviae per speciem honōris
cum vestālem eam lēgisset perpetuā virginitāte spem partūs adimit.

**4.** sed dēbēbātur, ut opīnor, fātīs tantae orīgō urbis maximīque
secundum deōrum opēs imperiī prīncipium. 2. vī compressa

---

**Agrippa, ae m.**: Agrippa, 2
**Amūlius, -iī m.**: Amulius, 3
**Aventīnus, -ī m.**: Aventine (a person), 1
**cognōmen, -minis n.**: nickname, 7
**comprimō, -ere, -pressī**: suppress, hold back, 2
**dēbeō, -ēre, -uī, debitum**: ought. owe, 3
**fātum, -ī n.**: fate, ruin, death, 5
**fulmen, -minis n.**: lightning, thunderbolt, 3
**interimō, -ere, -ēmī, -emptum**: take out, kill, 4
**lēgō (1)**: bequeath, leave (in a will), appoint, 1
**opīnor, -ārī, opīnātum**: opine, suppose, 2
**partus, -ūs m.**: offspring, 4
**perpetuus, -a, -um**: perpetual, everlasting, 2
**prīncipium, -ī n.**: beginning, 4

**Proca, -ae m.**: Proca, 1
**prōcreō, (1)**: create, beget, 1
**Rea, Reae f.**: Rhea (Rhea Silva), 1
**sepeliō, -īre, -īvī, sepultum**: to bury, 1
**Silvia, -ae f.**: Silvia, 1
**Silvius, -ī m.**: Silvius, 5
**Silvius, -a, -um**: Silvian, of Silvius, 1
**Tiberīnus, -ī m.**: Tiberinus, 2
**verēcundia, -ae f.**: reverence, respect; modesty, 3
**Vestālis, -e**: Vestal, of Vesta, 2
**vetustus, -a, -um**: ancient, old, 4
**virginitās, -tātis f.**: virginity, 2
**virīlis, -e**: of a man, masculine, 4
**voluntās, -tātis f.**: will, wish, permission, 6

---

1 **Tiberīnī fīlius (regnat)**: in apposition to Agrippa, the subject of regnat
**ā patre acceptō imperiō**: abl. abs.
2 **Aventīnō**: *to Aventinus*; dat. ind. obj.; a king, not a hill
**ipse**: *he himself*; reflexive
**ictus**: PPP iciō
3 **sepultus**: PPP
**eō**: demonstative adj.
4 **fēcit**: *gave*; not an uncommon meaning for faciō in Livy; collī is therefore dat. ind. obj.
5 **Numitōrī**: *to...*; dat. ind. obj.
**maximus (natū)**: *oldest*; 'greatest (in birth)'
6 **Silviae gentis**: *of the clan of Silvius*
7 **plūs potuit**: *was more powerful*; plūs is an inner acc.
**quam**: *than...*; clause of comparison
8 **pulsō frātre**: abl. abs.
**stirpem frātris**: i.e. the son of Numitor

9 **frātris**: *of the brother*; i.e. of Numitor, all part of the cum-clause which follows
**fīliae Reae Silviae**: dat. ind. obj.
**per speciem honōris**: Amulius' true purpose is to prevent Rhea from producing children
10 **cum...lēgisset**: cum clause with plpf. subj. legō, 'choose,' that governs the double acc.
**vestālem**: *as...*; acc. pred.
11 **sed dēbēbātur...prīncipium**: *but the origin of so great a city and the beginning of the greatest empire, following after the help of the gods— was owed, as I suppose, by the fates*; 3p subject with 3s verb; secundum ('following after' + acc.) is a preposition
12 **vī compressa vestalis**: *The Vestal priestess, having been raped,*; 'having been held down by force,' PPP; vī is an irreg. abl. of manner; i.e. Rhea Silvia

Vestālis cum geminum partum ēdidisset, seu ita rata seu quia deus  1
auctor culpae honestior erat, Mārtem incertae stirpis patrem
nuncupat. 3. sed nec dī nec hominēs aut ipsam aut stirpem ā
crūdēlitāte rēgiā vindicant: sacerdōs vīncta in custōdiam datur,
puerōs in prōfluentem aquam mittī iubet.  5

4. forte quādam dīvīnitus super rīpās Tiberis effūsus lēnibus
stāgnīs nec adīrī usquam ad iūstī cursum poterat amnis et posse
quamvīs languidā mergī aquā īnfantēs spem ferentibus dabat. 5. ita
velut dēfūnctī rēgis imperiō in proximā alluviē ubi nunc fīcus
Rūmīnālis est—Rōmulārem vocātam ferunt— 6. puerōs expōnunt.  10
vastae tum in hīs locīs sōlitūdinēs erant.

tenet fāma cum fluitantem alveum, quō expositī erant puerī,

---

**adeō, -īre**: to go to, approach, 1
**alluviēs, -eī f.**: flood, overflow, 1
**alveus, -ī m.**: basket, small vessel, 1
**amnis, -is m.**: river, swift-flowing stream, 2
**crūdēlitās, -tātis f.**: cruelty, crudeness, 1
**culpa, -ae m.**: blame, fault; cause, 3
**cursus, -ūs m.**: course, running, haste, 6
**custōdia, -ae f.**: guard, watch, 4
**dēfungor, -ī, -functum**: fulfill, finish (abl.) 2
**dīvīnitus**: from the gods, providentially, 3
**ēdō, -ere, ēdidī, ēditum**: bring forth, perform, 6
**effūsus, -a, -um**: spread out; *adv.* widely 7
**expōnō, -ere, -posuī, -positum**: set out, 4
**fīcus, -ī (-ūs) f.**: fig, fig-tree, 1
**fluitō (1)**: float, 2
**geminī, -ae, -a**: twin, 3
**honestus, -a, -um**: respectable, honorable, 1
**incertus, -a, -um**: unreliable, doubtful, 5
**īnfāns, -fantis m. f.**: infant, 3
**iūstus, -a, -um**: just, legitimate, 5

**languidus, -a, -um**: languid, inert, 1
**lēnis, lēne**: gentle, 1
**Mārs, Mārtis m.**: Mars, 6
**mergō, -ere, -rsī, mersum**: sink, drown, 2
**nuncupō (1)**: call, name, 3
**partus, -ūs m.**: offspring, 4
**prōfluō, -ere**: flow along, 1
**quamvīs**: however much, although, 2
**rīpa, -ae f.**: riverbank, bank, shore, 3
**Rōmulāris, -e**: Romularis, of Romulus, 1
**Rūmīnālis, -e**: Ruminalis, of Rumina (goddess), 1
**sōlitūdō, sōlitūdinis f.**: wilderness, solitude, 3
**stāgnum, -ī n.**: pool, standing water, 1
**super**: on top of, over, above (acc.), 7
**usquam**: anywhere, 3
**vastus, -a, -um**: vast, waste, 1
**Vestālis, -e**: Vestal (priestess), of Vesta, 2
**vinciō, -īre, vīnxī, vīnctus**: bind, tie, 2
**vindicō (1)**: deliver, set free 2

1 **seu…seu**: *whether…or*; equiv. to *sīve*
**ita rata (est)**: *(she)…*; pf. dep. reor; Rhea Silvia is the subject
**deus auctor culpae**: *a god as agent of her fault*; i.e. Mars, as clarified below
3 **nuncupat**: *calls (x) (y)*; governs a double acc.
**d(e)ī**
**ipsam**: *(Rhea Silvia) herself*
**aut…aut…**: *either…or…*
5 **mittī**: pres. pass. inf.
6 **forte quādam**: *by some…*; abl. of cause, fors
**Tiberis**: nom. subject
**lēnibus stāgnīs**: *into…*; dat. of compound verb
7 **nec…et…**: *both not…and*
**adīrī**: pass. inf.
**ad iūstī cursum…amnis**: *to the channel of the actual swift-flowing stream*
**posse…mergī…īnfantēs**: *that…*; ind. disc. in apposition to spem; inf. possum, mergere
8 **quamvīs languidā…aquā**: *although…*; abl. means or abl. abs., concessive in sense
**ferentibus**: *to (the ones)…*; i.e. the soldiers who brought the infant; dat. ind. obj. pres. pple
9 **velut dēfūnctī**: *(the soldiers) as if having…*; dep. PPP is often translated "having Xed" and here governs an abl. object
10 **Rōmulārem vocātam (esse) ferunt**: *they report that (the fig) was (formerly) called Romularis*
**expōnunt**: i.e. so that the children would die exposed to the natural elements
**tenet fāma**: *a story holds that…*; + ind. disc.
**(in) quō**: *(in) which…*

tenuis in siccō aqua dēstituisset, lupam sitientem ex montibus quī 1
circā sunt ad puerīlem vāgītum cursum flexisse; eam submissās
īnfantibus adeō mītem praebuisse mammās ut linguā lambentem
puerōs magister rēgiī pecoris invēnerit— 7. Faustulō fuisse nōmen
ferunt—ab eō ad stabula Lārentiae uxōrī ēducandōs datōs. sunt quī 5
Lārentiam volgātō corpore lupam inter pāstōrēs vocātam pūtent;
inde locum fābulae ac mīrāculō datum.

8. ita genitī itaque ēducātī, cum prīmum adolēvit aetās, nec in
stabulīs nec ad pecora sēgnēs vēnandō peragrāre saltūs. 9. hinc
rōbore corporibus animīsque sūmptō iam nōn ferās tantum 10
subsistere sed in latrōnēs praedā onustōs impetūs facere
pāstōribusque rapta dīvidere et cum hīs crēscente in diēs grege

---

**adolēscō, -ere, adolēvī**: to grow up, 1
**cursus, -ūs m.**: course, running, haste, 6
**dēstituō, -ere, -uī, -ūtum**: leave, abandon, 3
**fabula, -ae f.**: story, 3
**Faustulus, -ī m.**: Faustulus (shepherd), 2
**fera, -ae f.**: wild beast, 1
**flectō, -ere, flexī, flectum**: turn, bend, 4
**gignō, -ere, genuī, genitum**: beget, 4
**grex, gregis m.**: flock, herd, 3
**īnfāns, -fantis m. f.**: infant, 3
**lambō, -ere, -ī**: lick, 1
**Lārentia, -ae f.**: Larentia (woman), 2
**latrō, -ōnis m.**: bandit, highway robber, 2
**lingua, -ae f.**: tongue, language, 2
**lupa, -ae n.**: she-wolf; prostitute, 2
**magister, -strī m.**: head, keeper, teacher, 2
**mamma, -ae f.**: breast, pap, teat, 1
**mītis, -e**: mild, gentle, 5
**onustus, -a, -um**: loaded, burdened, 1

**pecus, pecoris n.**: herd, flock, 2
**peragrō (1)**: to pass through, traverse, 1
**praebeō, -ēre, -uī, -itum**: present, offer, 3
**puerīlis, -e**: of the boy, boyish, 2
**pūtō (1)**: to think, consider, 4
**rōbor, rōboris n.**: oak; strength, 5
**saltus, -ūs m.**: woodland with pasture, 1
**sēgnis, -e**: sluggish, inactive, lazy, slow, 1
**siccum, -ī n.**: dry land, 1
**sitiēns, sitientis**: thirsty, 1
**stabulum, -ī n.**: cottage, hut; stable, 2
**submittō, -ere, -mīsī**: lower, drop, let down 1
**subsistō, -ere**: make a stand; oppose, 1
**sūmō, -ere, -mpsī, -mptum**: take (up), chose, 6
**tenuis, -e**: thin, 1
**vāgītus, -ūs m.**: wailing, crying, 1
**vēnor, -ārī, -ātum**: hunt, chase, 2
**volgō (1)**: make common, prostitute, publish, 3

---

1 **dēstituisset**: cum-clause with plpf. subj.
 **lupam...flexisse**: *that...*; pf. inf.
2 **puerīlem**: i.e. of the boys
 **(et) eam...praebuisse mammās**: *(and) that...*;
 pf. inf. with īnfantibus as dat. ind. obj.
 **submissās**: English prefers two finite verbs, e.g.
 lowered and offered, where Latin prefers a PPP
3 **ut...invēnerit**: *that...*; result with pf. subj.
 **(eam) linguā lambentem puerōs**: i.e. lūpam
4 **magister**: i.e. Faustulus
 **(eī) Faustulō fuisse nōmen**: *that (to him) was
 the name 'Faustulus;'* Faustulō is acc. attracted
 into the dat. of the missing dat. of possession, eī
5 **ferunt**: *they report*; i.e. according to tradition
 **(puerōs) ab eō...dātōs (esse)**: *that...*; ind. disc.
 following ferunt; pf. pass., add puerōs as subject
 **ēducandōs**: ~~going~~ *to be...*; gerundive in the

attributive position expressing purpose/necessity
 **sunt quī...pūtent**: *there are (those) who...*; rel.
 clause of characeristic with pres. subj.
6 **Lārentiam...vocātam (esse)**: ind. disc., pf.
 pass. inf., lupam, here 'prostitute,' is acc. pred.
 **volgātō corpore**: abl. abs., i.e. prostitution
7 **locum...datum (esse)**: *that a place...*; ind. disc.
 pf. pass.; Laurentia inspires the she-wolf story
 **fabulae ac mīrāculō**: *for...*; dat. of purpose
8 **genitī...ēducātī...peragrāre**: *(they)...*; nom. pl.
 PPP and historical inf. (translate inf. as impf.)
 **nec...nec...sēgnēs**: *and lazy neither in...nor*
9 **vēnandō**: *for...*; gerund (-ing), dat. of purpose
10 **nōn tantum...sed (etiam)**: *not only...but (also)*
11 **subsistere...facere**: *and (they)...*; historical inf.
12 **rapta**: *the things seized*; neut. acc. pl.
 **crēscente grege iuvenum**: abl. abs., gen. pl.

iuvenum sēria ac iocōs celebrāre.

**5.** iam tum in Palātiō monte Lupercal hoc fuisse lūdicrum ferunt, et ā Pallantēō, urbe Arcadicā, Pallantium, dein Palātium montem appellātum; 2. ibi Evandrum, quī ex eō genere Arcadum multīs ante tempestātibus tenuerit loca, sollemne allātum ex Arcadiā īnstituisse ut nūdī iuvenēs Lycaeum Pana venerantēs per lūsum atque lascīviam currerent, quem Rōmānī deinde vocārunt Inuum.

3. huic dēditīs lūdicrō cum sollemne nōtum esset īnsidiātōs ob īram praedae āmissae latrōnēs, cum Rōmulus vī sē dēfendisset, Remum cēpisse, captum rēgī Amūliō trādidisse, ultrō accūsantēs. 4. crīminī maximē dabant in Numitōris agrōs ab iīs impetum fierī; inde eōs collectā iuvenum manū hostīlem in modum praedās agere.

---

**accūsō (1)**: to accuse, blame, reprimand, 1
**adferō, -ferre, attulī, allātum**: bring, propose, 6
**āmittō, -ere, -mīsī, -missum**: lose, let go, 7
**Amūlius, -iī m.**: Amulius, 3
**Arcadēs, -um m.**: Arcadians (Greek people), 1
**Arcadia, -ae f.**: Arcadia (in Greece), 2
**Arcadicus, -a, -um**: Arcadian (Greek), 1
**celebrō (1)**: celebrate; practice, engage in, 3
**colligō, -ere, -ī, -lectum**: collect, gather, 2
**crīmen, crīminis n.**: crime; charge, 3
**currō, -ere, cucurrī**: run, rush, fly, 2
**dēfendō, -ere, -ndī, dēfēnsum**: defend, 1
**dein**: then, next, 2
**Evander, Evandrī m.**: Evander, 5
**hostīlis, -e**: of an enemy, hostile, 3
**īnsidior, -ārī, -ātum**: lay ambush, 1
**Inuus, -ī m.**: Inuus (old name for Lupercus), 1

**iocus, -ī m.**: joke, 1
**lascīvia, -ae f.**: playfulness, wantonness, 1
**latrō, -ōnis m.**: bandit, highway robber, 2
**lūdicrum, -ī n.**: game, sport, exhibition, 4
**Lupercal, -is n.**: cave (sacred to Pan), 1
**lūsus, -ūs m.**: play, game, 1
**Lycaeus, -a, -um**: of Mt. Lycaeus, 1
**nōscō, -ere, nōvī, nōtum**: learn, know, 3
**nūdus, -a, -um**: naked, bare, 3
**Pallanteum, -ī n.**: Pallanteum (Greek city), 1
**Pallantius, -a, -um**: Pallantine, 1 1
**Panos (acc. Pana) m.**: Pan (god), 1
**sērius, -a, -um**: serious; *pl.* business, 1
**tempestās, -tātis f.**: time; weather, 6
**ultrō**: voluntarily, spontaneously; in addition, 4
**veneror, -arī, -ātum**: worship, venerate, 1

1 **sēria**: *serious matters*
   **celebrāre**: i.e. shared activities with shepherds
2 **Lupercal...fuisse**: *that...*; pf. sum
   **ferunt**: *they report*; i.e. according to tradition
3 **Pallantēō**: a city on the Tiber which Virgil places on the site of Rome itself; it is inhabited by Greek Arcadians and led by King Evander
3 **Pallantium (montem)...appellātum (esse)**: *that...*; pf. pass., the name evolved over time
4 **Evandrum...īnstituisse**: *that...*; pf. inf. still governed by ferunt
   **quī...tenuerit**: pf. subj. of a subordinate verb in ind. disc.; translate as pf. ind.
   **ex eō genere**: *from this race*; genus
   **multīs ante tempestātibus**: *many...*; tempestās here means 'occasion' or 'time,' not 'storm' an abl. of degree of difference with adv. ante
6 **ut...currerent**: *(namely) that...*; ind. command with impf. subj. in apposition to sollemne

   **vocā(vē)runt**: governs a double acc.
8 **(iuvenibus) huic dēditīs lūdicrō**: *(the young men) have given (themselves) over to...*; abl. abs. and dat. ind. obj.
   **cum...**: *since...*; causal, plpf. pass. subj. nōscō
   **īnsidiātōs...latrōnēs...cēpisse (et)...trādidisse**: *that the bandits...*; pf. inf. capiō and trādō governed by ferunt above; dep. PPP: translate as 'having Xed'
9 **cum**: *although...*; concessive with plpf. subj.
10 **(et) captum**: *(and)...the captured one*; dir. obj.
   **ultrō**: *in addition*; i.e. over and above expected
11 **crīminī...dabant**: *imputed as a crime*; idiom
   **ab iīs**: *ab eīs*; i.e. by Romulus and Remus
   **impetum fierī**: *(namely) that...*; ind. disc., fiō
12 **eōs...agere**: *that they were driving...*
   **collectā manū**: abl. abs.; manus, 'group'
   **hostīlem in modum**: *in...*

5. sīc Numitōrī ad supplicium Remus dēditur.

iam inde ab initiō Faustulō spēs fuerat rēgiam stirpem apud sē ēducārī; nam et expositōs iussū rēgis īnfantēs sciēbat et tempus quō ipse eōs sustulisset ad id ipsum congruere; sed rem immātūram nisi aut per occāsiōnem aut per necessitātem aperīrī nōluerat. 6. necessitās prior vēnit: ita metū subāctus Rōmulō rem aperit. forte et Numitōrī cum in custōdiā Remum habēret audīssetque geminōs esse frātrēs, comparandō et aetātem eōrum et ipsam minimē servīlem indolem, tetigerat animum memoria nepōtum; scīscitandōque eōdem pervēnit ut haud procul esset quīn Remum agnōsceret.

ita undique rēgī dolus nectitur. 7. Rōmulus nōn cum globō

---

**agnōscō, -ere, agnōvī**: recognize, 1
**comparō (1)**: prepare, collect, 5
**congruō, -ere**: agree, match, 2
**custōdia, -ae f.**: guard, watch, 4
**dolus, -ī m.**: trick, deceit, 7
**expōnō, -ere, -posuī, -positum**: set out, 4
**Faustulus, -ī m.**: Faustulus (shepherd), 2
**geminī, -ae, -a**: twin, 3
**globus, -ī n.**: crowd, throng, group; ball, sphere, 3
**immātūrus, -a, -um**: untimely, premature, 2
**indolēs, -is f.**: natural ability, talent, 4
**īnfāns, -fantis m. f.**: infant, 3
**iussus, -ūs m.**: order, 4
**memoria, -ae f.**: memory, 3
**minimus, -a, -um**: very little; *adv.* least, 6

**necessitās, -tātis f.**: necessity, 4
**nectō, -ere, nexī, nexus**: join, connect, weave, 1
**nepōs, nepōtis m.**: grandson, decendent, 7
**nisi**: if not, unless, 7
**nōlō, nōlle, nōluī**: not wish, be unwilling, 1
**occāsiō, -iōnis f.**: chance, opportunity, 4
**procul**: from afar, from a distance, 4
**scīscitor, -ārī, -ātum**: examine, inquire, 4
**servīlis, -e**: slavish, servile, of a slave, 2
**subigō, -ere, -ēgī**: drive (under), subdue, 3
**supplicium, -iī n.**: punishment, 7
**tangō, -ere, tetigī, tactum**: touch, 2
**tollō, ere, sustulī, sublātum**: lift up; raze, 5
**undique**: from everywhere, from all sides, 4

---

1 **ad**: *for*
**Faustulō**: dat. of possession
2 **rēgiam..ēducārī**: *(namely) that...*; ind. disc. in apposition to spēs
3 **et...et...**: *both...and...*
**expositōs (esse)...īnfantēs**: *that...*; pf. pass. inf.
**tempus..congruere**: *that...*
4 **quō...sustulisset**: *in which...*; relative with plpf. subj. tollō and abl. time when; subj. of subordinate verb in ind. disc.
**ipse**: *he himself*; i.e. Faustulus, intensive
**rem...aperīrī**: *that...*; pass. inf. aperiō, 'reveal'
**nisi**: except
5 **aut...aut...**: *either...or...*
**forte**: abl. fors
**et**: *also, too*; adv.
7 **Numitōrī**: a dat. of interest or, more likely, dat. of possession (Numitor's) far removed from its objects: animum and memoria below

**cum...habēret audī(vi)sset...**: Numitor is the understood subject; impf. and plpf. subj.
8 **comparandō...indolem**: abl. of means, gerund (-ing) with lengthy obj.
**et...et...**: *both...and...*
**eōrum**: i.e. the boy in front of him and Numitor's lost grandson
9 **minimē**: *least*; superl. adv.
**animum**: *his attention*
10 **scīscitantō**: abl. of means, gerund (-ing)
**eōdem**: *to the same (conclusion)*; 'to the same place,' eō is an adv. (cf. quō, 'to where')
**ut...esset**: *so that...*; result, impf. subj. sum
**quīn...**: *that...*; 'but that...' quīn often begins a substantive clause with subj. following negative expressions of doubt or omission
12 **dolus nectitur**: *deception is woven together...*; with dat. of interest

iuvenum—nec enim erat ad vim apertam pār—sed aliīs aliō itinere
iussīs certō tempore ad rēgiam venīre pāstōribus ad rēgem
impetum facit; et ā domō Numitōris aliā comparātā manū adiuvat
Remus. ita rēgem obtruncat.

**6.** Numitor inter prīmum tumultum, hostēs invāsisse urbem atque
adortōs rēgiam dictitāns, cum pūbem Albānam in arcem praesidiō
armīsque obtinendam āvocāsset, postquam iuvenēs perpetrātā
caede pergere ad sē grātulantēs vīdit, extemplō advocātō conciliō
scelera in sē frātris, orīginem nepōtum, ut genitī, ut ēducātī, ut
cognitī essent, caedem deinceps tyrannī sēque eius auctōrem
ostendit. 2. iuvenēs per mediam contiōnem agmine ingressī cum
avum rēgem salūtāssent, secūta ex omnī multitūdine cōnsentiēns

---

**adiuvō, -āre, -iūvī, adiūtum**: help, assist, 6
**adorior, -īrī, adortus**: rise up, attack, 3
**advocō (1)**: to summon, call to, 6
**agmen, agminis n.**: column (of troops), army, 5
**āvocō (1)**: to call away, 1
**avus, avī m.**: grandfather, 3
**cognōscō, -ere, -nōvī, -nitum**: recognize, know, 4
**comparō (1)**: prepare, collect, 1
**cōnsentiō, -īre, -sī**: agree, 3
**contio, contiōnis f.**: assembly, meeting, 6
**deinceps**: one after another, successively, 4
**dictitō (1)**: say repeatedly, 3
**extemplō**: immediately, straightaway, 5
**gignō, -ere, genuī, genitum**: beget, 4

**grātulor, -ārī, grātulātus**: congratulate, 3
**ingredior -gredī -gressum**: step in, enter, 4
**invādō, -ere, -vāsī**: rush upon, attack, 4
**iter, itineris n.**: way, route, path; journey, 5
**nepōs, nepōtis m.**: grandson, decendent, 7
**obtineō, -ēre, -uī, -tentum**: hold, obtain, 1
**obtruncō (1)**: cut down, kill, 2
**ostendō, -ere, ostendī**: to show, 5
**pergō, -ere -rēxī -rectum**: proceed, continue, 7
**perpetrō (1)**: finish, execute, 2
**pūbēs, pūberis f.**: men (young, of military age), 7
**salūtō (1)**: to greet, 2
**tyrannus, -ī m.**: tyrant, 1

---

1 **nec enim**: *for...not*
   **ad vim apertam**: *in regard to...*; Romulus' forces were not as strong as King Amulius' and therefore he could not fight Amulius openly
   **aliīs...iussīs...pāstōribus**: abl. abs.; aliīs aliō is a concise way to express 'some shepherds on one route..., other shepherds on another route...'
2 **certō tempore**: *at...*; abl. time when
3 **aliā...manū**: abl. abs., manus, 'group'
   **hostēs invāsisse...adortōs (esse) rēgiam**: *that...*; pf. act. and pf. dep. inf.
6 **cum...āvocā(vi)sset**: Numitor is still subject; plpf. subj.
   **in arcem...obtinendam**: *for...*; noun + gerundive: perform a gerund-gerundive flip and translate as gerund (-ing) + obj.
   **praesidiō armīsque**: abl. means
7 **iuvenēs...pergere**: *that...*; governed by vīdit
   **perpetrātā caede**: abl. abs.; i.e. Amulius' death

8 **ad sē**: i.e. the boys approached Numitor
   **grātulantēs**: pres. pple expressing purpose
   **advocātō conciliō**: abl. abs.
9 **scelera...(et) orīginem, (et) caedem, sēque**: all dir. objects of ostendit; supply conjunctions
   **in sē**: *against...*; i.e Numitor, reflexive
   **ut genitī (essent), ut ēducātī (essent), ut cognitī essent**: *how...how...how...*; three ind. questions with plpf. pass. subj. in apposition to orīginem
10 **eius auctōrem**: *as its author*; predicative acc.
   **agmine**: *with...*; i.e. a retinue; abl. manner
   **ingressī**: dep. PPP, translate as 'having Xed'
11 **cum...salūtā(vi)ssent**
12 **rēgem**: *as king*; predicative
   **secūta**: dep. PPP, translate as 'having Xed'
   **ex omnī multitūdine**: i.e. from the entire assembly

vōx ratum nōmen imperiumque rēgī efficit. 1

3. ita Numitōrī Albānā rē permissā Rōmulum Remumque cupīdō cēpit in iīs locīs ubi expositī ubīque ēducātī erant urbis condendae. et supererat multitūdō Albānōrum Latīnōrumque; ad id pāstōrēs quoque accesserant, quī omnēs facile spem facerent parvam Albam, parvum Lāvīnium prae eā urbe quae conderētur fore. 4. intervēnit deinde hīs cōgitātiōnibus avītum malum, rēgnī cupīdō, atque inde foedum certāmen coortum ā satis mītī prīncipiō. quoniam geminī essent nec aetātis verēcundia discrīmen facere posset, ut dī quōrum tūtēlae ea loca essent auguriīs legerent quī nōmen novae urbī daret, quī conditam imperiō regeret, Palātium Rōmulus, Remus Aventīnum ad inaugurandum templa capiunt. 5

10

---

**accēdō, -ere, -cessī**: come to, approach, is added, 7
**Aventīnum, ī n. (us, -ī m.)**: Aventine hill, 4
**avītus, -a, -um**: ancestral, of a grandfather, 5
**cōgitātiō, -tiōnis f.**: thought, reflection, 2
**coorior, -orīrī, -ortus sum**: arise, 2
**cupīdō, cupīdinis f.**: desire, longing, 7
**discrīmen, -nis n.**: difference, distinction, 7
**efficiō, -ere, -fēcī, -fectus**: make, bring about, 2
**expōnō, -ere, -posuī, -positum**: set out, 4
**foedus, -a, -um**: ugly, foul, filthy, 4
**geminī, -ae, -a**: twin, 3

**inaugurō (1)**: take auspices, decide by augury, 5
**interveniō -īre -vēnī**: come between, interrupt, 5
**mītis, -e**: mild, gentle, 5
**permittō -ere -mīsī -missum**: entrust to (dat), 3
**prae**: in front of, before (acc); compared to (abl), 6
**prīncipium, -ī n.**: beginning, 4
**quoniam**: since (now), seeing that, 5
**superō (1)**: overcome, surpass, be above, 2
**tūtēla, -ae f.**: protection, guardianship, 4
**ubīque**: everywhere, in every instance, 1
**verēcundia, -ae f.**: reverence, respect; modesty, 3

1 **vōx**: i.e. a unanimous cry or shout; Numitor's kingship is confirmed by voice vote
**ratum**: *ratified*; PPP reor
**rēgī**: dat. of interest
**efficit**: *makes (x) (y)*; governs a double acc. (obj. and pred.)
2 **Numitōrī**: dat. ind. obj. with permissā
**Albānā rē permissā**: *the Alban state...*; abl. abs.
3 **iīs**: eīs, demonstrative adj.
**expositī (erant)**: plpf. pass.
3 **ubīque**: et ubī...
**urbis condendae**: *of...*; noun + gerundive: perform a gerund-gerundive flip and translate as gerund (-ing) + obj.; objective gen. of cupīdō
4 **ad id**: *for this*; expressing purpose
5 **quī...facerent**: *who conceived...*; rel. clause of characteristic with impf. subj.
**facile**: adv.
**parvam (fore) Albam et parvum Lavinium...**
**fore**: *that Alba (would be)...would be...*; ind. disc. with fut. inf. sum (equiv. to futurum esse)
6 **prae**: *compared to...*;
**quae conderētur**: *which...*; relative with impf.

pass. subj., subordinate verb in ind. disc.
7 **hīs cōgitātiōnibus**: *between...*; dat. of compound verb
**avītum malum**: *an ancestral curse*
**rēgnī cupīdō**: nom. in apposition to malum
8 **coortum (est)**: 3s pf. dep., coorior; a main verb linked to intervēnit by the conjunction atque
**quoniam geminī essent...possent**: *since they...*; impf. subj. of alleged cause (cause from the characters' rather than narrator's perspective)
9 **aetātis verecundia**: *respect for age*; the twins could not tell who was born first
10 **ut d(e)ī...legerent**: *so that...might...*; purpose with impf. subj. legō, 'choose'
**quōrum tūtēlae ea loca essent**: *in whose protection those places were*; impf. subj. sum, subordinate verb in a purpose clause
**quī...daret (et) quī...regeret**: ind. questions governed by legerent
11 **Palātium Rōmulus (capit et)**: add verb
12 **ad inaugurandum templa**: *for...*; gerund (-ing) + dir. obj.; templa can, as here, refer to 'open spaces' for observing auspices rather than a building for worship

## Romulus and Remus

**7.** priōrī Remō augurium vēnisse fertur, sex volturēs; iamque nuntiātō auguriō cum duplex numerus Rōmulō sē ostendisset, utrumque rēgem sua multitūdō cōnsalūtāverat: tempore illī praeceptō, at hī numerō avium rēgnum trahēbant. 2. inde cum altercātiōne congressī certāmine īrārum ad caedem vertuntur; ibi in turbā ictus Remus cecidit. volgātior fāma est lūdibriō frātris Rēmum novōs trānsiluisse mūrōs; inde ab īrātō Rōmulō, cum verbīs quoque increpitāns adiēcisset, 'sīc deinde, quīcumque alius trānsiliet moenia mea,' interfectum. 3. ita sōlus potītus imperiō Rōmulus; condita urbs conditōris nōmine appellāta.

Palātium prīmum, in quō ipse erat ēducātus, mūniit. sacra dīs aliīs Albānō rītū, Graecō Herculī, ut ab Evandrō īnstitūta erant,

---

**altercātiō, -tiōnis f.**: dispute, argument, 1
**at**: but, yet; at least, 6
**conditor, -tōris m.**: founder, 5
**congredior, -ī, congressum**: gather; contend, 2
**consalūtō (1)**: greet (unanimously), 1
**duplex (duplicis)**: double, 3
**Evander, Evandrī m.**: Evander, 5
**Graecus, -a, -um**: Greek, 1
**Hercules, -is m.**: Hercules, 7
**increpitō (1)**: chide, rebuke, speak angrily, 1
**īrātus, -a, -um**: angry, angered, 2
**lūdibrium, -ī n.**: mockery, just, sport, 3

**mūniō, -īre, -īvī, -ītum**: fortify, build, 6
**ostendō, -ere, ostendī**: to show, 5
**potior, -īrī, potītum**: take possession of (abl.), 2
**praecipiō, -ere, -cēpī, -ceptum**: order; take in advance or in anticipation, 5
**rītus, -ūs m.**: rite, ceremony, 6
**sex**: six, 4
**trahō, -ere, trāxī, tractum**: draw, drag, 6
**trānsiliō, -īre, -uī**: jump across or over, 2
**turba, -ae f.**: crowd, throng; tumult, 4
**volgātus, -a, -um**: well-known, ordinary, 1
**voltur, -is, m.**: vulture, 1

---

1 **priōrī**: comparative prīmus
  **Remō**: dat. of interest or direction
  **fertur**: *is reported*
2 **nuntiātō auguriō**: abl. abs.
  **cum...ostendisset**: plpf. subj.
  **duplex numerus**: i.e. twelve
  **Rōmulō**: dat. ind. obj.
3 **utrumque**: *each*; acc. uterque
  **rēgem**: *as*...; acc. pred.
  **sua**: *his own*; an unusual nom. reflexive possessive adj. with multitūdō; i.e. the followers of each brother
3 **tempore illī praeceptō (regnum trahēbant)**: *those (lay claim to the kingship) because of time attained in advance*; i.e. 'drew the kingship to their side;' tempore praeceptō is abl. of cause
4 **numerō**: *because of...*; abl. of cause with gen. pl. avis
5 **congressī**: *having clashed*; dep. PPP
  **certāmine īrārum**: *because of...*; or 'through...' abl. of cause
6 **ictus**: PPP iciō
  **cecidit**: pf. cadō; i.e. died

  **fāma**: *report, story*
  **lūdibriō frātris**: *as*...; dat. of purpose and objective gen. (frātris is the obj. of the derision)
7 **Rēmum...trānsiluisse**: *that...*; pf. inf.
  **inde (Rēmum) ab īrātō Rōmulō...interfectum (esse)**: *that...*; pf. pass. inf. and abl. of agent
  **cum...adiēcisset**: plpf. subj.; verbīs is abl. of means
8 **sīc deinde**: i.e. let him perish
9 **trānsiliet**: 3s fut.
  **potītus (est)**: pf. dep + abl. obj.
10 **appellāta (est)**: main verb
11 **ipse**: *he himself*; i.e. Romulus, intensive
  **sacra...facit**: *he makes sacrifices*; or 'performs sacred rites,' a common substantive in Livy
  **d(e)īs aliīs**: dat. pl. of interest
12 **Albānō rītū**: *by...*; abl. of manner
  **Graecō (rītū) Herculī (sacra facit)**: *(but) by...*; heavy ellipsis; abl. of manner and dat. interest
  **ut...īnstitūta erant**: *just as...*; ut introduces a clause of comparison following Graecō (rītū); Arcadian Evander ruled Pallanteum

facit. 4. Herculem in ea loca Gēryonē interemptō bovēs mīrā speciē
abēgisse memorant, ac prope Tiberim fluvium, quā prae sē
armentum agēns nandō trāiēcerat, locō herbidō ut quiēte et pābulō
laetō reficeret bovēs et ipsum fessum viā prōcubuisse. 5. ibi cum
eum cibō vīnōque gravātum sopor oppressisset, pāstor accola eius
locī, nōmine Cācus, ferōx vīribus, captus pulchritūdine boum cum
āvertēre eam praedam vellet, quia sī agendō armentum in
speluncam compulisset, ipsa vestīgia quaerentem dominum eō
dēductūra erant, āversōs bovēs eximium quemque pulchritūdine
caudīs in speluncam trāxit.

6. Herculēs ad prīmam aurōram somnō excitus cum gregem
perlūstrāsset oculīs et partem abesse numerō sēnsisset, pergit ad

---

**abigō, -ere, abēgī**: drive away, 1
**accola, -ae f.**: neighbor, 3
**armentum, -ī n.**: herd, 3
**aurōra, -ae f.**: dawn, 1
**Cācus, -ī m.**: Cacus, 2
**cauda, -ae f.**: tail, 1
**cibus, -ī m.**: food, 1
**compellō, -ere, -pulī**: drive back or together, 2
**dēdūcō, -ere**: lead or bring down, launch, 7
**dominus, -ī m.**: master, 4
**eximius, -a, -um**: excellent, outstanding, 2
**fessus, -a, -um**: wearied, exhausted, 5
**fluvius, -ī m.**: river, 2
**Gēryon, -onis m.**: Geryon, 1
**gravō (1)**: weigh down, oppress, aggrieve, 3
**grex, gregis m.**: flock, herd, 3
**herbidus, -a, -um**: grassy, 1
**Hercules, -is m.**: Hercules, 7
**interimō, -ere, -ēmī, -emptum**: take out, kill, 4
**laetus, -a, -um**: happy, fortunate; abundant, rich, 6
**memorō (1)**: to recall, mention, 5

**mīrus, -a, -um**: amazing, surprising, 7
**nō (1)**: swim, 1
**oculus, -ī, m.**: eye, 6
**opprimō, -ere, -pressī**: overwhelm; suppress, 6
**pābulum, -ī n.**: food, fodder, pasture, 1
**pergō, -ere -rēxī -rectum**: proceed, continue, 7
**perlūstrō (1)**: survey; traverse, 1
**prae**: in front of, before (acc); compared to (abl), 6
**prōcumbō, -ere, -cubuī**: lie down, fall postrate, 1
**pulchritūdō, -inis f.**: beauty, 3
**quiēs, quiētis f.**: rest, repose, sleep, 4
**reficiō, -ere, -fēcī, -fectum**: refresh, repair, 3
**sēntiō, -īre, sēnsī, sēnsum**: feel, perceive, 7
**somnus, -ī m.**: sleep, 4
**sopor, -is m.**: heavy sleep, 1
**spēlunca, -ae f.**: cave, 6
**trahō, -ere, trāxī, tractum**: draw, drag, 6
**trāiciō, -icere, -iēcī, -iectum**: cross, pierce, 1
**vestīgium, -ī n.**: footstep, tracks; trace, 3
**via, -ae, f.**: way, road, 7
**vīnum, -ī n.**: wine, 2

---

1 **Herculem...abēgisse**: *that...*; pf. abigō
**Gēryonē interemptō**: abl. abl.; in the 10th labor Hercules killed this three-bodied monster
**mīrā speciē**: *of...*; abl. of quality

2 **memorant**: *they recall*; i.e. people in general
**quā...trāiēcerat**: *where...*; relative adv.

3 **nandō**: *by...*; abl. means, gerund (-ing)
**(in) locō herbidō**
**ut...reficeret bovēs**: *so that...might...*; purpose with impf. subj.; bovēs is acc. obj.

4 **ipsum...prōcubuisse**: *that he himself...*; ind. disc. with pf. inf. governed by memorant above
**viā**: *from the journey*; 'from the road,' abl. cause
**cum...oppressisset**: cum clause with plpf. subj.

5 **accola**: *neighboring*; lit. 'neighbor'

**eius locī**: gen. sg. demonstrate

6 **nōmine**: *by...*; abl. of respect
**vīribus**: *in...*; abl. of respect, pl. vīs
**boum**: gen. pl. bōs
**cum...vellet**: impf. subj. volō, the praeda are cattle

7 **agendō...**: abl. means, gerund (-ing)
**sī...compluisset,...dēductūra erant**: *if he had...would...*; a mixed condition (sī plpf. subj., periphrastic fut.); a periphastic fut.(fut. pple + sum) 'were going to X' is equiv. to 'would X'

8 **eō**: *there, to there*; adv. (cf. quō, 'to where')

9 **eximium quemque**: *each one...*; in apposition to pl. bovēs; pulchritūdine is abl. respect: 'in...'

12 **numerō**: *from the group*; abl. of separation

proximam speluncam, sī forte eō vestīgia ferrent. quae ubi omnia 1
forās versa vīdit nec in partem aliam ferre, cōnfūsus atque incertus
animī ex locō īnfēstō agere porrō armentum occēpit. 7. inde cum
actae bovēs quaedam ad dēsīderium, ut fit, relictārum mūgīssent,
reddita inclūsārum ex spēluncā boum vōx Herculem convertit. 5
quem cum vādentem ad speluncam Cācus vī prohibēre cōnātus
esset, ictus clāvā fidem pāstōrum nēquīquam invōcāns morte
occubuit.

8. Evander tum ea, profugus ex Peloponnēsō, auctōritāte magis
quam imperiō regēbat loca, venerābilis vir mīrāculō litterārum, reī 10
novae inter rudēs artium hominēs, venerābilior dīvīnitāte crēdita
Carmentae mātris, quam fātiloquam ante Sibyllae in Ītaliam

---

**armentum, -ī n.**: herd, 3
**auctōritās, -tātis f.**: authority, 2
**Cācus, -ī m.**: Cacus, 2
**Carmenta, -ae, f.**: goddess of prophecy, 1
**clāva, -ae f.**: club, staff, 1
**cōnfundō, -ere, -fūdī, -fūsum**: confuse, disturb, 3
**cōnor, -ārī, cōnātum**: try, attempt, 3
**convertō, -ere, -ī, -rsus**: turn (around), 4
**dēsīderium, -iī n.**: longing; grief (for a loss), 5
**dīvīnitās, -tātis f.**: divinity, 2
**Evander, Evandrī m.**: Evander, 5
**fātiloquus, -a, -um**: prophetic, 1
**forās**: out of doors, 2
**Hercules, -is m.**: Hercules, 7
**incertus, -a, -um**: unreliable, doubtful, 5
**inclūdō, -ere, -ūsī, -ūsum**: close in/shut in, 3
**invōcō (1)**: invoke, call on, 4

**Ītalia, -ae f.**: Italy, 3
**littera, -ae f.**: letter (of the alphabet), 1
**mūgiō, -īre, -īvī**: moo, bellow, 1
**nēquīquam**: to no purpose, in vain, 3
**occipiō, -ere, -cēpī, -captum**: begin, 2
**occumbō, -ere, uī**: fall, fall prostrate, 1
**Peloponnēsus, ī m.**: Peloponnesus, 1
**porrō**: forward; again, in turn; furthermore, 4
**profugus, -ī m.**: fugitive, refugee, 4
**prohibeō, -ēre, -hibuī**: hold back, hinder, 6
**regō, regere, rēxī, rectum**: rule, be king, 3
**rudis, -e**: uncultivated, inexperienced in (gen), 3
**Sibylla, -ae f.**: Sibyl, 1
**spēlunca, -ae f.**: cave, 6
**vādō, -ere, -sī, -sum**: go, proceed, 1
**venerābilis, -e**: venerable, 4
**vestīgium, -ī n.**: footstep, tracks; trace, 3

1 **forte**: abl. fors
  **eō**: *there, to there*; adv. (cf. quō, 'to where')
  **ubi…vīdit**: *when…*
2 **forās**: *outward*; i.e. away from the cave
  **partem**: *direction*
  **incertus animī**: *uncertain at heart*; gen. animī is common among poets but does not conform to common uses of the gen. (perhaps a locative?)
3 **cum…mūgī(vi)ssent**: plpf. subj.
4 **actae**: *(while)…*; PPP, the cattle are fem. pl.
  **ad dēsīderium**: *at…*; i.e. in consequence of…
  **ut fit**: *as…*; clause of comparison
  **relictārum (boum)**: *of (those)…*; i.e. bovēs substantive from the PPP relinquō; objective gen. of dēsīderium
5 **boum**: gen. pl. bōs
6 **quem**: *this one*; i.e. Hercules, a connective relative; Latin uses a relative in transitions where English prefers a demonstrative

  **cum…cōnātus esset**: plpf. dep. subj.
  **vī**: *by…, with…*; irreg. abl. of manner, vīs
7 **ictus**: PPP iciō; i.e, Cacus
  **fidem**: *protection*; 'assurance' or 'good faith'
  **morte occubuit**: *died*; 'fell in death'
9 **ea…loca**: *that region*; 'those places'
10 **mīrāculō litterārum**: *in…*; abl. of respect following venerābilis; famed for inventing the Roman alphabet
  **reī novae**: gen. in apposition to litterārum
  **inter…hominēs**
11 **dīvīnitāte crēdita**: *because of the believed divinity*; abl. of cause and PPP or causal abl. abs.
12 **Carmentae mātris**: Evander's mother; modifying dīvīnitāte
  **quam**: *whom…*; Carmenta māter is the antecedent
  **fātiloquam**: *as…*
  **ante…adventum**

adventum mīrātae eae gentēs fuerant. 9. is tum Evander concursū 1
pāstōrum trepidantium circā advenam manifēstae reum caedis
excitus postquam facinus facinorisque causam audīvit, habitum
fōrmamque virī aliquantum ampliōrem augustiōremque hūmānā
intuēns rogitat quī vir esset. 10. ubi nōmen patremque ac patriam 5
accēpit, 'Iove nāte, Herculēs, salvē,' inquit; 'tē mihi māter,
vēridica interpres deum, auctūrum caelestium numerum cecinit,
tibique āram hīc dicātum īrī quam opulentissima ōlim in terrīs gēns
maximam vocet tuōque rītū cōlat.' 11. dextrā Herculēs data
accipere sē ōmen implētūrumque fāta ārā conditā ac dicātā ait. 12. 10
ibi tum prīmum bove eximiā captā dē grege sacrum Herculī,
adhibitīs ad ministerium dapemque Potītiīs ac Pīnāriīs, quae tum

---

**adhibeō, -ēre, -buī**: apply, admit, 4
**adventus, -ūs m.**: arrival, approach, 6
**advena, ae m.**: foreigner, immigrant, 7
**aiō**: say, affirm, 6
**aliquantum, -ī n.**: some, considerable, 5
**amplus, -a, -um**: ample, full, spacious, 3
**āra, ārae f.**: altar, 6
**augustus, -a, -um**: august, majestic, 4
**canō, -ere, cecinī, cantum**: sing, prophesy, 5
**colō, -ere, coluī, cultum**: cultivate; worship, 3
**concursus, -ūs m.**: gathering; collision, charge, 5
**daps, dapis f.**: feast, 2
**dicō (1)**: dedicate, 4
**Evander, Evandrī m.**: Evander, 5
**eximius, -a, -um**: excellent, outstanding, 2
**facinus, -noris n.**: bad deed, crime, 6
**fātum, -ī n.**: fate, ruin, death, 5
**fōrma, -ae, f.**: shape, form, beauty, 3

**grex, gregis m.**: flock, herd, 3
**habitus, -ūs m.**: state, disposition; possession, 5
**Hercules, -is m.**: Hercules, 7
**interpres, interpretis m/f.**: messenger, 2
**intueor, -tuērī, -tuitus sum**: look upon, 5
**manifēstus, -a, -um**: clear, evident, flagrant, 4
**ministerium, -ī n.**: service, office, 4
**ōlim**: once; one day, 2
**ōmen, ōminis n.**: omen, 3
**opulentus, -a, -um**: opulent, wealthy, 5
**Pīnāriī, -ōrum m.**: Pinarii, 2
**Potītiī, -ōrum m.**: Potitii, 4
**reus, -ī m.**: defendant, 1
**rītus, -ūs m.**: rite, ceremony, 6
**rogitō (1)**: to ask, ask for, 3
**salveō, -ēre**: be well; *imper.* hello, 2
**trepidō (1)**: to tremble, be agitated, 4
**vēridicus, -a, -um**: truthful, 1

1 **mīrātae...fuerant**: equiv. to plpf. dep. mīror; fuerat stresses the completedness of the action
  **eae gentēs**: demonstative adj.
  **is Evander**: demonstrative adj.
2 **circā**: *about..., concerning...*
  **manifēstae reum caedis**: *as a...*; reum is in apposition to advenam;
3 **excitus**: PPP exciō
4 **virī**: i.e. of Heracles
  **hūmānā (fōrmā)**: *than...*; abl. of comparison
5 **quī vir esset**: ind. question, impf. subj.
6 **Iove**: *from...*; abl. origin Iūppiter, which declines Iūppiter, Iovis, Iovī, Iovem, and Iove
  **nāte**: *son*; 'the one having been born,' voc. dir. address from PPP of nāscor
  **tē...auctūrum (esse)**: *that...*; fut. inf. augeō, caelestium numerum is dir. obj.
  **mihi**: dat. of possession (translate as possessive)

7 **cecinit**: pf., i.e. prophesy was often in meter
8 **tibi**: *for...*; dat. of interest
  **āram...dicātum īrī**: *that an altar was going to be dedicated*; or 'would be dedicated,' fut. pass. inf. (acc. supine + pass. inf. eō, īre) is always impersonal (-um), but the acc., here āram, is used in English as the subject; following cecinit
  **quam...vocet...colat**: *which...*; pres. subj. of a subordinate verb (relative clause) in ind. disc.; the altar is called the 'Ara Maxima'
9 **dextrā...datā**: abl. abs., i.e. in oath-taking
10 **accipere sē ōmen**: *that...*; ind. disc. i.e. affirms
  **(sē) implētūrum (esse) fāta**: *and that...*; reflexive sē remains acc. subject
  **ārā...dicātā**: abl. abs.
11 **bove...captā dē grege**: abl. abs.
  **sacrum Herculī...factum (est)**: *a sacrifice...*
12 **adhibitīs...Potītiīs ac Pīnāriīs**: abl. abs.

familiae maximē inclitae ea loca incolēbant, factum. 13. forte ita ēvēnit ut Potītiī ad tempus praestō essent iīsque exta appōnerentur, Pīnāriī extīs adēsīs ad cēteram venīrent dapem. inde īnstitūtum mānsit dōnec Pīnārium genus fuit, nē extīs eōrum sollemnium vēscerentur. 14. Potītiī ab Evandrō ēdoctī antistitēs sacrī eius per multās aetātēs fuērunt, dōnec trāditō servīs pūblicīs sollemnī familiae ministeriō genus omne Potītiōrum interiit. 15. haec tum sacra Rōmulus ūna ex omnibus peregrīna suscēpit, iam tum immortālitātis virtūte partae ad quam eum sua fāta dūcēbant fautor.

**8.** rēbus dīvīnīs rītē perpetrātīs vocātāque ad concilium multitūdine quae coalēscere in populī ūnīus corpus nūllā rē praeterquam lēgibus poterat, iūra dedit; 2. quae ita sāncta generī

---

**adedō, -ere, -ēdī, -esus**: eat up, 1
**antistes, antistis m.**: priest, 4
**appōnō, -ere, -suī, -positum**: place, set, 1
**coalēscō, -ere, -ēvī**: combine, coalesce, 3
**daps, dapis f.**: feast, 2
**ēdoceō, -ēre, -uī**: teach thoroughly, 2
**Evander, Evandrī m.**: Evander, 5
**ēveniō, -īre**: turn out, happen, 4
**extum, -ī n.**: entrails, innards, 3
**familia, -ae f.**: family, household, 3
**fātum, -ī n.**: fate, ruin, death, 5
**fautor, -ōris m.**: supporter, patron, 3
**immortālitās, -tātis f.**: immortality, 2
**inclitus, -a, -um**: famed, well known, 5

**incolō, -ere, -uī**: inhabit, dwell on, 2
**intereō, -īre, -īvī, -ītum**: die, perish, 1
**ministerium, -ī n.**: service, office, 4
**perpetrō (1)**: finish, execute, 2
**Pīnāriī, -ōrum m.**: Pinarii, 2
**Pīnārius, -a, -um**: of the Pinarii (family), 1
**Potītiī, -ōrum m.**: Potitii, 4
**praestō**: at hand, ready, 2
**praeterquam**: besides, beyond; except, 4
**rītē**: duly, fitly, 3
**sānctus, -a, -um**: sacred, holy, 4
**suscipiō, -ere, cēpī, ceptum**: undertake, take up, 7
**vēscor, vēscī**: to feed on, eat (abl.), 1

---

1 **quae...familiae**: *which families...*; relative adj.
  **ea...loca**: *that region*; 'those places'
  **forte**: abl. fors
2 **ēvēnit**: *it...*; impersonal
  **ut...essent...appōnerentur**: *that...*; noun result clause with impf. subj.: translate as indicative
  **ad**: *at...*
  **iīs**: *before...*; eīs, dat. of compound verb
3 **extīs adēsīs**: abl. abs.
  **ad cēteram dapem**: *for the rest of the feast*
4 **mānsit**: *it remained*; impers.; īnstitūtum is a PPP and nom. pred.
  **nē...vēscerentur**: *that (they)...not...*; ind. command; the Pinarii are the subject
  **eōrum sollemnium**: gen. pl. sollemnis refers to the rites or sacrifices
  **sacrī eius**: i.e the sacrifice; eius is demonstrative
6 **trāditō...sollemnī ministeriō**: abl. abs., sollemnī is an i-stem abl. with ministeriō
8 **ūna**: *alone*; modifies neut. haec sacra

**iam tum...fautor**: *already then a supporter of immortality gained by valor, to which his own fates were leading him*; in apposition to Romulus; virtūte is abl. cause; partae is PPP pariō; Romulus will later be deified
10 **rēbus...perpetrātīs**: abl. abs.
  **vocātā...multitūdine**: abl. abs.
11 **quae...poterat**: multitūdine is antecedent
11 **populī ūnīus**: *of...*; ūnīus is gen. sg. ūnus
  **nūllā rē**: *by no means, in no way*; abl. of means
12 **iūra**: *rules of law*; i.e. law in general, which can be written or unwritten
  **quae...fore**: *that these...*; ind. disc. with fut. inf. sum (equiv. to futurum esse); quae is a connective relative and refers to the laws; sāncta is neut. pl. pred.; all governed by ratus (est)
  **generī...agrestī**: *to...*; dat. of reference (point of view) or interest; genus refers to 'race' or 'group'

hominum agrestī fore ratus, sī sē ipse venerābilem īnsignibus 1
imperiī fēcisset, cum cēterō habitū sē augustiōrem, tum maximē
līctōribus duodecim sūmptīs fēcit. 3. aliī ab numerō avium quae
auguriō rēgnum portenderant eum secūtum numerum putant: mē
haud paenitet eōrum sententiae esse quibus et appāritōrēs hoc 5
genus ab Etrūscīs fīnitimīs, unde sella curūlis, unde toga praetexta
sūmpta est, <et> numerum quoque ipsum ductum placet, et ita
habuisse Etrūscōs quod ex duodecim populīs commūniter creātō
rēge singulōs singulī populī līctōrēs dederint.

4. crēscēbat interim urbs mūnītiōnibus alia atque alia appetendō 10
loca, cum in spem magis futūrae multitūdinis quam ad id quod tum
hominum erat mūnīrent. 5. deinde nē vāna urbis magnitūdō esset,

---

**agrestis, -e**: of the fields, rural; farmer, ruralfolk, 4
**appāritor, -ōris f.**: attendant (free-born), guard, 3
**appetō, -ere, -īvī, -petītus**: seek, aim for, 1
**augustus, -a, -um**: august, majestic, 4
**curūlis, -e**: curule, 2
**duodecim**: twelve, 6
**habitus, -ūs m.**: state, disposition; possession, 5
**interim**: meanwhile, in the meantime, 5
**mūniō, -īre, -īvī, -ītum**: fortify, build, 6
**mūnītio, -iōnis f.**: fortification, entrenchment, 3
**paenitet, -ēre, -uit**: it makes (acc) feel regret, 4

**placet, -uit**: it is pleasing, it is resolved, 5
**portendō, -ere, -tendī, -tentum**: foretell, 7
**praetextus, -a, -um**: bordered, 1
**pūtō (1)**: to think, consider, 4
**sella, -ae f.**: chair, 2
**sententia, -ae f.**: opinion, thought, feeling, 4
**sūmō, -ere, -mpsī, -mptum**: take (up), chose, 6
**toga, -ae f.**: toga, 1
**vānus, -a, -um**: in vain, useless, worthless, false, 7
**venerābilis, -e**: venerable, 4

1 **ratus (est)**: dep. pf.
**sī...fēcisset**: *if...*; plpf. subj. facio; subj. of a subordinate verb in ind. disc.; (originally, fut. more vivid); with a double acc. (obj. and pred.)
**ipse**: *he himself*
**īnsignibus**: *with emblems*; means
2 **cum...tum...**: *both...and...*; common correlatives (lit. 'when...at that time') followed by ablatives
2 **cēterō habitū**: *with a different disposition*; i.e. his outward behavior; abl. of manner
**sē augustiōrem...fēcit**: *made (x) (y)*; the verb governs a double acc. (obj. and pred.)
3 **līctōribus sūmptīs**: abl. means or abl. abs.
4 **auguriō**: abl. means
**eum secūtum (esse) numerum**: *that he...*; pf. dep. inf. sequor; Romulus is subject
**mē...paenitet**: *I...regret the opinion.*; 'it makes me regret of the opinion,' impers. verb with acc. of the person feeling and gen. of the obj. of the feeling; i.e. I find the opinion reasonable
5 **eōrum...quibus...placet**: *of those for whom...*; relative with dat. of interest governed by placet
**esse...et appāritōrēs hoc genus...fīnitimīs**: *both that attendants of this type are...*; ind. disc. governed by placet; hoc genus is adverbial acc.

i.e. these customs come from the Etruscans

5 **unde sella curūlis (sūmpta est)**: a chair used by officials
7 **<et> numerum...ductum (esse)**: *and that...*; 2nd ind. disc. with pf. pass. inf governed by placet; diamond brackets indicate an addition made by the modern editor
**ita habuisse Etrūscōs**: *and that the Etruscans considered thus*; the explanation is that there are 12 lictors because there are 12 Etruscan cities
8 **quod...dederint**: *because...*; 3p pf. subj. dō, subj. of alleged cause;
**creātō rēge**: abl. abs.
**singulōs...līctōrēs**: *individual...*; acc. dir. obj.
10 **mūnītiōnibus**: *in...*; abl. respect or means
**alia atque alia...loca**: pl. loca often means a sg. 'region'
**appetendō**: abl. means, gerund (-ing)
11 **cum...magis...mūnīrent**: *since...*; causal
**in spem...futūrae multitūdinis**: fut. pple. sum
**quam**: *than...*; clause of comparison after magis
**ad id quod (numerus) hominum...erat**: *for that which...*; ad expressing purpose
12 **nē...esset**: *so that...might not...*; neg. purpose

adiciendae multitūdinis causā vetere cōnsiliō condentium urbēs, 1
quī obscūram atque humilem conciendō ad sē multitūdinem nātam
ē terrā sibi prōlem ēmentiēbantur; locum quī nunc saeptus
ēscendentibus inter duōs lūcōs est asȳlum aperit. 6. eō ex fīnitimīs
populīs turba omnis sine discrīmine, līber an servus esset, avida 5
novārum rērum perfūgit, idque prīmum ad coeptam magnitūdinem
rōboris fuit.

7. cum iam vīrium haud paenitēret, cōnsilium deinde vīribus
parat. centum creat senātōrēs, sīve quia is numerus satis erat, sīve
quia sōlī centum erant quī creārī patrēs possent. patrēs certē ab 10
honōre patriciīque prōgeniēs eōrum appellātī.

**9.** iam rēs Rōmāna adeō erat valida ut cuilibet fīnitimārum

---

**an**: or (in questions), 7
**Asȳlum, -ī n.**: Asylum; refuge, sanctuary 2
**avidus, -a, -um**: eager, greedy, desirous for 1
**concieō, -ēre, -īī**: rouse, provoke, stir up, 3
**discrīmen, -nis n.**: difference, distinction, 7
**ēmentior, -īrī, ēmentitum**: lie, pretend, 1
**ēscendō, -ere, -dī**: ascend, 2
**humilis, -e**: lowly, humble, 3
**lūcus, -ī m.**: grove, 7
**obscūrus, -a, -um**: dim, obscure, indistinct, 3
**paenitet, -ēre, -uit**: it makes (acc) feel regret, 4

**patricius, -a, -um**: patrician, 1
**perfugiō, -ere, -fūgī**: flee, take refuge, 1
**prōgeniēs, -eī f.**: offspring, descendent, 3
**prōles, -is f.**: offspring, 3
**quilibet, quae-, quod-**: anyone you please, 2
**rōbor, rōboris n.**: oak; strength, 5
**saepiō –īre, saepsī, saeptum**: to hedge, fence in, 2
**senātor, -ōris m.**: senator, 1
**sīve (seu)**: or if, whether if, 2
**turba, -ae f.**: crowd, throng; tumult, 4
**validus, -a, -um**: strong, powerful, 5

1 **adiciendae...causā**: *for the sake of...*; causā + preceding gen. is a common preposition; noun + gerundive: perform a gerund-gerundive flip and translation as gerund (-ing) + obj.
**condentium urbēs**: *of (those)...*; gen. pl. pres. pple and obj.; antecedent of the quī that follows

2 **obscūram...conciendō...multitūdinem**: *for...*; dat. of purpose rather than abl. of means or cause, gerund (-ing) and obj.
**nātam (esse)...prōlem**: *that...*; ind. disc.; sibi is dat. of interest or dat. of possession; i.e. the idea that one's ancestors are prōles, 'offspring,' that sprang from the earth

3 **locum**: i.e. the Asylum, the ridge between the two peaks of the Capitoline hill
**quī...saeptus...est**: pres. pf. pass. in English

4 **ēscendentibus**: *for (those)...*; dat. of interest; supply collem, 'hill,' as obj.
**asȳlum**: *as a sanctuary*; predicative; the name of the place, Asylum, and its later as a sanctuary gives rise to our use of the word today
**eō**: *there, to there*; adv. (cf. quō, 'to where')

5 **līber an servus esset**: *(whether) he...*; ind. question in apposition to discrīmine

6 **novārum rērum**: *for new circumstances*; else 'of political changes' or 'of revolution'
**idque prīmum...fuit**: *and this was the first step toward...*

8 **cum..paenitēret**: *since he regretted*+ gen.; 'it made (him) regret of,' causal cum clause with impersonal verb with acc. of person feeling and gen. of the obj. of the feeling
**vīrium**: gen. pl. vīs; i.e. of the multitude
**vīribus**: *for...*; dat. ind. obj.; vīs

9 **sīve...sīve...**: *whether...or*

10 **patrēs**: here synonymous with senātōrēs
**patrēs certē ab honōre (appellātī sunt)**: *they...*
patrēs is nom. pred.
**ab**: *as a result of*

11 **patriciī prōgeniēs eōrum appellātī (sunt)**:
prōgeniēs is subject and patriciī is nom. pred.

12 **Rēs Rōmāna**: *the Roman state*
**adeō**: adv. (cf. adhūc; ad, 'to' + eō 'to there,' often means 'so far,' 'so,' or 'to such an extent'
**ut...esset**: *that...*; result with impf. subj. sum
**cuilibet**: dat. of special adjective, here pār

cīvitātum bellō pār esset; sed pēnūriā mulierum hominis aetātem 1
dūrātūra magnitūdō erat, quippe quibus nec domī spēs prōlis nec
cum fīnitimīs cōnūbia essent. 2. tum ex cōnsiliō patrum Rōmulus
lēgātōs circā vīcīnās gentēs mīsit quī societātem cōnūbiumque
novō populō peterent: 3. urbēs quoque, ut cētera, ex īnfimō nāscī; 5
dein, quās sua virtūs ac dī iuvent, magnās opēs sibi magnumque
nōmen facere; 4. satis scīre, orīginī Rōmānae et deōs adfuisse et
nōn dēfutūram virtūtem; proinde nē gravārentur hominēs cum
hominibus sanguinem ac genus miscēre.

5. nusquam benignē lēgātiō audīta est: adeō simul spernēbant, 10
simul tantam in mediō crēscentem mōlem sibi ac posterīs suīs
metuēbant. ac plērīsque rogitantibus dīmissī ecquod fēminīs

---

**adsum, -esse, -fuī**: be present, assist, 6
**benignus, -a, -um**: kind, kindly, 7
**cōnūbium, -ī n.**: marriage, right of marriage, 5
**dein**: then, next, 2
**dēsum, -esse, -fuī**: be lacking, fail (dat), 6
**dīmittō, -ere, -mīsī, -missus**: dismiss, 2
**dūrō (1)**: endure, last, 1
**ecquī, -qua, -quod**: any, is there any?, 1
**fēmina, -ae f.**: woman, 2
**gravō (1)**: weigh down, oppress, aggrieve, 3
**iuvō (1)**: help, assist, aid; *iuvat*, it is pleasing, 3
**lēgātiō, -ōnis f.**: envoy, ambassador, legate, 2
**metuō, -ere, -uī**: to fear, dread, 1

**misceō, -ēre, -uī, mīxtum**: mix, mingle, 5
**mōlēs, -is f.**: mass; burden, magnitude; labor, 3
**nusquam**: nowhere, 2
**pēnūria, -ae f.**: need, want, 1
**plērusque, plēra-, plērum-**: very many, most, 3
**proinde**: then, therefore, consequently, 3
**prōlēs, -is f.**: offspring, 3
**rogitō (1)**: to ask, ask for, 3
**sanguis, sanguinis m.**: blood, 7
**societās, -tātis f.**: alliance, association, 7
**spernō, -ere, sprēvī**: spurn, reject, 3
**vīcīnus, -a, -um**: neighboring, 6

---

1 **bellō**: *in...*; abl. respect
  **pēnūriā**: *because of...*; abl. cause
  **aetātem**: *for (one) lifetime...*; acc. of duration
2 **dūrātūra erat**: periphrastic fut. (fut. pple + impf. sum)
  **quibus...essent**: *(for those) for whom*; i.e. 'for whomever,' a relative clause of characteristic with impf. subj. sum; dat. of interest
  **domī**: *at...*; locative
4 **quī...peterent**: *who would...*; a relative clause of purpose (quī = ut eī)
5 **novō populō**: *with...*; abl. of association or dat. of interest
  **urbēs...nāscī**: *that...*; a series of ind. disc. explaining what the envoys said; pres. dep. inf. nāscor
  **ut cētera**: *just as...*; clause of comparison
6 **dein (urbēs) quās...iuvent**: *then (the cities) which...*; a relative clause of characteristic with pres. subj., the missing antecedent is acc. subj. of facere in ind. disc.
  **sibi**: dat. interest

7 **satis (esse) scīre**: *that (it is)...*; i.e. there is sufficient evidence
  **orīginī...deōs adfuisse**: *that...*; pf. adsum in ind. disc. governed by scīre; dat. of compound verb
8 **nōn dēfutūram (esse) virtūtem**: *that...*; ind. disc. with fut. inf.
  **nē gravārentur...**: *that the people not be reluctant* + inf.; 'be weighed down,' negative ind. command
10 **simul...simul...**: *both...and at the same time*
  **in mediō**: *in their midst*
  **sibi ac posterīs suīs**: *for...*; dat. of interest
12 **plērīsque rogitantibus**: abl. abs. the plērīsque refer to the cities approached by the envoys
  **dīmissī**: *(those)...*; PPP, i.e. the rejected Roman envoys; subject of aperuissent in ind. question
  **ecquod...asȳlum aperuissent**: *had...any asylum...*; ind. question with plpf. subj. governed by rogitantibus; ecquod is an interrogative adj.

quoque asȳlum aperuissent; id enim dēmum compār cōnūbium  1
fore. 6. aegrē id Rōmāna pūbēs passa et haud dubiē ad vim spectāre
rēs coepit.

   cui tempus locumque aptum ut daret, Rōmulus aegritūdinem
animī dissimulāns lūdōs ex industriā parat Neptūnō equestrī  5
sollemnēs; Cōnsuālia vocat. 7. indicī deinde fīnitimīs spectāculum
iubet; quantōque apparātū tum sciēbant aut poterant, concelebrant
ut rem clāram exspectātamque facerent. 8. multī mortālēs
convēnēre, studiō etiam videndae novae urbis, maximē proximī
quīque, Caenīnēnsēs, Crustuminī, Antemnātēs; 9. iam Sabīnōrum  10
omnis multitūdō cum līberīs ac coniugibus vēnit. invītātī
hospitāliter per domōs cum situ moeniaque et frequentem tēctīs

---

**aeger, -gra, -grum**: sick, injured; *adv.* poorly, 6
**aegritūdō, -inis f.**: injury, sickness, affliction, 1
**Antemnātēs, -ium m.**: Amtemnates, inhabitants of Amtemnae, 4
**apparātus, -ūs m.**: equipment, provision, 1
**aptus, -a, -um**: fitting, suitable for (dat.), 6
**Asȳlum, -ī n.**: Asylum; refuge, 2
**Caenīnēnsēs, -ium m.**: Caeninenses (people), 3
**clārus, -a, -um**: clear, distinguished, famous, 6
**compār (*gen.* compāris)**: equal, peer, 1
**concelebrō (1)**: celebrate, 1
**coniūnx -ūgis m/f**: husband, wife, spouse, 6
**Cōnsuālia, -ōrum n.**: Consualia (festival), 1
**cōnūbium, -ī n.**: marriage, right of marriage, 5
**Crustuminī, -ōrum m.**: Crustumini (people), 5
**dēmum**: at length, finally, 2

**dissimulō (1)**: conceal, feign, dissemble, 1
**equester, -stris, -stre**: equestrian, 2
**exspectō (1)**: look out for, wait for, await, 4
**frequēns, frcuequentis**: crowded, busy, 6
**hospitāliter**: hospitably, 1
**industria, -ae f.**: diligence, exertion, 3
**invītō (1)**: to invite, summon, 2
**lūdus, -ī m.**: game, play, sport; school, 5
**mortālis, -e**: mortal, 6
**Neptūnus, -ī m.**: Neptune, 1
**pūbēs, pūberis f.**: men (young, of military age), 7
**situs, -ūs m.**: site, position; situation, 3
**spectō (1)**: to watch, look at, 6
**studium, -ī n.**: zeal, desire, pursuit, 5
**tēctum, -ī n.**: roof; dwelling, home, shelter, 6

1 **id...fore**: *(they say) that it...*; fore is fut. inf. sum (equiv. to futūrum esse); the speech of the neighboring cities to the envoys has shifted from ind. question to ind. disc.
  **compār cōnūbium**: i.e. a marriage between peers
2 **aegrē**: *poorly*
  **passa (est)**: pf. dep. patior; id is acc. obj.
  **spectāre**: *to look to*; i.e. be inclined to a certain direction of action
3 **rēs**: *the situation*; nom.
4 **cui...ut daret**: *so that he might...*; purpose clause with unusual order
  **cui**: *for this*; i.e. for the violence; a connective relative and dat of special adj.
  **aegritūdinem**: i.e. resentment
  **animī**: gen. sg.: found among poets but does not conform to common usage (perhaps a locative?)
5 **Neptūnō equestrī**: dat. ind. obj.; horses are sacred to Neptune

6 **(lūdōs) vocat**: *he calls (the games)...*; governs a double acc.
  **indicī...spectāculum**: *that...be declared*; ind. disc.
7 **quantōque apparātū...poterant**: *with as much provisions as...*; a relative clause
  **ut...facerent**: *so that...might...*; purpose with impf. subj.; the verb governs a double accusative
8 **exspectātam**: *(eagerly) expected*
9 **convēnēr(unt)**: syncopated 3p pf.
  **studiō**: *with...*; abl. of cause
  **videndae novae urbis**: *for...*; noun + gerundive; perform a gerund-gerundive flip and translate as a gerund (ing) + obj.; objective gen. with studiō
  **proximī quīque (convēnērunt)**: add verb
11 **invītātī**: *(those)...*; PPP, subject of the cum clause below
12 **cum...vīdissent**: cum clause with plpf. subj.
  **tēctīs**: abl. means with frequentem

urbem vīdissent, mīrantur tam brevī rem Rōmānam crēvisse. 10. ubi
spectāculī tempus vēnit dēditaeque eō mentēs cum oculīs erant,
tum ex compositō orta vīs signōque datō iuventūs Rōmāna ad
rapiendās virginēs discurrit. 11. magna pars forte in quem quaeque
inciderat raptae: quāsdam fōrmā excellentēs, prīmōribus patrum
dēstinātās, ex plēbe hominēs quibus datum negōtium erat domōs
dēferēbant. 12. ūnam longē ante aliās speciē ac pulchritūdine
īnsignem ā globō Thalassī cuiusdam raptam ferunt multīsque
scīscitantibus cuinam eam ferrent, identidem nē quis violāret
Thalassiō ferrī clāmitātum; inde nūptiālem hanc vōcem factam. 13.
turbātō per metum lūdicrō maestī parentēs virginum profugiunt,
incūsantēs violātī hospitiī foedus deumque invocantēs cuius ad

---

**brevis, -e**: short, brief, 5
**clāmitō (1)**: call out (repeatedly), 2
**compositum, -ī n.**: agreement, compact, 4
**dēferō, -ferre, -tulī, -lātum**: carry away, bring, 5
**dēstinō (1)**: to intend, design, 2
**discurrō, -ere, -currī**: run about, 1
**excellō, -ere, -uī**: excel, 1
**fōrma, -ae, f.**: beauty, shape, form, 3
**globus, -ī n.**: crowd, throng, group; ball, sphere, 3
**hospitium, ī n.**: guest-friendship/hospitality, 6
**identidem**: repeatedly, 2
**incidō, -ere, -cīdī**: fall into/upon; happen, 5
**incūsō (1)**: to accuse, complain of, 1
**invōcō (1)**: invoke, call on, 4
**iuventūs, -tūtis f.**: youth, 5

**lūdicrum, -ī n.**: game, sport, exhibition, 4
**maestus, -a, -um**: grief-stricken, gloomy, 4
**mēns, mentis f.**: mind, intent, purpose, 4
**negōtium, iī n.**: task, business, 4
**nūptiālis, -e**: of marriage, 1
**oculus, -ī, m.**: eye, 6
**profugiō, -īre, -īvī, -ītum**: flee, escape, 2
**pulchritūdō, -inis f.**: beauty, 3
**quīnam, quae-, quid-**: just who/what?, 2
**scīscitor, -ārī, -ātum**: examine, inquire, 4
**Thalassius, -ī m.**: Thalassius, 2
**turbō (1)**: throw in confusion, disturb, 5
**violō (1)**: to do violence to, violate, 5
**virgō, virginis f.**: maiden, virgin, 6

---

1 **tam brevī (tempore)**: *in...*; abl. time when
  **rem Rōmānam crēvisse**: *that the Roman state...* pf. inf. crēscō
2 **dēditae...erant**: plpf. pass. dedō
  **eō**: dat. ind. obj. demonstrative; i.e. the spectacle
  **ex compositō**: *by agreement*
  **orta (est) vīs**: pf. dep. orior, vīs is fem. sg.
3 **signō datō**: abl. abs.; perhaps a gesture from Romulus
  **ad rapiendās virginēs**: *for...*; noun + gerundive perform a gerund-gerundive flip and translate as gerund (-ing) + obj.
4 **magna pars**: i.e. of the virginēs
  **forte**: abl. fors
  **quaeque**: *each one*
5 **raptae (sunt)**
  **quāsdam**: *some*
  **fōrmā**: *in...*; abl. respect
  **prīmōribus**: *for...*; dat. of interest
6 **quibus...datum erat**: *to whom...*; relative
  **domōs**: *to...*; acc. place to which

7 **ūnam (virginem)**
  **ante**: i.e. excelled, stood out
  **speciē ac pulchritūdine**: *in...*; abl. of respect
8 **ā globō Thalassī cuiusdam**: *by...*; abl. agent; i.e. acting on behalf of a man named Thalassius
  **ferunt**: *carry off*
  **multīsque scīscitantibus**: abl. abs.
9 **cuinam...ferrent**: ind. quest. with impf. subj.
  **nē quis...violāret**: *lest anyone...*; 'so that...not' neg. purpose clause; quis is indefinite
10 **(eam) Thalassiō ferrī**: *that she was being carried to Thalassius*; following clāmitātum
  **clāmitātum (est)**: *they...*; 'it was shouted repeatedly' impers. pf. pass.: translate in the active in English
  **nūptiālem...factam (esse)**: *that...*; 2nd ind. disc. governed by clāmitātum est; 'Thalassio' was commonly shouted at weddings in Livy's time
11 **turbātō...lūdicrō**: abl. abs.
12 **violātī hospitiī foedus**: *the pact of...*; example of hypallage: read 'violātum hospitiī foedus'

sollemne lūdōsque per fās ac fidem dēceptī vēnissent. 14. nec raptīs aut spēs dē sē melior aut indignātiō est minor.

sed ipse Rōmulus circumībat docēbatque patrum id superbiā factum quī cōnūbium fīnitimīs negāssent; illās tamen in mātrimōniō, in societāte fortūnārum omnium cīvitātisque et quō nihil cārius hūmānō generī sit līberum fore; 15. mollīrent modo īrās et, quibus fors corpora dedisset, darent animōs; saepe ex iniūriā postmodum grātiam ortam; eōque meliōribus ūsūrās virīs quod adnīsūrus prō sē quisque sit ut, cum suam vicem functus officiō sit, parentium etiam patriaeque expleat dēsīderium. 16. accēdēbant blanditiae virōrum, factum pūrgantium cupiditāte atque amōre, quae maximē ad muliebre ingenium efficācēs precēs sunt.

---

**accēdō, -ere, -cessī**: come to, approach, is added, 7
**adnītor, -ī adnīxum/sum**: strive, make an effort, 1
**amor, -ōris m.**: love, desire, passion, 5
**blanditia, -ae f.**: flattery, 1
**cārus, -a, -um**: dear, precious, costly, 2
**circumeō, -īre, -iī**: go around, canvass, 2
**cōnūbium, -ī n.**: marriage, right of marriage, 5
**cupiditās, -tātis f.**: desire, ambition, 6
**dēcipiō, -ere, -cēpī, -ceptum**: deceive, 1
**dēsīderium, -iī n.**: longing; grief (for a loss), 5
**doceō, -ēre, -uī, -ctus**: teach, tell, 3
**efficāx (efficācis)**: effective, efficacious, 2
**expleō, -ēre, -ēvī, -ētum**: fulfull, fill out, 4
**fās n.**: right, righteousness, divine law, 6
**fungor, -ī, functum**: perform (abl.), 3
**grātia, -ae f.**: gratitude, favor, influence, thanks, 6

**indignātiō, -tiōnis f.**: indignity, outrage, 2
**lūdus, -ī m.**: game, play, sport; school, 5
**mātrimōnium, -iī n.**: marriage, 6
**melior, melius**: better, 5
**molliō, -īre, -īvī**: soften, calm, mollify, 1
**negō (1)**: to deny, say that...not, 5
**officium, -iī, n.**: duty, service, 3
**postmodum**: afterwards, shortly, 1
**precēs, -um**: prayer, entreaty, 7
**pūrgō (1)**: excuse, apology; clear away, cleanse, 3
**saepe**: often, 2
**societās, -tātis f.**: alliance, partnership, 7
**superbia, -ae f.**: arrogance, pride, 6
**ūtor, ūtī, usum**: use, enjoy (abl.), 3
**vicis, -is f.**: turn, exchange; office; **-em**, in turn, 6

---

1 **per fās ac fidem**: *on the pretext of...*; per + acc. can express the alleged reason for an action
**nec...aut...aut...**: *nor...either...or...*
**raptīs**: *to (those)...*; PPP rapiō, i.e. the virginēs
3 **patrum id...factum (esse)**: *that it...*; ind. disc. with pf. pass. inf.
**superbiā**: *because of...*; abl. cause
4 **quī...negā(vi)sset**: *who...*; plpf. subj.; subj. of a subordinate verb in ind. disc.
**illās...fore**: *that those...*; fut. inf. sum
5 **fortūnārum, cīvitātiseque, et...līber(ōr)um**: all gen. pl. modifying societāte; līberī, 'children'
**quō...sit**: *than which...*; relative with pres. subj. sum of a subordinate verb in ind. disc.; abl. of comparison; the antecedent is līber(ōr)um
**cārius**: neut. comparative, nom. pred.
6 **hūmānō generī**: *to...*; dat. of reference
**(ut) mollīrent**: *(that) they should...*; ind. command without ut; a jussive in dir. speech
7 **quibus...dedisset**: *(to those) to whom...*; plpf.

subj.; subj. of subordinate verb in ind. disc.
**(ut) darent**: *(that) they should*; see above
**animōs**: *hearts*; 'minds'; Romulus wants the women to submit willingly
**saepe...grātiam ortam (esse)**: *that...*; pf. orior
8 **eō...quod**: *because of this...(namely) because...*
**meliōribus ūsūrās (esse) virīs**: *that (they)...*; ind. disc. with fut. inf. ūtor + abl. obj.
**adnīsūrus sit**: *is going...*; periphrastic fut. subj.
9 **prō sē quisque**: *each (husband) for his part* 'each according to his own ability'
**ut...expleat**: *that he...*; result
**suam vicem**: *in his turn*; adverbial acc.
**functus sit**: pf. dep. fungor + abl.
10 **parentium...dēsīderium**: *(the women's) longing for...*; objective gen.
**accēdēbant**: i.e. come after Romulus' speech
11 **factum**: *the deed*; i.e. the kidnapping; acc. obj.
**pūrgantium**: pres. pple modifying virōrum
12 **ad...**: *for a woman's heart*

**10.** iam admodum mītigātī animī raptīs erant; at raptārum parentēs tum maximē sordidā veste lacrimīsque et querellīs cīvitātēs concitābant. nec domī tantum indignātiōnēs continēbant sed congregābantur undique ad T. Tatium rēgem Sabīnōrum, et lēgātiōnēs eō quod maximum Tatī nōmen in iīs regiōnibus erat conveniēbant. 2. Caenīnēnsēs Crustumīnīque et Antemnātēs erant ad quōs eius iniūriae pars pertinēbat. lentē agere hīs Tatius Sabīnīque vīsī sunt: ipsī inter sē trēs populī commūniter bellum parant. 3. nē Crustumīnī quidem atque Antemnātēs prō ārdōre īrāque Caenīnēnsium satis sē impigrē movent; ita per sē ipsum nōmen Caenīnum in agrum Rōmānum impetum facit. 4. sed effūsē vastantibus fit obvius cum exercitū Rōmulus levīque certāmine

---

**admodum**: to the limit, in full measure, 1
**Antemnātēs, -ium m.**: Amtemnates, inhabitants of Amtemnae, 4
**ārdor, ardōris m.**: ardor, passion, 2
**at**: but, yet; at least, 6
**Caenīnēnsēs, -ium m.**: Caeninenses (people), 3
**Caenīnus, -a, -um**: of Caenina (town), 1
**concitō (1)**: stir up, incite, impel, 4
**congregō (1)**: gather together, assemble, 1
**contineō, -ēre, -uī, -tum**: hold together, confine, 4
**Crustumīnī, -ōrum m.**: Crustumini (people), 5
**effūsus, -a, -um**: spread out; *adv.* widely 7
**impiger, -gra, -grum**: active, energetic, quick, 2
**indignātiō, -tiōnis f.**: indignity, outrage, 2

**lacrima, -ae f.**: tear, 5
**lēgātiō, -ōnis f.**: embassy, envoy, 2
**lentus, -a, -um**: slow, 1
**levis, -e**: light, 1
**mītigō (1)**: soften, 2
**obvius, -a, -um**: in the way of (dat), 5
**pertineō, -ēre, -tinuī**: pertain to; reach, 5
**querella, -ae f.**: complaint, 3
**sordidus, -a, -um**: dirty, 3
**T.**: Titus, 3
**undique**: from everywhere, from all sides, 4
**vastō (1)**: lay waste, 1
**vestis, -is f.**: clothing, 4

1 **raptīs**: *(the ones)...*; dat. of possession, PPP
**raptārum**: *of (the ones)...*; PPP rapiō
2 **nec...tantum...sed**: *not only...but (also)*
**domī**: *at...*; locative
5 **eō**: *there, to there*; adv. (cf. quō, 'to where')
**quod**: *because*
**iīs**: eīs, demonstrative
6 **eius iniūriae**: *of this...*; gen. demonstrative adj.
7 **agere**: *to act*
**eīs**: *to...*; dat. of reference (their viewpoint)
8 **vīsī sunt**: *seemed*
**ipsī...trēs populī**: the neighbors acted without the Sabines because they thought the Sabines were not reacting fast enough
9 **nē...quidem**: *not even...*; usually emphasizing the word inbetween, but here both subjects; both move too slowly for the Caeninenses
**prō**: *in proportion to..., for...*
10 **satis**: adv.
**per sē**: *by themselves*
11 **nōmen Caenīnum**: *people of Caenina*; i.e. all who carry the name of Caenina
**in**: *against...*; agrum here means 'land' or 'territory' instead of simply 'field'
**effūsē**: *widely*; 'spead out'
12 **vastantibus**: *to (those)...*; i.e. the Caeninenses, dat. of interest
**fit obvius**: *comes in their way*
**levī certāmine**: *in...*; abl. of means

docet vānam sine vīribus īram esse. exercitum fundit fugatque, 1
fūsum persequitur: rēgem in proeliō obtruncat et spoliat: 5. duce
hostium occīsō urbem prīmō impetū capit.

inde exercitū victōre reductō, ipse cum factīs vir magnificus tum
factōrum ostentātor haud minor, spolia ducis hostium caesī 5
suspēnsa fabricātō ad id aptē ferculō gerēns in Capitōlium
ēscendit; ibique ea cum ad quercum pāstōribus sacram dēposuisset,
simul cum dōnō dēsignāvit templō Iovis fīnēs cognōmenque
addidit deō: 6. 'Iūppiter Ferētrī' inquit, 'haec tibi victor Rōmulus
rēx rēgia arma ferō, templumque hīs regiōnibus quās modo animō 10
mētātus sum dēdicō, sēdem opīmīs spoliīs quae rēgibus ducibusque
hostium caesīs mē auctōrem sequentēs posterī ferent.'

---

**aptus, -a, -um**: fitting, suitable for (dat.), 6
**caedō, -ere, cecīdī, caesum**: kill, slaughter, 5
**Capitōlium, -ī n.**: Capitolium, 4
**cognōmen, -minis n.**: nickname, 7
**dēdicō (1)**: to dedicate, consecrate, 2
**dēpōnō, -ere, -posuī**: put down, put aside, 2
**dēsignō (1)**: to mark out, designate, 2
**doceō, -ēre, -uī, -ctus**: teach, tell, 3
**dōnum, -ī n.**: gift, 7
**ēscendō, -ere, -dī**: ascend, 2
**fabricor, -ārī, -ātus sum**: make, fashion, 1
**ferculum, -ī n.**: frame, 1
**Ferētrius, -ī m.**: Feretrius (of trophies), 2

**fugō (1)**: to put to flight, 1
**magnificus, -a, -um**: magnificent, splendid, 1
**mētor, -ārī, -ātum**: mark, lay out, 1
**obtruncō (1)**: cut down, kill, 2
**occīdō, -ere, -cīdī, -cīsus**: kill, strike down, 5
**opīmus, -a, -um**: honorable, splended, rich 2
**ostentātor, -ōris m.**: braggart, vaunter, 1
**persequor, -ī, -secūtus**: follow, pursue, 3
**quercus, -ūs f.**: oak, 1
**redūcō, -ere, -xī, -ctus**: lead/bring back, 2
**spoliō (1)**: to despoil, plunder, 2
**suspendō, -ere, -ndī, -nsum**: hang up, 5
**vānus, -a, -um**: in vain, useless, worthless, false, 7

1 **vānam...īram esse**: *that...*
  **vīribus**: abl. pl., vīs
2 **(exercitum) fūsum**: PPP fundō; supply the noun
  **duce...occīsō**: abl. abs.
3 **prīmō impetū**: *in...*; abl. time when
4 **exercitū victōre...reductō**: *the victorious army...*; abl. abl.
  **ipse**: *he himself*; i.e. Romulus, intensive
  **cum...tum...**: *both...and...*
  **factīs**: *in deeds*; abl. respect; substantive
5 **factōrum**: *of deeds*
  **spolia...suspēnsa**: i.e. the armor removed from the king several lines earlier
  **ducis...caesī**: PPP caedō
6 **facbricātō...ferculō**: *on a...*; abl. means or place where, governed by suspēnsa
  **ad id**: *for this (purpose)*
  **gerēns**: *carrying*; spolia is obj.; Livy notes that Romulus carried it himself

7 **ea**: i.e. spolia; demonstrative, obj. of dēposuisset
  **cum...dēposuisset**: plpf. subj.
  **pāstōribus**: dat. of reference (in the eyes of...)
8 **cum dōnō**: *with his offering*
  **templō Iovis**: *for...*; dat. of purpose and gen. Iūppiter
9 **Iūppiter Ferētrī**: voc. dir. address
10 **hīs regiōnibus**: i.e. place marked-off for the temple; dat. ind. obj.
  **quās...mētātus sum**: *which...*; pf. dep. mētor
  **(in) animō**
11 **sēdem**: in apposition to templum
  **opīmīs spoliīs**: *for...*; dat. interest; Opima spolia is thereafter the term for the arms and armor taken off a vanguished general on the battlefield
  **quae...ferent**: *which...*; fut., i.e. to same place
  **rēgibus ducibusque...caesīs**: abl. abs., caedō
12 **auctōrem**: *as...*; acc. pred.
  **posterī**: *those hereafter*; i.e. future generations

7. haec templī est orīgō quod prīmum omnium Rōmae sacrātum est. ita deinde dīs vīsum nec inritam conditōris templī vōcem esse quā lātūrōs eō spolia posterōs nuncupāvit nec multitūdine compotum eius dōnī volgārī laudem. bīna posteā, inter tot annōs, tot bella, opīma parta sunt spolia: adeō rāra eius fortūna decoris fuit.

**11.** dum ea ibi Rōmānī gerunt, Antemnātium exercitus per occāsiōnem ac sōlitūdinem hostīliter in fīnēs Rōmānōs incursiōnem facit. raptim et ad hōs Rōmāna legiō ducta palātōs in agrīs oppressit. 2. fūsī igitur prīmō impetū et clāmōre hostēs, oppidum captum; duplicīque victōriā ovantem Rōmulum Hersilia coniūnx precibus raptārum fatīgāta ōrat ut parentibus eārum det veniam et in cīvitātem accipiat: ita rem coalēscere concordiā posse.

---

**Antemnātēs, -ium m.**: Amtemnates, inhabitants of Amtemnae, 4
**bīnī, -ae, -a**: two each, two by two, 4
**coalēscō, -ere, -ēvī**: combine, coalesce, 3
**compos (compotis)**: partaking of, possessing, 2
**concordia, -ae f.**: concord, harmony, 2
**conditor, -tōris m.**: founder, 5
**coniūnx -ūgis m/f**: husband, wife, spouse, 6
**dōnum, -ī n.**: gift, 7
**dum**: while, as long as, until, 6
**duplex (duplicis)**: double, 3
**fatīgō (1)**: to tire out, weary, exhaust, 1
**Hersilia, -ae f.**: Hersilia, 1
**hostīlis, -e**: of an enemy, hostile, 3
**incursiō, -iōnis f.**: incursion, 2
**inritus, -a, -um**: ineffective, in vain, 1
**laus, laudis f.**: praise, adulation, 2

**legiō, legiōnis f.**: legion, 7
**nuncupō (1)**: call, name, 3
**occāsio, -iōnis f.**: chance, opportunity, 4
**opīmus, -a, -um**: rich, 2
**opprimō, -ere, -pressī**: overwhelm; suppress, 6
**ōrō (1)**: plead, pray (for), entreat, 5
**ovō (1)**: exult in, rejoice in, 3
**palor, -ārī, -ātum**: scatter, wander, 1
**posteā**: after this, afterwards, 5
**precēs, -um**: prayer, entreaty, 7
**raptim**: suddenly, quickly, 2
**rārus, -a, -um**: rare; scattered, far apart, 2
**sacrō (1)**: make sacred, consecrate, dedicate, 4
**solitūdō, solitūdinis f.**: wilderness, solitude, 3
**tot**: so many, 5
**venia, -ae f.**: mercy, indulgence, favor, 3
**volgō (1)**: make common, prostitute, publish, 3

1 **haec**: *this is...*
  **Rōmae**: *at...*; locative
2 **dīs vīsum (est)...laudem**: *it seemed (good) to the gods neither that the voice of the founder of the temple was ineffective, by which (voice) he declared that those hereafter will bring spoils there, nor that the praise of that gift was made common by a multitude of partakers*; i.e. the dedication of the Opimia Spolia became a tradition but a rare one in Roman history
  **nec...nec...**: *neither...nor...*
  **inritam...esse**: *that...*;
  **quā...nuncupāvit**: *by which,...*
3 **lātūrōs (esse)...posterōs**: *that...*; fut. inf. ferō
  **eō**: *there, to there*; adv. (cf. quō, 'to where')
  **multitūdine...volgārī laudem**: *that...*; pass. inf.
5 **parta sunt**: *were gained*; 'were produced,' pf. pass. pariō

  **adeō**: adv.
  **eius...decoris**: *of this...*; gen. demonstrative
6 **ea**: *these things*; obj.
8 **ad hōs**: *against...*
  **ducta**: *drawn up*
  **palātōs**: *(those)...*; i.e. the enemy, dep. PPP palor and obj. of oppressit
9 **fūsī (sunt)**: pf. pass. fundō, 'spread,' but here 'rout' or 'turn away'
10 **oppidum captum (est)**: i.e. Amtemnae
  **duplicī victōriā**: *because of...*; abl. cause with i-stem 3rd decl. abl.
11 **raptārum**: *of (those)...*; PPP rapiō, i.e. the virginēs, who are now Roman wives
  **ut...det...accipiat**: *that...*; ind. command
12 **ita rem...posse**: *(and) that the state...*; ind. disc. following ind. command

3. facile impetrātum.

inde contrā Crustuminōs profectus bellum īnferentēs. ibi minus etiam quod aliēnīs clādibus cecidērant animī certāminis fuit. 4. utrōque colōniae missae: plūrēs inventī quī propter ūbertātem terrae in Crustuminum nōmina darent. et Rōmam inde frequenter migrātum est, ā parentibus maximē ac propinquīs raptārum.

5. novissimum ab Sabīnīs bellum ortum multōque id maximum fuit; nihil enim per īram aut cupiditātem actum est, nec ostendērunt bellum prius quam intulērunt. 6. cōnsiliō etiam additus dolus. Sp. Tarpēius Rōmānae praeerat arcī. huius fīliam virginem aurō corrumpit Tatius ut armātōs in arcem accipiat; aquam forte ea tum sacrīs extrā moenia petītum ierat. 7. acceptī obrutam armīs

---

**aurum, -ī n.**: gold, 2
**clādēs, -is f.**: disaster, destruction, loss, 5
**colōnia, -ae f.**: colony, 4
**corrumpō, -ere, -rūpī**: break down, ruin, 3
**Crustumerium, -ī n.**: Crustuminum (town), 1
**Crustuminī, -ōrum m.**: Crustumini (people), 5
**cupiditās, -tātis f.**: desire, ambition, 6
**dolus, -ī m.**: trick, deceit, 7
**extrā**: outside; beyond, outside of (acc.), 3
**frequēns, frequentis**: crowded, busy, 6
**impetrō (1)**: obtain, accomplish, 2

**migrō (1)**: to travel, migrate, 3
**obruō, -ere, -ī, -tum**: overwhelm, 1
**ostendō, -ere, ostendī**: to show, 5
**praesum, -esse, -fuī**: be over, preside (dat.), 2
**propinquus, -a, -um**: near, neighboring; kin, 3
**propter**: on account of, because of (acc), 1
**Sp.**: Spurius, 3
**Tarpēius, -a, -um**: Tarpeian, 2
**ūbertās, -tātis f.**: productiveness, 1
**virgō, virginis f.**: maiden, virgin, 6

1 **facile impetrātum (est)**: *it was...*; impers. pf. pass., Romulus did as Hersilia requested
**facile**: adv.

2 **profectus (est)**: pf. dep. proficīscor
**ibi (bellum) minus etiam...fuit**: *there (the war) was even smaller*; neut. comparative as pred.

3 **quod...certāminis fuit**: *because the spirit for combat had fallen off because of the losses of the others*; i.e. the earlier battle; abl. cause

4 **utrōque (locō)**: *to...*; dat. of direction
**missae (sunt)**
**plūrēs**: *more*; i.e. Romans volunteering as colonists
**inventī (sunt)**
**quī...nōmina darent**: *who...*; relative clause of characteristic with impf. subj.: nōmina dare is a common idiom for 'enroll' or 'enlist'

5 **Rōmam**: acc. place to which

6 **migrātum est**: *they...*; 'it was migrated,' impers. pf. pass. which is better translated actively in English; the Crustumini are the subject

6 **propinquīs**: *kinsmen*; 'those near'
**raptārum**: *of (those)...*; PPP rapiō, i.e. the virginēs, who are now Roman wives

7 **novissimum...bellum**: *last*; 'most recent,' the most recent in any series or list is the last one
**ortum (est)**: pf. pass. orior
**multō**: *by far*; 'by much,' abl. of degree of difference

8 **ostendērunt**: *reveal, show off*

9 **prius quam**: *before*; 'earlier than' with a clause of comparison
**intulērunt**: pf. inferō
**additus (est)**

10 **Rōmānae...arcī**: dat. of compound verb; the arx is the walled-in hilltop on the Capitoline
**huius**: gen. demonstrative hic; i.e. of Tarpeius
**aurō**: abl. means

11 **armātōs (virōs)**: i.e. the enemy Sabines
**forte**: abl. fors
**ea**: i.e. Tarpeia, the daughter; nom. sg.

12 **sacrīs**: *for...*; dat. of purpose
**petītum**: *to...*; acc. supine (PPP + um) often expresses purpose: translate as an inf.
**ierat**: plpf. eō
**(Sabīnī) acceptī**: PPP, nom. pl.
**(eam) obrutam armīs**: *(her)...*; PPP, add eam

necāvēre, seu ut vī capta potius arx vidērētur seu prōdendī exemplī
causā nē quid usquam fīdum prōditōrī esset. 8. additur fābula, quod
volgō Sabīnī aureās armillās magnī ponderis brāchiō laevō
gemmātōsque magnā speciē ānulōs habuerint, pepigisse eam quod
in sinistrīs manibus habērent; eō scūta illī prō aureīs dōnīs
congesta. 9. sunt quī eam ex pactō trādendī quod in sinistrīs
manibus esset dērectō arma petīsse dīcant et fraude vīsam agere
suā ipsam peremptam mercēde.

**12.** tenuēre tamen arcem Sabīnī; atque inde posterō diē, cum
Rōmānus exercitus īnstrūctus quod inter Palātīnum
Capitōlīnumque collem campī est complēsset, nōn prius
dēscendērunt in aequum quam īrā et cupiditāte reciperandae arcis

---

**aequus, -a, -um**: equal, fair, level, even, 3
**ānulus, -ī m.**: ring, 1
**armilla, -ae f.**: bracelet, 1
**aureus, -a, -um**: gold, golden, 3
**bracchium, -ī n.**: arm, 1
**campus, -ī m.**: field, 4
**Capitōlium, -ī n.**: Capitolium, 4
**compleō, -ēre, ēvī, -plētum**: fill full or up, 1
**congerō, -ere, -gessī, -gestum**: heap up together, 2
**cupiditās, -tātis f.**: desire, ambition, 6
**dērectus, -a, -um**: straight, direct, 1
**dēscendō, -ere, -ndī, -nsum**: descend, 6
**dicō (1)**: dedicate, 4
**dōnum, -ī n.**: gift, 7
**fabula, -ae f.**: story, 3
**fīdus, -a, -um**: faithful, trustworthy, loyal, 1
**fraus, fraudis f.**: fraud, deception; harm, hurt, 5
**gemmātus, -a, -um**: jewelled, 1
**laevus, -a, -um**: left, unfavorable, 6
**mercēs, mercēdis f.**: pay, wages; bribe, 2
**necō (1)**: to kill, slay, put to death, 2
**pactum, -ī n.**: pact, agreement, 4
**pangō, -ere, pepigī**: bargain, bargain for, 1
**perīmō, -ere, -ēmī, -emptum**: take out, kill, 1
**pondus, -eris n.**: weight; *pondō*, in pounds, 2
**potius**: rather, more, preferably, 5
**prōditor, -is m.**: traitor, 1
**prōdō, ere, -didī**: publish, bring forth; betray, 2
**recipiō, -ere, -cēpī, -ceptum**: take (back), 4
**scūtum, -ī n.**: shield, 2
**sinister, -tra, -trum**: left; *fem.* left hand, 4
**usquam**: anywhere, 3
**vulgus (volgus), -ī n.**: mass, masses, crowd, 7

---

1 **necāvēr(unt)**: syncopated 3p pf.
**seu...seu...**: *whether...or...*; seu = sīve
**ut...vidērētur**: *so that...might seem*; purpose
**vī** : *by..., with...*; irreg. abl. of manner vīs
**prōdendī...causā**: *for the sake of...*; causā +gen. translate as gerund (-ing) + obj; prōdō, 'produce'
2 **nē quid...esset**: *so that not...*; neg. purpose with impf. subj. sum; indefinite aliquid, 'anything,' loses the prefix ali- before sī, nisi, num or nē
**additur fābula**: Livy offers an additional story
**quod...habuerint**: *(namely) that, because...*; pf. subj. of a subordinate clause in ind. disc. in apposition to fābula
3 **volgō**: *in general*; 'in a mass,' an abl. adv,
**magnī ponderis**: gen. of description
**(in) brāchiō laevō**
4 **magnā speciē**: *of...*; abl. of quality with ānulōs
**pepigisse eam**: *she had...*; pf. inf. pangō
**quod...habērent**: *(that) which...*; 'what...' a

relative, subj. of subordinate verb in ind. disc.
5 **eō**: *because of this*; abl. of cause
**illī**: *for...*; dat. of interest, i.e. Tarpeia
**prō**: *in place of...*
6 **congesta (sunt)**: i.e. crushing her beneath
**sunt quī...dicant**: *there are (those) who...* relative clause of characteristic, pres. subj. dīcō
**eam...petī(vi)sse**: *that she...*; pf. inf.
**trādendī**: gen. sg. gerund (ing)
6 **quod...esset**: *(that) which...*; see note for l. 4
7 **dērectō**: *directly*; abl. as adv.
**fraude...ipsam**: *that (she) herself, having been seen to act by deceit...*; i.e on behalf of Romulus
8 **perēmptam (esse) mecēde**: pf. pass., abl. cause
9 **tenuēr(unt)**: syncopated 3p
**posterō diē**: abl. time when
10 **quod...campī est**: *what of a field is...*; partitive
12 **in aequum**: *onto level ground*
**reciperandae arcis**: flip: gerund (-ing) + obj.

stimulante animōs in adversum Rōmānī subiēre. 2. prīncipēs
utrimque pugnam ciēbant ab Sabīnīs Mettius Curtius ab Rōmānīs
Hostius Hostīlius. hic rem Rōmānam inīquō locō ad prīma signa
animō atque audāciā sustinēbat. 3. ut Hostius cecidit, cōnfestim
Rōmāna inclīnātur aciēs fūsaque est. ad veterem portam Palātī
Rōmulus et ipse turbā fugientium āctus, 4. arma ad caelum tollēns,
'Iuppiter, tuīs' inquit 'iussus avibus hīc in Palātiō prīma urbī
fundāmenta iēcī. arcem iam scelere emptam Sabīnī habent; inde
hūc armātī superātā mediā valle tendunt; 5. at tū, pater deum
hominumque, hinc saltem arcē hostēs; 6. dēme terrōrem Rōmānīs
fugamque foedam siste. hīc ego tibi templum Statorī Iovī, quod
monumentum sit posterīs tuā praesentī ope servātam urbem esse,

---

**arceō, -ēre, -uī**: fend/shut off, keep away, 5
**at**: but, yet; at least, 6
**audācia, -ae f.**: boldness, audacity, 6
**caelum, -ī n.**: sky, 7
**cieō, -ēre**: rouse, 1
**cōnfestim**: at once, immediately, 4
**Curtius, -ī m.**: Curtius, 1
**dēmō, -ere**: take away, 1
**emō, -ere, ēmī, emptum**: buy, 2
**foedus, -a, -um**: ugly, foul, filthy, 4
**fugiō, -ere, fūgī**: to flee, hurry away, 3
**fundāmentum, -ī n.**: foundation, base, 6
**Hostīlius, -ī m.**: Hostilius, 2
**Hostius, -iī m.**: Hostius, 2
**hūc**: to this place, hither, 2

**iaciō, -ere, iēcī, iactum**: throw, cast, 3
**inīquus, -a, -um**: unequal, unfair, 1
**praesēns, -sentis**: present, being present, 7
**saltem**: at least, 1
**servō (1)**: save, preserve, protect, 4
**sistō, -ere, stitī, statum**: stand, stop, 2
**Stator, -ōris m.**: the Stayer (of Jupiter), 2
**stimulō (1)**: provoke, incite, rouse, excite, 6
**subeō, -īre, -iī**: go up, approach, 3
**superō (1)**: overcome, surpass, be above, 2
**sustineō, -ēre, -uī, -tentum**: hold up, keep, 4
**tendō, -ere, tendī, tentum**: strive, stretch, 1
**tollō, ere, sustulī, sublātum**: lift up; raze, 5
**turba, -ae f.**: crowd, throng; tumult, 4
**vallis, -is f.**: valley, vale, 2

1 **īrā...stimulante animōs**: abl. abs., pres. pple
   **in adversum**: *facing*; 'onto the opposite side'
   **subiēr(unt)**: syncopated 3p pf. subeō
2 **ab**: *from the side of*...
3 **hic**: *this one*; i.e. Hostius Hostīlius, the subject
   **rem Rōmānam**: *the Roman state*; i.e. the Roman army
   **(in) inīquō locō**: *on*...; locus 'ground'
   **ad prīma signa**: *at the first standards*; i.e. they did not give ground beyond where the standards of the first ranks were placed in initial fighting
4 **animō atque audāciā**: *because of..., by...*; abl. of cause
   **ut...**: *as..., when...*; temporal
   **cecidit**: pf. cadō
5 **inclīnātur**: i.e. in flight
   **fūsa est**: pf. pass. fundō, 'spread,' but here 'rout' or 'turn away'
6 **et**: *also*; adv.
7 **Iuppiter**: voc. dir. address

   **tuīs avibus**: i.e. the twelve on the Palatine
   **(ego) iussus**: *(I)*...; PPP modifies 1s subject
   **urbī**: *for*...
8 **iēcī**: 1s pf. iaciō
   **scelere**: abl. cause; i.e. throught Tarpeia
   **ēmptam**: PPP ēmō;
9 **hūc**: i.e. to the Palatine hill
   **armātī**: i.e. the Sabīnī
   **superātā...valle**: abl. abs.
   **de(ōr)um**: gen. pl.
10 **arcē**: imper. arceō
   **Rōmānīs**: *from*...; abl. separation
11 **siste**: imper.
   **Statorī Iovī**: *to Jupiter Stator*; lit. "Jupiter the Stayer," dat. ind. obj.
   **quod...sit posterīs**: *which would...*; relative clause of purpose; dat. of interest
12 **tuā...urbem esse**: *that...*; pf. pass. servō in apposition to monumentum
   **praesentī**: i-stem 3rd decl. abl. modifying ope

voveō.' 7. haec precātus, velutī sēnsisset audītās precēs, 'hinc' inquit, 'Rōmānī, Iuppiter optimus maximus resistere atque iterāre pugnam iubet.' restitēre Rōmānī tamquam caelestī vōce iussī: ipse ad prīmōrēs Rōmulus prōvolat.

8. Mettius Curtius ab Sabīnīs prīnceps ab arce dēcucurrerat et effūsōs ēgerat Rōmānōs tōtō quantum forō spatium est. nec procul iam ā portā Palātī erat, clāmitāns: 'vīcimus perfidōs hospitēs, imbellēs hostēs; iam sciunt longē aliud esse virginēs rapere, aliud pugnāre cum virīs.' 9. in eum haec glōriantem cum globō ferōcissimōrum iuvenum Rōmulus impetum facit. ex equō tum forte Mettius pugnābat; eō pellī facilius fuit. pulsum Rōmānī persequuntur; et alia Rōmāna aciēs, audāciā rēgis accēnsa, fundit

---

**accendō, -ere, -cendī, -cēnsum**: kindle, set afire, 4
**audācia, -ae f.**: boldness, audacity, 6
**clāmitō (1)**: call out (repeatedly), 2
**Curtius, -ī m.**: Curtius, 1
**dēcurrō, -ere, -cucurrī**: to run its course, 1
**effūsus, -a, -um**: spread out; *adv.* widely 7
**forum, -ī n.**: forum, 7
**globus, -ī n.**: crowd, throng, group; ball, sphere, 3
**glōrior, -ārī, -ātus**: to glory, boast, 2
**hospes, -pitis m.**: stranger; host, guest-friend, 4
**imbellis, -e**: cowardly, unwarlike, 1
**iterō (1)**: renew, repeat, 2
**optimus, -a, -um**: best, noblest, finest, 1

**perfidus, -a, -um**: treacherous, 1
**persequor, -ī, -secūtus**: follow, pursue, 3
**precēs, -um**: prayer, entreaty, 7
**precor, -ārī, -ātum**: pray, 3
**procul**: from afar, from a distance, 4
**prōvolō (1)**: rush, fly forward, 1
**pugnō (1)**: to fight, 5
**resistō, -ere, -stitī**: stand still, stop; oppose, 4
**sentiō, -īre, sēnsī, sēnsum**: feel, perceive, 7
**spatium, -iī n.**: period, span,; distance, space, 7
**tamquam**: as if, as much as, so to speak, 3
**virgō, virginis f.**: maiden, virgin, 6
**voveō, -ēre, vōvī, vōtum**: vow, swear, 5

1 **haec**: neut. pl. obj.
  **prectātus** dep. PPP, translate as 'having Xed'
  **velutī sēnsisset**: *just as if...*; conditional clause of comparison with plpf. subj.
  **audītās (esse) precēs**: *that...*; ind. disc. pf. pass.
3 **restitēr(unt)**: syncopated 3p pf.
6 **ēgerat**: plpf. agō
  **effūsōs**: i.e. in different directions in a rout; predicative following Rōmānōs
  **tōtō quantum...est.**: *as far as...*; quantum spatium (in) tōtō forō est; relative clause
7 **vīcimus**: 1p pf. vincō
  **hospitēs**: i.e. the Romans

8 **longē aliud esse...aliud (est)**: *that it is by far one thing..., it is another thing...*; ind. disc.
9 **in eum**: *against...*; i.e. against Mettius
10 **ex equō**: *on horseback*
  **forte**: abl. fors
11 **eō**: *because of this*; abl. cause
  **pellī**: pass. inf. pellō, i.e. put to flight
  **facilius fuit**: *it...*; impersonal; neut. comparative
  **pulsum**: *(the one)...*; PPP pellō, i.e. Mettius
12 **alia**: *the rest of..., the remaining...*
  **accēnsa**: PPP modifying aciēs
  **fundit**: i.e. drove in a rout, put to flight

Sabīnōs. 10. Mettius in palūdem sēsē strepitū sequentium trepidante
equō coniēcit; āverteratque ea res etiam Sabīnōs tantī perīculō virī.
et ille quidem adnuentibus ac vocantibus suīs favōre multōrum
additō animō ēvādit: Rōmānī Sabīnīque in mediā convalle duōrum
montium redintegrant proelium; sed rēs Rōmāna erat superior.

**13.** tum Sabīnae mulierēs, quārum ex iniūriā bellum ortum erat,
crīnibus passīs scissāque veste, victō malīs muliebrī pavōre, ausae
sē inter tēla volantia īnferre, ex trānsversō impetū factō dirimere
īnfēstās aciēs, 2. dirimere īrās, hinc patrēs, hinc virōs ōrantēs, nē
sanguine sē nefandō socerī generīque respergerent, nē parricīdiō
maculārent partūs suōs, nepōtum illī, hī līberum prōgeniem. 3. 'sī
adfīnitātis inter vōs, sī cōnūbiī piget, in nōs vertite īrās; nōs causa

---

**adfīnitās, -tātis f.**: relationship (by marriage), 3
**adnuō, -ere, -uī**: nod (in assent), 1
**coniciō, -ere, -iēcī**: throw together, hurl, 2
**cōnūbium, -ī n.**: marriage, right of marriage, 5
**convallis, -is f**: lowland, vale, 2
**crīnis, -is m.**: hair, 2
**dirimō, -ere -ēmī, -emptum**: interrupt, break off 4
**ēvādō, -ere, -vāsī, -vāsum**: go, escape, 1
**favor, favōris m.**: support, favor, 1
**gener, generī m.**: son-in-law, 5
**maculō (1)**: stain, spot, 1
**nefandus, -a, -um**: unspeakable, impious, 2
**nepōs, nepōtis m.**: grandson, decendent, 7
**ōrō (1)**: plead, pray (for), entreat, 5
**palūs, palūdis f.**: swamp, marsh, 3
**pandō, -ere, pandī, passum**: spread, dishevel, 1
**parricīdium, -iī n.**: parricide, treason, 4

**partus, -ūs m.**: offspring, 4
**perīculum, -ī n.**: risk, danger, peril, 7
**piget**: it makes (acc) loathe/feel disgust at (gen), 1
**prōgenies, -eī f.**: offspring, descendent, 3
**redintegrō (1)**: renew, restore, 1
**respergō, -ere, -spersī**: splatter, sprinkle over, 2
**sanguis, sanguinis m.**: blood, 7
**scindō, -ere, -dī, scissum**: cut, split, 1
**socer, socerī m.**: father-in-law, 3
**strepitus, -ūs m.**: blaring, din, noise, 1
**superior, -ius**: higher, upper, 6
**tēlum, -ī n.**: projectile, arrow, spear, 5
**trānsversus, -a, -um**: crosswise, from the side, 2
**trepidō (1)**: to tremble, be agitated, 4
**vestis, -is f.**: clothing, 4
**volō (1)**: to fly, 1

1 **strepitū**: *because of...*; abl. cause
  **sequentium**: i.e. Romans; gen. pl. pres. pple
  **trepidante equō**: abl. abs.
2 **ea rēs**: *this situation*
  **etiam**: *even*
  **perīculō**: *because of...*; abl. cause
3 **ille**: i.e. Mettius
  **adnuentibus...suīs (virīs)**: *his own...*; abl. abs.
  **favōre...additō animō**: abl. abs.
4 **animō**: *to his spirit*; dat. ind. obj. in the abl. abs.
5 **rēs Rōmāna**: *the Roman state*
6 **Sabīnae mulierēs**: i.e. the kidnapped women: Sabines, but now married to the Romans
  **quārum...**: objective gen. with iniūriā
  **ortum erat**: plpf. dep. orior
7 **crīnibus passīs**: abl. abs.
  **scissā veste**: abl. abs.
  **victō..,muliebrī pavōre**: abl. abs.
  **malīs**: *by their troubles*; abl. cause

**ausae (sunt)**: pf. dep. audeō; governs three infs.
8 **(et) ex trānsversō**: *(and) from the side...*; they walk in from the side between the two armies
  **impetū factō**: abl. abs.
9 **(et) dirimere īrās**: governed by ausae (sunt)
  **hinc...hinc**: *on this side...on that side*
  **virōs**: *their husbands*
10 **ōrantēs**: nom. pl. modifying mulierēs above
  **nē...respergerent**: *that...not...*; negative ind. command with impf. subj.
  **socerī generīque**: nom. subj.
10 **(et) nē...maculārent**: *that...not...*; neg. ind. command
  **parricīdiō**: *by parricide*; here the killing of any family member, not just a father
11 **illī, hī**: Sabines and Romans respectively
12 **(piget) adfīnitātis**: *the relationship between you (disgusts you)*; impers.: translate as active
  **in nōs**: *against us*; vertite is pl. imper. vertō

bellī, nōs volnerum ac caedium virīs ac parentibus sumus; melius 1
perībimus quam sine alterīs vestrum viduae aut orbae vīvēmus.'

4. movet rēs cum multitūdinem tum ducēs; silentium et repentīna fit quiēs; inde ad foedus faciendum ducēs prōdeunt. nec pācem modo sed cīvitātem ūnam ex duābus faciunt. rēgnum cōnsociant: 5 imperium omne cōnferunt Rōmam. 5. ita gemināta urbe ut Sabīnīs tamen aliquid darētur Quirītēs ā Curibus appellātī. monumentum eius pugnae, ubi prīmum ex profundā ēmersus palūde equus Curtium in vadō statuit, Curtium lacum appellārunt.

6. ex bellō tam trīstī laeta repente pāx cāriōrēs Sabīnās virīs ac 10 parentibus et ante omnēs Rōmulō ipsī fēcit. itaque cum populum in cūriās trīgintā dīvideret, nōmina eārum cūriīs imposuit. 7. id nōn

---

**cārus, -a, -um**: dear, precious, costly, 2
**cōnferō, -ferre**: bring together, collect, 4
**cōnsociō (1)**: share, make common, 4
**Curēs, ium m.**: Cures (Sabine town), 3
**Curtius, -ī m.**: Curtius, 1
**ēmergō, -ere, -sī**: extricate, 1
**geminō (1)**: double, 4
**impōnō, -ere, -posuī**: put upon, impose, 3
**lacus, -ūs m.**: lake, 1
**laetus, -a, -um**: happy, fortunate; abundant, rich, 6
**melior, melius**: better, 5
**orba, -ae f.**: orphan, 1
**palūs, palūdis f.**: swamp, marsh, 3

**pereō, -īre, -iī**: perish, 1
**prōdeō, -īre, -iī**: to go forth, advance, 3
**profundus, -a, -um**: deep, profound, 1
**quiēs, quiētis f.**: rest, repose, sleep, 4
**repente**: suddenly, 5
**repentīnus, -a, -um**: sudden, unexpected, 2
**silentium, -iī n.**: silence, 5
**trīgintā**: thirty, 7
**trīstis, -e**: sad, sullen, 4
**vadum, ī n.**: shallow; ford, 1
**vester, vestra, vestrum**: your, yours, 4
**vidua, -ae f.**: widow; unmarried woman, 2
**vīvō, -ere, vīxī, vīctum**: live, 4

1 **bellī (sumus)**: add verb
  **(causā) volnerum ac caedium**: gen. pl. vulnus, caedes
  **virīs ac parentibus**: *for...*; dat. of interest; vir in this context means 'husband'
  **melius...quam**: *it is better that we die than...*; 'better we will die than' English idiom demands that we modify the syntax; comparative adv. and clause of comparison
2 **perībimus**: fut. pereō
  **alterīs**: *both*
  **vestrum**: partitive gen. pl. of vōs
  **viduae aut orbae**: *as...*; nom. pl.
  **vīvēmus**: fut.
3 **cum...tum...**: *both...and*
  **fit**: 3p subject
4 **ad foedus faciendum**: *for...*; gerundive + noun; perform a gerund-gerundive flip and translate as gerund (-ing) + obj.; ad here expresses purpose
  **nec...modo...sed**: *not only...but (also)*

6 **Rōmam**: *to...*; acc. place to which; the Sabines moved to Rome
  **gemināta urbe**: abl. abs.
  **ut...darētur**: *that...*; result with impf. subj
7 **appellātī (sunt)**: *they...*; Quirītēs is nom. pred.; the name is derived from the town
8 **eius pugnae**: gen. sg. demonstrative adj.
9 **Curtium**: *Mettius Curtius*
  **statuit**: *set, made stand*; pres. statuō
  **appellā(vē)runt**: governs a double acc.
10 **ex bellō...trīstī**: i-stem 3rd decl. abl.
  **fēcit**: *made (x) (y)*; governs a double acc.
  **virīs ac parentibus...Rōmulō**: *to...*; dat. reference
11 **ante omnēs**: i.e. above all
  **ipsī**: dat. sg. Intensive modifying Rōmulō
12 **cūriās**: *districts*; often translated as 'curiae' in English
  **eārum**: i.e. of the kidnapped women
  **cūriīs**: *on the districts*; dat. of compound

trāditur, cum haud dubiē aliquantō numerus māior hōc mulierum
fuerit, aetāte an dignitātibus suīs virōrumve an sorte lectae sint,
quae nōmina cūriīs darent.

8. eōdem tempore et centuriae trēs equitum cōnscrīptae sunt.
Ramnensēs ab Rōmulō, ab T. Tatiō Titiēnsēs appellātī: Lucerum
nōminis et orīginis causa incerta est. inde nōn modo commūne sed
concors etiam rēgnum duōbus rēgibus fuit.

**14.** post aliquot annōs propinquī rēgis Tatī lēgātōs Laurentium
pulsant; cumque Laurentēs iūre gentium agerent, apud Tatium
grātia suōrum et precēs plūs poterant. 2. igitur illōrum poenam in sē
vertit; nam Lāvīniī cum ad sollemne sacrificium eō vēnisset
concursū factō interficitur. 3. eam rem minus aegrē quam dignum

---

**aeger, -gra, -grum**: sick, injured; *adv.* poorly, 6
**aliquantum, -ī n.**: some, considerable, 5
**aliquot**: several, 6
**an**: or (in questions), 7
**concors, concordis**: united in feeling, 1
**concursus, -ūs m.**: gathering; collision, charge, 5
**cōnscrībō, -ere, -psī, -ptum**: register, enroll, 3
**cōnscrīptus, -a, -um**: conscripted, enrolled, 3
**dignitās, -tātis f.**: worth, merit, 3
**dignus, -a, -um**: worthy, deserving of (abl.), 5
**grātia, -ae f.**: gratitude, favor, influence, thanks, 6
**incertus, -a, -um**: unreliable, doubtful, 5

**Laurentēs, -um m.**: Laurentines (people), 3
**Lucerēs, -um m.**: Luceres (Etruscan clan), 2
**poena, -ae, f.**: punishment, 6
**precēs, -um**: prayer, entreaty, 7
**propinquus, -a, -um**: near, neighboring; kin, 3
**pulsō (1)**: to strike against, knock, 1
**Ramnēs (Ramnensēs), -um, m.**: Ramnes (Latin clan), 2
**sacrificium, ī n.**: sacrifice, 7
**sors, sortis f.**: lot, lottery; oracle, prophecy, 4
**T.**: Titus, 3
**Titiēnsēs, -um m.**: Titienses (Sabine clan), 2

---

1 **trāditur**: *it is handed down*; i.e. in the tradition
**cum...fuerit**: *since...*; causal, pf. subj. sum
**aliquantō**: *somewhat*; 'by some,' abl. degree of difference
**numerus...mulierum**: partitive gen.
**hōc**: *than...*; abl. of comparison; i.e. than the number of cūriae

2 **aetāte an...an...lēctae sint**: *whether...were chosen...or...or...*; ind. question with pf. pass. subj. legō and abl. of means
**virōrumve**: *or (that) of their husbands*
**quae nōmina...darent**: *(the women) who ...*; relative, subj. of subordinate verb in ind. question; the missing antecedent is subject of lēctae sint;

4 **eōdem tempore**: *at...*; abl. time when, īdem
**equitum**: gen. pl. eques

5 **ab**: *from...*; i.e. derived from
**appellātī (sunt)**: *(they)...*; Ramnensēs and Titiēnsēs, are nom. pred.
**Lucerum**: *of Luceres*; Luceres is the third group

6 **Nōn modo...sed...etiam**: *not only...but also*
7 **duōbus rēgibus**: dat. of possession or interest
8 **propinquī**: *kinsmen*
9 **iūre gentium agerent**: *pleaded (the matter) under the law of nations*; i.e. that the offenders be handed over; agere can mean 'to plead a case' or ' to litigate;' abl. of manner;
**apud Tatium**: *before Tatius*
10 **grātia**: *influence*; or 'favor'
**suōrum (propinquōrum)**: *of his own (kinsmen)*
**plūs poterant**: *had more power*; inner acc.; Tatius sided with kinsmen over the Laurentians
**in sē**: *onto himself*
11 **Lāvīnii**: *at Lavinium*; locative
**cum...vēnisset**: Tatius is subject; plpf. subj.
**eō**: *there, to there*; adv. (cf. quō, 'to where')
12 **concursū factō**: abl. abs.
**eam rem**: demonstrative adj.
**minus**: comparative adv. modifying aegrē
**aegrē**: *poorly*
**quam dignum est**: clause of comparison

erat tulisse Rōmulum ferunt, seu ob īnfīdam societātem rēgnī seu quia haud iniūriā caesum crēdēbat. itaque bellō quidem abstinuit; ut tamen expiārentur lēgātōrum iniūriae rēgisque caedēs, foedus inter Rōmam Lāvīniumque urbēs renovātum est.

4. et cum hīs quidem īnspērāta pāx erat: aliud multō propius atque in ipsīs prope portīs bellum ortum. Fīdēnātēs nimis vīcīnās prope sē convalēscere opēs ratī, priusquam tantum rōboris esset quantum futūrum appārēbat, occupant bellum facere. iuventūte armātā immissā vastātur agrī quod inter urbem ac Fīdēnās est; 5. inde ad laevam versī quia dextrā Tiberis arcēbat, cum magnā trepidātiōne agrestium populantur, tumultusque repēns ex agrīs in urbem inlātus prō nūntiō fuit. 6. excitus Rōmulus—neque enim

---

**abstineō, -ēre, -uī, -tentum**: hold back, 3
**agrestis, -e**: of the fields, rural; farmer, ruralfolk, 4
**appāreō, -ēre, -uī**: appear, be apparent, 4
**arceō, -ēre, -uī**: fend/shut off, keep away, 5
**caedō, -ere, cecīdī, caesum**: kill, slaughter, 5
**convalēscō, -ere, -uī**: grow strong, 1
**expiō (1)**: expiate, atone, make amends for, 2
**Fīdēnae, -ārum, f.**: Fidenae, 4
**immittō, -ere, -mīsī, -missum**: to send in, 1
**īnfīdus, -a, -um**: unfaithful, disloyal, 2
**īnspērātus, -a, -um**: unexpected, unhoped for, 2
**iuventūs, -tūtis f.**: youth, 5

**laevus, -a, -um**: left, unfavorable, 6
**nimis**: too much, too, 1
**populor, -ārī, -ātum**: lay waste, 1
**priusquam**: before, sooner than, 7
**renovō (1)**: renew, make new, 4
**repēns, repentis**: sudden; *adv.* suddenly, 1
**rōbor, rōboris n.**: oak; strength, 5
**societās, -tātis f.**: alliance, partnership, 7
**trepidātiō, -tiōnis f.**: alarm, trepidation, 2
**vastō (1)**: lay waste, 1
**vīcīnus, -a, -um**: neighboring, 6

---

1 **tulisse Rōmulum**: *that Romulus...*; ind. disc. with pf. inf. ferō
**ferunt**: *they report*; i.e. according to tradition
**seu...seu..**: *whether...or...*; seu = sīve

2 **iniūriā**: *unjustly*; abl. as adv.
**(eum) caesum (esse)**: *that (he)...*; ind. disc. with pf. pass.; supply an acc. subject
**bellō**: *from...*; abl. of separation

3 **ut...caedēs**: *so that...might...*; purpose clause with impf. subj.

4 **inter...urbēs**: *between the cities...*

5 **cum hīs**: *with...*; i.e. the Laurentines
**īnspērāta pax erat**: i.e. unexpected but indeed perserved
**aliud...bellum**: nom. subject
**multō**: *much*; 'by much,' abl. of degree of difference
**propius**: comparative adv.

6 **prope**: *almost*
**ortum (est)**: pf. dep. orior
**Fīdēnātēs**: *the people of Fidenae*

**vīcīnās...convalēscere opēs**: *that...*; governed by ratī; nimis modifies prope mē

7 **ratī**: PPP dep. reor: translate 'having Xed'
**priusquam...esset**: *before there was...*; temporal clause, impf. subj. of anticipation
**tantum...quantum (rōboris)**: *as much...as...*; correlatives (demonstrative and relative) with partitive gen. rōboris modifying both
**futūrum (esse)**: *that...*; fut. inf. sum; the relative adj. quantum is the acc. subject

8 **occupant**: *seize (the opportunity)* + inf.; i.e. to do something first
**iuventūte...immissā**: abl. abs.

9 **agrī**: *(some) of the land*; partitive

10 **versī**: PPP, vertō
**dextrā**: abl. separation
**arcēbat (eōs)**: i.e. the Fīdēnātēs

12 **inlātus fuit**: pf. pass. inferō
**prō nuntiō**: *as news*; 'as a message,' the people flooding in the city was itself the message

12 **nequm enim**: *for...not*

dīlātiōnem patī tam vīcīnum bellum poterat—exercitum ēdūcit, castra ā Fīdēnīs mīlle passuum locat. 7. ibi modicō praesidiō relictō, ēgressus omnibus cōpiīs partem mīlitum locīs circā dēnsa obsita virgulta obscūrīs subsīdere in īnsidiīs iussit: cum parte maiōre atque omnī equitātū profectus, id quod quaerēbat, tumultuōsō et mināci genere pugnae adequitandō ipsīs prope portīs hostem excīvit. fugae quoque, quae simulanda erat, eadem equestris pugna causam minus mīrābilem dedit. 8. et cum, velut inter pugnae fugaeque cōnsilium trepidante equitātū, pedes quoque referret gradum, plēnīs repente portīs effūsī hostēs impulsā Rōmānā aciē studiō īnstandī sequendīque trahuntur ad locum īnsidiārum. 9. inde subitō exortī Rōmānī trānsversam invādunt

---

**adequitō (1)**: to ride (a horse), 1
**cōpia, -ae f.**: abundance, supply; troops, 5
**dēdūcō, -ere**: lead or bring down, launch, 7
**dēnsus, -a, -um**: thick, 2
**dīlātiō, -tiōnis f.**: delay, 1
**effūsus, -a, -um**: spread out; *adv.* widely 7
**ēgredior, -ī, -gressus**: go out, disembark, 5
**equester, -stris, -stre**: equestrian, 2
**equitātus, -ūs m.**: cavalry, 3
**exorior, -orīrī, -ortus**: rise, spring out, 1
**Fīdēnae, -ārum, f.**: Fidenae, 4
**gradus, -ūs m.**: step, pace; stairs, 5
**impellō, -ere, -pulī, -pulsum**: drive on, impel, 1
**īnsidiae, -ārum f.**: ambush, 3
**īnstō, -āre, -stitī**: press (on), engage, 6
**invādō, -ere, -vāsī**: rush upon, attack, 4
**locō (1)**: to put, place, 3
**mīlēs, mīlitis m.**: soldier, 7
**minax, minācis**: threatening, 1

**mīrābilis, -e**: amazing, wonderous, 2
**modicus, -a, -um**: moderate, small, 1
**obscūrus, -a, -um**: dim, obscure, indistinct, 3
**obserō, -ere, -vī, obsitum**: plant/grow over, 1
**passus, -ūs**: pace, 3
**pedes, peditis m.**: foot soldier; infantry, 5
**plēnus, -a, -um**: full, 3
**referō, -ferre, -tulī**: report, relate, 5
**repente**: suddenly, 5
**simulō (1)**: feign, pretend, make like, 7
**studium, -ī n.**: zeal, desire, pursuit, 5
**subitō**: immediately, straightaway, 4
**subsīdō, -ere, -sēdī**: crouch/sit down, 1
**trahō, -ere, trāxī, tractum**: draw, drag, 6
**trānsversus, -a, -um**: crosswise, from the side, 2
**trepidō (1)**: tremble, be agitated, 4
**tumultuōsus, -a, -um**: tumultuous, 2
**vīcīnus, -a, -um**: neighboring, 6
**virgultum, -ī n.**: bush, 1

1 **patī**: dep. inf. patior
   **vīcīnum bellum**: nom.
2 **(et) castra**:
   **mīlle passuum**: *a mile*; 'a thousand of paces,' acc. of extent
   **modicō...relictō**: abl. abs.; i.e. group of men
3 **ēgressus**: dep. PPP
   **(cum) omnibus cōpiīs**: abl. accompaniment with ēgressus; copiae here means 'troops,' Romulus plans to draw out the enemy with a feigned retreat and then attack with an ambush
   **(in) locīs...obscūrīs**
4 **obsita**: PPP obserō
5 **omnī**: i-stem 3rd decl. abl.
   **profectus**: dep. PPP, proficīscor: translate as 'having Xed'
   **id (est) quod**: *this (is) what...*; id is explained by the clause below
6 **tumultuōsō...genere pugnae**: *with...*; means
   **adequitandō...portīs**: *by...*; abl. means, gerund (-ing) in apposition to the previous abl. of means
   **ipsīs prope portīs**: *near* + abl.
7 **fugae...dedit**: *for the flight also, which was to be pretended, the same equestrian battle gave a less surpising reason*; retreat by calvary was a common tactic and so not as suprising
   **velut...cōnsilium**: *just as...*; governed by the following abl. abs.
8 **tepidante equitātū**: abl. abs.
10 **referret gradum**: i.e. retreated;
    **plēnīs...portīs**: *from...*; with PPP effūsī
11 **īnstandī sequendīque**: gen. sg. gerunds (-ing)
12 **exortī**: dep. PPP: translate 'having Xed'
   **trānsversam**: predicate adj. with fem. aciem

hostium aciem; addunt pavōrem mōta ē castrīs signa eōrum quī in praesidiō relictī fuerant. ita multiplicī terrōre perculsī Fīdēnātēs prius paene, quam Rōmulus quīque <āvehī> cum eō vīsī erant circumagerent frēnīs equōs, terga vertunt; 10. multōque effūsius, quippe vērā fugā, quī simulantēs paulō ante secūtī erant oppidum repetēbant. 11. nōn tamen ēripuēre sē hostī: haerēns in tergō Rōmānus, priusquam forēs portārum obicerentur, velut agmine ūnō inrumpit.

**15.** bellī Fīdēnātis contāgiōne inrītātī Vēientium animī et cōnsanguinitāte—nam Fīdēnātēs quoque Etrūscī fuērunt—et quod ipsa propinquitās locī, sī Rōmāna arma omnibus īnfēsta fīnitimīs essent, stimulābat. in fīnēs Rōmānōs excucurrērunt populābundī

**agmen, agminis n.**: column (of troops), army, 5
**āvehō, -ere**: convey, carry off, 1
**circumagō, -ēre**: drive/wheel around, revolve, 2
**cōnsanguinitās, -tātis f.**: blood relationship, 1
**contāgiō, -giōnis f.**: contact; contagion, 1
**effūsus, -a, -um**: spread out; *adv.* widely 7
**ēripiō, -ere, -uī, -ptus**: snatch, rescue, 2
**excurrō, -ere, -cucurrī**: run, sally out, 1
**Fīdēnas, Fīdēnātis**: of Fidenae, 1
**foris, -is f.**: door, entrance, 2
**frēnum, -ī n. (pl. masc.)**: bit, rein, 2
**haereō, -ēre, haesī**: stick, hesitate, 3
**inrītō (1)**: provoke, 2
**inrumpō, -ere, -rūpī, -ruptum**: burst in, 2
**multiplex, -icis**: varied, in various ways, 1
**obiciō, -ere, obiēcī, obiectum**: throw in front, 3
**paene**: almost, nearly, 3
**paulus, -a, -um**: little, small, 6
**percellō, -ere, -culī, perculsum**: strike, 4
**populabundus, -a, -um**: laying waste, ravaging, 1
**priusquam**: before, sooner than, 7
**propinquitās, -tātis f.**: proximity, nearness, 1
**simulō (1)**: feign, pretend, make like, 7
**stimulō (1)**: provoke, incite, rouse, excite, 6
**tergum, -ī n.**: back; hide, 6

1 **mōta...signa**: *the standards...*; neut. pl. subject
**eōrum**: *of those*; i.e. the standards indicate that the soldiers left by Romulus at the garrison are now advanced on the enemy
3 **prius paene**: paene modifies prius
**quam...circumagerent...equōs**: *than...could*; clause of comparison; just as priusquam, quam here governs a subj. of anticipation: when an act is anticipated but not an actual fact
**quīque<āvehī>: ...vīsī sunt**: *and (those) who...* i.e. soldiders; diamond brackets indicate a suggested addition by the modern editor
**frēnīs**: *with...*; means; the horsemen pulled back on the bit in the horse's mouth to stop the horse and make it wheel around from retreat to attack
4 **terga vertunt**: i.e. retreat
**multō**: *much*; 'by much' abl. degree of difference
**effūsius**: comparative adv.; i.e. the Fidenates
5 **vērā fugā**: *in...*; abl. of manner
**quī...secūtī erant**: *(those) who...*; i.e. Fidenates the missing antecedent is subject of repetēbant
**simulantēs paulo ante**: *(the ones)...*; i.e the Romans who pretended to flee; acc. dir. obj.
**paulō**: *a little*; 'by a little,' abl. of degree of difference
6 **ēripuēr(unt) sē**: syncopated pf.; this is the common idiom for rescuing oneself
**hostī**: *from...*; dat. of compound verb
**in tergō**: *in the rear*; a military term
7 **priusquam...obicerentur**: temporal clause with impf. subj. of anticipated action; obicere, 'throw in front' here means 'throw shut' or 'close'
**velut agmine ūnō**: *as if...*; i.e. the various parts of the Roman army come together
9 **Vēientium**: *of the Veientes*; Veii is a town north of Rome on a tributary of the Tiber)
**animī**: *spirits*; i.e. feelings or passions; nom. pl.
**et cōnsanguinitāte...**: *both because of...*; abl. of cause
10 **et quod...(eōs) stimulābat**: *and because...*
**sī...essent**: *if...were*; protasis of a pres. contrary to fact condition (sī impf. subj., impf. subj.) with suppressed apodosis (i.e. 'the proximity would be unsafe')
**omnibus fīnitimīs**: *to...*; dat. of special adj.

magis quam iūstī mōre bellī. 2. itaque nōn castrīs positīs, nōn
exspectātō hostium exercitū, raptam ex agrīs praedam portantēs
Veiōs rediēre. Rōmānus contrā postquam hostem in agrīs nōn
invēnit, dīmicātiōnī ultimae īnstrūctus intentusque Tiberim trānsit.
3. quem postquam castra pōnere et ad urbem accessūrum Vēientēs
audīvēre, obviam ēgressī ut potius aciē dēcernerent quam inclūsī
dē tēctīs moenibusque dīmicārent. 4. ibi vīribus nūllā arte adiūtīs,
tantum veterānī rōbore exercitūs rēx Rōmānus vīcit; persecūtusque
fūsōs ad moenia hostēs, urbe validā mūrīs ac sitū ipsō mūnītā
abstinuit, agrōs rediēns vastat, ulcīscendī magis quam praedae
studiō. 5. eāque clāde haud minus quam adversā pugnā subāctī
Vēientēs pācem petītum ōrātōrēs Rōmam mittunt. agrī parte

---

**abstineō, -ēre, -uī, -tentum**: hold back, 3
**accēdō, -ere, -cessī**: come to, approach, is added, 7
**adiuvō, -āre, -iūvī, adiūtum**: help, assist, 6
**clādes, -is f.**: disaster, destruction, loss, 5
**dēcernō, -ere, -crēvī, -crētum**: decide, decree, 6
**dīmicātiō, -tiōnis f.**: combat, fight, 5
**dīmicō (1)**: to fight, struggle, contend, 5
**ēgredior, -ī, -gressus**: go out, disembark, 5
**exspectō (1)**: look out for, wait for, await, 4
**inclūdō, -ere, -ūsī, -ūsum**: close in/shut in, 3
**intentus, -a, -um**: intent, focused, eager, 4
**iūstus, -a, -um**: just, legitimate, 5
**mūniō, -īre, -īvī, -ītum**: fortify, build, 6
**obviam**: in the way, opposite, 3

**ōrātor, -ōris, m.**: speaker, orator, 2
**persequor, -ī, -secūtus**: follow, pursue, 3
**portō (1)**: to carry, 3
**potius**: rather, more, preferably, 5
**rōbor, rōboris n.**: oak; strength, 5
**situs, -ūs m.**: site, position; situation, 3
**studium, -ī n.**: zeal, desire, pursuit, 5
**subigō, -ere, -ēgī**: drive under, subdue, 3
**tēctum, -ī n.**: roof; dwelling, home, shelter, 6
**ulcīscor, ulcīscī, ultus sum**: avenge, 1
**validus, -a, -um**: strong, powerful, 5
**vastō (1)**: lay waste, 1
**Veiī, -ōrum m.**: Veii (town), 1
**veterānus, -a, -um**: veteran, old, 1

1 **mōre**: abl. manner, mōs
   **castrīs postīs**: abl. abs.; castra pōnere, 'pitch a camp,' is a common idiom
2 **exspectātō...exercitū**: abl. abs.
   **raptam**: PPP rapiō
   **praedam**: mostly, as often, cattle
3 **Veiōs**: place to which; the town's name is pl.
   **rediēr(unt)**: syncopated 3p pf.
   **Rōmānus (exercitus)**
   **contrā**: *in response*; adv.
4 **dīmicātiōnī ultimae**: *for...*; dat. of purpose
   **Tiberim**: i-stem acc.
5 **Quem...pōnere...accessūrum (esse)**: *that this (army)...*; fut. inf.; quem is connective relative (translate as a demonstrative) and acc. subject
   **postquam...audīvē(runt)**: syncopated 3p pf.
6 **ēgressī (sunt)**: pf. dep.
   **ut...dēcernerent**: *so that...might*; purpose with impf. subj.
   **aciē**: *in...*; abl. means

   **quam...dīmicārent**: clause of comparison but impf. subj. in the same purpose clause
7 **dē**: *about...*
   **vīribus...adiūtīs**: abl. abs., pl. vīs
8 **tantum**: *only*; adv.
   **rōbore**: *by...*; means and gen. veterānī exercitūs
   **vīcit**: pf. vincō
   **persecūtus**: PPP dep.: translate as 'having Xed'
9 **ad**: *near*
   **urbe validā...mūnītā**: *from...*; abl. separation
   **ulcīscendī**: gen. gerund (-ing); objective gen. along with praedae modifying studiō
11 **studiō**: *with...*; abl. of manner
   **eā clāde...pugnā**: *by this...*; means
12 **petītium**: *to...*; acc. supine (PPP + um) often expresses purpose: translate as an inf.
   **Rōmam**: acc. place to which
   **agrī parte**: *from...*; abl. separation and partitive gen.

multātīs in centum annōs indūtiae datae.

6. haec fermē Rōmulō rēgnante domī mīlitiaeque gesta, quōrum nihil absonum fideī dīvīnae orīginis dīvīnitātisque post mortem crēditae fuit, nōn animus in rēgnō avītō reciperandō, nōn condendae urbis cōnsilium, nōn bellō ac pāce firmandae. 7. ab illō enim profectō vīribus datīs tantum valuit ut in quadrāgintā deinde annōs tūtam pācem habēret. 8. multitūdinī tamen grātior fuit quam patribus, longē ante aliōs acceptissimus mīlitum animīs; trecentōsque armātōs ad custōdiam corporis quōs Celerēs appellāvit nōn in bellō sōlum sed etiam in pāce habuit.

**16.** hīs immortālibus ēditīs operibus cum ad exercitum recēnsendum contiōnem in campō ad Caprae palūdem habēret,

---

**absonus, -a, -um**: incompatible with (dat) 1
**avītus, -a, -um**: ancestral, of a grandfather, 5
**campus, -ī m.**: field, 4
**Capra, -ae f.**: Capra, 1
**Celerēs, -um m.**: Celeres, 'the Swift' (guards), 2
**contio, contiōnis f.**: assembly, meeting, 6
**cūstōdia, -ae f.**: guard, watch, 4
**dīvīnitās, -tātis f.**: divinity, 2
**ēdō, -ere, ēdidī, ēditum**: bring forth, perform, 6
**fermē**: nearly, about, 4
**firmō (1)**: strengthen, support, 4
**grātus, -a, -um**: pleasing, grateful, 6

**immortālis, -e**: immortal, 2
**indūtiae, -ārum f.**: a truce, 3
**mīles, mīlitis m.**: soldier, 7
**multō (1)**: deprive from (abl); punish, 2
**palūs, palūdis f.**: swamp, marsh, 3
**profectō**: assuredly, indeed, certainly, 4
**quadrāgintā**: forty, 7
**recēnseō, -ēre, -uī**: number, review, 1
**reciperō (1)**: recover, restore, recuperate, 2
**trecentī, -ae, -a**: three-hundred, 1
**tūtus, -a, -um**: safe, secure, guarded, 4
**valeō, -ēre, uī**: be strong, be effective, prevail, 4

1 **multātīs**: *to (those)...*; dat. ind. obj. of PPP, i.e. the Veientes
  **in**: *in the course of...*; acc. duration
  **data (sunt)**
2 **haec**: i.e. achievements under Romulus; neut. pl.
  **Rōmulō rēgnante**: *while...*; abl. abs.
  **domī mīlitiaeque**: *at home and abroad*; locatives and a common idiom; lit. 'in military service'
  **gesta (sunt)**: pf. pass. gerō
  **quōrum nihil...fuit**: *none of which...*; i.e. haec
3 **fideī...crēditae**: *with the belief of...*; dat. of special adj. and gen.; i.e. Romulus' divinity
4 **nōn animus...nōn...nōn...**: supply from above absonum fuit, 'was compatible' to each item in this series
  **animus**: *spirit*; i.e. purpose or intent
  **in...reciperandō**: noun + gerundive: perform a gerund-gerundive flip and translate as gerund (-ing) + obj.
5 **condendae urbis**: *for...*; gen. see above
  **nōn bellō ac pāce (cōnsilium urbis)**
  **firmandae**: ellipsis
  **bellō ac pāce**: abl. means
  **urbis firmandae**: perform a gerund-gerundive flip and translate as gerund (-ing) + obj.
6 **ab illō...vīribus datīs**: abl. abs.; illō refers to Romulus
  **profectō**: adv.
  **tantum valuit**: *(Rome) was so strong*; tantum is an inner acc. (cf. plūs potuit, plūrimum potuit)
  **ut...habēret**: *that...*; result with impf. subj.
  **in...annōs**: *in the course of...*; acc. duration
7 **multitūdinī, patribus...animīs**: *to...*; dat. of reference; the patrēs are here senātōrēs
  **fuit**: *he was*; assume Romulus as subject
8 **ante aliōs**: i.e. compared to others
  **mīlitum animīs**: *to the hearts...*; dat. of reference
9 **trecentōs armātōs (virōs)**
  **ad**: *for...*
10 **appellāvit**: *called (x) (y)*; governs double acc.
   **nōn sōlum...sed etiam**: *not only...but also*
11 **hīs immortālibus ēditīs operibus**: abl. abs.
   **cum...habēret**: *when (Romulus)...*;
   **ad recēnsendum contiōnem**: *for...*; gerundive + noun: perform a gerund-gerundive flip: translate as gerund (-ing) + obj.
12 **ad**: *near*

subitō coorta tempestās cum magnō fragōre tonitribusque tam 1
dēnsō rēgem operuit nimbō ut cōnspectum eius contiōnī abstulerit;
nec deinde in terrīs Rōmulus fuit. 2. Rōmāna pūbes sēdātō tandem
pavōre postquam ex tam turbidō diē serēna et tranquilla lūx rediit,
ubi vacuam sēdem rēgiam vīdit, etsī satis crēdēbat patribus quī 5
proximī steterant sublīmem raptum procellā, tamen velut orbitātis
metū icta maestum aliquamdiū silentium obtinuit. 3. deinde ā
paucīs initiō factō, deum deō nātum, rēgem parentemque urbis
Rōmānae salvēre ūniversī Rōmulum iubent; pācem precibus
exposcunt, utī volēns propitius suam semper sospitet prōgeniem. 4. 10
fuisse crēdō tum quoque aliquōs quī discerptum rēgem patrum
manibus tacitī arguerent; mānāvit enim haec quoque sed

---

**aliquamdiū**: for some long time, 2
**arguō, -ere, arguī**: accuse, allege, 2
**auferō, -ferre, abstulī, -lātus**: carry away, 3
**cōnspectus, -ūs m.**: sight, view, 7
**contio, contiōnis f.**: assembly, meeting, 6
**coörior, -orīrī, -ortus sum**: to arise, 2
**dēnsus, -a, -um**: thick, 2
**discerpō, -ere, -psī, -ptum**: tear in pieces, , 1
**etsī**: even if, although, though, 5
**exposcō, -ere, -poposcī**: pray for, demand, 3
**fragor, -is m.**: crash, din, 2
**lūx, lūcis m.**: light, 6
**maestus, -a, -um**: grief-stricken, gloomy, 4
**mānō (1)**: spread, get abroad; flow, be wet, 2
**nimbus, -ī m.**: thundercloud, rainstorm, 1
**obtineō, -ēre, -uī, -tentum**: hold, obtain, 1
**operiō, -īre, -uī**: cover, 1
**orbitās, -tātis f.**: bereavement, orphanhood, 2
**paucī, -ae, -a**: few, 1
**precēs, -um**: prayer, entreaty, 7

**procella, -ae f.**: gale; storm, 1
**prōgenies, -eī f.**: offspring, descendent, 3
**propitius, -a, -um**: favorable, 1
**pūbēs, pūberis f.**: men (young, of military age), 7
**salveō, -ēre**: be well; *imper.* hello, 2
**sēdō (1)**: settle, calm, 2
**serēnus, -a, -um**: bright, 1
**silentium, -iī n.**: silence, 5
**sospitō (1)**: save, protect, 1
**stō, stāre, stetī, statum**: stand, 6
**subitō**: immediately, straightaway, 4
**sublīmis, -e**: on high, aloft, 3
**tacitus, -a, -um**: silent, still, 7
**tandem**: finally, at last, in the end, 4
**tempestās, -tātis f.**: time; weather, 6
**tonitrus, -ūs m.**: thunder, 1
**tranquillus, -a, -um**: calm, tranquil, 1
**turbidus, -a, -um**: gloomy, stormy, turbid, 1
**ūniversus, -a, -um**: entire, whole, 4
**vacuus, -a, -um**: empty, fear, vacant, 3

---

1 **coorta (est)**: pf. pass. coorior
   **cum…operuit**: pf. indicative for definite time
   **magnō fragōre tonitribusque**: *with the great crash of thunder*; hendiadys (two items denote a single object)
   **tam dēnsō…nimbō**: abl. mean
2 **ut…abstulerit**: *that…*; result, pf. subj. auferō
   **contiōnī**: *from…*; dat. of compound verb
3 **sēdātō…pavōre**: abl. abs.
   **Rōmāna pūbes**: *Roman soldiers*; pūbes is 3s but denotes all the men of military age
5 **ubi**: *when…*
   **etsī**: *although…*; 'even if,' concessive
   **satis**: *sufficiently, readily*
   **crēdēbat**: governs a dat. ind. obj.
6 **steterant**: plpf. stō

   **(eum) sublīmem raptum (esse) procellā**: *that (he)…*; pf. pass. inf. rapiō following crēdēbat
   **velut orbitātis metū icta**: *as if having…*; PPP iciō, abl. means; icta agrees with pūbes
7 **initiō factō**: abl. abs.
8 **deō**: *from…*; abl. of origin
   **natum**: PPP nāscor
   **salvēre**: *to hail (x) (y)*; with double acc., obj. (Romulum) and pred. (deum, rēgem, parentem)
9 **ūniversī**: *they one and all*; i..e pūbes
10 **utī…sospitet**: *that (Romulus)…*; ind. command with pres. subj.; utī = ut
11 **fuisse…aliquōs**: *that there had…*; ind. disc.
   **quī…arguerent**: *who…*; cl. of characteristic
   **discerptum (esse) rēgem**: *that…*
12 **tacitī**: translate nom. predicative adj. as adv.

perobscūra fāma; illam alteram admīrātiō virī et pavor praesēns nōbilitāvit.

5. et cōnsiliō etiam ūnīus hominis addita reī dīcitur fidēs. namque Proculus Iūlius, sollicitā cīvitāte dēsīderiō rēgis et īnfēnsā patribus, gravis, ut trāditur, quamvīs magnae reī auctor in contiōnem prōdit. 6. "Rōmulus," inquit, "Quirītēs, parēns urbis huius, prīmā hodiernā lūce caelō repente dēlāpsus sē mihi obvium dedit. cum perfūsus horrōre venerābundusque adstitissem petēns precibus ut contrā intuērī fās esset, 7. 'abī, nūntiā,' inquit 'Rōmānīs, caelestēs ita velle ut mea Rōma caput orbis terrārum sit; proinde rem mīlitārem colant sciantque et ita posterīs trādant nūllās opēs hūmānās armīs Rōmānīs resistere posse.'" 8. "haec," inquit "locūtus sublīmis abiit."

---

**admīrātiō, -tiōnis f.**: admiration, 2
**adstō, -stāre, -stitī**: stand at or near, 1
**caelum, -ī n.**: sky, 7
**colō, -ere, coluī, cultum**: cultivate; worship, 3
**contiō, contiōnis f.**: assembly, meeting, 6
**dēlābor, -ī, dēlāpsus sum**: glide, slip down, 1
**dēsīderium, -iī n.**: longing; grief (for a loss), 5
**fās n.**: right, righteousness, divine law, 6
**gravis, -e**: heavy, serious, important, 2
**hodiernus, -a, -um**: of today, today, 1
**horror, horrōris m.**: horror, awe, 2
**īnfēnsus, -a, -um**: hostile, 2
**intueor, -tuērī, -tuitus sum**: look upon, 5
**Iūlius, -ī m.**: Julius, 2
**loquor, -ī, locūtum**: speak, say, 1
**lūx, lūcis m.**: light, 6
**mīlitāris, -e**: military, of a soldier, 2

**namque**: for, for indeed, 1
**nōbilitō (1)**: ennoble, 1
**obvius, -a, -um**: in the way of (dat), 5
**orbis, -is m.**: sphere, circle; + *terrārum*, world, 3
**perfundō, -ere, -fūdī, -sum**: pour over, wash, 2
**perobscūrus, -a, -um**: very obscure, 1
**praesēns, -sentis**: present, being present, 7
**precēs, -um**: prayer, entreaty, 7
**Proculus, -ī m.**: Proculus, 1
**prōdeō, -īre, -iī**: go forward, advance, 3
**proinde**: then, therefore, consequently, 3
**quamvīs**: however much, although, 2
**repente**: suddenly, 5
**resistō, -ere, -stitī**: stand still, stop; oppose, 4
**sollicitus, -a, -um**: troubled, anxious, 2
**sublīmis, -e**: on high, aloft, uplifted, 3
**venerābundus, -a, -um**: full of awe, 1

1 **illam alteram (fāmam)**: i.e. that Romulus disappeared into the sky
3 **cōnsiliō...ūnīus hominis**: *by the plan...*; i.e. of Proculus Iūlius noted below; cōnsilium is here an 'purposeful plan,' 'strategy' or 'device'
**addita (esse) reī dīcitur fidēs**: *confidence for the account is said to have been added*; reī is objective gen.
4 **sollicitā cīvitāte... īnfēnsā patribus**: *the city...*; abl. abs. with two predicates.; add pple 'being'
5 **gravis**: *weighty*; i.e. influential
**ut trāditur**: *as it is handed down*
**quamvīs magnae reī auctor**: *a promoter of however important a matter*; nom. apposition
**prodit**: 3s pres. prodeō
6 **Quirītēs**: voc. dir. address, i.e. the people
**parēns urbis huius**: in apposition to Rōmulus; huius is gen. sg. demonstrative
**prīmā hodiernā lūce**: *at...*; abl. time when

7 **caelō**: *from...*; abl. place from which
**dēlāpsus**: dep. PPP: translate 'having Xed'
**cum...adstitissem**: plpf. subj.
8 **precibus**: abl. means
**ut...fās esset**: *that it be...*; ind. command with impers. fās est in impf. subj.
**contrā**: *face to face*
9 **abī, nūntiā**: imperatives, abeō
**caelestēs...velle**: *that...*; ind. disc. with irreg. inf. volō
10 **ut...sit**: *that...*; noun result clause with pres. subj. sum
**rem mīlitārem**: *military affairs*; i.e. art of war
11 **colant sciantque...trādant**: *let...and let...and let...*; 3p jussive pres.subj.
**nūllās opēs...posse**: *that...*; ind. disc. with inf. possum; opēs can here mean 'power'
12 **sublīmis**: *on high*

mīrum quantum illī virō nūntiantī haec fideī fuerit, quamque 1
dēsīderium Rōmulī apud plēbem exercitumque factā fide
immortālitātis lēnītum sit.

**17.** patrum interim animōs certāmen rēgnī ac cupīdō versābat;
necdum †ā singulīs, quia nēmō magnō opere ēminēbat in novō 5
populō, pervēnerat: factiōnibus inter ōrdinēs certābātur†. 2. oriundī
ab Sabīnīs, nē quia post Tatī mortem ab suā parte nōn erat
rēgnātum, in societāte aequā possessiōnem imperiī āmitterent, suī
corporis creārī rēgem volēbant: Rōmānī veterēs peregrīnum rēgem
aspernābantur. 3. in variīs voluntātibus rēgnārī tamen omnēs 10
volēbant, lībertātis dulcēdine nōndum expertā. 4. timor deinde
patrēs incessit nē cīvitātem sine imperiō, exercitum sine duce,

---

**aequus, -a, -um**: equal, fair, level, even, 3
**āmittō, -ere, -mīsī, -missum**: lose, let go, 7
**aspernor, -ārī, aspernātum**: spurn, reject, 3
**certō (1)**: to contend, strive, compete, 6
**cupīdō, cupīdinis f.**: desire, longing, 7
**dēsīderium, -iī n.**: longing; grief (for a loss), 5
**dulcēdō, -inis f.**: sweetness, 2
**ēmineō, -ēre, -uī**: be prominent, 1
**experior, -ī, expertum**: try, attempt, test, 3
**factiō, factiōnis f.**: faction, party, 4
**immortālitās, -tātis f.**: immortality, 2
**incēdō, -ere, cessī**: go, come into, enter, 5
**interim**: meanwhile, in the meantime, 5

**leniō, -īre, -īvī, -ītum**: make lenient, make mild, 1
**lībertās, -tātis f.**: freedom, liberty, 3
**mīrus, -a, -um**: amazing, surprising, 7
**necdum**: nor yet, 2
**nēmō, nūllīus, nēminī, nēminem, nūllō/ā**: no one, 2
**oriundus, -a, -um**: descended, born, 6
**possessiō, -iōnis f.**: possession, 1
**societās, -tātis f.**: alliance, partnership, 7
**timor, -oris m.**: fear, dread, anxiety, 1
**varius, -a, -um**: various, alternating, 6
**versō (1)**: turn over, agitate, 2
**voluntās, -tātis f.**: will, wish, permission, 6

1 **mīrum (est)**: *(it is)*...; impers.
  **quantum...fideī**: *how much confidence*...; ind. question with pf. subj. sum; fideī is partitive gen.
  **illī virō**: dat. of possession
  **haec**: neut. pl.
  **quamque...lēnītum sit**: *and how*...; ind. question with pf. pass. subj.; quam is an interrogative adv.
2 **apud**: *among*...
  **factā fide immortālitātis**: abl. abs.
4 **versābat**: 3s with 3p subject
  **†ā singulīs... certābātur†**: A obelus (†) indicates that the clause is plainly corrupt but the editor cannot see how to emend it. Omit in translation.
6 **oriundī**: *(those)*...; nom. pl.
7 **nē...āmitterent**: *so that...might not*...; neg. purpose clause
  **parte**: *side*; i.e. by Sabines
  **erat rēgnātum**: *it had*...; impers. plpf.; i.e. Rome had not been ruled
8 **suī corporis**: *of their own body (politic)*; i.e. from the Sabines; gen. of description with rēgem
9 **creārī**: pass. inf.
10 **in variīs voluntātibus**: *in various inclinations*; i.e. with various points of view
11 **lībertātis dulcēdine...expertā**: abl. abs.
12 **nē...adorīrētur**: *lest*...; 'that...' fearing clause with impf. dep. subj.

multārum circā cīvitātium inrītātīs animīs, vīs aliqua externa
adorīrētur. et esse igitur aliquod caput placēbat, et nēmō alterī
concēdere in animum indūcēbat.

5. ita rem inter sē centum patrēs, decem decuriīs factīs
singulīsque in singulās decuriās creātīs quī summae rērum
praeessent cōnsociant. 6. decem imperitābant: ūnus cum īnsignibus
imperiī et līctōribus erat: quīnque diērum spatiō fīniēbātur
imperium ac per omnēs in orbem ībat, annuumque intervāllum
rēgnī fuit. id ab rē quod nunc quoque tenet nōmen interrēgnum
appellātum.

7. fremere deinde plēbs multiplicātam servitūtem, centum prō
ūnō dominōs factōs; nec ultrā nisi rēgem et ab ipsīs creātum

---

**adorior, -īrī, adortus**: rise up, attack, 3
**annuus, -a, -um**: lasting a year, annual, 1
**concēdō, -ere**; yield, concede, give way to (dat), 1
**cōnsociō (1)**: share, make common, 4
**decem**: ten, 3
**decuria, -ae f.**: division (of tens), 2
**dominus, -ī m.**: master, 4
**externus, -a, -um**: external, foreign, 3
**fīniō, -īre, -i(v)ī**: to limit, end, enclose, 3
**fremō, -ere, -uī, -itum**: mutter; growl, roar, 1
**imperitō (1)**: command, rule over (dat), 4
**indūcō, -ere, -dūxī, -ductum**: lead in, bring to, 3
**inrītō (1)**: provoke, 2

**interrēgnum, -ī n.**: interim king, 3
**intervāllum, -ī n.**: interval, distance, 2
**multiplicō (1)**: multipy, repeat, increase, 1
**nēmō, nūllīus, nēminī, nēminem, nūllō/ā**: no one, 2
**nisi**: if not, unless, 7
**orbis, -is m.**: sphere, circle; + *terrārum*, world, 3
**placet, -uit**: it is pleasing, it is resolved, 5
**praesum, -esse, -fuī**: be over, preside (dat.), 2
**quīnque**: five, 6
**servitūs, servitūtis, f.**: servitude, 1
**spatium, -iī n.**: period, span,; distance, space, 7
**ultrā**: besides, further, more, in addition, 1

1 **multārum...inrītātīs animīs**: abl. abs.
2 **esse...caput**: *that...*; ind. disc.; i.e. leader
   **placēbat**: *it...*; impers.
   **nēmō**: i.e. neither the Roman nor Sabine side
   **alterī**: dat. ind. obj. of concēdere
3 **in animum indūcēbat**: *brought (his) mind to*; + inf; i.e. made up his mind or resolve
4 **rem...centum patrēs...cōnsociant**: main clause; rem here means 'government' or 'state'
   **decem...factīs**: abl. abs.
5 **singulīs...creātīs**: abl. abs., creō, 'appoint'
   **in singulās decuriās**: *over...*
   **summae rērum**: *over...*; dat. of compound verb
   **quī...praeeesent**: *who would...*; relative clause of purpose (quī=ut eī) with impf. subj. praesum
7 **quīnque...spatiō**: *in...*; abl. time within
8 **per omnēs**: i.e. every senator had a turn
   **in orbem**: i.e. in rotation
9 **id (intervallum)**: *this interval*; nom. subj.

**ab rē**: *from (this) situation*; i.e. the tradition is derived from this first occasion
**quod...tenet**: relative clause; an interrex was appointed as recently as 52 BC
**nōmen interrēgnum**: *the name "interregnum"*
10 **appellātum (est)**: pf. pass.
11 **fremere plēbs**: *the plebs began to mutter*; a historical inf. with nom. subject: translate as finite 3p impf.—here, inchoative impf.
   **multiplicātam (esse) servitūtum**: *that...*; pf. pass. inf.
   **(et) centum...factōs (esse)**: *(and) that...*; pf. pass. inf.
12 **nisi rēgem**: *except...*; acc. obj.
   **et ab īpsīs creātum** ...; PPP creō, 'appoint;' the two demands are (1) that there be a king, and (2) that this king be elected by the plebs

vidēbantur passūrī. 8. cum sēnsissent ea movērī patrēs, offerendum
ultrō ratī quod āmissūrī erant, ita grātiam ineunt summā potestāte
populō permissā ut nōn plūs darent iūris quam dētinērent. 9.
dēcrēvērunt enim ut cum populus rēgem iussisset, id sīc ratum
esset sī patrēs auctōrēs fierent. hodiē quoque in lēgibus
magistrātibusque rogandīs ūsūrpātur idem iūs, vī adēmptā:
priusquam populus suffrāgium ineat, in incertum comitiōrum
ēventum patrēs auctōrēs fīunt.

10. tum interrēx contiōne advocātā, 'quod bonum, faustum
fēlīxque sit' inquit, 'Quirītēs, rēgem creāte: ita patribus vīsum est.
patrēs deinde, sī dignum quī secundus ab Rōmulō numerētur
creārītis, auctōrēs fīent.' 11. adeō id grātum plēbī fuit ut, nē victī

---

**advocō (1)**: to summon, call to, 6
**āmittō, -ere, -mīsī, -missum**: lose, let go, 7
**comitium, -ī n.**: assembly; elections, 6
**contiō, contiōnis f.**: assembly, meeting, 6
**dēcernō, -ere, -crēvī, -crētum**: decide, decree, 6
**dētineō, -ēre, -uī**: retain, hold back, keep, 1
**dignus, -a, -um**: worthy, deserving of (abl.), 5
**ēventus, -ūs m.**: outcome, result, 4
**faustus, -a, -um**: prosperous, blessed, 2
**fēlīx, fēlīcis**: fortunate, happy, lucky, 2
**grātia, -ae f.**: gratitude, favor, influence, thanks, 6
**grātus, -a, -um**: pleasing, grateful, 6
**hodiē**: today, 4
**incertus, -a, -um**: unreliable, doubtful, 5

**ineō, -īre, -īī, -itum**: go into, enter, initiate, 7
**interrēx, -rēgis m.**: interim king, 2
**magistrātus, -ūs m.**: magistrate, officer, 2
**numerō (1)**: count, 1
**offerō, -ferre, -tulī, -lātum**: offer, present, 3
**permittō -ere -mīsī -missum**: entrust to (dat), 3
**potestās, -tātis f.**: power; rule, 3
**priusquam**: before, sooner than, 7
**rogō (1)**: to ask, ask for, 7
**sentiō, -īre, sēnsī, sēnsum**: feel, perceive, 7
**suffrāgium, -ī n.**: vote, right of voting, 4
**ultrō**: voluntarily, spontaneously, 4
**ūsūrpō (1)**: seize upon, use, 1

---

1 **vidēbantur**: *they seemed*
**passūrī (esse)**: fut. inf. patior
**cum sēnsissent...patrēs**: plpf. subj.
**ea movērī**: *that these...*; pass. inf.; ea is neut. pl. demonstrative and acc. subject
**offerendum (esse)...**: *that...had to be...*; ind. disc.; passive periphrastic (gerundive + inf. sum)
**quod āmissūrī erant**: *(that) which...*; missing antecedent is acc. subj. in the ind. disc; āmissūrī erant is a periphrastic fut. (fut. pple + sum)

2 **ratī**: PPP dep. reor: translate 'having Xed;'
**ita grātiam ineunt**: *in this way they entered (their) good graces*; 'obtained favor,' an idiom
**summā...permissā**: abl. abs.

3 **populō**: *to...*; dat. ind. obj. of permissā; here populus is synonymous with plēbs
**ut...darent...dētinērent**: *that...*; result with impf. subj.
**iūris**: partitive gen. with acc. plūs

4 **ut...id sīc ratum esset**: *that it...*; ind. command with plpf. pass. reor, 'ratify'
**cum...iussisset**: plpf. subj. iubeō; i.e. elect by voice vote

5 **sī...fierent**: *if...*; impf. subj. fīō; i.e. authorized candidates; explained below
**in...rogandīs**: noun + gerundive; perform a gerund-gerundive flip and translate as a gerund (ing) + obj.; i.e. proposing matters before the assembly

6 **vī adēmptā**: abl. abs.

7 **priusquam...ineat**: temporal clause with pres. subj. ineō of anticipated action
**in incertum...ēventum**: *against...*

9 **contiōne advocātā**: abl. abs.
**Quod bonum...sit**: *May this be...*; optative subj. (subj. of wish); quod is a connective relative: express in English as a demonstrative

10 **creāte**: imper., creō, 'appoint'
**vīsum est**: *it seemed (good)*; with dat. reference
**quī...numerētur**: *(someone) who is counted...* the missing antecedent is acc. obj.

12 **auctōrēs fient**: fut. fīō, i.e. will authorize
**plēbī**: *to...*; dat. of reference
**victī**: PPP vincō

beneficiō vidērentur, id modo scīscerent iubērentque ut senātus 1
dēcerneret quī Rōmae rēgnāret.

**18.** inclita iūstitia religiōque eā tempestāte Numae Pompilī erat. Curibus Sabīnīs habitābat, cōnsultissimus vir, ut in illā quisquam esse aetāte poterat, omnis dīvīnī atque hūmānī iūris. 2. auctōrem 5 doctrīnae eius, quia nōn exstat alius, falsō Samium Pȳthagoram ēdunt, quem Serviō Tulliō rēgnante Rōmae centum amplius post annōs in ultimā Ītaliae ōrā circā Metapontum Hēracleamque et Crotōnā iuvenum aemulantium studia coetūs habuisse cōnstat. 3. ex quibus locīs, etsī eiusdem aetātis fuisset, quae fāma in Sabīnōs? aut 10 quō linguae commerciō quemquam ad cupiditātem discendī excīvisset? quōve praesidiō ūnus per tot gentēs dissonās sermōne

---

**aemulor, -ārī, -ātum**: rival, aspire to, 1
**amplus, -a, -um**: ample, full, spacious, 3
**beneficium, -ī n.**: good deed, favor, generosity, 5
**coetus, -ūs m.**: gathering, meeting, 2
**commercium, -ī n.**: communication, exchange, 1
**cōnstō, -āre, -stitī**: it is agreed; stand firm, 6
**cōnsultus, -a, -um**: skilled, learned, prudent, 1
**Croto, -ōnis m. (-a acc.)**: Croton (Italian town), 1
**cupiditās, -tātis f.**: desire, ambition, 6
**Curēs, ium m.**: Cures (Sabine town), 3
**dēcernō, -ere, -crēvī, -crētum**: decide, decree, 6
**discō, -ere, didicī**: learn, come to know, 3
**dissonus, -a, -um**: dissonant, discordant, 1
**doctrīna, -ae f.**: instruction, teaching, 1
**ēdō, -ere, ēdidī, ēditum**: bring forth, perform, 6
**etsī**: even if, although, though, 5
**exstō (1)**: exist, 2
**fallō, -ere, fefellī, falsum**: deceive, cheat, 6

**Hēraclēa, -ae m.**: Heraclea (Italian town), 1
**inclitus, -a, -um**: famed, well known, 5
**Ītalia, -ae f.**: Italy, 3
**iūstitia, -ae f.**: justice, fairness, 1
**lingua, -ae f.**: tongue, language, 2
**Metapontum, -ī n.**: Metapontum (town), 1
**ōra, -ae f.**: shore, coast, 1
**Pompilius, -iī m.**: Pompilius, 4
**Pȳthagoras, -ae m.**: Pythagoras, 1
**religio, -iōnis f.**: religious scruple/observance, 7
**Samius, -a, -um**: of Samos (a Greek island), 1
**scīscō, -ere, -vī, scītum**: assent to, resolve, 1
**senātus, -ūs f.**: senate, 5
**sermō, sermōnis m.**: conversation, talk, 3
**studium, -ī n.**: zeal, desire, pursuit, 5
**tempestās, -tātis f.**: time; weather, 6
**tot**: so many, 5
**Tullius, -ī m.**: Tullius, 6

1 **Nē...vidērentur (esse)**: *so that...not seem (to be)*; negative purpose with impf. subj
  **modo**: *just, merely*
2 **ut...dēcerneret**: ind. command with impf. subj. with both verbs but logically with scīscerent
  **quī...rēgnāret**: *(the one) who...*
  **Rōmae**: *at...*; locative
3 **inclita...erat**: *was well known*; with 3p subject nom. pred. inclita is placed first for emphasis
  **eā tempestāte**: *at...*; abl. time when; tempestās means 'time' here and eā is demonstrative
  **Numae Pompilī**: gen. sg.
4 **Curibus**: *at...*; locative
  **Sabīnīs**: adj. modifying Curibus; a single town
  **Ut...poterat**: *as anyone...*; clause of comparison
5 **omnis dīvīnī...iūris**: gen. with cōnsultissimus;
  **auctōrem...Pȳthagoram ēdunt**: *as teacher...*;
  **doctrīnae eius**: *of his instruction*; Numa's

6 **quia...., falsō**: *falsely, because...*; abl. as adv.
7 **quem...habuisse cōnstat**: *whom...*; relative clause, the pronoun is acc. subject of habuisse; Livy explains that Pythogoras was alive much later and could not have been Numa's teacher
  **Serviō...rēgnante**: abl. abs.
  **centum...annōs**: *after (than) 100 years afterward*; post + acc.
8 **iuvenum aemulantium...**: gen. pl. modifying coetūs, which is acc. pl. dir. obj.
  **cōnstat**: *it is agreed*
10 **etsi...fuisset, quae fama (fuisset)**: *even if (Pythathoras) had..., (would have been)*; past contrary to fact (sī plpf. subj., plpf. subj.)
  **quō...commerciō**: *by what exchange... would have...?*; contrary to fact with plpf. subj.
11 **discendī**: gen. gerund (-ing)
12 **quōve praesidiō**: *or under what protection...?*

mōribusque pervēnisset? 4. suōpte igitur ingeniō temperātum
animum virtūtibus fuisse opīnor magis īnstrūctumque nōn tam
peregrīnīs artibus quam disciplīnā tetricā ac trīstī veterum
Sabīnōrum, quō genere nūllum quondam incorruptius fuit.

5. audītō nōmine Numae patrēs Rōmānī, quamquam inclīnārī
opēs ad Sabīnōs rēge inde sūmptō vidēbantur, tamen neque sē
quisquam nec factiōnis suae alium nec dēnique patrum aut cīvium
quemquam praeferre illī virō ausī, ad ūnum omnēs Numae
Pompiliō rēgnum dēferendum dēcernunt. 6. accītus, sīcut Rōmulus
augurātō urbe condendā rēgnum adeptus est, dē sē quoque deōs
cōnsulī iussit. inde ab augure, cui deinde honōris ergō pūblicum id
perpetuumque sacerdōtium fuit, dēductus in arcem, in lapide ad

---

**adipīscor, -ī, adeptus**: obtain, overtake, 3
**augur, -is m.**: augur, 4
**auguror, -ārī, -ātum**: take auspices, 1
**dēcernō, -ere, -crēvī, -crētum**: decide, decree, 6
**dēdūcō, -ere**: lead or bring down, launch, 7
**dēferō, -ferre, -tulī, -lātum**: carry away, bring, 5
**dēnique**: lastly, finally, 1
**disciplīna, -ae f.**: training, instruction, 4
**ergō**: therefore; for the sake of + gen., 7
**factiō, factiōnis f.**: faction, party, 4
**incorruptus, -a, -um**: uncorrupted, reliable, 2
**lapis, -idis m.**: stone, 4

**opīnor, -ārī, opīnātum**: opine, suppose, 2
**perpetuus, -a, -um**: perpetual, everlasting, 2
**Pompilius, -iī m.**: Pompilius, 4
**praeferō, -ferre, -tulī -lātum**: prefer; put before, 2
**quondam**: formerly, at one time, 6
**sacerdōtium, -ī n.**: priesthood, priestly office 1
**sīcut**: just as, so as, 2
**sūmō, -ere, -mpsī, -mptum**: take (up), chose, 6
**temperō (1)**: regulate, refrain from, keep from, 3
**tetricus, -a, um**: severe, forbidding, 1
**trīstis, -e**: sad, sullen, 4

---

1 **sermōne mōribusque**: *in...*; abl. of respect
   **pervēnisset**: *would have...*; contrary to fact plpf. subj.
   **suōpte...ingeniō**: *by his very own...*; enclitic –pte makes suō emphatic; abl. cause
   **temperātum...fuisse**: *that...*; pf. inf. sum; virtūtibus is abl. mean
2 **magis**: modifies opīnor
   **īnstructumque**: still predicate of fuisse
   **tam...quam**: *so much...as...*; clause of comparison with abl. of means
4 **quō genere nūllum (genus)**: *than which race...*; relative adj. and abl. of comparison
   **incorruptius**: neut. comparative adj.
5 **audītō nōmine Numae**: abl. abs.
6 **opēs**: *power*; nom. subj.
   **rēge...sūmptō**: abl. abs.
   **vidēbantur**: *seemed*
   **neque...nec...nec...**: *neither...nor...nor...*
7 **quisquam...praeferre...ausī (sunt)**: *anyone dared to prefer (acc) to (dat)*; 'place (acc) before

(dat); dep. pf. audeō; no one nominated anyone once Numa was suggested
   **factiōnis suae**: *of...*; i.e Sabine or Roman
8 **illī virō**: i.e. Numa; dat. of compound verb praeferre
   **ad ūnum omnēs**: *all to the man*; unanimously
   **rēgnum dēferendum (esse)**: *that...must be...*; passive periphrastic (gerundive + esse)
9 **accītus**: i.e. Numa
   **augurātō**: *auspicies having...*; abl. abs. with a single term
   **urbe condendā**: *at...*; abl. time when or manner; gerundive + noun; perform a gerund-gerundive flip: translate as gerund (-ing) + obj.;
10 **dē sē...deōs cōnsulī**: *that...*; pass. inf. cōnsulō
11 **cui...fuit**: *for whom there was...*; relative, dat. of interest or possibly dat. of possession (i.e. 'who had...')
   **ergō**: *for the sake of* + preceding gen.; here as a preposition

merīdiem versus cōnsēdit. 7. augur ad laevam eius capite vēlātō sēdem cēpit, dextrā manū baculum sine nōdō aduncum tenēns, quem lituum appellārunt. inde ubi prōspectū in urbem agrumque captō deōs precātus regiōnēs ab oriente ad occāsum dētermināvit, dextrās ad merīdiem partēs, laevās ad septentriōnem esse dīxit; 8. signum contrā quō longissimē cōnspectum oculī ferēbant animō fīnīvit; tum lituō in laevam manum trānslātō, dextrā in caput Numae impositā, ita precātus est: 9. "Iuppiter pater, sī est fās hunc Numam Pompilium cuius ego caput teneō rēgem Rōmae esse, ut tū signa nōbīs certa adclārāssis inter eōs fīnēs quōs fēcī." 10. tum perēgit verbīs auspicia quae mittī vellet. quibus missīs dēclārātus rēx Numa dē templō dēscendit.

---

**adclārō (1)**: clarify, make manifest, 1
**aduncus, -a, -um**: crooked, curved, 1
**augur, -is m.**: augur, 4
**auspicium, -ī n.**: auspice, augury, bird-signs, 3
**baculum, -ī n.**: staff, 4
**cōnsīdō, -ere, -sēdī, -sessus**: sit down, 4
**cōnspectus, -ūs m.**: sight, view, 7
**dēclārō (1)**: to declare, make clear, 1
**dēscendō, -ere, -ndī, -nsum**: descend, 6
**dētermino (1)**: confine in limits, 1
**fās n.**: right, righteousness, divine law, 6
**fīniō, -īre, -i(v)ī**: to limit, end, enclose, 3
**impōnō, -ere, -posuī**: put upon, impose, 3

**laevus, -a, -um**: left, unfavorable, 6
**lituus, -a, -um**: augur's staff, 2
**merīdiēs, -ēī m.**: midday, noon; south, 2
**nōdus, -ī m.**: knot, 1
**occāsus, -ūs m.**: setting; west, 1
**oculus, -ī, m.**: eye, 6
**Pompilius, -iī m.**: Pompilius, 4
**precor, -ārī, -ātum**: pray, 3
**prōspectus, -ūs m.**: view, survey, sight, 1
**septentriōnēs, -um m.**: north (seven stars), 1
**trānsferō, -ferre, -tulī, -lātum**: carry across, 2
**vēlō (1)**: to veil, shroud, 3

1 **meridiem**: *south* (the direction of the sun at noon)
   **ad laevam eius**: *at*...; gen. eius refers to Numa
   **capite vēlātō**: abl. abs.
3 **appellā(vē)runt**: governs a double acc.
   **prōspectū…captō**: abl. abs.
4 **precātus**: dep. PPP: translate 'having Xed'
   **ab oriente (sole) ad occāsum (solem)**: *from east to west*; 'from the rising sun to the fallen sun,' directions formed from the pres. pple and PPP, the word sol, 'sun,' is understood
5 **dextrās…dīxit**: *he said that the parts to the south (are) 'right' and (the parts) to the north (are) 'left'*; i.e. called relgions to the south 'right' and called regions to the north 'left'
6 **signum contrā…(in) animō fīnīvit**: *he fixed a landmark opposite*
   **quō…ferēbant**: *to where*...; relative adv.
   **longissimē**: superl. adv. longē, 'far'

7 **lituō…trānslātō**: abl. abs.
   **dextrā…impositā**: abl. abs.
8 **precātus est**: dep. pf.
   **est fās**: *it is*...; impersonal
   **hunc…esse**: *that*...; ind. disc.
9 **Rōmae**: locative
   **ut…adclārāssis**: *would that you*...; optative subj. (subj. of wish) introduced by ut (=utinam); adclārāssis is an archaic 2s pf. subj. equiv. to adclārāveris
10 **signa**: i.e. birds or phenomena in the sky
   **fīnēs**: i.e. the borders which the augur defined using the landmark as a point of reference
11 **perēgit**: *related, detailed*; 'did completely'
   **quae…vellet**: *which*...; relative clause of characteristic with impf. subj. volō
   **quibus missīs**: i.e. once the gods responded to the request; abl. abs., connective relative: translate as a demonstrative in English

## Numa Pompiliius 19.1-4

**19.** quī rēgnō ita potītus urbem novam conditam vī et armīs, iūre  1
eam lēgibusque ac mōribus dē integrō condere parat. 2. quibus cum
inter bella adsuēscere vidēret nōn posse—quippe efferārī mīlitiā
animōs—, mītigandum ferōcem populum armōrum dēsuētūdine
ratus, Iānum ad īnfimum Argīlētum indicem pācis bellīque fēcit,  5
apertus ut in armīs esse cīvitātem, 3. clausus pācātōs circā omnēs
populōs significāret.—bis deinde post Numae rēgnum clausus fuit,
semel T. Mānliō cōnsule post Pūnicum prīmum perfectum bellum,
iterum, quod nostrae aetātī dī dedērunt ut vidērēmus, post bellum
Actiācum ab imperātōre Caesare Augustō pāce terrā marīque  10
partā.—

4. clausō eō cum omnium circā fīnitimōrum societāte ac

---

**Actiācus, -a, -um**: of Actium, 1
**adsuēscō, -ere, -ēvī**: grow accustomed, 1
**Argīlētum, -ī n.**: Argiletum (NE of forum), 1
**Augustus, -ī m.**: Augustus, 1
**bis**: twice, 1
**Caesar, -aris m.**: Caesar, 1
**claudō, -ere, -dī, -sum**: to close, enclose, 5
**consul, -is m.**: consul, 3
**dēsuētūdō, -dinis f.**: disuse, 1
**efferō (1)**: make wild or savage, 1
**Iānus, -ī m.**: Janus, 2
**imperātor, -ōris m.**: commander, 1
**index, indicis m./f.**: sign, proof; informer, 1

**integer, -gra, -grum**: whole, intact, unharmed, 3
**iterum**: again, a second time, 3
**Mānlius, -ī m.**: Manlius, 1
**mītigō (1)**: soften, 2
**pācō (1)**: to placify, subdue, 1
**perficiō, -ere, -fēcī, -fectum**: accomplish, bring about, 7
**potior, -īrī, potītum**: take possession of (abl), 2
**Pūnicus, -a, -um**: Punic, Carthiginian, 1
**semel**: once, 1
**significō (1)**: show, point out, indicate, 2
**societās, -tātis f.**: alliance, partnership, 7
**T.**: Titus, 3

---

1 **quī**: *this one*; connective relative
**potītus**: dep. PPP: translate as 'having Xed' + abl. obj.
**vī et armīs...iūre legibusque ac mōribus**: abl. means, the contrast is between Romulus' method of founding Rome and Numa's
**vī et armīs**: *by force of arms*; hendiadys (two terms denote the same object)
2 **eam**: *it*; i.e. urbem
**dē integrō**: *anew, afresh*; 'from untouched'
**quibus**: *to these things*; connective relative and dat. of compound verb adsuēscere
**aduēscere...nōn posse**: *that (the people)...*; or 'that it was not possible to...' ind. disc., posse is impersonal or an acc. subject must be added
**quippe efferārī...animōs**: *that...*
**mītigandum (esse)...dēsuētūdine**: *that...must be...*; passive periphrastic (gerundive + esse)...
5 **ratus**: PPP dep. reor: translate 'having Xed'
**Iānum**: i.e. the arch of Janus
**ad**: *at...*
**fēcit**: governs a double acc. (obj. and pred.)

6 **ut (Iānus) apertus in armīs esse cīvitātem (significārent)**: *so that Janus (when)...*; result clause with impf. subj.; PPP aperiō belongs in the ut-clause following Iānus
**in armīs esse cīvitātem**: *that...*
**(Iānus) clausus pācātōs (esse)...populōs significārent**: *Janus (when)...*; parallel to clause above
**pācātōs (esse)...populōs**: *that...*; pf. pass. inf.
7 **clausus fuit**: supply Iānus as subject
8 **T. Mānliō cōnsule**: abl. abs., add pple 'being;' i.e. in the year 235 BC
9 **quod...**: *which*; dī = deī
**nostrae aetātī**: *to our generation, to our age*
**d(e)ī**
**ut vidērēmus**: *so that...*; purpose
**pāce...partā**: abl. abs., PPP pariō
12 **clausō eō**: abl. abs.; demonstrative eō refers to Iānus
**omnium circā fīnitimōrum**: circā is simply an adv.

foederibus iūnxisset animōs, positīs externōrum perīculōrum cūrīs, nē luxuriārent ōtiō animī quōs metus hostium disciplīnaque mīlitāris continuerat, omnium prīmum, rem ad multitūdinem imperītam et illīs saeculīs rudem efficācissimam, deōrum metum iniciendum ratus est. 5. quī cum dēscendēre ad animōs sine aliquō commentō mīrāculī nōn posset, simulat sibi cum deā Ēgeriā congressūs nocturnōs esse; eius sē monitū quae acceptissima dīs essent sacra īnstituere, sacerdōtēs suōs cuique deōrum praeficere.

6. atque omnium prīmum ad cursūs lūnae in duodecim mēnsēs dīscrībit annum; quem quia trīcēnōs diēs singulīs mēnsibus lūna nōn explet dēsuntque sex diēs solidō annō quī sōlstitiālī circumagitur orbe, intercalāriīs mēnsibus interpōnendīs ita

---

**circumagō, -ere**: drive/wheel around, revolve, 2
**commentum, -ī n.**: invention, embellishment, 1
**congressus, -ūs m.**: meeting, 2
**contineō, -ēre, -uī, -tum**: hold in/back, contain, 4
**cursus, -ūs m.**: course, running, haste, 6
**dea, -ae f.**: goddess, divinity, deity, 4
**dēscendō, -ere, -ndī, -nsum**: descend, 6
**dēsum, -esse, -fuī**: be lacking, fail (dat), 6
**disciplīna, -ae f.**: training, instruction, 4
**discrībō, -ere, -scrīpsī**: distribute, divide, 2
**duodecim**: twelve, 6
**efficax (efficacis)**: effective, efficacious, 2
**Ēgeria, -ae f.**: Egeria (a goddess), 2
**expleō, -ēre, -ēvī, -ētum**: fulfull, fill out, 4
**externus, -a, -um**: external, foreign, 3
**imperītus, -a, -um**: unexperienced, 1
**iniciō, -ere, -iēcī, -iectum**: throw upon, 6
**intercalārius, -a, -um**: intercalary, 1

**interpōnō, -ere, -suī**; include, introduce, 1
**lūna, -ae n.**: moon, 2
**luxuriō (1)**: be self-indulgent, 1
**mēnsis, -is m.**: month, 3
**mīlitāris, -e**: military, of a soldier, 2
**monitus, -ūs m.**: warning, admonition, 2
**nocturnus, -a, -um**: nocturnal, 2
**orbis, -is m.**: sphere, circle; + *terrārum*, world, 3
**ōtium, -iī n.**: leisure, peace, 5
**perīculum, -ī n.**: risk, danger, peril, 7
**praeficiō, -ere, -fēcī**: put in charge over, 1
**rudis, -e**: uncultivated, inexperienced in (gen), 3
**saeculum, -ī n.**: generation, age, time; century, 2
**sex**: six, 4
**simulō (1)**: feign, pretend, make like, 7
**solidus, -a, -um**: dense; a solid (coin), 1
**sōlstitiālis, -e**: solstitial, of the solstice, 1
**trīcēnī, -ae, -a**: thirty each, 1

1 **iūnxisset**: plpf. subj. iungō, cum clause
**positīs cūrīs**: abl. abs., pōnō, 'put aside'
2 **nē luxuriārent ōtiō animī**: *so that...might not...* neg. purpose clause; animī is nom.
**quōs...continuerat**: 3s with 3p subject
3 **omnium prīmum**: adv. acc. + partitive gen.
**rem...efficācissimam**: in apposition to metum iniciendum below
**ad multitūdinem...rudem**: *for...*
4 **illīs saeculīs**: *in those times*; time when
**deōrum metum iniciendum (esse)**: *that...must be...*; passive periphrastic (gerundive + sum)
5 **ratus est**: pf. dep. reor
**quī cum...posset**: *Since this one...*; connective relative (translate as demonstrative); causal cum clause with impf. subj. possum
**ad animōs**: *into their hearts, into their spirits*

6 **sibi...esse**: *that he had...*; 'to him there were...' ind. disc. and dat. possession
7 **(et) sē...īnstituere**: *and that he...*
**eius...monitū**: i.e. Egeria's. gen. sg., abl. cause
**quae...essent**: *which...*; sacra is the antecedent; subj. of subordinate verb in ind. disc.
**dīs**: deīs, dat. of reference
8 **(et sē) sacerdōtēs...praeficere**: *and that (he)...*
**cuique deōrum**: *over...*; dat. of compound
9 **omnium prīmum**: adv. acc. + partitive gen.
**ad**: *according to...*
10 **singulīs mēnsibus**: *in...*; abl. time when
11 **solidō annō**: *from...*; dat. compound verb
**sōlstitiālī orbe**: abl. means, i-stem 3rd decl. abl.
12 **intercalāriīs mēnsibus interpōnendīs**: *by...*; abl. means, perform a gerund-gerundive flip and translate as gerund (-ing) + obj.

dispēnsāvit, ut vīcēsimō annō ad mētam eandem sōlis unde ōrsī 1
essent, plēnīs omnium annōrum spatiīs diēs congruerent. 7. īdem
nefāstōs diēs fāstōsque fēcit quia aliquandō nihil cum populō agī
ūtile futūrum erat.

**20.** tum sacerdōtibus creandīs animum adiēcit, quamquam ipse 5
plūrima sacra obībat, ea maximē quae nunc ad Diālem Flāminem
pertinent. 2. sed quia in cīvitāte bellicōsā plūrēs Rōmulī quam
Numae similēs rēgēs putābat fore itūrōsque ipsōs ad bella, nē sacra
rēgiae vicis dēsererentur flāminem Iovī adsiduum sacerdōtem
creāvit īnsignīque eum veste et curūlī rēgiā sellā adōrnāvit. huic 10
duōs flāminēs adiēcit, Mārtī ūnum, 3. alterum Quirīnō, virginēsque
Vestae lēgit, Albā oriundum sacerdōtium et gentī conditōris haud

---

**adōrnō (1)**: distinguish, adorn, decorate, 1
**adsiduus, -a, -um**: permanent, constant, 3
**aliquandō**: sometimes, at some time, 1
**bellicōsus, -a, -um**: warlike, 2
**conditor, -tōris m.**: founder, 5
**congruō, -ere**: agree, match, 2
**curūlis, -e**: curule, 2
**dēserō, -ere, -uī, -sertum**: to desert, 3
**Diālis, -e**: of Jupiter, 1
**dispēnsō (1)**: distribute, 1
**fāstus, -a, -um**: righteous days, fasti, 1
**flāmen, flāminis, m.**: priest, flamen, 5
**Mārs, Mārtis m.**: Mars, 6
**mēta, -ae f.**: goal, turning point, 1
**nefāstus, -a, -um**: unrighteous, unholy, 1
**obeō, -īre, -iī, -itum**: engage in; enter; die, 4

**oriundus, -a, -um**: descended, born, 6
**pertineō, -ēre, -tinuī**: pertain to; reach, 5
**plēnus, -a, -um**: full, completed, 3
**plūrimus, -a, -um**: most, very many, 4
**pūtō (1)**: to think, consider, 4
**Quirīnus, -ī m.**: Quirinus (Romulus), 2
**sella, -ae f.**: chair, 2
**similis, -e**: similar to, like (gen., dat.), 6
**sōl, sōlis m.**: sun, 1
**spatium, -iī n.**: period, span,; distance, space, 7
**ūtilis, -e**: useful, effective, 1
**Vesta, -ae f.**: Vesta, 1
**vestis, -is f.**: clothing, 4
**vīcēsimus, -a, -um**: twentieth, 1
**vicis, -is f.**: turn, exchange; office; **-em**, in turn, 6
**virgō, virginis f.**: maiden, virgin, 6

1 **ut...diēs congruerent**: *that the dates match...*;
result with impf. subj.
**vīcēsimō annō**: abl. time when
**ad mētam eandem**: i.e. the solstices
**unde (diēs) ōrsī essent**: *from where (the days) had begun*; relative with plpf. dep. subj. ordior
**plēnīs...spatiīs**: abl. abs., supply pple 'being' i.e. the months would been exactly completed over the 20 year period
2 **īdem**: *he also*; 'the same man' adj. as adv.
**nefātōs fāstōsqu**: *nefasti and fasti*; acc. pred. fēcit governs a double acc.
3 **quia...futūrum erat**: *because...it..*; impers. periphrastic fut. (fut. pple sum + sum);
**nihil...agī**: *that...*; logical subj. of futūrum erat; pass. inf. agō; i.e. no business before assembly
5 **sacerdōtibus creandīs**: *to...*; dat. purpose, noun + gerundive: peform a gerund-gerundive flip and translate as gerund (-ing) + obj.
**animum**: *(his) attention*

**ipse**: *he himself*
6 **obībat**: *engaged in*; 'met with'
**ea**: neut. pl. demonstrative, i.e. sacra
**quae...pertinent**
7 **plūrēs Rōmulī (similēs) quam Numae similēs rēgēs...fore**: *that there would be more...*; fut. inf. sum (equiv. to futurōs esse); Rōmulī and Numae are gen. with special adj. similis
8 **(rēgēs) itūrōs (esse) ad bella**: *and that...*; with fut. inf. eō, īre
**nē...dēserentur**: *so that ...not*; neg. purpose
9 **rēgiae vīcis**: *of the office of king*; gen. sg.
**Iovī**: *for Jupiter*; dat. of interest
**adsiduum sacerdōtem**: *as...*
10 **īnsignī...veste...sellā**: abl. means
**huic**: *to...*; dat. of compound verb
11 **Mārtī, Quirīnō**: dat. of interest
12 **lēgit**: *appointed*; 'chose'
**Albā**: *from...*; abl. of origin

aliēnum. hīs ut adsiduae templī antistitēs essent stīpendium dē pūblicō statuit; virginitāte aliīsque caerimōniīs venerābilēs ac sānctās fēcit.

4. Saliōs item duodecim Mārtī Grādīvō lēgit, tunicaeque pictae īnsigne dedit et super tunicam aēneum pectorī tegumen; caelestiaque arma, quae ancīlia appellantur, ferre ac per urbem īre canentēs carmina cum tripudiīs sollemnīque saltātū iussit.

5. pontificem deinde Numam Marcium Mārcī fīlium ex patribus lēgit eīque sacra omnia exscrīpta exsignātaque attribuit, quibus hostiīs, quibus diēbus, ad quae templa sacra fierent, atque unde in eōs sūmptūs pecūnia ērogārētur. 6. cētera quoque omnia pūblica prīvātaque sacra pontificis scītīs subiēcit, ut esset quō cōnsultum

---

**adsiduus, -a, -um**: permanent, constant, 3
**aēneus, -a, -um**: of bronze, of copper, 1
**ancīle, -is n.**: shield (figure-8, sacred to Mars), 1
**antistes, antistis m/f.**: priest/priestess, 4
**attribuō, -ere, -uī, -ūtum**: assign, 2
**caerimōnia, -ae f.**: ceremony, rite, 3
**canō, -ere, cecinī, cantum**: sing, prophesy, 5
**carmen, carminis n.**: song, prediction, 6
**duodecim**: twelve, 6
**ērogō (1)**: pay, pay out from the treasury, 1
**exscrībō, -ere, -psī, -ptum**: copy out, 1
**exsignō (1)**: write, mark in detail, 1
**Grādīvus, -ī m.**: (surname of Mars), 1
**hostia, -ae f.**: animal sacrifice, victim, 1
**item**: also, likewise, in like manner, 3
**Mārcius, -ī n.**: Marcius, Ancus Marcius, 4
**Mārs, Mārtis m.**: Mars, 6

**pectus, pectoris n.**: chest, breast; heart, 6
**pecūnia, -ae f.**: money, 6
**pingō, -ere, pīnxī, pictum**: paint; embroider, 1
**pontifex, -ficis m.**: priest, pontifex, 5
**Saliī, -ōrum m.**: Salii, Salian priests, 2
**saltātus, -ūs m.**: leaping, 1
**sānctus, -a, -um**: sacred, holy, 4
**scītum, -ī n.**: decree, 1
**stīpendium, -iī n.**: contribution, military service, 2
**subiciō, -ere, -iēcī**: place under, bring up, 2
**sūmptus, -ūs m.**: expense, expenditure, cost, 1
**super**: on top of, over, above (acc.), 7
**tegumen, -entis n.**: breastplace, covering, 1
**tripudium, -ī n.**: (triple time) dance, 1
**tunica, -ae f.**: tunic, 2
**venerābilis, -e**: venerable, 4
**virginitās, -tātis f.**: virginity, 2

---

1 **aliēnum**: *foreign to, unsuited to* + dat.
**hīs**: *for...*; dat. of interest
**ut...essent**: *so that...might...*; purpose with impf. subj.
3 **fēcit (antistitēs)**: governs a double acc. (obj. and pred.) supply antistitēs, 'priestesses,' as obj.
**Mārtī Grādīvō**: *for...*; dat. of interest
4 **lēgit**: *appointed*; 'chose'
**tunicae pictae**: *of the...*; gen.; PPP pictae here, as often, means 'embroidered'
5 **pectorī**: *for...*; dat. of interest
**(eōs) caelestia arma...ferre...īre**: *that (they)...*; inf. ferō, eō, īre; governed by iussit
7 **iussit**: pf. iubeō
8 **pontificem**: *as pontifex*
**Numam Marcium**: Numa Marcius; a person distinct from Numa Pompilius
**Mārcī fīlium**: in apposition to Numam Marcium
9 **lēgit**: *(King Numa) appointed*

**eī**: dat. sg. is
**quibus hostiīs...sacra fierent**: *with what sacrificial victims...*; a series of three indirect questions with ellipsis of the verb; impf. subj. fīō; all in apposition to sacra omnia; quibus is an interrogative adj.
10 **quibus diēbus**: *on...*; abl. time when
**unde...ērogārētur**: the 4th ind. question in apposition with impf. pass. subj.
**in eōs sūmptūs**: *for...*; i.e. sacrifices, etc.
12 **pontificis scītīs**: *under (the authority of)...*; dat. of compound verb; pontificis is subjective gen.: these are decrees created by the pontifex
**ut esset**: *so that there might be*; purpose
**quō...venīrent**: *(someone) to whom...would...*; relative of characteristic; dat. of direction
**cōnsultum**: *to...*; acc. supine (PPP + um) often expresses purpose: translate as an inf.

plēbēs venīret, nē quid dīvīnī iūris neglegendō patriōs rītūs 1
peregrīnōsque adscīscendō turbārētur; 7. nec caelestēs modo
caerimōniās, sed iūsta quoque fūnebria plācandōsque mānēs ut
īdem pontifex ēdocēret, quaeque prōdigia fulminibus aliōve quō
vīsū missa susciperentur atque cūrārentur. ad ea ēlicienda ex 5
mentibus dīvīnīs Iovī Ēliciō āram in Aventīnō dicāvit deumque
cōnsuluit auguriīs, quae suscipienda essent.

**21.** ad haec cōnsultanda prōcūrandaque multitūdine omnī ā vī et
armīs conversā, et animī aliquid agendō occupātī erant, et deōrum
adsidua īnsidēns cūra, cum interesse rēbus hūmānīs caeleste nūmen 10
vidērētur, eā pietāte omnium pectora imbuerat ut fidēs ac iūs
iūrandum †proximō† lēgum ac poenārum metū cīvitātem regerent.

---

**adscīscō, -ere, -īvī**: adopt; attach, 1
**adsiduus, -a, -um**: permanent, constant, 3
**āra, ārae f.**: altar, 6
**Aventīnum, ī n. (us, -ī m.)**: Aventine hill, 4
**caerimōnia, -ae f.**: ceremony, rite, 3
**cōnsultō (1)**: to deliberate, consult, 2
**convertō, -ere, -ī, -rsus**: turn (around), 4
**cūrō (1)**: care for, take care of, attend to, 3
**dicō (1)**: dedicate, 4
**ēdoceō, -ēre, -uī**: teach thoroughly, 2
**ēliciō, -ere, -cuī**: draw out, elicit, 1
**Ēlicius, -ī m.**: Elicius, (epithet of Jupiter), 2
**fulmen, -minis n.**: lightning, thunderbolt, 3
**fūnēbris, -e**: funeral; *neut. subst.* funeral rites, 1
**imbuō, -uere, -uī, -būtum**: tinge, stain, soak, 1
**īnsideō, -ēre, -sēdī**: be fixed, occupy, settle, sit, 1
**intersum, -esse, -fuī**: engage in, be among (dat), 3
**iūrō (1)**: swear (an oath), 6

**iūstus, -a, -um**: just, legitimate, 5
**mānēs, -ium f.**: manes, spirits of the dead, 2
**mēns, mentis f.**: mind, intent, purpose, 4
**neglegō, ere, -lēxī, neglēctum**: to neglect, 2
**nūmen, -inis n.**: divine power, approval, 3
**patrius, -a, -um**: of a father, ancestral, 7
**pectus, pectoris n.**: chest, breast; heart, 6
**pietās, -tātis f.**: piety, devotion, 1
**plācō (1)**: to placate, soothe, 1
**plēbēs, -ēī, f.**: plebs, masses, 1
**poena, -ae, f.**: punishment, 6
**pontifex, -ficis m.**: priest, pontifex, 5
**prōcūrō (1)**: care for, attend to, 1
**regō, regere, rēxī, rectum**: rule, be king, 3
**rītus, -ūs m.**: rite, ceremony, 6
**suscipiō, -ere, cēpī, ceptum**: undertake, take up, 7
**turbō (1)**: throw in confusion, disturb, 5
**vīsus, -ūs m.**: appearance, sight; vision, 1

1 **nē...turbārētur**: *so that...not...*; neg. purpose
  **quid**: *anything*; indefinite aliquid loses the preflix ali- before sī, nisi, num or nē; nom. subj. of turbāretur; dīvīnī iūris is partitive gen.
  **neglegendō**: *by...*; abl. means, gerund (-ing)
2 **peregrīnōs (rītūs)**
  **adscīscendō**: *by...*; abl. means, gerund (-ing)
  **nec modo...sed**: *and not only...but (also)...*
  **fūnēbria**: *funeral rites*
3 **plācandōs**: *(worthy) to be pleased*; gerundive
  **ut...ēdocēret**: *so that...might...*; purpose the preceding acc. and ind. questions below are objs.
4 **quaeque... susciperentur atque cūrārentur**: *and what prodigies, sent by lightning or by what other spectacle, were undertaken and were taken care of*; ind. questions with impf. subj.; objects of ēdocēret parellel with acc. objs. above
5 **ad ea ēlicienda**: *for...*; noun + gerundive:

peform a gerund-gerundive flip and translate as gerund (-ing) + obj.; ad expresses purpose
6 **Iovī Ēliciō**: *for...*; dat. interest
7 **quae suscipienda essent**: *which...had to be...*; ind. question impf. subj. in passive periphastic (gerundive + esse)
8 **ad haec cōnsultanda prōcūrandaque**: *for...*; peform a gerund-gerundive flip and translate as gerund (-ing) + obj.; ad expresses purpose
  **multitūdine omnī...conversā**: abl. abs.
9 **ā vī et armīs**: *from the force of arms*; hendiadys
  **aliquid agendō**: *by...*; means, gerund (-ing)
10 **īnsidēns cūra (erat)**: add linking verb; pres. pple insidēns suggests the concern is a habit
  **cum...vidērētur**: *since...seemed*; causal
11 **eā pietāte**: *with such devotion*
  **ut...regerent**: *that...*; result
12 **iūs iūrandum**: *swearing an oath*; gerundive

2. et cum ipsī sē hominēs in rēgis velut ūnicī exemplī mōrēs
fōrmārent, tum fīnitimī etiam populī, quī anteā castra nōn urbem
positam in mediō ad sollicitandam omnium pācem crēdiderant, in
eam verēcundiam adductī sunt, ut cīvitātem tōtam in cultum
versam deōrum violārī dūcerent nefās.

3. lūcus erat quem medium ex opācō specū fōns perennī rigābat
aquā. quō quia sē persaepe Numa sine arbitrīs velut ad congressum
deae īnferēbat, Camēnīs eum lūcum sacrāvit, quod eārum ibi
concilia cum coniuge suā Ēgeriā essent. 4. et [sōlī] Fideī sollemne
īnstituit. ad id sacrārium flāminēs bīgīs currū arcuātō vehī iussit
manūque ad digitōs usque involūta rem dīvīnam facere,
significantēs fidem tūtandam sēdemque eius etiam in dexterīs

---

**addūcō, -ere, -dūxī, -ductum**: lead to, 2
**anteā**: before, earlier, previously, 3
**arbiter, arbitrī m.**: witness, 2
**arcuātus, -a, -um**: covered, arched, 1
**bīgae, -ārum f., pl**: two-horse carriage, 1
**Camēna, -ae f.**: Camena (Muse), 1
**congressus, -ūs m.**: meeting, 2
**coniūnx -ūgis m/f**: husband, wife, spouse, 6
**cultus, -ūs m.**: worship; cultivation, upbringing, 5
**currus, -ūs m.**: chariot, carriage, cart, 3
**dea, -ae f.**: goddess, divinity, deity, 4
**digitus, -ī m.**: finger, 1
**Ēgeria, -ae f.**: Egeria (a goddess), 2
**flāmen, flāminis, m.**: priest, 5
**fōns, fontis m.**: origin, fount, source, 3
**fōrmō (1)**: shape, form, 2
**involvō, -ere, -volvī, -volūtus**: wrap, 1

**lūcus, -ī m.**: grove, 7
**nefās**: unrighteous; not right, 1
**opācus, -a, -um**: shady; dark, 1
**perennis, -e**: perpetual, perennial, 1
**persaepe**: very often, 1
**rigō (1)**: to water, make wet, 1
**sacrārium, -ī n.**: sanctuary, 1
**sacrō (1)**: make sacred, consecrate, dedicate, 4
**significō (1)**: show, point out, indicate, 2
**sollicitō (1)**: to agitate, stir, worry, 3
**specus, -ūs m./f.**: cave, 2
**tūtor, -ārī, -ātum**: secure, make safe, 2
**ūnicus, -a, -um**: unique, singular, only, 2
**usque**: up to, until; all the way, 4
**vehō, -ere, -xī, -ctum**: convey, carry, 1
**verēcundia, -ae f.**: reverence, respect; modesty, 3
**violō (1)**: to do violence to, violate, 5

1 **cum...fōrmārent, tum**: *when..., at that time*; cum clause with impf. subj.
**in regis...mōrēs**: *into (the character)...*; mōs is 'custom' in sg. but 'morals' or 'character' in pl.
**velut ūnicī exemplī**: *as a unique exemplar*
2 **castra nōn urbem postiam (esse)...pācem**: *that a military camp, not a city, had been..*; pf. pass. inf.; i.e. previously Rome had behaved as if it were a castra and not an urbs
3 **in mediō**: *in their midst*
**ad sollicitandam**: *for...*; noun + gerundive: peform a gerund-gerundive flip and translate as gerund (-ing) + obj.; ad expresses purpose
4 **eam**: *such*; 'this sort,' demonstrative
**ut...dūceret**: *that they considered...*; result
**violārī...nefās (esse)**: *that (it was) not right that...*; ind. disc.; nefās est is a common impers.; cīvitiātem...violārī is the logical subject
6 **erat**: *there was*

7 **quō**: *to there*; 'to where,' connective relative
8 **deae**: i.e. with Egeria
**Camēnīs**: *to the Camenae*; i.e. Muses
**eum lūcum**: demonstrative adj.
**quod...essent**: *because there were...*; impf. subj. of alleged cause (character's point of view)
9 **[sōlī]**: editor recommends that text be omitted
**Fideī**: *for Faith*; a goddess; dat. interest
10 **flāminēs...vehī**: *that...*; pass. inf.
**currū arcuātō**: in apposition to bīgīs
11 **manū...involūta**: abl. abs.. i.e. with cloth
**ad digitōs...ūsque**: *up to...*; usually 'usque ad'
**rem dīvīnam**: i..e the sacrifice
12 **fīdem tūtandum (esse)**: *that...must be...*;
**sēdem eius...sacrātam esse**: *that her seat...*; i.e. her dwelling as if in a temple; pf. pass. inf.
**etiam**: *even*
**in dexterīs**: *in right hands*; i.e. in pledges

sacrātam esse. 5. multa alia sacrificia locaque sacrīs faciendīs quae Argeōs pontificēs vocant dēdicāvit. omnium tamen maximum eius operum fuit tūtēla per omne rēgnī tempus haud minor pācis quam rēgnī.

6. ita duo deinceps rēgēs, alius aliā viā, ille bellō, hic pāce, cīvitātem auxērunt. Rōmulus septem et trīgintā rēgnāvit annōs, Numa trēs et quadrāgintā. cum valida tum temperāta et bellī et pācis artibus erat cīvitās.

**22.** Numae morte ad interrēgnum rēs rediit. inde Tullum Hostīlium, nepōtem Hostīlī, cuius in īnfimā arce clāra pugna adversus Sabīnōs fuerat, rēgem populus iussit; patrēs auctōrēs factī. 2. hic nōn sōlum proximō rēgī dissimilis sed ferōcior etiam

---

**Argēī, -ōrum m.**: Argei (place, name unclear), 1
**clārus, -a, -um**: clear, distinguished, bright, 6
**dēdicō (1)**: to dedicate, consecrate, 2
**deinceps**: one after another, successively, 4
**dissimiis, -e**: unlike, different, dissimilar, 1
**Hostīlius, -ī m.**: Hostilius, 2
**interrēgnum, -ī n.**: interim king, 3
**nepōs, nepōtis m.**: grandson, decendent, 7
**pontifex, -ficis m.**: priest, pontifex, 5

**quadrāgintā**: forty, 7
**sacrificium, ī n.**: sacrifice, 7
**sacrō (1)**: make sacred, consecrate, dedicate, 4
**septem**: seven, 1
**temperō (1)**: regulate, refrain from, keep from, 3
**trīginta**: thirty, 7
**tūtēla, -ae f.**: protection, guardianship, 4
**validus, -a, -um**: strong, powerful, 5
**via, -ae, f.**: way, road, 7

1 **sacrīs faciendīs**: *for...*; dat. of purpose; noun + gerundive: perform a gerund-gerundive flip and translate as gerund (-ing) + obj.
2 **Argeōs**: *Argei*; name of shrines and rites
  **vocat**: *call (x) (y)*; double acc.; pontificēs is nom. subj.;
  **eius**: i.e. Numa's
3 **tūtela...pācis...quam rēgnī**: both are objective gen. modifying tūtēla
5 **alius aliā viā**: *one by one way, another by another way*
6 **auxērunt**: pf. augeō
  **septem et trīgintā...annōs**: *for..*; acc. of duration
7 **trēs et quadrāgintā (annōs regnāvit)**: *for...*;
acc. of duration
**cum...tum...**: *both...and...*; lit. 'while...at the same time...'
**et...et...**: *both..and...*
9 **rēs**: *state, government*
  **Tullum...(esse) rēgem**: *that...*
  **cuius...pugna...fuerat**: *whose...*; clāra is nom. pred.
  **īnfimā**: *the bottom of*
11 **adversus**: *against* + acc.; preposition; first occurance of this core word in Book 1
  **iussit**: pf. iubeō
12 **factī (sunt)**: i.e. authorized the vote
  **nōn sōlum...sed**: *not only...but (also)*
  **proximō rēgī**: dat. of special adj.

quam Rōmulus fuit. cum aetās vīrēsque tum avīta quoque glōria 1
animum stimulābat. senēscere igitur cīvitātem ōtiō ratus undique
māteriam excitandī bellī quaerēbat.

3. forte ēvēnit ut agrestēs Rōmānī ex Albānō agrō, Albānī ex
Rōmānō praedās in vicem agerent. 4. imperitābat tum Gāius 5
Cluilius Albae. utrimque lēgātī ferē sub idem tempus ad rēs
repetendās missī. Tullus praecēperat suīs nē quid prius quam
mandāta agerent; satis sciēbat negātūrum Albānum; ita piē bellum
indīcī posse. 5. ab Albānīs socordius rēs ācta; exceptī hospitiō ab
Tullō blandē ac benignē, cōmiter rēgis convīvium celebrant. 10
tantisper Rōmānī et rēs repetīverant priōrēs et negantī Albānō
bellum in trīcēsimum diem indīxerant. haec renūntiant Tullō.

---

**agrestis, -e**: of the fields, rural; farmer, ruralfolk, 4
**avītus, -a, -um**: ancestral, of a grandfather, 5
**benignus, -a, -um**: kind, kindly, 7
**blandus, -a, -um**: smooth, flattering, 1
**celebrō (1)**: celebrate; practice, engage in, 3
**Cluilius, -ī m.**: Cluilius, 3
**cōmiter**: courteously, friendly, 2
**convīvium, -ī n.**: banquet, feast, 3
**ēveniō, -īre**: turn out, happen, 4
**excipiō, -ere, -cēpī, -ceptum**: receive, welcome, 6
**excitō (1)**: excite, rouse, incite, 5
**ferē**: almost, nearly; in general, 5
**Gaius, Gaiī m.**: Gaius 1
**hospitium, ī n.**: guest-friendship/hospitality, 6
**imperitō (1)**: command, rule over (dat), 4
**mandātum, -ī n.**: command, order, 2
**māteria, -ae f.**: opportunity, source, stuff, 4
**negō (1)**: to deny, say that...not, 5
**ōtium, -iī n.**: leisure, peace, 5
**pius, -a, -um**: dutiful, pious, 3
**praecipiō, -ere, -cēpī, -ceptum**: take before; order, 5
**renūntiō, (1)**: bring back word, report, 1
**senēscō, -ere, -uī**: to grow old, 1
**socors, socordis**: careless, lax, senseless, 1
**stimulō (1)**: provoke, incite, rouse, excite, 6
**tantisper**: for a while, so long, meanwhile, 3
**trīcēsimus, -a, -um**: thirtieth, 1
**undique**: from everywhere, from all sides, 4
**vicis, -is f.**: turn, exchange; office; **-em**, in turn, 6

1 **quam**: clause of comparison
  **cum...tum...**: *both...and...*; i.e of the new king
  **vīrēs**: pl. vīs
2 **senēscere...ōtiō**: *that...*; abl. of cause
  **ratus**: dep PPP reor: translate as 'having Xed'
3 **excitandī bellī**: *of...*; noun + gerundive: perform a gerund-gerundive flip and translate as gerund (-ing) + obj.
4 **forte**: abl. fors
  **ēvēnit**: *it...*; impersonal
  **ut...agerent**: *that...*; noun result clause with impf. subj.
  **agrō**: *land*
  **(et) Albānī (agrestēs) ex Rōmānō (agrō)**
5 **praedās...agerent**: as often, driving cattle
  **Albae**: *at...*; locative
6 **sub**: *near...*
  **ad rēs repetendās**: *for seeking restitution*; noun + gerundive: perform a gerund-gerundive flip and translate as gerund (-ing) + obj.; rēs repetere, 'to seek resitution' is a common idiom
7 **missī (sunt)**
  **suīs (lēgātīs)**: dat. ind. obj
  **nē quid...agerent**: *that...not...anything*; neg. ind. command; indefinite aliquid loses the prefix ali- before sī, nisi, num or nē; impf. subj. agō, 'do'
8 **mandāta**: i.e. the things already ordered by him
  **negātūrum (esse) Albānum**: *that the Alban (embassy)...*; fut. inf.
  **(et) ita piē...posse**: *(and) that...*
  **piē**: adv. pius
9 **socordius**: comparative adv.
  **ācta (est)**
  **exceptī**: *having been welcomed*; i.e. the Albānī
  **hospitiō**: abl. of manner
11 **et...et...**: *both...and...*
  **rēs repetīverant**: *had sought restitution*; idiom
  **negantī Albānō**: *upon the Alban (embassy) refusing*; dat. of compound object
12 **in**: *after...*; i.e. beginning on the thirtieth day
  **haec**: neut. acc. pl.

6. tum lēgātīs Tullus dīcendī potestātem quid petentēs vēnerint facit. illī omnium ignārī prīmum pūrgandō terunt tempus: sē invītōs quicquam quod minus placeat Tullō dictūrōs, sed imperiō subigī; rēs repetītum sē vēnisse; nī reddantur bellum indīcere iussōs. 7. ad haec Tullus 'nūntiāte' inquit, 'rēgī vestrō rēgem Rōmānum deōs facere testēs, uter prius populus rēs repetentēs lēgātōs aspernātus dīmīserit, ut in eum omnēs expetant huiusce clādēs bellī.'

**23.** haec nūntiant domum Albānī. et bellum utrimque summā ope parābātur, cīvīlī simillimum bellō, prope inter parentēs nātōsque, Troiānam utramque prōlem, cum Lāvīnium ab Troiā, ab Lāvīniō Alba, ab Albānōrum stirpe rēgum oriundī Rōmānī essent.

---

**aspernor, -ārī, aspernātum**: spurn, reject, 3
**cīvīlis, -e**: civil, of a citizen, 2
**clādēs, -is f.**: disaster, destruction, loss, 5
**dīmittō, -ere, -mīsī, -missus**: dismiss, 2
**expetō, -ere, -iī, -ītum**: seek after, demand, 2
**ignārus, -a, -um**: ignorant, 4
**invītus, -a, -um**: unwilling, 2
**nī (nisī)**: if not, unless, 5
**oriundus, -a, -um**: descended, born, 6
**placet, -uit**: it is pleasing, it is resolved, 5

**potestās, -tātis f.**: power; rule, 3
**prōlēs, -is f.**: offspring, 3
**pūrgō (1)**: excuse, apology; clear away, cleanse, 3
**similis, -e**: similar to, like (gen., dat.), 6
**subigō, -ere, -ēgī**: drive, drive under, subdue, 3
**terō, -ere, trīvī**: wear down; waste, spend, 4
**testis, -is m/f**: witness, 4
**Troia, -ae f.**: Troy, 5
**uter, utra, utrum**: which (of two), 7
**vester, vestra, vestrum**: your, yours, 4

1 **dīcendī**: gen. gerund (-ing) with potestātem
**potestātem facit**: *gives an opportunity, gives permission*; idiom
**quid...vēnerint**: *what...*; ind. question with pf. subj.
2 **illī**: i.e. the Albānī lēgātī
**prīmum**: adverbial acc.
**pūrgandō**: *by...*; means gerund (ing)
**sē...dictūrōs (esse)**: *that...*; ind. disc. with fut. inf. in apposition to pūrgandō
3 **invītōs**: predicative: translate as an adverb
**quicquam**: *anything*
**quod...placeat Tullō**: relative clause of characteristic with pres. subj.
**sed imperiō subigī**: *that (they)...*; pres. pass. inf.
4 **(et) rēs...sē vēnisse**: *that...*
**rēs repetītum**: *to...*; acc. supine (PPP + um) often expresses purpose: translate as an inf.; rēs repetere, 'to seek restitution,' is an idiom for taking back what was taken by an enemy
**nī (rēs) reddantur**: *if (restitution)...*; pres. subj. of subordinate verb (conditional) in ind. disc.
**(sē) bellum indīcere iussōs (esse)**: *that...*

5 **ad haec**: *in response to...*
**rēgī vestrō**: dat. ind. obj.
**rēgem...facere**: *that...*; inf. governs a double acc. (obj. and pred.)
6 **uter...populus...dīmīserit**: *which...*; ind. question with pf. subj.
**rēs repetentēs**: idiom, see above
7 **aspernātus**: dep. PPP: lēgātōs is obj.
**ut...expetant**: *that they...*; ind. command; 3p but subject is 3s uter populus above
**in eum**: *upon this one*; i.e. the guilty side
**omnēs...clādēs**: acc. obj.
**huiusce...bellī**: gen. sg. hic; the demonstrative enclitic -ce/-c is common: 'this here' (cf. hunc)
9 **domum**: acc. place to which
**summā ope**: abl. manner
10 **cīvīlī...bellō**: dat. of special adj.
**simillimum**: irreg. superlative adj.
**prope**: *almost*
**nātōs**: *sons*; 'those born,' dep. PPP nascor
11 **cum...oriundī essent**: *since...were descended*; causal cum clause with heavy ellipsis
12 **Albānōrum...rēgum**: gen. modifies ab stirpe

2. ēventus tamen bellī minus miserābilem dīmicātiōnem fēcit, quod nec aciē certātum est et tēctīs modo dīrutīs alterīus urbis duo populī in ūnum cōnfūsī sunt. 3. Albānī priōrēs ingentī exercitū in agrum Rōmānum impetum fēcēre. castra ab urbe haud plūs quīnque mīlia passuum locant, fossā circumdant; Fossa Cluilia ab nōmine ducis per aliquot saecula appellāta est, dōnec cum rē nōmen quoque vetustāte abolēvit. 4. in hīs castrīs Cluilius Albānus rēx moritur; dictātōrem Albānī Mettium Fufetium creant.

interim Tullus ferōx, praecipuē morte rēgis, magnumque deōrum nūmen ab ipsō capite orsum in omne nōmen Albānum expetītūrum poenās ob bellum impium dictitāns, nocte praeteritīs hostium castrīs, īnfēstō exercitū in agrum Albānum pergit. 5. ea rēs ab

---

**abolēscō, -ere, -ēvī**: vanish, 1
**aliquot**: several, 6
**certō (1)**: to contend, strive, compete, 6
**circumdō, -are, -dedī**: surround, put around, 4
**Cluilius, -a, -um**: of Cluilius, Cluilian, 1
**Cluilius, -ī m.**: Cluilius, 3
**cōnfundō, -ere, -fūdī, -fūsum**: confuse, disturb, 3
**dictātor, -oris m.**: dictator, chief magistrate, 3
**dictitō (1)**: say repeatedly, 3
**dīmicātiō, -tiōnis f.**: combat, fight, 5
**dīruō, -ere, -ī, -utum**: tear down, destroy, 4
**ēventus, -ūs m.**: outcome, result, 4
**expetō, -ere, -iī, -ītum**: seek after, demand, 2
**fossa, -ae f.**: ditch, trench, 5
**Fufētius, -ī m.**: Fufetius, 2
**impius, -a, -um**: unholy, impious, 3

**interim**: meanwhile, in the meantime, 5
**locō (1)**: to put, place, 3
**miserābilis, -e**: miserable, pitiable, 4
**morior, morī, mortuus sum**: die, 3
**nox, noctis, f.**: night, 5
**nūmen, -inis n.**: divine power, approval, 3
**passus, -ūs**: pace, 3
**pergō, -ere -rēxī -rectum**: proceed, continue, 7
**poena, -ae, f.**: punishment, 6
**praecipuē**; especially, 5
**praetereō, -īre, -īvī, -itum**: pass, go pass, 3
**quīnque**: five, 6
**saeculum, -ī n.**: generation, age, time; century, 2
**tēctum, -ī n.**: roof; dwelling, home, shelter, 6
**vetustās, -tātis f.**: antiquity; past, old age, 2

1 **fēcit**: governs a double acc. (obj. and pred.)
   **quod**: *because*
2 **aciē**: *on...*; abl. place where or means; the battle is decided by a duel between two sets of triplets
   **tēctīs...dīrutīs alterīus urbis**: abl. abs.
   **alterīus**: gen. sg. alter, as often among pronouns
3 **in ūnum (populum)**
   **priōrēs**: i.e. were the first to do so
   **(cum) ingentī exercitū**: abl. accompaniment
4 **fēcēr(unt)**: syncopated 3p pf.
   **mīlia passuum**: *miles*; 'thousands of paces,' acc. of extent
5 **Fossa Cluilia** : *Cluilian Trench*; a proper name
6 **cum rē**: *with the thing itself*; i.e. ditch
7 **vetustāte**: *because of ...*; abl. of cause

8 **dictātōrem**: *as...*
   **morte**: abl. of cause
   **magnumque...expetītūrum (esse) poenās**: *that a great power...*; fut. inf. governed by pple dictitāns
   **ab ipsō capite orsum**: dep. PPP ordior; capite refers to Cluilius as 'head' of the Albans
10 **nōmen Albānum**: *the Alban people*; i.e. all who carry the Alban name
11 **nocte**: abl. time when
   **praeteritīs...castrīs**: abl. abs.
12 **(cum) ingentī exercitū**: abl. accompaniment
   **in**: *against...*
   **ea rēs**: *this situation*

statīvīs excīvit Mettium. dūcit quam proximē ad hostem potest; inde lēgātum praemissum nūntiāre Tullō iubet priusquam dīmicent opus esse conloquiō; sī sēcum congressus sit, satis scīre ea sē allātūrum quae nihilō minus ad rem Rōmānam quam ad Albānam pertineant. 6. haud aspernātus Tullus, tamen sī vāna adferantur in aciem ēdūcit. exeunt contrā et Albānī.

postquam īnstrūctī utrimque stābant, cum paucīs procerum in medium ducēs prōcēdunt. 7. ibi īnfit Albānus: 'iniūriās et nōn redditās rēs ex foedere quae repetītae sint, et ego rēgem nostrum Cluilium causam huiusce esse bellī audīsse videor, nec tē dubitō, Tulle, eadem prae tē ferre; sed sī vēra potius quam dictū speciōsa dīcenda sunt, cupīdō imperiī duōs cognātōs vīcīnōsque populōs ad

---

**adferō, -ferre, attulī, allātum**: bring, propose, 6
**aspernor, -ārī, aspernātum**: spurn, reject, 3
**Cluilius, -ī m.**: Cluilius, 3
**cognātus, -ī m.**: kinsman, relative, 2
**congredior, -ī, congressum**: gather; contend, 2
**conloquium, -iī n.**: conversation, 1
**cupīdō, cupīdinis f.**: desire, longing, 7
**dīmicō (1)**: to fight, struggle, contend, 5
**dubitō (1)**: to hesitate, doubt, 3
**ēdūcō, -ere, -xī, -ctum**: lead or draw out, 4
**exeō, -īre, -iī, -itus**: go out, 6
**īnfit**: begins (to speak), 2
**paucī, -ae, -a**: little, few, scanty, 7

**pertineō, -ēre, -tinuī**: pertain to; reach, 5
**potius**: rather, more, preferably, 5
**prae**: in front of, before (acc); compared to (abl), 6
**praemittō, -ere**: send in advance, 2
**priusquam**: before, sooner than, 7
**prōcēdō, -ere, -cessī, -cessum**; proceed, 5
**procerēs, -um m.**: leaders, chieftains, 3
**speciōsus, -a, -um**: attractive, appealing, 2
**statīva, -ōrum n**: outpost, stopping-place, camp, 2
**stō, stāre, stetī, statum**: stand, 6
**vānus, -a, -um**: in vain, useless, worthless, false, 7
**vīcīnus, -a, -um**: neighboring, 6

1 **quam proximē...potest**: *as closely as is possible*...; clause of comparison
2 **lēgātum...nūntiāre Tullō**: *that*...
3 **opus esse conloquiō**: *that*...; opus est, 'there is a need of' is an idiom that governs an abl. of separation
3 **sī...congressus sit**: pf. dep. subj. congredior
  **(sē) satis scīre**: *that he knows (well) enough*; i.e. Mettius is confident that...
4 **ea sē allātūrum (esse)**: *that he*... fut. inf. afferō ea is a neut. pl. demonstrative explained below
  **quae...pertineat**: *which*,...; ea is antecedent; pres. subj. of subordinate verb in ind. disc.
  **nihilō minus**: *no less*; 'by nothing,' abl. of degree of difference with comparative adv.
  **ad Albānam (rem)**: add 'state' or 'government'
5 **asperntātus**: dep. PPP: translate 'having Xed'
  **sī vāna adferantur**: *if fruitless things were brought up*
6 **ēdūcit (Rōmānōs)**: add obj.
  **contrā**: *in response*; adv.
8 **Albānus**: *an Alban*

8 **iniūriās...redditās rēs...repetītae sint**: *the injustices and restitution not given back, which was sought according to the treaty*; all of this is acc. subject of esse below but placed at the beginning of the sentence for emphasis: he notes (1) damage from the original conflict and (2) failure to receive reparations later; the nature of the foedus is unclear and not mentioned by Livy
9 **ego...audī(vi)sse videor**: *I seem* + pf. inf.
  **rēgem nostrum Cluilium (dīcentem)**: obj. of audī(vi)sse; supply a pple of speaking
10 **causam...esse bellī**: *that...was*...; iniūriās...rēs above is the acc. subject
  **tē...eādem prae tē ferre**: *that*...; prae sē ferre, 'carry before oneself,' is an idiom for 'show,' 'display,' or 'give as a pretext'
11 **Tulle**: voc. dir. address
  **vēra**: *true things*; neut. pl. substantive
  **dictū**: *in,*...; abl. of respect; supine (PPP + ū); translate as gerund (ing) or as an inf.
12 **dīcenda sunt**: *must be*...; passive periphrastic (gerundive + sum)

arma stimulat. 8. neque, rēctē an perperam, interpretor. fuerit ista 1
eius dēlīberātiō quī bellum suscēpit: mē Albānī gerendō bellō
ducem creāvēre. illud tē, Tulle, monitum velim: Etrūsca rēs quanta
circā nōs tēque maximē sit, quō propior es Volscīs. hōc magis scīs.
multum illī terrā, plūrimum marī pollent. 9. memor estō, iam cum 5
signum pugnae dabis, hās duās aciēs spectāculō fore ut fessōs
cōnfectōsque simul victōrem ac victum adgrediantur. itaque sī nōs
dī amant, quoniam nōn contentī lībertāte certā in dubiam imperiī
servitiīque āleam īmus, ineāmus aliquam viam quā utrī utrīs
imperent sine magnā clāde, sine multō sanguine utriusque populī 10
dēcernī possit.' 10. haud displicet rēs Tullō quamquam cum indole
animī tum spē victōriae ferōcior erat. quaerentibus utrimque ratiō

---

**adgredior, -ī, -gressum**: go to, attack, address, 4
**ālea, -ae f.**: hazard, risk; die (one of 2 dice), 1
**amō (1)**: love, like, 1
**an**: or (in questions), 7
**clādēs, -is f.**: disaster, destruction, loss, 5
**cōnficiō, -ere**: to finish (off), accomplish, 5
**contineō, -ēre, -uī, -tum**: hold in/back, contain, 4
**dēcernō, -ere, -crēvī, -crētum**: decide, decree, 6
**dēlīberātiō, -tiōnis f.**: deliberation, 1
**displiceō, -ere, -uī**: displease, dissatisfy, 1
**fessus, -a, -um**: wearied, exhausted, 5
**indolēs, -is f.**: natural ability, talent, 4
**ineō, -īre, -īī, -itum**: go into, enter, initiate, 7
**interpretor, -ārī**: translate, interpret; decide, 2
**iste, ista, istud**: that/those (of yours), 2
**lībertās, -tātis f.**: freedom, liberty, 3

**memor, -is**: mindful, remembering (gen.), 7
**moneō, -ēre, -uī, -itum**: warn, advise, 2
**perperam**: wrongly, 2
**plūrimus, -a, -um**: most, very many, 4
**polleō, -ēre, -uī**: be powerful, 2
**quoniam**: since (now), seeing that, 5
**ratiō, -ōnis f.**: plan, method, system, calculation, 2
**rēctus, -a, -um**: correct, straight; honest, 5
**sanguis, sanguinis m.**: blood, 7
**servitium, -ī n.**: slavery, servitude, 4
**stimulō (1)**: provoke, goad, rouse, excite, 6
**suscipiō, -ere, cēpī, ceptum**: undertake, take up, 7
**uter, utra, utrum**: which (of two), 7
**via, -ae, f.**: way, road, 7
**Volscī, -ōrum m.**: Volscians, Volsci, 3

1 **rēctē an perperam (stimulet)**: *whether (he provokes)...or...*; ind. question
   **fuerit**: fut. pf. sum; often translated as fut. with the sense of completion not expressed in English; ista is subject, dēlīberātiō is nom. pred.
2 **eius**: gen. demonstrative; i.e. of Cluilius
   **gerendō bellō**: *for...*; dat. of purpose; noun + gerundive: perform a gerund-gerundive flip and translate as gerund (-ing) + obj.
3 **creāvēr(unt)**: syncopated 3p pf. + double acc.
   **illud...monitum (esse)**: *that you be advised of this*; i.e. the following; illud is an inner acc.: 'this (advice)' with pf. pass. inf. in ind. disc.
   **velim**: *I should wish*; potential subj., used to express a cautious or modest assertion
   **Etrūsca rēs quanta...sit**: *(namely) how great the Etruscan state...*; ind. question
4 **quō proprior...hōc magis**: *the nearer...the more...*; 'by how much nearer...by this much more,' correlatives (relative and demonstrative)

   as abl. of degree of difference with comparatives
5 **multum...plūrimum**: *quite (powerful)...very much (powerful)*; both inner acc. with pollent
   **terrā...marī**: *on...*; abl. respect; i-stem abl.
   **estō**: fut. imper. sum (translate as pres. imper.)
   **iam cum**: *just as soon as...*; 'now when'
6 **hās...spectāculō fore**: *that...will serve as a show*; dat. of purpose and fut. inf. sum (equiv. to futūrās esse) are often translated 'serve as...' in English; i.e. the Etruscans will watch the battle
   **ut...adgrediantur**: *so that...might...*; purpose
8 **Quoniam...īmus**: *seeing that...*; 1p eō, īre
9 **ineāmus**: *Let...* 1p hortatory subj. ineō, inīre
   **quā...possit**: *by which...it may be able*; relative of purpose with impers. 3s subj.
   **utrī utrīs...**: *which state rules which*; ind. quest.
10 **utriusque populī**: gen. sg. uterque, 'each'
12 **cum...tum**: *both by...and by...*; abl. of cause
   **quaerentibus**: *(both sides)...*; one-term abl. abs.

inītur cui et Fortūna ipsa praebuit māteriam.

**24.** forte in duōbus tum exercitibus erant trigeminī frātrēs, nec aetāte nec vīribus disparēs. Horātiōs Cūriātiōsque fuisse satis cōnstat, nec fermē rēs antīqua alia est nōbilior; tamen in rē tam clārā nōminum error manet, utrīus populī Horātiī, utrīus Cūriātiī fuerint. auctōrēs utrōque trahunt; plūrēs tamen inveniō quī Rōmānōs Horātiōs vocent; hōs ut sequar inclīnat animus.

2. cum trigeminīs agunt rēgēs ut prō suā quisque patriā dīmicent ferrō; ibi imperium fore unde victōria fuerit. nihil recūsātur; tempus et locus convēnit. 3. priusquam dīmicārent foedus ictum inter Rōmānōs et Albānōs est hīs lēgibus ut cuiusque populī cīvēs eō certāmine vīcissent, is alterī populō cum bonā pāce imperitāret.

---

**antīquus, -a, -um**: ancient; better, important, 5
**clārus, -a, -um**: clear, distinguished, bright, 6
**cōnstō, -āre, -stitī**: it is agreed; stand firm, 6
**dīmicō (1)**: to fight, struggle, contend, 5
**dispār (gen. disparis)**: unequal, unlike, 2
**error, errōris m.**: wandering; uncertainty, 3
**fermē**: nearly, about, 4
**imperitō (1)**: command, rule over (dat), 4
**ineō, -īre, -iī, -itum**: go into, enter, initiate, 7

**māteria, -ae f.**: opportunity, source, stuff, 4
**nōbilis, -e**: noble, 2
**praebeō, -ēre, -uī, -itum**: present, offer, 3
**priusquam**: before, sooner than, 7
**recūsō (1)**: to refuse, object to, reject, 1
**trahō, -ere, trāxī, tractum**: draw, drag, 6
**trigeminus, -a, -um**: triplet, 4
**uter, utra, utrum**: which (of two), 7

1 **inītur**: pass. ineō
  **cui**: *for which...*; dat. of purpose
  **et**: *also*
2 **forte**: abl. fors
3 **nec...nec...**: *neither in...nor in...*; abl. respect abl. pl. vis
  **Horātiōs...fuisse**: *that...*; ind. disc., pf. inf. sum
  The Horatii brothers are traditionally Roman, and the Curiatii brothers are traditionally Alban.
4 **cōnstat**: *it is agreed*; impers.
  **rēs antīqua**: *ancient account*
  **in rē**: *in an account...*
5 **utrīus populī Horātiī (fuerint), (et) utrīus (populī) Cūriātiī fuerint**: *of which people...*; ind. questions with pf. subj. sum; gen. sg. uter
6 **auctōrēs utrōque trahunt**: *authors draw from both (points of view)*; 'from both sides'
  **quī...vocent**: relative of characteristic; pres. subj.
7 **ut sequar hōs**: *that I follow these*; i.e opinion of the plūrēs; result clause with 1s pres. subj.
8 **cum**: *with*
  **agunt...ut...dīmicent**: *act so that...*; i.e. bring it about that...; noun result clause with pres. subj.
  **prō suā...patriā**: *on behalf of...*
9 **ferrō**: abl. means; 'a sword' via metonymy
  **ibi imperium fore**: *that...*; ind. disc. with fut. inf. sum (equiv. to futurum esse) governed by agunt
  **ibi...unde...**: *there from where...*; i..e on that side; relative with pf. subj. sum of subordinate verb in ind. disc.
10 **convēnit**: *were agreed*; 3s with 3p verb
  **ictum est**: pf. pass. iciō
  **hīs lēgibus**: *with these terms*
11 **ut...imperitāret**: *that...*; ind. command with impf. subj.
  **cuiusque...vīcissent**: *the citizens of whichever people had...*; gen. quique here perhaps equiv. to quīcumque, 'whosoever' relative clause with plpf. subj. (subj. of subordinate verb in ind. command); 'is (populus)' is the antecendent
12 **eō**: *by this...*; demonstrative
  **is (populus)**: *this (people)*; i.e. the victors
  **alterī populō**: dat. ind. obj.

foedera alia aliīs lēgibus, cēterum eōdem modō omnia fīunt. 4. 
tum ita factum accēpimus, nec ūllius vetustior foederis memoria
est. fētiālis rēgem Tullum ita rogāvit: 'iubēsne mē, rēx, cum patre
patrātō populī Albānī foedus ferīre?' iubente rēge, 'sagmina' inquit
'tē, rēx, poscō.' rēx ait: 'pūra tollitō.' 5. fētiālis ex arce grāminis
herbam pūram attulit. posteā rēgem ita rogāvit: 'rēx, facisne mē tū
rēgium nūntium populī Rōmānī Quirītium, vāsa comitēsque
meōs?' rēx respondit: 'quod sine fraude meā populīque Rōmānī
Quirītium fīat, faciō.' 6. fētiālis erat M. Valērius; is patrem patrātum
Sp. Fūsium fēcit, verbēnā caput capillōsque tangēns. pater patrātus
ad iūs iūrandum patrandum, id est, sanciendum fit foedus;
multīsque id verbīs, quae longō effāta carmine nōn operae est

---

**adferō, -ferre, attulī, allātum**: bring, propose, 6
**aiō**: say, affirm, 6
**capillus, -ī m.**: hair, 2
s
**cēterum**: but, in other respects; besides, 7
**comes, -itis m. f.**: companion, comrade, 6
**effātum, -ī n.**: expression, utterance,
**feriō, -īre**: strike, 4
**fētiālis, -e**: fetialis (type of priest), 5
**fraus, fraudis f.**: fraud, deception; harm, hurt, 5
**Fūsius, -ī m.**: Fusius, 1
**grāmen, -inis n.**: grass, 2
**herba, -ae f.**: plant, grass, 1
**iūrō (1)**: to swear (an oath), 6
**longus, -a, -um**: long, 3
**M.**: Marcus, 1
**memoria, -ae f.**: memory, 3

**opera, -ae f.**: effort, exertion; workman, 4
**patrō (1)**: bring to pass, execute, accomplish, 7
**poscō, -ere, poposcī**: ask, demand, 1
**posteā**: after this, afterwards, 5
**pūrus, -a, -um**: clean, pure; free, 4
**respondeō, -ēre, -dī, -nsus**: answer, 3
**rogō (1)**: to ask, ask for, 7
**sagmen, sagminis n.**: tuft of sacred herbs, 1
**sanciō, -īre, sānxī**: make sacred, sanctify, 2
**Sp.**: Spurius, 3
**tangō, -ere, tetigī, tactum**: to touch, 2
**tollō, ere, sustulī, sublātum**: lift up; raze, 5
**ūllus, -a, -um**: any, 7
**Valērius, -ī m.**: Valerius, 3
**vāsum, -ī n.**: apparatus, tools, equipment, 1
**verbēna, -ae f.**: tuft of herbs (=sagmina), 1
**vetustus, -a, -um**: ancient, old, 4

1 **foedera alia aliīs lēgbus**: *different treaties (are made) with different terms*; 'some treaties are made with some terms; others, with other terms'
**eōdem modō**: *in*...; abl. of manner
2 **ita factum (esse)**: *that it*...; ind. disc.; impers. pf. pass.; i.e how treaties are made in general
**ūllius...foederis**: *of*...; gen. sg. ūllus
4 **foedus ferīre**: *to strike a treaty*; idiom
**cum patre patrātō**: *with the Pater Patratus*; i.e. the chief fetial priest who ratified the treaty
**iubente rēge**: abl. abs.
**sagmina**: the details are unclear but the tufts come from the Capitoline hill, perhaps as a symbol of home soil
5 **pūra (sagmina)**: *pure*; perhaps without religious pollution
**tollitō**: fut. imperative tollō
6 **attulit**: pf. adferō
**facis-ne**: 2s governing a double acc.

7 **Quiritium**: *of the Quirites*; gen. pl.
**vāsa...comitēs**: *(along with)*...; parallel to mē
8 **(id) quod...fiat**: *(that) which...is done*; relative clause of characteristic with pres. subj.
**meā populīque**: both possessives, adj. and gen.
9 **patrem patrātum**: *Pater Patratus*; see above
**tangēns**: *by*...; causal pres. pple modifying 'is'
9 **pater patrātus (est)**: *Pater Patratus (is)*...
**ad iūs iūrandum patrandum**: *for*...; noun + gerundive patrō: peform a gerund-gerundive flip and translate as gerund (-ing) + obj.; ad expresses purpose; the use of patrō is likely added to explain the function of Pater Patratus
**iūs iūrandum**: *swearing an oath*; gerundive
**id est**: *that is (to say)*; in clarification
11 **sanciendum**: *worthy to be sanctified, sanctifiable*; gerundive
12 **quae...referre**: *which expressions with lengthy meter it is not (worthy) of the effort to report*

referre, peragit. 7. lēgibus deinde recitātīs, 'audī' inquit, 'Iuppiter; audī, pater patrāte populī Albānī; audī tū, populus Albānus. ut illa palam prīma postrēma ex illīs tabulīs cērāve recitāta sunt sine dolō malō, utique ea hīc hodiē rēctissimē intellecta sunt, illīs lēgibus populus Rōmānus prior nōn dēficiet. 8. sī prior dēfēxit pūblicō cōnsiliō dolō malō, tum tū ille Diespiter populum Rōmānum sīc ferītō ut ego hunc porcum hīc hodiē feriam; tantōque magis ferītō quantō magis potes pollēsque.' 9. id ubi dīxit porcum saxō silice percussit. sua item carmina Albānī suumque iūs iūrandum per suum dictātōrem suōsque sacerdōtēs perēgērunt.

**25.** foedere ictō trigeminī, sīcut convēnerat, arma capiunt. cum suī utrōsque adhortārentur, deōs patriōs, patriam ac parentēs,

---

**adhortor, -ārī, -ātum**: encourage, urge, 2
**carmen, carminis n.**: song, prediction, 6
**cēra, ae f.**: wax, 1
**dēficiō, -ere, -fēxī, -fectum**: fail; defect, revolt, 3
**dictātor, -oris m.**: dictator, chief magistrate, 3
**Diespiter**: Diespiter (sky god), 1
**dolus, -ī m.**: trick, deceit, 7
**feriō, -īre**: strike, 4
**hodiē**: today, 4
**intellegō, -ere, -xī, -lectum**: realize, understand, 1
**item**: also, likewise, in like manner, 3
**iūrō (1)**: to swear (an oath), 6
**palam**: openly, publicly, 5
**patrius, -a, -um**: of a father, ancestral, 7

**patrō (1)**: bring to pass, execute, accomplish, 7
**percutiō, -ere, -cussī**: beat, strike, 1
**polleō, -ēre, -uī**: be powerful, 2
**porcus, -ī m.**: pig, swine, 2
**postrēmus, -a, -um**: last, 2
**recitō (1)**: recite, read aloud, 2
**rēctus, -a, -um**: correct, straight; honest, 5
**referō, -ferre, -tulī**: report, relate, 5
**saxum, -ī n.**: rock, 3
**sīcut**: just as, so as, 2
**silex, silicis m.**: flint, 1
**tabula, -ae f.**: tablet; board, 1
**trigeminus, -a, -um**: triplet, 4
**utique**: in any case, anyhow, 2

1 **lēgibus…recitātīs**: *the terms…*; abl. abs.
2 **pater patrāte**: *Pater Patratus*; voc. dir. address
  **ut…recitāta sunt**: *as…*; temporal clause
  **illa…prīma postrēma**: *those (terms) from beginning to end…*; 'those first (and) last,' illa refers to lēgibus above
3 **cērā-ve**: aut (ex) cērā
  **utīque…intellēcta sunt**: *and as…*; et utī, temporal clause
  **ea**: *these (terms)*
4 **illīs lēgibus**: *(from) those terms*; abl. separation or dat. with compound with dēficiō
  **dēficiet**: fut.
6 **pūblicō cōnsiliō**: *from…*; abl. separation
  **dolō malō**: *because of…*; abl. cause
6 **ille Diespiter**: *the great Diespiter*; i.e. Jupiter; ille suggests someone well-known or renowned: 'the Diespiter' (cf. Alexander the Great)
7 **ferītō**: fut. imper., feriō, 'strike down'

  **ut…feriam**: *just as…*; clause of comparison with fut.
  **tantō magis…quantō magis**: *the more…the more…*; 'by so much more…but how much more…' correlatives (demonstrative, relative) as abl. of degree of difference with comparatives
  **ferītō**: fut. imperative, feriō
8 **id**: *this*; obj. of dīxit
9 **sua item…Albānī…perēgērunt**: *The Albans likewise carried out…*
  **iūs iūrandum**: *swearing an oath*; gerundive
11 **foedere ictō**: abl. abs., PPP iciō
  **convēnerat**: *it…*; impers. construction
  **cum…adhortārentur**: impf. dep. subj.
12 **suī**: *their own people*; nom. subj.
  **utrōsque**: acc. uterque, obj. of adhortārentur
  **deōs patriōs…intuērī**: *and (reminding) that…*; ind. disc with dep. inf. intueor; governed by adhortārentur and clarifying the encouragment

quidquid cīvium domī, quidquid in exercitū sit, illōrum tunc arma, 1
illōrum intuērī manūs, ferōcēs et suōpte ingeniō et plēnī
adhortantium vōcibus in medium inter duās aciēs prōcēdunt. 2.
cōnsēderant utrimque prō castrīs duo exercitūs, perīculī magis
praesentis quam cūrae expertēs; quippe imperium agēbātur in tam 5
paucōrum virtūte atque fortūnā positum. itaque ergō ērectī
suspēnsīque in minimē grātum spectāculum animō incenduntur.

3. datur signum īnfēstīsque armīs velut aciēs ternī iuvenēs
magnōrum exercituum animōs gerentēs concurrunt. nec hīs nec
illīs perīculum suum, pūblicum imperium servitiumque obversātur 10
animō futūraque ea deinde patriae fortūna quam ipsī fēcissent. 4. ut
prīmō statim concursū increpuēre arma micantēsque fulsēre gladiī,

---

**adhortor, -ārī, -ātum**: encourage, urge, 2
**concurrō, -ere, -currī**: clash, gather, 2
**concursus, -ūs m.**: gathering; collision, charge, 5
**cōnsīdō, -ere, -sēdī, -sessus**: to sit down, 4
**ergō**: therefore; for the sake of + gen., 7
**ērigō, -ere, -rēxī, -rectum**: raise up; rouse, 4
**expers, expertis**: free from, without (gen), 3
**fulgeō, -ēre, fulsī**: shine, glitter, 1
**grātus, -a, -um**: pleasing, grateful, 6
**incendō, -ere, -ī, -ēnsus**: kindle, enflame, burn, 3
**increpō, -āre, -uī**: rattle, clang; rebuke, chide, 5
**intueor, -tuērī, -tuitus sum**: look upon, 5
**micō (1)**: flash, 1

**minimus, -a, -um**: very little; *adv.* least, 6
**obversō (1)**: turn over, present, 1
**paucī, -ae, -a**: few, 1
**perīculum, -ī n.**: risk, danger, peril, 7
**plēnus, -a, -um**: full, 3
**praesēns, -sentis**: present, being present, 7
**prōcēdō, -ere, -cessī, -cessum**: proceed, 5
**quisquis, quidquid**: whoever, whatever, 4
**servitium, -ī n.**: slavery, servitude, 4
**statim**: immediately, on the spot, at once, 1
**suspendō, -ere, -ndī, -nsum**: hang up, 5
**ternī, -ae, -a**: three each, 1
**tunc**: then, at that time, 3

---

1 **quidquid…domī (sit)**: *whatever…*; i.e. the citizens who…; relative with pres. subj. of subordinate verb in ind. disc.; the missing antecedent is one of the acc. subjects of intuērī: **cīvium**: partitive gen.
**domī**: *at…*; locative
**(et) quidquid (civium) in exercitū sit**: *and whatever…*; i.e. the citizens who…; see above
**illōrum…arma (et)…manūs**: acc. obj. of intuērī; illōrum refers to the triplets
2 **ferōcēs et…et plēnī**: *both fierce…and filled…*; i.e. the triplets; nom. pl. within the main clause
**suōpte ingeniō**: *by their very own…*; enclitic –pte makes suō emphatic; abl. cause
3 **adhortantium**: *of (those)…*; gen. pres. pple with vocibus; the triplets' ears are filled and inspired
4 **prō**: *in front of*
**magis…quam expertēs (erant)**: *(they were) more…*; expers = ex pars, 'without a share of'
5 **imperium agēbātur**: *power was staked*; i.e. power was at stake; an idiom
6 **paucōrum**: i.e. of the triplets
**positum**: i.e. depending up

**ērectī suspēnsīque**: *(The triplets)…*; i.e. alert and in suspense; nom. pl. PPP
7 **minimē**: *least*; superl. adv.
**(in) animō**
8 **īnfēstīs armīs**: *with…*; abl. manner: menacingly
**velut aciēs**: *just as…*; clause of comparison
9 **magnōrum exercituum animōs gerentēs**: *bearing…*; or 'carrying,' pres. pple
**nec…nec…**: *neither for…nor for…*; dat. of interest with perīculum, i.e. Horatii and Curiatii
10 **(sed) pūblicum…**: *(but)…of the people*
**obversātur**: *are turned over*; with 3p subject
11 **(in) animō**
**futūraque ea…fortūna**: *and that fortune…*; yet another subject of obversātur; fut. pple sum
**quam ipsī fēcissent**: *which…would…*; plpf. subj. of a subordinate verb in ind. disc. in secondary seq. (in the triplets' minds); a fut. pf. in direct speech
12 **prīmō…concursū**: *at…*; abl. time when
**increpuēr(unt), fulsēr(unt)**: syncopated 3p pf. perhaps the sound of pīla thrown against shields

horror ingēns spectantēs perstringit et neutrō inclīnātā spē torpēbat
vōx spīritusque. 5. cōnsertīs deinde manibus cum iam nōn mōtus
tantum corporum agitātiōque anceps tēlōrum armōrumque sed
volnera quoque et sanguis spectāculō essent, duo Rōmānī super
alium alius, volnerātīs tribus Albānīs, exspīrantēs corruērunt. 6. ad
quōrum cāsum cum conclāmāsset gaudiō Albānus exercitus,
Rōmānās legiōnēs iam spēs tōta, nōndum tamen cūra dēseruerat,
exanimēs vice ūnīus quem trēs Cūriātiī circumsteterant. 7. forte is
integer fuit, ut ūniversīs sōlus nēquāquam pār, sīc adversus
singulōs ferōx. ergō ut sēgregāret pugnam eōrum capessit fugam,
ita ratus secūtūrōs ut quemque volnere adfectum corpus sineret. 8.
iam aliquantum spatiī ex eō locō ubi pugnātum est aufūgerat, cum

---

**adficiō, -ere, -fēcī, -fectum**: affect, afflict, 2
**agitātiō, -tiōnis f.**: quick movement, 1
**aliquantum, -ī n.**: some, considerable, 5
**anceps, ancipitis**: double headed, on both sides, 2
**aufugiō, -ere, fūgī**: to flee, hurry away, 3
**capessō, -ere, -īvī, -ītum**: seize, take up, 1
**cāsus, -ūs m.**: misfortune, accident, event, 4
**circumsistō, -ere, -stetī**: surround, 3
**conclāmō (1)**: cry out together, shout, 2
**cōnserō, -ere, -uī, -tum**: join, engage, 1
**corruō, -ere, -ī**: fall in a heap or lifeless, 2
**dēserō, -ere, -uī, -sertum**: to desert, 3
**ergō**: therefore; for the sake of + gen., 7
**exanimis, -e**: out of their mind, horror-stricken, 1
**exspīrō (1)**: breathe out, exspire, 1
**gaudium, -iī n.**: joy, gladness, 4
**horror, horrōris m.**: horror, awe, 2

**integer, -gra, -grum**: whole, intact, unharmed, 3
**legio, legiōnis f.**: legion, 7
**nēquāquam**: by no means, 3
**neuter, neutra, neutrum**: neither, 2
**perstringō, -ere, -xī**: graze, touch slightly, 1
**pugnō (1)**: to fight, 5
**sanguis, sanguinis m.**: blood, 7
**sēgregō (1)**: separate, 1
**spatium, -iī n.**: period, span,; distance, space, 7
**spectō (1)**: to watch, look at, 6
**spīritus, -ūs m.**: breath; spirit, 2
**super**: on top of, over, above (acc.), 7
**tēlum, -ī n.**: projectile, arrow, spear, 5
**torpeō, -ēre.**: be paralyzed, be numb, 2
**ūniversus, -a, -um**: one and all, entire, whole, 4
**vicis, -is f.**: turn, exchange; office; **-em**, in turn, 6
**vulnerō (volnerō) (1)**: wound, injure, 1

---

1 **spectantēs**: *(those)*...; pres. pple,
**neutrō**: *to neither (side)*; dat. of compound verb
**inclīnātā spē**: abl. abs.
2 **cōnsertīs manibus**: i.e. hand-to-hand combat, abl. abs.
**cum...spectāculō essent**: *when... served as a show*; dat. of purpose and impf. subj. sum; dat. of purpose is often translated 'serve as...' in English
**nōn...tantum...sed quoque**: *not only...but also*
3 **telōrum**: *weapons*; here swords, not projectiles
4 **super alium alius**: *one on top of the other*; in apposition to duo Rōmānī
5 **volnerātīs...Albānīs**: abl. abs., PPP volnerō
**exspīrantēs**: i.e. their last breath
6 **ad quōrum cāsum**: *at whose fall*
**gaudiō**: *with...*; abl. cause
7 **Rōmānās legiōnēs**: obj. of dēseruerat
**cūra**: *their worry*

8 **exanimēs**: in apposition to Rōmānās legiōnes
**vice**: *because of the turn (of fortune)*; abl. cause
**ūnīus**: gen. sg. ūnus; the lone Roman
**forte**: abl. fors
**is**: i.e. the lone Roman
9 **(et) ut...(fuit), sīc (fuit)...**: *(and) just as he was...so he was...*; correlatives
**ūniversīs**: dat. of special adj.; i.e. Curiatii
**adversus**: *against* + acc.; preposition
10 **ut sēgregāret...eōrum**: *so that...might...*; purpose
11 **ratus**: dep PPP, reor: translate as 'having Xed'
**(eōs) secūtūrōs (esse)**: *that they...*; fut. inf.
**ut...sineret**: *as the body allowed...*; clause of comparison with impf. subj. of subordinate verb in ind. disc.
**aliquantum spatiī**: *some distance*; acc. extent
12 **pugnātum est**: *they fought*; impers. pf. pass.; translate in active in English

respiciēns videt magnīs intervāllīs sequentēs, ūnum haud procul ab
sēsē abesse. 9. in eum magnō impetū rediit; et dum Albānus
exercitus inclāmat Cūriātiīs utī opem ferant frātrī, iam Horātius
caesō hoste victor secundam pugnam petēbat.

tunc clāmōre quālis ex īnspērātō faventium solet Rōmānī
adiuvant mīlitem suum; 10. et ille dēfungī proeliō festīnat. prius
itaque quam alter— nec procul aberat—cōnsequī posset, et alterum
Cūriātium cōnficit; 11. iamque aequātō Mārte singulī supererant,
sed nec spē nec vīribus parēs. alterum intāctum ferrō corpus et
gemināta victōria ferōcem in certāmen tertium dabat: alter fessum
volnere, fessum cursū trahēns corpus vīctusque frātrum ante sē
strāge victōrī obicitur hostī. nec illud proelium fuit. 12. Rōmānus

---

**adiuvō, -āre, -iūvī, adiūtum**: help, assist, 6
**aequō (1)**: make equal, 2
**caedō, -ere, cecīdī, caesum**: kill, slaughter, 5
**cōnficiō, -ere**: to finish (off), accomplish, 5
**cōnsequor, -ī, secūtus**: follow, go after, 2
**cursus, -ūs m.**: course, running, haste, 6
**dēfungor, -ī, -functum**: fulfill, finish, 2
**dum**: while, as long as, until, 6
**faveō, -ēre, fāvī**: favor, support (dat.), 2
**fessus, -a, -um**: wearied, exhausted, 5
**festīnō (1)**: hasten, hurry, 2
**geminō (1)**: double, 4
**inclāmō (1)**: to shout, cry out, 1
**īnspērātus, -a, -um**: unexpected, unhoped for, 2

**intāctus, -a, -um**: untouched, 1
**intervāllum, -ī n.**: interval, distance, 2
**Mārs, Mārtis m.**: Mars, 6
**mīles, mīlitis m.**: soldier, 7
**obiciō, -ere, obiēcī, obiectum**: throw in front, 3
**procul**: from afar, from a distance, 4
**quālis, -e**: of what sort? what?, 5
**respiciō, -ere, -spexī, -spectum**: look to, 1
**soleō, -ēre, solitum**: be accustomed, 3
**strāges, -is f.**: laying low, killing, 1
**supersum, -esse, -fuī**: remain, survive, be left, 5
**tertius, -a, -um**: third, 4
**trahō, -ere, trāxī, tractum**: draw, drag, 6
**tunc**: then, at that time, 3

1 **magnīs intervāllīs**: *at...*; i.e. from one another; abl. manner
**ūnum...abesse**: *that...*; inf. absum; sēsē is an emphatic form for reflexive sē
2 **in eum**: *against...*
**Cūriātiīs**: dat. ind. obj.; the two trailing behind
**utī...ferant**: *that they...*; ind. command with pres. subj.; utī = ut
4 **caesō hoste**: abl. abs.
**victor**: *as...*
5 **clamōre**: *by...*; abl. cause
**quālis (clāmor)...solet (esse)**: *which is accustomed (to exist) of those applauding as a result of (something) unexpected*
6 **dēfungī**: dep. inf. + abl.
**prius...quam...posset**: *and so before...*; temporal clause with subj. of anticipated action

7 **alter...alterum**: *one...the other*; i.e. of the two remaining Cūriātiī
8 **aequātō Mārte**: abl. abs.; Mārte via metonymy means 'fight' or ' combat'
9 **nec...nec...**: *neither in...nor in...*; abl. of respect; abl. pl. vīs
**alterum...alter...**: *one...the other*
**ferrō**: abl. means; 'a sword' via metonymy
10 **gemināta victōria**: nom. subj.
**dabat (eum)**: *made (him)*; governs a double acc.
11 **volnere, cursū**: *because of...*; abl. cause
**vīctus**: PPP vincō
**frātrum...strāge**: abl. cause with vīctus
**victōrī...hostī**: *before...*; dat. of compound verb i.e. the lone Roman; victōrī is here 'victorious'
12 **illud**: *that*; i..e what followed; i.e. the victory was so lopsided that it was not true combat

exsultāns 'duōs' inquit, 'frātrum mānibus dedī; tertium causae bellī
huiusce, ut Rōmānus Albānō imperet, dabō.' male sustinentī arma
gladium superne iugulō dēfīgit, iacentem spoliat.

13. Rōmānī ovantēs ac grātulantēs Horātium accipiunt, eō maiōre
cum gaudiō, quō prope metum rēs fuerat. ad sepultūram inde
suōrum nēquāquam paribus animīs vertuntur, quippe imperiō alterī
auctī, alterī diciōnis aliēnae factī. 14. sepulcra exstant quō quisque
locō cecidit, duo Rōmāna ūnō locō propius Albam, tria Albāna
Rōmam versus sed distantia locīs ut et pugnātum est.

**26.** priusquam inde dīgrederentur, rogantī Mettiō ex foedere ictō
quid imperāret, imperat Tullus utī iuventūtem in armīs habeat:
ūsūrum sē eōrum operā sī bellum cum Vēientibus foret. 2. Ita

---

**dēfīgō, -ere, -fīxī, -fīxus**: fix, pierce, 3
**dicio, diciōnis f.**: sway, authority, jurisdiction, 2
**dīgredior, -ī, -ssum**: depart, withdraw, 1
**distō (1)**: stand apart, be separate, 2
**exstō (1)**: exist, 2
**exsultō (1)**: exult, rejoice; leap, 1
**gaudium, -iī n.**: joy, gladness, 4
**grātulor, -ārī, grātulātus**: congratulate, 3
**iaceō, -ēre, -uī**: lie down, lie dead, 3
**iugulum, -ī n.**: throat, 1
**iuventūs, -tūtis f.**: youth, 5
**mānes, -ium f.**: manes, spirits of the dead, 2
**nēquāquam**: by no means, 3

**opera, -ae f.**: effort, exertion; workman, 4
**ovō (1)**: exult in, rejoice in, 3
**priusquam**: before, sooner than, 7
**pugnō (1)**: to fight, 5
**rogō (1)**: to ask, ask for, 7
**sepulcrum, -ī n.**: tomb, grave, 3
**sepultūra, -ae f.**: burial, 2
**spoliō (1)**: to despoil, plunder, 2
**superne**: from above, 2
**sustineō, -ēre, -uī, -tentum**: hold up, 4
**tertius, -a, -um**: third, 4
**ūtor, ūtī, usum**: use, enjoy (abl.), 3

---

1 **frātrum mānibus**: *to the manes of my brothers*; dat. ind. obj. mānes; i.e. as if in sacrifice
  **dedī**: pf. dō
  **causae bellī huiusce**: *to...*; dat. ind. obj.
2 **ut...imperet**: *so that...may*; purpose, pres. subj
  **male sustinentī arma**: *the (one)...*; pres. pple, either dat. of interest or possession with iugulō
3 **superne**: i.e. over the top of his shield
  **(in) iugulō**
  **(et) iacentem**: *(the one)...*; pres. pple iaceō; i.e. the final Curiātiī
  **eō maiōre...quō prope**: *with greater...the near(er)*; 'by this much greater...by how much near(er)...' abl. degree of difference and correlatives (demonstrative and relative)
5 **rēs**: *the situation*; i.e. their joy was increased in proportion to the fear they had felt earlier
6 **suōrum**: *of their own*; i.e. dead Horātiī, Curiātiī
  **vertuntur**: *they are turned*; i.e. turn attention to
  **paribus animīs**: *with equal feelings*
  **alterī...(et) alterī**: *the one...(and) the other...*; i.e. the Rōmānī and the Albānī; nom. pl.
7 **auctī (sunt)**: pf. pass.. augeō

**diciōnis aliēnae**: *subject to foreign authority*; lit. 'of foreign sway;' gen. predicate following factī (sunt), pf. pass. faciō
  **(in) quō...locō**: *on...*; relative, abl. place where
8 **cecidit**: pf. cadō
  **duo Rōmāna (sepulchra extant)**
  **(in) ūnō locō**
  **propius**: *nearer* + acc.
  **tria Albāna (sepulchra extant)**
9 **versus**: *toward* + acc.; PPP vertō as preposition
  **distantia**: *being apart*; neut. pl. pres. pple
  **(in) locīs**:
  **ut et**: *just as also...*; clause of comparison
  **pugnātum est**: *they...*; impers. pf. pass.; translate in active in English
10 **rogantī Mettiō**: *to Mettius...*; dat. ind. obj. and pres. pple with imperat
  **ictō**: PPP iciō
11 **quid imperāret**: ind. question
  **utī...habeat**: *that...*; ind. command
12 **ūsūrum (esse) sē**: *that he...*; fut. inf. ūtor
  **foret**: *there would be*; equiv. to fuisset; fut. pf. made plpf. subj. in ind. disc. secondary seq.

exercitūs inde domōs abductī. prīnceps Horātius ībat, trigemina  1
spolia prae sē gerēns; cui soror virgō, quae dēspōnsa ūnī ex
Cūriātiīs fuerat, obvia ante portam Capēnam fuit, cognitōque super
umerōs frātris palūdāmentō spōnsī quod ipsa cōnfēcerat, solvit
crīnēs et flēbiliter nōmine spōnsum mortuum appellat. 3. movet  5
ferōcī iuvenī animum complōrātiō sorōris in victōriā suā tantōque
gaudiō pūblicō. strictō itaque gladiō simul verbīs increpāns
trānsfīgit puellam. 4. 'abī hinc cum immātūrō amōre ad spōnsum,'
inquit, 'oblīta frātrum mortuōrum vīvīque, oblīta patriae. sīc eat
quaecumque Rōmāna lūgēbit hostem.'  10

5. atrōx vīsum id facinus patribus plēbīque, sed recēns meritum
factō obstābat. tamen raptus in iūs ad rēgem. rēx nē ipse tam trīstis

---

**abdūcō, -ere, dūxī, ductum**: lead away, 2
**amor, -ōris m.**: love, desire, passion, 5
**atrōx, atrōcis**: savage, cruel, atrocious, 7
**Capēnus, -a, -um**: Capenian gate, 1
**cognōscō, -ere, -nōvī, -nitum**: recognize, know, 4
**complōrātiō, -tiōnis f.**: wailing, lamentation, 2
**cōnficiō, -ere**: to finish (off), accomplish, 5
**crīnis, -is m.**: hair, 2
**dēspondō, -ere, -spondī**: to betroth, 2
**facinus, -noris n.**: bad deed, crime, 6
**flēbiliter**: tearfully, 1
**gaudium, -iī n.**: joy, gladness, 4
**immātūrus, -a, -um**: untimely, premature, 2
**increpō, -āre, -uī**: rattle, clang; rebuke, chide, 5
**lūgeō, -ēre, -xī, -ctum**: mourn, grieve, 2
**meritum, -ī n.**: service, 1
**mortuus, -a, -um**: dead, 4
**oblīvīscor, -ī, oblītus sum**: forget (gen.), 4

**obstō, -āre**: stand in the way, oppose (dat), 1
**obvius, -a, -um**: in the way of (dat), 5
**palūdāmentum, -ī n.**: cloak, 1
**prae**: in front of, before (acc); compared to (abl), 6
**puella, -ae f.**: girl, 1
**recēns, -ntis**: fresh, recent, 2
**solvō, -ere, -vī, solūtum**: loosen; pay, 4
**soror, sorōris f.**: sister, 6
**spōnsus, -ī m.**: betrothed man, fiancé, 3
**stringō, -ere, -xī, -ctum**: draw, unsheathe, 2
**super**: on top of, over, above (acc.), 7
**trānsfīgō, -fīgere, -fīxī, -fīxum**: pierce, stab, 1
**trigeminus, -a, -um**: triplet, 4
**trīstis, -e**: sad, sullen, 4
**umerus, -ī m.**: shoulder, 1
**virgō, virginis f.**: maiden, virgin, 6
**vīvus, -a, -um**: living, alive, 4

1 **domōs**: acc. place to which; i.e. Rome and Alba
  **abductī (sunt)**
2 **gerēns**: *carrying*
  **cui**: *this one's*; connective relative and dat. of possession
  **dēspōnsa...fuerat**: *had been (once)...*; plpf. pass., the use of fuerat instead of erat stresses the completedness of the action
  **ūnī**: *to one*; dat. sg. ūnus
3 **cognitō...palūdāmentō spōnsī**: abl. abs.
4 **ipsa**: *she herself*; intensive
6 **ferōcī iuvenī**: dat. of possession
7 **strictō gladiō**: abl. abs.
8 **abī**: imper. abeō
9 **oblīta**: dep. PPP: translate as 'having Xed;'
  verbs of remembering and forgetting often govern a gen. obj.
  **vīvīque (frātris)**: gen. sg.
  **eat**: *Let...*; jussive pres. subj. eō, īre
10 **quaecumque...lūgēbit**: *whichsoever...*; the missing antecedent is subject of eat
11 **vīsum (est)**
  **id**: *this* demonstrative adj.
  **patribus plēbīque**: *to...*; dat. of reference
12 **factō**: *deed, action, what was done*; substantive of PPP and dat. of compound verb obstō
  **in iūs**: *into a court of justice*
  **nē...esset**: *so that...not...*; neg. purpose clause with impf. subj. sum
  **rēx...ipse**: subject of the purpose clause

ingrātīque ad volgus iūdiciī ac secundum iūdicium supplicī auctor
esset, conciliō populī advocātō 'duumvirōs' inquit, 'quī Horātiō
perduelliōnem iūdicent, secundum lēgem faciō.'

lēx horrendī carminis erat: 6. 'duumvirī perduelliōnem iūdicent;
sī ā duumvirīs prōvocārit, prōvocātiōne certātō; sī vincent, caput
obnūbitō; īnfēlīcī arborī reste suspenditō; verberātō vel intrā
pōmērium vel extrā pōmērium.' 7. hāc lēge duumvirī creātī, quī sē
absolvēre nōn rēbantur eā lēge nē innoxium quidem posse, cum
condemnāssent, tum alter ex iīs 'Pūblī Horātī, tibi perduelliōnem
iūdicō' inquit. 'ī, līctor, colligā manūs.' 8. accesserat līctor
iniciēbatque laqueum. tum Horātius auctōre Tullō, clēmente lēgis
interprete, 'prōvocō' inquit. itaque prōvocātiōne certātum ad

---

**absolvō, -ere, -solvī**: absolve, free, acquit, 3
**accēdō, -ere, -cessī**: come to, approach, is added, 7
**advocō (1)**: to summon, call to, 6
**arbor, -is f.**: tree, 2
**carmen, carminis n.**: song, prediction, 6
**certō (1)**: to contend, strive, compete, 6
**clēmēns, -entis**: mild, gentle, kind, 1
**colligō (1)**: to bind together, tie together, 2
**condemnō (1)**: to condemn, convict, 1
**duumvirī, -ōrum m.**: duumvir, board of two, 4
**extrā**: outside; beyond, outside of (acc.), 3
**horreō, -ēre, -uī**: shudder, bristle; avoid, 1
**īnfēlīx, -fēlīcis**: unhappy, unfortunate, 3
**ingrātus, -a, -um**: ungrateful; unpleasant, 1
**iniciō, -ere, -iēcī, -iectum**: throw upon, 6
**innoxius, -a, -um**: harmless, innocent, 1

**interpres, interpretis m/f.**: messenger, 2
**intrā**: within, among (acc), 3
**iūdicium, -ī n.**: decision, judgment; trial, 3
**iūdicō (1)**: judge, decide, assess, 4
**laqueus, -ī m.**: noose, 1
**obnūbō, -ere, -psī, -ptum**: veil, 2
**perduellio, -iōnis f.**: high treason, 7
**pōmērium, -ī n.**: pomerium, 7
**prōvocātiō, -tiōnis f.**: appeal, a challenge, 2
**prōvocō (1)**: appeal, challenge, call forth, 2
**Pūblius, Pūblī m.**: Publius, 1
**restis, is f.**: rope, 1
**supplicium, -iī n.**: punishment, 7
**suspendō, -ere, -ndī, -nsum**: hang up, 5
**verberō (1)**: whip, flog, beat, 2
**volgus, -ī n.**: mass, masses, crowd, 7

---

1 **tam trīstis...supplicī**: gen. modifying auctor
**ingrātī**: *unpleasant, disagreeable*
2 **secundum**: *following after* + acc.
**conciliō...advocātō**: abl. abs.
**duumvirōs**: *duumvirī*; title of the officeholders
**quī...iūdicent**: *who are to...*; relative clause of purpose with pres. subj.
**Horātiō**: dat. of interest
3 **secundum**: *following after* + acc.
**horrendī carminis**: *in (the following) horrible metrical formula*; gen. predicate; the law is in meter, but the contents of the law are horrible
4 **iūdicent**: *let...*; or 'should...' jussive pres. subj.
5 **Sī...prōvocā(ve)erit**: *if he appeals...*; fut. pf.: often translated as future in English; in a conditional, translate as present with fut. sense
**ā duumvirīs**: *from...*; abl. separation
**prōvocātiōne certātō**: *let him...*; 3s fut. imper. certāre 'bring to trial;' or 'contest;' prōvocātiōne is abl. of cause

**sī vincent**: fut. vincō, 'convict,' translate as present with fut. sense
**(līctor) caput obnūbitō...suspenditō... veberātō**: *let (a lictor)...*; 'let one...' 3s fut. imperatives; supply a lictor as the likely subject
6 **īnfēlīcī arborī**: *in...*; arborī is an old locative; the adj. is i-stem 3rd decl. abl.
**vel...vel...**: *either...or...*
7 **hāc lēge**: abl. means
**creātī**: PPP creō
**sē absolvēre...nē innoxium quidem posse**: *that they...*; ind. disc.; **nē...quidem**, '(not) even'
8 **rēbantur**: impf. dep. reor
**eā lege**: abl. means
**(et) cum (Horātium) condemnā(vi)ssent**: *and after...*; cum clause with plpf. subj.
**ī, colligā**: sg. imper. eō, īre and colligō
11 **auctōre Tullō**: abl. abs., supply 'being' as pple
12 **prōvocātiōne**: abl. cause
**certātum...est**: *it was...*; impers. pf. pass.

populum est.

9. mōtī hominēs sunt in eō iūdiciō maximē P. Horātiō patre prōclāmante sē fīliam iūre caesam iūdicāre; nī ita esset, patriō iūre in fīlium animadversūrum fuisse. ōrābat deinde nē sē quem paulō ante cum ēgregiā stirpe cōnspexissent orbum līberīs facerent. 10. inter haec senex iuvenem amplexus, spolia Cūriātiōrum fīxa eō locō quī nunc Pīla Horātia appellātur ostentāns, 'huncīne' aiēbat, 'quem modo decōrātum ovantemque victōriā incēdentem vīdistis, Quirītēs, eum sub furcā vīnctum inter verbera et cruciātūs vidēre potestis? quod vix Albānōrum oculī tam dēfōrme spectāculum ferre possent. 11. ī, līctor, colligā manūs, quae paulō ante armātae imperium populō Rōmānō peperērunt. ī, caput obnūbe līberātōris

---

**aiō**: say, affirm, 6
**amplexor, -ārī, amplexus**: embrace, 1
**animadvertō, -ere, -tī**: notice, turn attention to, 2
**caedō, -ere, cecīdī, caesum**: kill, slaughter, 5
**colligō (1)**: to bind together, tie together, 2
**cōnspiciō, -ere, -spexī**: catch sight of, see, 2
**cruciātus, -ūs m.**: torture, 1
**decōrō (1)**: adorn, decorate, 1
**dēfōrmis, -e**: hideous, 1
**ēgregius, -a, -um**: excellent, outstanding, 4
**fīgō, -ere, fīxī, fīxum**: fix, fasten; pierce, 2
**furca, -ae f.**: prop, fork-shaped prop, fork, 2
**Horātius, -a, -um,**: Horatian, of Horatius, 2
**incēdō, -ere, cessī**: go, come into, enter, 5
**iūdicium, -ī n.**: decision, judgment; trial, 3
**iūdicō (1)**: judge, decide, assess, 4
**līberātor, -is m.**: liberator, 3

**nī (nisī)**: if not, unless, 5
**obnūbō, -ere, -psī, -ptum**: veil, 2
**oculus, -ī, m.**: eye, 6
**orbus, -a, -um**: deprived of, bereft of (abl.), 2
**ōrō (1)**: plead, pray (for), entreat, 5
**ostentō (1)**: show (frequentive), 1
**ovō (1)**: exult in, rejoice in, 3
**P.**: Publius, 2
**patrius, -a, -um**: of a father, ancestral, 7
**paulus, -a, -um**: little, small, 6
**pilum, -ī n.**: pilum, javelin, 2
**prōclāmō (1)**: to proclaim; cry out, 1
**senex, senis m.**: old man; *adj*. old, 5
**verber, -eris n.**: lash, blow, 1
**vinciō, -īre, vīnxī, vīnctus**: bind, tie, 2
**vix**: with difficulty, with effort, scarcely, 5

2 **mōtī sunt**: i.e. moved emotionally
**P. Horātiō...prōclāmante**: abl. abs.
3 **sē...iūdicāre**: *that...*
**fīliam...caesam (esse)**: *that...*; pf. pass. inf.
**iūre**: *justly*; abl. as adv.
**nī ita esset, (sē)...animadversūrum fuisse**: *if it were so, he would have...*; mixed contrary to fact (sī impf. subj., plpf. subj.) in ind. disc. in secondary seq.; plpf. subj. animadvertissem in direct speech is replaced with this periphrastic fut. inf. (fut. pple + sum) in secondary seq.
**patriō iūre**: *by...*; abl. of cause; i.e. the power of the paterfamilias to execute his own children; iure is here an abl. and not an adv.
**in fīlium**: *upon...*
4 **nē...facerent**: *that...not make...*; negative ind. command; verb governs a double acc.
**quem...cōnspexissent**: *whom they...*; plpf. subj.; subj. of subordinate verb in ind. command

**paulō**: *a little*; 'by a little,' degree of difference
5 **līberīs**: abl. pl. līberī; separation with orbum
6 **amplexus**: dep. PPP: translate 'having Xed'
**(in) eō locō**
7 **Pīla Horātia**: *Horatian Spears*; a monument; pīla is either (1) neut. pl. for 'javelins' or 'spears' or (2) fem. sg. for 'pillar'
**huncī-ne**: *this here man*; hunc-ne, the father is likely pointing at his son; this acc. obj. is repeated by eum in the next line
8 **quem...incēdentem vīdistis**: *whom you all saw proceeding...*; videō often governs acc. + pple
9 **eum**: *him*; repeating the object hunc above
**sub furcā**: frame on which the arms were bound
11 **ī, colligā**: imper. eō, īre and colligō
**paulō**: *a little*; 'by a little,' degree of difference
12 **peperērunt**: *brought forth*; pf. pariō

urbis huius; arbore īnfēlīcī suspende; verberā vel intrā pōmērium, 1
modo inter illa pila et spolia hostium, vel extrā pōmērium, modo
inter sepulcra Cūriātiōrum; quō enim dūcere hunc iuvenem potestis
ubi nōn sua decora eum ā tantā foeditāte suppliciī vindicent?'

12. nōn tulit populus nec patris lacrimās nec ipsīus parem in omnī 5
perīculō animum, absolvēruntque admīrātiōne magis virtūtis quam
iūre causae. itaque ut caedēs manifēsta aliquō tamen piāculō
luerētur, imperātum patrī ut fīlium expiāret pecūniā pūblicā. 13. is
quibusdam piāculāribus sacrificiīs factīs quae deinde gentī
Horātiae trādita sunt, trānsmissō per viam tigillō, capite adopertō 10
velut sub iugum mīsit iuvenem. id hodiē quoque pūblicē semper
refectum manet; Sorōrium Tigillum vocant. 14. Horātiae sepulcrum,

---

**absolvō, -ere, -solvī**: absolve, free, acquit, 3
**admīrātiō, -tiōnis f.**: admiration, 2
**adopertō, -īre, -uī, -ertum**: cover up, 1
**arbor, -is f.**: tree, 2
**expiō (1)**: expiate, atone, make amends for, 2
**extrā**: outside; beyond, outside of (acc.), 3
**foeditās, -tātis f.**: foulness, ugliness, 2
**hodiē**: today, 4
**Horātia, -ae m.**: Horatia, 1
**Horātius, -a, -um,**: Horatian, of Horatius, 2
**īnfēlīx, -fēlīcis**: unhappy, unfortunate, 3
**intrā**: within, among (acc), 3
**iugum, -ī n.**: yoke, harness (for oxen); ridge, 2
**lacrima, -ae f.**: tear, 5
**luō, -ere, luī**: atone for, expiate, 1
**manifēstus, -a, -um**: clear, evident, flagrant, 4
**pecūnia, -ae f.**: money, 6

**perīculum, -ī n.**: risk, danger, peril, 7
**piāculāris, -e**: purificatory, 1
**piāculum, -ī n.**: atonement, 1
**pīlum, -ī n.**: pilum, javelin, 2
**pōmērium, -ī n.**: pomerium, 7
**reficiō, -ere, -fēcī, -fectum**: refresh, repair, 3
**sacrificium, ī n.**: sacrifice, 7
**sepulcrum, -ī n.**: tomb, grave, 3
**sororius, -a, -um**: a sister's, of a sister, 1
**supplicium, -iī n.**: punishment, 7
**suspendō, -ere, -ndī, -nsum**: hang up, 5
**tigillum, -ī n.**: little beam, 2
**trānsmittō, -ere, -mīsī**: send across, 1
**verberō (1)**: whip, flog, beat, 2
**via, -ae, f.**: way, road, 7
**vindicō (1)**: deliver, set free 2

1 **(in) arbore īnfēlīcī**: i-stem 3rd decl. abl.
 **verberā (eum)**: imperative
 **vel…vel…**: *either…or…*
2 **modo…modo…**: *just…just…*
3 **quō**: *To where…?*
 **ubi…vindicent**: *where…would…*; relative clause of characteristic with pres. subj.
5 **tulit**: pf. *ferō*, 'endure'
 **nōn… nec…nec…**: *not…either…or…*
 **ipsīus**: *of Horatius himself*; gen. sg.
 **parem…animum**: *the level head*; i.e. calm
6 **admīrātiōne**: *by…*; abl. of cause
6 **iūre**: *by…*; abl. of cause
7 **causae**: *of the case*; 'of the cause'
 **ut…luerētur**: *so that…*; purpose with impf. pass. subj.
 **aliquō piāculō**: *with…*; abl. means

8 **imperātum (est)**: *they…*; 'it was ordered,' impers. pf. pass., translate as active in English
 **pecūniā pūblicā**: abl. means
9 **quibusdam…factīs**: abl. abs.
 **gentī Horātiae**: *to the Horatian clan*
10 **trānsmissō…tigillō**: abl. abs.
 **per viam**: *over a street*
 **capite adopertō**: abl. adv.
11 **velut…iuvenem**: *as if…*; conditional clause of comparison
 **id…manet**: i.e. the same tigillum exists in Livy's time
 **pūblicē**: i.e. at public expense
12 **Sorōrium Tigillum**: the proper name for the monument
 **vocant (id)**: *they call (it)*; governs a double acc.

quō locō corruerat icta, cōnstrūctum est saxō quadrātō. 1

**27.** nec diū pāx Albāna mānsit. invidia volgī quod tribus mīlitibus fortūna pūblica commissa fuerit, vānum ingenium dictātōris corrūpit, et quoniam rēcta cōnsilia haud bene ēvēnerant, prāvīs reconciliāre populārium animōs coepit. 2. igitur ut prius in 5 bellō pācem, sīc in pāce bellum quaerēns, quia suae cīvitātī animōrum plūs quam vīrium cernēbat esse, ad bellum palam atque ex ēdictō gerundum aliōs concitat populōs, suīs per speciem societātis prōditiōnem reservat. 3. Fīdēnātēs, colōnia Rōmāna, Veientibus sociīs cōnsiliī adsūmptīs, pactō trānsitiōnis Albānōrum 10 ad bellum atque arma incitantur.

4. cum Fīdēnae apertē dēscīssent, Tullus Mettiō exercitūque eius

---

**adsūmō, -ere, -sumpī**: assume, take up oneself, 2
**bene**: well, 3
**cernō, -ere, -ēvī, crētus**: discern, decide, 1
**colōnia, -ae f.**: colony, 4
**committō, -ere, -mīsī**: commit, entrust (dat), 2
**concitō (1)**: stir up, incite, impel, 4
**cōnstruō, -ere, -xī, -ctum**: construct, build, 1
**corrumpō, -ēre, -rūpī**: break down, ruin, 3
**corruō, -ere, -ī**: fall in a heap or lifeless, 2
**dēscīscō, -ere, -ivī, -tum**: revolt, 1
**dictātor, -oris m.**: dictator, chief magistrate, 3
**diū**: a long time, long, 4
**ēdictum, -ī n.**: proclamation, edict, 3
**ēveniō, -īre**: turn out, happen, 4
**Fīdēnae, -ārum, f.**: Fidenae, 4
**incitō (1)**: urge on, incite, 3
**invidia, -ae f.**: hatred, envy, lack of popularity, 5

**mīles, mīlitis m.**: soldier, 7
**pactum, -ī n.**: pact, agreement, 4
**palam**: openly, publicly, 5
**populāris, -is m.**: countryman, 2
**prāvus, -a, -um**: wrong, crooked, wrong, 4
**prōditiō, -tiōnis f.**: betrayal; treason, 2
**quadrātum, -ī n.**: square, 1
**quoniam**: since (now), seeing that, 5
**reconciliō (1)**: win back, recover, 2
**rēctus, -a, -um**: correct, straight; honest, 5
**reservō (1)**: save up, reserve, preserve 1
**saxum, -ī n.**: rock, 3
**societās, -tātis f.**: alliance, partnership, 7
**socius, -ī m.**: ally, companion, comrade, 5
**trānsitiō, -iōnis f.**: crossing sides, desertion, 1
**vānus, -a, -um**: in vain, useless, worthless, false, 7
**vulgus (volgus), -ī n.**: mass, masses, crowd, 7

1 **(in) quō locō**
  **icta**: PPP iciō
  **saxō quadrātō**: *with...*; abl. of material
2 **volgī**: *of the people*; subjective gen.: the people's hatred toward the outcome of the duel
  **quod... commissa fuerit**: *because...had been...*; plpf pass. subj. (fuerit = esset) subj. of alleged cause (the characters' point of view)
  **tribus mīlitibus**: dat. ind. obj.
3 **vānum ingenium**: *the weak character*
4 **rēcta**: i.e. honest
5 **prāvīs (cōnsiliīs)**: abl. means; i.e. dishonest, prāvus is here, as often, the opposite of rēctus
5 **ut...pācem (quaerēns) sīc...bellum quaerēns**: *just as...so*; correlatives, clause of comparison
6 **suae cīvitātī...esse**: *that his city had...*; dat. of possession
7 **animōrum**: *of spirit*; i.e. courage, a common translation of the plural
  **vīrium**: gen. pl. vīs
  **ad bellum...gerundum**: *for...*; noun + gerundive; perform a gerund-gerundive flip and translate as gerund (-ing) + obj.; gerō, 'wage'
8 **suīs (populīs)**: *for...*; dat. of interest
10 **Veientibus...adsūmptīs**: abl. abs.; i.e. the Fidēnātēs and Veientēs joined forces
  **sociīs**: *as allies of...*
  **pactō trānsitiōnis Albānōrum**: *by the Albans' agreement of crossing sides*; abl. cause, the Albans secrets agreed to betray Rome
12 **cum...dēscī(vi)ssent**: plpf. subj.
  **Mettiō...accītō**: abl. abs.

ab Albā accītō contrā hostēs dūcit. ubi Anienem trānsiit, ad 1
cōnfluentēs conlocat castra. inter eum locum et Fīdēnās Vēientium
exercitus Tiberim trānsierat. 5. hī et in aciē prope flūmen tenuēre
dextrum cornū; in sinistrō Fīdēnātēs propius montēs cōnsistunt.
Tullus adversus Vēientem hostem dērigit suōs, Albānōs contrā 5
legiōnem Fīdēnātium conlocat. Albānō nōn plūs animī erat quam
fideī. nec manēre ergō nec trānsīre apertē ausus sēnsim ad montēs
succēdit; 6. inde ubi satis subīsse sēsē ratus est, ērigit tōtam aciem,
fluctuānsque animō ut tereret tempus ōrdinēs explicat. cōnsilium
erat quā fortūna rem daret, eā inclīnāre vīrēs. 7. mīrāculō prīmō 10
esse Rōmānīs quī proximī steterant ut nūdārī latera sua sociōrum
dīgressū sēnsērunt; inde eques citātō equō nūntiat rēgī abīre

---

**Aniō, Aniēnis f.**: Anio river, 3
**citō (1)**: summon, hasten; ~full gallop, 3
**cōnfluēns, -entis m.**: confluence (of rivers), 1
**conlocō (1)**: place together, 2
**cōnsistō, -ere, -stitī**: stand still, stop, 2
**cornū, -ūs n.**: horn; wing (of a battle), 4
**dērigō, -ere, -xī, -ctum**: arrange, draw up, 1
**dīgressus, -ūs m.**: departure, withdrawal, 1
**ergō**: therefore; for the sake of + gen., 7
**ērigō, -ere, -rēxī, -rectum**: raise up, lift, 4
**explicō (1)**: to untangle, unfold; explain, 2
**Fīdēnae, -ārum, f.**: Fidenae, 4

**fluctuō (1)**: wave, move to and fro, 1
**latus, -eris n.**: side, flank, 2
**legiō, legiōnis f.**: legion, 7
**nūdō (1)**: to bare, strip, 1
**sēnsim**: slowly, gradually, 2
**sentiō, -īre, sēnsī, sēnsum**: feel, perceive, 7
**sinister, -tra, -trum**: left; *fem.* left hand, 4
**socius, -ī m.**: ally, companion, comrade, 5
**stō, stāre, stetī, statum**: stand, 6
**subeō, -īre, -iī**: go up, approach, 3
**succēdō, -ere, -cessī, -cesum**: come up, succeed, 2
**terō, -ere, trīvī**: wear down; waste, spend, 4

1 **ad cōnfluentēs**: i.e. Tiberim and Anienem
2 **eum**: *this*; demonstrative
  **Fīdēnās**: *Fidenae*; the city is plural
  **Vēientium**: *of the Veientes*
3 **hī**: *these*; the Veientes
  **tenuēr(unt)**: syncopated 3p pf.
4 **dextrum cornū**: acc. obj.; 4th decl. neut.
  **in sinistrō (cornū)**
  **propius**: *nearer* + acc.
5 **adversus**: *against* + acc.
6 **Fīdēnātium**: gen. pl.
  **Albānō...erat**: *The Alban (leader) had...*; dat. of possession; i.e. Mettius
  **animī**: *of spirit*; i.e. of courage
7 **ausus**: dep. PPP audeō; translate 'having Xed'
  **trānsīre**: i.e. to desert the Romans
8 **satis subīsse sēsē**: *that he...*; ind. disc. with pf. subeō; i.e. to the mountains; sēsē is an emphatic form of reflexive sē

  **ratus est**: dep. pf. reor
  **ērigit**: *elevates*; i.e. to a higher elevation
9 **(in) animō**: abl. place where
  **ut tereret tempus**: *so that...*; purpose
10 **quā...daret, eā**: *where...there*; correlative advs. (relative and demonstrative); subj. of subordinate verb in ind. disc.
  **rem**: *an opportunity*; i.e. a situation, advantage
  **eā inclīnāre vīrēs**: *that...*
  **mīrāculō prīmō esse Rōmānīs**: *at first it served as a miracle to the Romans...*; historical inf.: translate as impf; with a double dat. (purpose and interest)
11 **ut...sēnsērunt**: *as...*; temporal clause
  **nūdārī...dīgressū**: *that...*
12 **eques**: *a horseman*
  **citātō equō**: PPP; an idiom
  **abīre Albānōs**: *that...*

Albānōs. Tullus in rē trepidā duodecim vōvit Saliōs fānaque 1
Pallōrī ac Pavōrī. 8. equitem clārā increpāns vōce ut hostēs
exaudīrent, redīre in proelium iubet: nihil trepidātiōne opus esse;
suō iussū circumdūcī Albānum exercitum ut Fīdēnātium nūda terga
invādant; 9. īdem imperat ut hastās equitēs ērigerent. id factum 5
magnae partī peditum Rōmānōrum cōnspectum abeuntis Albānī
exercitūs intersaepsit; quī vīderant, id quod ab rēge audītum erat
ratī, eō ācrius pugnant.

terror ad hostēs trānsit; et audīverant clārā vōce dictum, et magna
pars Fīdēnātium, ut quibus colōnī additī Rōmānī essent, Latīnē 10
sciēbant. 10. itaque nē subitō ex collibus dēcursū Albānōrum
interclūderentur ab oppidō, terga vertunt. īnstat Tullus fūsōque

---

**ācer, ācris, ācre**: sharp; fierce, keen, 2
**circumdūcō, -ere, -dūxī**: to lead around, 1
**clārus, -a, -um**: clear, distinguished, bright, 6
**colōnus, -ī m.**: settler, colonist, 4
**cōnspectus, -ūs m.**: sight, view, 7
**dēcursus, -ūs m.**: running down, descent, 1
**duodecim**: twelve, 6
**ērigō, -ere, -rēxī, -rectum**: raise up, lift, 4
**exaudiō, -īre, -īvī, -ītum**: hear plainly, 2
**hasta, -ae f.**: spear, 5
**increpō, -āre, -uī**: rattle, clang; rebuke, chide, 5
**īnstō, -āre, -stitī**: press (on), engage, 6
**interclūdō, -ere, -sī**: close off, shut off, 1

**intersaepiō, -īre, -sī**: fence/block off from, 1
**invādō, -ere, -vāsī**: rush upon, attack, 4
**iussus, -ūs m.**: order, 4
**nūdus, -a, -um**: naked, bare, 3
**Pallor, -is m.**: Pallor, Panic, Paleness, 1
**pedes, peditis m.**: foot soldier; infantry, 5
**pugnō (1)**: to fight, 5
**Saliī, -ōrum m.**: Salii, Salian priests, 2
**subitō**: immediately, straightaway, 4
**tergum, -ī n.**: back; hide, 6
**trepidātiō, -tiōnis f.**: alarm, trepidation, 2
**trepidus, -a, -um**: trembling, alarming, alarmed, 3
**voveō, -ēre, vōvī, vōtum**: vow, swear, 5

1 **duodecim Saliōs**: i.e. Salii Quirinales, the Salii Martiales were established earlier by Numa
  **Pallōrī, Pavōrī**: *for Pallor and Panic*; as divinities, dat. of interest
2 **clārā...vōce**: *with a loud voice*; abl. manner
  **ut...exaudīrent**: *so that...*; purpose, impf. subj.
3 **nihil opus esse trepidātiōne**: *that...*; opus est, 'there is a need' is an idiom that governs an abl. of separation; nihil, 'not at all,' is adverbial acc.
4 **suō...circumdūcī...exercitum**: *that...*; ind. disc.; Tullus tries to save face by claiming that the Albans are in fact acting according to orders
  **ut...invādant**: *so that...may...*; purpose, pres. subj.
5 **īdem**: *he also*; 'the same man' adj. as adv.
  **ut...ērigerent**: *that...*; ind. command
  **id factum**: *this action*; nom. subj.
  **magna partī...Rōmānōrum**: *from...*; dat. of compound verb intersaepsit
6 **abeuntis...exercitūs**: gen. sg.; pres. pple abeō
7 **quī vīderant**: *(those Romans) who...*
  **id**: *that*; demonstrative

8 **ratī**: dep PPP reor, translate as 'having Xed'
  **eō**: *because of this*; abl. cause
  **ācrius**: comparative adv.
9 **clārā vōce**: *with a loud voice*; manner
  **dictum**: *the thing said*; substantive, PPP
10 **ut quibus...essent**: *to whom Roman colonists had been added*; causal relative clause of characteristic; an 'ut' may introduce a relative of characteristic when it expresses cause. Ut quī, therefore, may be translated 'since...added;' Fidenae had been made a Roman colony and therefore had Latin speakers
  **Latīnē sciēbant**: i.e. know Latin
11 **nē...interclūderentur**: *so that...might not...*; neg. purpose clause
  **dēcūrsū**: abl. cause; i.e. the strategy Tullus created to save face and pretend that the Albans were not in fact leaving the Romans
12 **terga vertunt**: i.e. retreat
  **fūsō Fīdēnātium cornū**: abl. abs. with PPP fundō; i.e. spread out in a rout

Fīdēnātium cornū in Vēientem aliēnō pavōre perculsum ferōcior 1
redit. nec illī tulēre impetum, sed ab effūsā fugā flūmen obiectum
ab tergō arcēbat. 11. quō postquam fuga inclīnāvit, aliī arma foedē
iactantēs in aquam caecī ruēbant, aliī dum cūnctantur in rīpīs inter
fugae pugnaeque cōnsilium oppressī. nōn alia ante Rōmāna pugna 5
atrōcior fuit.

**28.** tum Albānus exercitus, spectātor certāminis, dēductus in
campōs. Mettius Tullō dēvictōs hostēs grātulātur; contrā Tullus
Mettium benignē adloquitur. quod bene vertat, castra Albānōs
Rōmānīs castrīs iungere iubet; sacrificium lūstrāle in diem 10
posterum parat. 2. ubi inlūxit, parātīs omnibus ut adsolet, vocārī ad
contiōnem utrumque exercitum iubet. praecōnēs ab extrēmō ōrsī

---

**adloquor, loquī, locūtus**: speak, address, 3
**adsoleō, -ēre**: be accustomed, 1
**arceō, -ēre, -uī**: fend/shut off, keep away, 5
**atrōx, atrōcis**: savage, cruel, atrocious, 7
**bene**: well, 3
**benignus, -a, -um**: kind, kindly, 7
**caecus, -a, -um**: blind, 1
**campus, -ī m.**: field, 4
**contio, contiōnis f.**: assembly, meeting, 6
**cornū, -ūs n.**: horn; wing (of a battle), 4
**cūnctor, -ārī, -ātus**: delay, hesitate, 2
**dēdūcō, -ere**: lead or bring down, launch, 7
**dēvincō, -ere, -vīcī, -victum**: conquer, 2
**dum**: while, as long as, until, 6
**effūsus, -a, -um**: spread out; *adv.* widely 7

**extrēmus, -a, -um**: outermost, farthest, 1
**foedus, -a, -um**: ugly, foul, filthy, 4
**grātulor, -ārī, gratulātum**: congratulate, 3
**iactō (1)**: toss, throw, cast, 3
**inlucēscō, -ere, -xī**: dawn, 1
**lūstrālis, -e**: purificatory, 1
**obiciō, -ere, obiēcī, obiectum**: throw in front, 3
**opprimō, -ere, -pressī**: overwhelm; suppress, 6
**percellō, -ere, -culī, perculsum**: strike, 4
**praecō, praecōnis m.**: herald, 3
**rīpa, -ae f.**: riverbank, bank, shore, 3
**ruō, -ere, ruī**: rush, 1
**sacrificium, ī n.**: sacrifice, 7
**spectātor, -tōris m.**: spectator, observer, 1
**tergum, -ī n.**: back; hide, 6

1 **in Vēientem...perculsum**: *against the Veientes...*; PPP
  **aliēnō pavōre**: *by...*; abl. cause, the reaction of their allies the Fidenates
2 **illī**: i.e. Veientes, nom. pl.,
  **tulēr(unt)**: pf. ferō
3 **ab tergō**: *from the rear*; military term modifying nom. sg. flūmen obiectum
  **quō**: *to there*; i.e. to the river; a connective relative adv. (quō, 'to where') is better translated as a demonstrative in English: i.e. eō, 'to there'
  **aliī...aliī...**: *some...others...*
  **foedē**: i.e. shamefully
4 **caecī**: predicative nom. adj.: translates as adv.
5 **oppressī (sunt)**: pf. pass.
  **ante**: *beforehand*; adv.
7 **dēductus (est)**: i.e. returned to the Romans after retreating onto the mountain

8 **grātulātur**: *congratulates* (dat) *for* (acc.)
  **contrā**: *in reply*
9 **quod bene vertat**: *May this turn out well!*; optative subj. (subj. of wish) and connective relative; this prayer is direct disc. where one expects ind. disc., and in primary tense where one expects a secondary seq. following the historical present. Commentators often translate this wish as 'with good omens' or 'with a prayer for success.'
10 **iungere**: *to join (acc) with (dat)*; acc. obj., and dat. of association
  **in diem posterum**: *during the next day*
11 **parātīs omnibus**: abl. abs.
  **ut adsolet**: *as...*; clause of comparison
  **vocārī...exercitum**: *that...*; ind. disc.
12 **ab extrēmō**: *from the edge (of the camp)*
  **ōrsī**: dep. PPP ordior

prīmōs excīvēre Albānōs. hī novitāte etiam reī mōtī ut rēgem 1
Rōmānum contiōnantem audīrent proximī cōnstitēre. 3. ex
compositō armāta circumdatur Rōmāna legiō; centuriōnibus datum
negōtium erat ut sine morā imperia exsequerentur.

 4. tum ita Tullus īnfit: 'Rōmānī, sī unquam ante aliās ūllō in bellō 5
fuit quod prīmum dīs immortālibus grātiās agerētis, deinde vestrae
ipsōrum virtūtī, hesternum id proelium fuit. dīmicātum est enim
nōn magis cum hostibus quam, quae dīmicātiō maior atque
perīculōsior est, cum prōditiōne ac perfidiā sociōrum. 5. nam nē
vōs falsa opīniō teneat, iniussū meō Albānī subiēre ad montēs, nec 10
imperium illud meum sed cōnsilium et imperiī simulātiō fuit, ut
nec vōbīs, ignōrantibus dēserī vōs, āverterētur ā certāmine animus,

---

**centuriō, -iōnis m.**: centurion, 3
**circumdō, -are, -dedī**: surround, put around, 4
**compositum, -ī n.**: agreement, compact, 4
**cōnsistō, -ere, -stitī**: stand still, stop, 2
**contiōnor, -ārī, -ātum**: address a meeting, 2
**dēserō, -ere, -uī, -sertum**: to desert, 3
**dīmicātiō, -tiōnis f.**: combat, fight, 5
**dīmicō (1)**: to fight, struggle, contend, 5
**exsequor, -ī, -secūtum**: pursue, carry out, 2
**fallō, -ere, fefellī, falsum**: deceive, cheat, 6
**grātia, -ae f.**: gratitude, favor, influence, thanks, 6
**hesternus, -a, -um**: of yesterday, 4
**ignōrō (1)**: be ignorant of, 2
**immortālis, -e**: immortal, 2
**īnfit**: begins (to speak), 2

**iniussū**: without orders, 4
**legiō, legiōnis f.**: legion, 7
**mora, -ae f.**: delay, hesitation, hindrance, 3
**negōtium, iī n.**: task, business, 4
**novitās, -tātis f.**: newness, novelty, 3
**opīniō, opīniōnis f.**: opinion, 1
**perfidia, -ae f.**: treachery, 1
**perīculōsus, -a, -um**: dangerous, 1
**prōditiō, -tiōnis f.**: betrayal; treason, 2
**simulātiō, -ōnis f.**: pretence,, 2
**socius, -ī m.**: ally, companion, comrade, 5
**subeō, -īre, -iī**: go up, approach, 3
**ūllus, -a, -um**: any, 7
**unquam (umquam)**: ever, 3
**vester, vestra, vestrum**: your, yours, 4

---

1 **excīvēr(unt)**: syncopated 3p pf.
 **Hī... mōtī**: i.e. the Albānī, PPP moveō
 **novitāte reī**: *by...*; abl. cause
 **ut...audīrent**: *so that...*; purpose, impf. subj.
2 **cōnstitēr(unt)**: syncopated 3p pf.
 **ex compositō**: *by agreement*
3 **circumdātur**: *is placed around (the Albānī)*
 **centuriōnibus**: dat. ind. obj.
 **datum...erat**: plpf. pass.
4 **ut...exsequerentur**: *(name) that they...*; an ind. question in apposition to negōtium
5 **Rōmānī**: voc. dir. address
 **Sī...fuit quod...grātiās agerētis...virtūtī**: *if there was (anything) for which you should give thanks...*; i.e. if there was a reason to give thanks; relative clause of characteristic with impf. subj.; grātiās agere is common idiom for 'give thanks' and quod is an inner acc.
6 **prīmum...deinde**: *first...next...*; adverbs with dat. ind. objects
7 **vestrae ipsōrum**: *of your very own*; vestrae is a possessive adj. modified by gen. ipse
 **hesternum id proelium fuit**: *it was...*; main clause
 **dīmicātum est**: *you all fought*; 'it was fought,' impers. pf. pass.: translate as active in English
8 **quae dīmicātiō...est**: *what is...*; relative clause modifying cum prōditiōne...sociōrum below
 **maior**: comparative magnus
9 **sociōrum**: *of allies*
 **nē...teneat**: *so that...may not...*; neg. purpose clause
10 **subiēr(unt)**: syncopated 3p pf. subeō
11 **imperium illud meum**: *that command of mine*; i.e. the pretence that Tullus created claiming that he sent the Albānī into position
 **imperiī**: *of a command*
 **ut...āverterētur**: *so that...might...*; purpose
 **nec...et...**: *not...and...*; or 'both not...and' joining two clauses in the purpose clause
12 **vōbīs...animus**: *spirit of yours*; dat. possession
 **dēserī vōs**: *that...*; pres. pass. inf.

et hostibus, circumvenīrī sē ab tergō ratīs, terror ac fuga iniceretur.
6. nec ea culpa quam arguō omnium Albānōrum est: ducem secūtī sunt, ut et vōs, sī quō ego inde agmen dēclīnāre voluissem, fēcissētis. Mettius ille est ductor itineris huius, Mettius īdem huius māchinātor bellī, Mettius foederis Rōmānī Albānīque ruptor. 5
audeat deinde tālia alius, nisi in hunc īnsigne iam documentum mortālibus dederō.'

7. centuriōnēs armātī Mettium circumsistunt; rēx cētera ut orsus erat peragit: 'quod bonum faustum fēlīxque sit populō Rōmānō ac mihi vōbīsque, Albānī, populum omnem Albānum Rōmam 10 trādūcere in animō est, cīvitātem dare plēbī, prīmōrēs in patrēs legere, ūnam urbem, ūnam rem pūblicam facere; ut ex ūnō

---

**agmen, agminis n.**: column (of troops), army, 5
**arguō, -ere, arguī**: accuse, allege, 2
**centuriō, -iōnis m.**: centurion, 3
**circumsistō, -ere, -stetī**: to surround, 3
**circumveniō, -īre, -vēnī**: to surround, 1
**culpa, -ae m.**: blame, fault; cause, 3
**dēclīnō (1)**: turn aside, change direction, 1
**documentum, -ī n.**: example, lesson, instruction, 3
**ductor, -ris m.**: leader, 1
**faustus, -a, -um**: prosperous, blessed, 2

**fēlīx, fēlīcis**: fortunate, happy, lucky, 2
**iniciō, -ere, -iēcī, -iectum**: throw upon, 6
**iter, itineris n.**: way, route, path; journey, 5
**māchinātor, -is m.**: contrive, devise, 1
**mortālis, -e**: mortal, 6
**nisi**: if not, unless, 7
**ruptor, -is m.**: breaker, 1
**tālis, -e**: such, 3
**tergum, -ī n.**: back; hide, 6
**trādūcō, -ere, -dūxī**: carry across, 4

1 **hostibus**: *upon ...*; dat. of compound iniceretur
  **circumvenīrī sē**: *that...*; ind. disc., pass. inf.
  **ab tergō**: *from the rear*; military term
  **ratīs**: dep. PPP reor: translate 'having Xed'
2 **ea**: demonstrative
  **ut et vōs**: *just as you also*; clause of comparison
3 **sī...voluissem, fēcissētis**: *if I had..., you would have...*; past contrary to fact condition (sī plpf. subj., plpf. subj.) within clause of comparison
  **quō**: *to anywhere*; indefinite aliquō loses the prefix ali- before sī, nisi, num or nē
4 **itineris huius**: gen. sg. hic
5 **(est) māchinātor**: nom. pred.
  **(est) ruptor**
6 **audeat**: *let...*; jussive pres. subj.
  **nisi...dederō**: *if I do not give...*; 1s fut. pf. is translated as fut. in English; in conditionals we often use the present with fut. sense
  **in hunc**: *upon...*; i.e. Mettius
  **īnsigne documentum**: *conspicuous example*
8 **cētera**: *otherwise*; adverbial acc. ('in respect to other things')

**ut orsus est**: *as...*; clause of comparison with plpf. dep. ordior
9 **quod...sit...**: *May this be...*; optative subj. (subj. of wish) with sum; quod is a connective relative: translate as a demonstrative
  **populō...vōbīsque**: *for...*; dat. of interest
10 **Albānī**: voc. dir. address
  **populum...trādūcere**: *to...*; inf. subject
  **Rōmam**: acc. place to which
11 **in animō est**: *is in mind*; i.e. I have in mind to, I intend to; the infinitives above and below are the logical subject
  **cīvitātem**: *citizenship*
  **plēbī**: i.e. to the Alban people
  **in patrēs**: *among...*; i.e. the senate
12 **legere**: *to select*
  **ūnam urbe (et) ūnam rem pūblicam**: rēs pūblica is often translated as 'government,' 'state,' or 'commonwealth'
  **ut...sīc...**: *just as...so...*; clause of comparison, correlatives

quondam in duōs populōs dīvīsa Albāna rēs est, sīc nunc in ūnum redeat.' ad haec Albāna pūbēs, 8. inermis ab armātīs saepta, in variīs voluntātibus commūnī tamen metū cōgente, silentium tenet. 9. tum Tullus 'Mettī Fufētī' inquit, 'sī ipse discere possēs fidem ac foedera servāre, vīvō tibi ea disciplīna ā mē adhibita esset; nunc quoniam tuum īnsānābile ingenium est, at tū tuō suppliciō docē hūmānum genus ea sāncta crēdere quae ā tē violāta sunt. ut igitur paulō ante animum inter Fīdēnātem Rōmānamque rem ancipitem gessistī, ita iam corpus passim distrahendum dabis.'

10. exinde duābus admōtīs quadrīgīs, in currūs eārum distentum inligat Mettium; deinde in dīversum iter equī concitātī, lacerum in utrōque currū corpus, quā inhaeserant vinculīs membra, portantēs.

---

**adhibeō, -ēre, -buī**: apply, admit, 4
**admoveō, -ēre, -mōvī, -mōtus**: move to, 1
**anceps, ancipitis**: double headed, on both sides, 2
**at**: but, yet; at least, 6
**cōgō, -ere, -ēgī, -āctum**: compel, collect, 4
**concitō (1)**: stir up, incite, impel, 4
**currus, -ūs m.**: chariot, carriage, cart, 3
**disciplīna, -ae f.**: training, instruction, 4
**discō, -ere, didicī**: learn, come to know, 3
**distendō, -ere, -dī, -tum**: stretch out, 1
**distrahō, -ere, -xī, -ctum**: pull apart, 1
**dīversus, -a, -um**: different, contrary, 2
**doceō, -ēre, -uī, -ctus**: teach, tell, 3
**exinde**: thereupon, 1
**Fufētius, -ī m.**: Fufetius, 2
**inermis, -e**: unarmed, 1
**inhaereō, -ēre, -sī, -sum**: stick to, 1
**inligō (1)**: bind on to, 1
**īnsānābilis, -e**: incurable, 1
**iter, itineris n.**: way, route, path; journey, 5

**lacer, -a, -um**: torn, 1
**membrum, -ī n.**: limb, member, 1
**passim**: here and there, far and wide, 2
**paulus, -a, -um**: little, small, 6
**portō (1)**: to carry, 3
**pūbēs, pūberis f.**: men (young, of military age), 7
**quadrīgae, -ārum f.**: team of 4 horses, 1
**quondam**: formerly, at one time, 6
**quoniam**: since (now), seeing that, 5
**saepiō –īre, saepsī, saeptum**: to hedge, fence in, 2
**sānctus, -a, -um**: sacred, holy, 4
**servō (1)**: save, preserve, protect, 4
**silentium, -iī n.**: silence, 5
**supplicium, -iī n.**: punishment, 7
**varius, -a, -um**: various, alternating, 6
**vinculum, -ī n.**: bond, chain, 2
**violō (1)**: to do violence to, violate, 5
**vīvus, -a, -um**: living, alive, 4
**voluntās, -tātis f.**: will, wish, permission, 6

---

1 **Albāna rēs**: *Alban state*
2 **redeat**: *let...*; jussive pres. subj. redeō
  **ab armātīs (virīs)**
  **in variīs voluntātibus**: *in various opinions*
3 **commūnī...metū cōgente**: abl. abs.
  **Mettī Fufētī**: voc. dir. address
4 **sī...possēs,....adhibita esset**: *if you yourself were..., would have been...*; mixed contrary to fact condition (sī impf. subj., plpf. subj.)
5 **vīvō tibi**: *to you (remaining) alive*; dat. of compound verb
  **ea**: demonstrative
6 **ingenium**: *character*
  **tuō suppliciō**: abl. means
  **at...docē**: *at least...*; adversative and sg. imper.
7 **ea (esse) sancta**: *that those things...*; ind. disc.

  ea is a neut. pl. demonstrative
  **ut...ita**: *just as..., so...*; clause of comparison
8 **paulō**: *a little*; 'by a little,' degree of difference
  **animum...ancipitem gessistī**: *you had (your) mind on both sides*; animum gerere is equiv. to animum habēre; 2s pf. gerō
  **rem**: *state*
9 **corpus (tuum)...distrahendum (esse)**: *that... must be...*; ind. disc. with passive periphrastic
  **dabis**: fut. dō, 'grant' or 'allow'
10 **duābus...quadrīgīs**: abl. abs.; duābus is the common abl. pl. of duo
  **in**: *onto...*; eārum refers to fem. pl. quadrīgae
11 **concitātī (sunt)**
12 **quā**: *where*; relative adv.
  **vinculīs**: *in...*; dat. of compound verb

11. āvertēre omnēs ab tantā foeditāte spectāculī oculōs. prīmum ultimumque illud supplicium apud Rōmānōs exemplī parum memoris lēgum hūmānārum fuit: in aliīs glōriārī licet nūllī gentium mītiōrēs placuisse poenās.

**29.** inter haec iam praemissī Albam erant equitēs quī multitūdinem trādūcerent Rōmam. legiōnēs deinde ductae ad dīruendam urbem. 2. quae ubi intrāvēre portās, nōn quidem fuit tumultus ille nec pavor quālis captārum esse urbium solet, cum effrāctīs portīs strātīsve ariete mūrīs aut arce vī captā clāmor hostīlis et cursus per urbem armātōrum omnia ferrō flammāque miscet; 3. sed silentium trīste ac tacita maestitia ita dēfīxit omnium animōs, ut prae metū [oblītī] quid relinquerent, quid sēcum ferrent

---

**ariēs, -etis m.**: ram; battering ram, 1
**cursus, -ūs m.**: course, running, haste, 6
**dēfīgō, -ere, -fīxī, -fīxus**: fix, pierce, 3
**dīruō, -ere, -ī, -utum**: tear down, destroy, 4
**effringō, -ere, -frēgī, -frāctus**: break, 1
**flamma, -ae f.**: flame, fire, torch, love, 3
**foedītās, -tātis f.**: foulness, ugliness, 2
**glōrior, -ārī, -ātus**: glory, boast, 2
**hostīlis, -e**: of an enemy, hostile, 3
**intrō (1)**: go into, enter, 1
**legio, legiōnis f.**: legion, 7
**licet, -ēre, -uit**: it is allowed, permitted, 3
**maestitia, -ae**: sadness, gloom, 2
**memor, -is**: mindful, remembering (gen.), 7
**misceō, -ēre, -uī, mīxtum**: mix, mingle, 5
**mītis, -e**: mild, gentle, 5

**oblīvīscor, -ī, oblītus sum**: forget (gen.), 4
**oculus, -ī, m.**: eye, 6
**parum**: *adv.* too little, 6
**placet, -uit**: it is pleasing, it is resolved, 5
**poena, -ae, f.**: punishment, 6
**prae**: in front of, before (acc); compared to (abl), 6
**praemittō, -ere**: send in advance, 2
**quālis, -e**: of what sort? what?, 5
**silentium, -iī n.**: silence, 5
**soleō, -ēre, solitum**: be accustomed, 3
**sternō (1), strātum**: lay (low), spread, scatter, 1
**supplicium, -iī n.**: punishment, 7
**tacitus, -a, -um**: silent, still, 7
**trādūcō, -ere, -dūxī**: carry across, 4
**trīstis, -e**: sad, sullen, 4

---

1 **āvertēr(unt)**: syncopated 3p pf.
2 **illud...fuit**: *that was...*;
  **apud**: *among*
  **supplicium...exemplī**: = exemplum suppliciī; an example of hypallege (syntactical relationship of two terms interchanged)
  **parum memoris**: gen. logically with supplicium
3 **lēgum hūmānārum**: i.e. laws of humanity
  **in aliīs**: *in other (examples)*
  **nūllī**: dat. interest; i.e. no one else than Romans
4 **mītiōrēs placuisse poenās**: *that...*; with pf. inf.; mītiōrēs poenās is acc. subject
5 **praemissī...erant**
  **Albam**: acc. place to which
  **quī...trādūcerent**: *who would...*; relative clause of purpose
6 **Rōmam**: acc. place to which
  **ductae (sunt)**
  **ad dīruendam urbem**: *for...*; noun + gerundive perform a gerund-gerundive flip and translate as gerund (-ing) + obj.; ad. expressing purpose
7 **quae**: *these*; i.e. legiōnēs; connective relative
  **intrāvēr(unt)**: syncopated 3p pf.
8 **quālis...solet**: *such as...*; 'which sort...'
  **captārum esse urbium**: *to belong to...*; 'are of...' gen. pl. pred. tumultus et pavor are missing but assumed
  **cum...miscet**: *when...*; temporal with pres. ind.
9 **effrāctīs portīs**: abl. abs.
  **strātīs...mūrīs**: abl. abs.
  **-ve**: *or*; enclitic
  **arce...captā**: abl. abs.
10 **ferrō**: abl. means; 'a sword' via metonomy
11 **dēfīxit**: *transfixed*; i.e. stunned
12 **ut...starent**: *that they...*; result with impf. subj.
  **prae metū**: *because of....*; lit. 'in the face of...'
  **[oblītī]**: omit from translation
  **quid..., quid...ferrent**: *what they are to...(and) what they are to*; ind. deliberative question with impf. subj.; sēcum = cum sē

deficiente consilio rogitantesque alii alios, nunc in liminibus
starent, nunc errabundi domos suas ultimum illud visuri
pervagarentur.

4. ut vero iam equitum clamor exire iubentium instabat, iam
fragor tectorum quae diruebantur ultimis urbis partibus audiebatur
pulvisque ex distantibus locis ortus velut nube inducta omnia
impleverat, raptim quibus quisque poterat elatis, cum Larem ac
Penates tectaque in quibus natus quisque educatusque esset
relinquentes exirent, 5. iam continens agmen migrantium
impleverat vias, et conspectus aliorum mutua miseratione
integrabat lacrimas, vocesque etiam miserabiles exaudiebantur,
mulierum praecipue, cum obsessa ab armatis templa augusta

---

**agmen, agminis n.**: column (of troops), army, 5
**augustus, -a, -um**: august, majestic, 4
**conspectus, -us m.**: sight, view, 7
**contineo, -ere, -ui, -tum**: hold in/back, contain, 4
**deficio, -ere, -fexi, -fectum**: fail; defect, revolt, 3
**diruo, -ere, -i, -utum**: tear down, destroy, 4
**disto (1)**: stand apart, be separate, 2
**effero, -ere, -tuli, -latum**: carry out, lift, 5
**errabundus, -a, -um**: wandering, 1
**exaudio, -ire, -ivi, -itum**: hear plainly, 2
**exeo, -ire, -ii, -itus**: go out, 6
**fragor, -is m.**: crash, din, 2
**induco, -ere, -duxi, -ductum**: lead in, bring to, 3
**insto, -are, -stiti**: press (on), engage, 6
**integro (1)**: renew, 1
**lacrima, -ae f.**: tear, 5
**Lars, Lartis m.**: Lars, 1

**limen, liminis n.**: doorway, threshhold, 1
**migro (1)**: to travel, migrate, 3
**miserabilis, -e**: miserable, pitiable, 4
**miseratio, -tionis f.**: pity, comiseration, 1
**mutuus, -a, -um**: mutual, 1
**nubes, -is f.**: cloud, 1
**obsideo, -ere, -sedi, -sessum**: beset, beseige, 2
**Penates, -ium m.**: Penates, 4
**pervagor, -ari, -atum**: roam or wander through, 1
**praecipue**; especially, 5
**pulvis, pulveris m.**: dust, 1
**raptim**: suddenly, quickly, 2
**rogito (1)**: to ask, ask for, 3
**sto, stare, steti, statum**: stand, 6
**tectum, -i n.**: roof; dwelling, home, shelter, 6
**via, -ae, f.**: way, road, 7

---

1 **deficiente consiio**: abl. abs.
  **rogitantes alii alios**: *some kept asking some people, others kept asking others...*; or 'different people asking different people' a compressed expression in Latin governing the ind. questions
2 **ultimum illud (tempus)**: *for that last (time)*
  **visuri**: fut. pple video
3 **pervagarentur**: impf. subj. in same result clause
4 **ut ...instabat**: *as...*; 'when...' temporal clause;
  **vero**: *in fact, actually*; abl. as adv.
  **iubentium**: pres. pple with gen. pl. equites
5 **(in) ultimis...partibus**: *in the farthest...*; abl. place where; i.e. the edges of the city
6 **pulvisque**: nom. subject
  **ortus**: dep. PPP orior: translate 'having Xed'
  **velut nube inducta**: *as if...* abl. abs. and conditional clause of comparison
7 **quibus...elatis**: *what each was able having been carried off*; abl. abs. with PPP effero; lit. '(those things) which...' neut. relative quae is attracted into abl. of the missing antecedent, which is the first term in the abl. abs. with elatis
  **cum...exirent**: *When (the Albans)...*; assume the Albani as subject; impf. subj. exeo
  **Larem...relinquentes**: pres. pple modifying the missing subject Albani
8 **in quibus natus (esset) quisque educatusque esset**: *in which...*; relative with plpf. subj. dep. and pass. respectively; subj. of subordinate verb in a cum clause
9 **continens agmen**: *a continuous column...*
10 **mutua miseratione**: *with...*; abl. cause
12 **cum...praeterirent**: *when they,...*
  **obsessa**: PPP obsideo
  **ab armatis (viris)**: abl. agent

praeterīrent ac velut captōs relinquerent deōs. 6. ēgressīs urbe
Albānīs Rōmānus passim pūblica prīvātaque omnia tēcta adaequat
solō, ūnāque hōrā quadringentōrum annōrum opus quibus Alba
steterat excidiō ac ruīnīs dedit. templīs tamen deum—ita enim
ēdictum ab rēge fuerat—temperātum est.

**30.** Rōma interim crēscit Albae ruīnīs. duplicātur cīvium
numerus; Caelius additur urbī mōns, et quō frequentius habitārētur
eam sēdem Tullus rēgiae capit ibique habitāvit. 2. prīncipēs
Albānōrum in patrēs ut ea quoque pars reī pūblicae crēsceret lēgit,
Iūliōs, Servīliōs, Quīnctiōs, Gegāniōs, Cūriātiōs, Cloeliōs;
templumque ōrdinī ab sē auctō cūriam fēcit quae Hostīlia usque ad
patrum nostrōrum aetātem appellāta est. 3. et ut omnium ōrdinum

---

**adaequō (1)**: make equal; be equal, 2
**Caelius, -ī m.**: Caelius, Caelian mountain, 1
**Cloelius, -ī m.**: Cloelius, 1
**duplicō (1)**: double, 2
**ēdictum, -ī n.**: proclamation, edict, 3
**ēgredior, -ī, -gressus**: go out, disembark, 5
**excidium, -iī n.**: destruction, 2
**frequēns, frequentis**: crowded, busy, 6
**Gegānius, -ī m.**: Geganius, 1
**hōra, -ae f.**: hour, 2
**Hostīlius, -a, -um**: Hostilia(n), 1
**interim**: meanwhile, in the meantime, 5
**Iūlius, -ī m.**: Julius, 2
**passim**: here and there, far and wide, 2
**praetereō, -īre, -īvī, -itum**: pass, go pass, 3
**quadringentī, -ae, -a**: four hundred, 1
**Quinctius (Quintus), -ī m.**: Quin(c)tus, 1
**ruīna, -ae f.**: ruins, downfall, 2
**Servīlius, -iī m.**: Servilius, 1
**solum, -ī n.**: ground, soil, 1
**stō, stāre, stetī, statum**: stand, 6
**tēctum, -ī n.**: roof; dwelling, home, shelter, 6
**temperō (1)**: regulate, refrain from, keep from, 3
**usque**: up to, until; all the way, 4

---

1 **velut captōs**: *as if...*; conditional clause of comparison
  **ēgressīs...Albānīs**: abl. abs.
2 **solō**: *to...*; a noun, dat. of compound verb, i.e. leveled the buildings
3 **ūnā hōrā**: abl. of time within
  **quadringentōrum annōrum**: gen. description modifying opus
  **quibus...steterat**: *in which...*; relative and abl. time when
4 **excidiō ac ruīnīs**: dat. ind. obj.
  **templīs de(ōr)um**: *from...*; abl. separation or dat. (temperō often governs a dat.)
5 **ēdictum...fuerat**: *had been (once)...;* plpf. pass., the use of fuerat instead of erat stresses the completedness of the action
  **temperātum est**: *they...* 'it was refrained,' impers. pf. pass. is often translated actively in English
6 **ruīnīs**: abl. source or means
7 **urbī**: dat. ind. obj. or compound verb
  **quō...habitārētur**: *so that...*; purpose
  **frequentius**: comparative adv.

  **eam sēdem...capit**: *takes it as seat...*; eam refers to Caelius but is assimilated into the fem. by sēdem
  **rēgiae**: *of the royal house, of the palace*
9 **in patrēs**: *among...*
  **ut...crēsceret**: *so that...might....*; purpose
  **reī pūblicae**: *of the government, of the (public) state, of the commonwealth*
  **lēgit**: *chose*
10 **Iūliōs...Cloeliōs**: in apposition to prīncipēs: well-known families in Roman history
11 **templum**: *a consecrated place*; a place consecrated by augurs and not necessarily a building
  **ōrdinī ab sē auctō**: *for the order...*; i.e. for the senate, dat. of interest and PPP augeō
  **fēcit**: pf. faciō governs a double acc.
  **Hostīlia**: *Curia Hostīlia*; the traditional senate house until it burned down in 52 BC
12 **ut...adicierētur**: *so that...*; purpose, impf. subj.
  **omnium ōrdinum**: modifying vīribus

vīribus aliquid ex novō populō adicerētur equitum decem turmās ex Albānīs lēgit, legiōnēs et veterēs eōdem supplementō explēvit et novās scrīpsit.

4. hāc fīdūciā vīrium Tullus Sabīnīs bellum indīcit, gentī eā tempestāte secundum Etrūscōs opulentissimae virīs armīsque. utrimque iniūriae factae ac rēs nēquīquam erant repetītae. 5. Tullus ad Fērōniae fānum mercātū frequentī negōtiātōrēs Rōmānōs comprehēnsōs querēbātur, Sabīnī suōs prius in lūcum cōnfūgisse ac Rōmae retentōs. hae causae bellī ferēbantur.

6. Sabīnī haud parum memorēs et suārum vīrium partem Rōmae ab Tatiō locātam et Rōmānam rem nūper etiam adiectiōne populī Albānī auctam, circumspicere et ipsī externa auxilia. 7. Etrūria erat

---

**adiectio, adiectiōnis f.**: addition, 1
**auxilium, -ī n.**: help, aid, assistance, 3
**circumspiciō, -ere, -spexī**: look around, 1
**comprehendō, -ere, -ndī, -nsum**: grasp, arrest, 4
**cōnfugiō, -ere, -fūgī**: flee, 2
**decem**: ten, 3
**Etrūria, -ae f.**: Etruria, 5
**expleō, -ēre, -ēvī, -ētum**: fulfull, fill out, 4
**externus, -a, -um**: external, foreign, 3
**Fērōnia, -ae f.**: Feronia (goddess), 1
**fīdūcia, -ae f.**: confidence, reliance, trust, 1
**frequēns, frequentis**: crowded, busy, 6
**legio, legiōnis f.**: legion, 7
**locō (1)**: to put, place, 3

**lūcus, -ī m.**: grove, 7
**memor, -is**: mindful, remembering (gen.), 7
**mercātus, -ūs m.**: market; trading, traffic, 1
**negōtiātor, -is m.**: trader, businessman, 1
**nēquīquam**: to no purpose, in vain, 3
**nūper**: recently, lately, not long ago, 4
**opulentus, -a, -um**: opulent, wealthy, 5
**parum**: *adv.* too little, 6
**queror, -ī, questum**: complain, lament, 1
**retineō, -ēre, -uī, -tentum**: to hold back, 2
**scrībō, -ere, scrīpsī, scrīptum**: write, 6
**supplēmentum, -ī n.**: supply, supplement, 1
**tempestās, -tātis f.**: time; weather, 6
**turma, -ae f.**: squadron (30 riders), 1

1 **vīribus**: *to...*; dat. of compound, pl. vīs
2 **lēgit**: *chose, appointed*
  **et…et…**: *both…and…*
  **scrīpsit**: *registered, enrolled*
4 **hāc fīdūciā vīrium**: *because of…*; abl. cause and objective gen. vīs
  **Sabīnīs**: *on…*; dat. of compound verb
  **gentī…opulentissimae**: dat. in apposition to Sabīnīs
  **eā tempestāte**: *at…*; abl. time when; tempestās means 'time' here and eā is demonstrative
5 **secundum**: *following after…*
  **virīs armīsque**: *in…*; abl. respect, vir and arma
6 **factae**: PPP with nom. iniūriae
  **rēs**: *restitution*
  **erant repetītae**: plpf. pass.
7 **ad**: *at…*
  **(in) mercātū frequentī**: abl. place where; 3rd decl. i-stem abl. or possibly abl. time when: during peak trading hours

**negōtiātōrēs…comprehēnsōs (esse)**: *that…*; pf. pass. inf.
8 **Sabīnī (querēbantur)**: add main verb, the Sabines have complaints of their own
  **suōs (hominēs)…cōnfūgisse…retentōs (esse)**: *that their own (people)…*; pf. act. and pf. pass. inf.
  **in lūcum**: i.e. seeking sanctuary
9 **Rōmae**: *at…*; locative
  **ferēbantur**: *were reported*
10 **et suārum vīrium partem…locātam (esse)**: *both that a part of…*; first half of ind. disc. with pf. pass. inf. governed by memorēs
11 **et Rōmānam rem…auctam (esse)**: *and that the Roman state…*; second half of ind. disc. with pf. pass. inf. governed by memorēs
12 **circumspicere**: *look around for*; historical inf. with nom. subject Sabīnī: translate as 3p impf.
  **et ipsī**: *themselves also*

vīcīna, proximī Etrūscōrum Vēientēs. inde ob residuās bellōrum
īrās maximē sollicitātīs ad dēfectiōnem animīs voluntāriōs trāxēre,
et apud vagōs quōsdam ex inopī plēbe etiam mercēs valuit: pūblicō
auxiliō nūllō adiūtī sunt valuitque apud Vēientēs—nam dē cēterīs
minus mīrum est—pacta cum Rōmulō indūtiārum fidēs.

8. cum bellum utrimque summā ope parārent vertīque in eō rēs
vidērētur utrī prius arma īnferrent, occupat Tullus in agrum
Sabīnum trānsīre. 9. pugna atrōx ad silvam Malitiōsam fuit, ubi et
peditum quidem rōbore, cēterum equitātū auctō nūper plūrimum
Rōmāna aciēs valuit. 10. ab equitibus repente invectīs turbātī
ōrdinēs sunt Sabīnōrum, nec pugna deinde illīs cōnstāre nec fugā
explicārī sine magnā caede potuit.

---

**adiuvō, -āre, -iūvī, adiūtum**: help, assist, 6
**atrōx, atrōcis**: savage, cruel, atrocious, 7
**auxilium, -ī n.**: help, aid, assistance, 3
**cēterum**: but, in other respects; besides, 7
**cōnstō, -āre, -stitī**: it is agreed; stand firm, 6
**dēfectiō, -iōnis f.**: revolt, 1
**equitātus, -ūs m.**: cavalry, 3
**explicō (1)**: to untangle, unfold; explain, 2
**indūtiae, -ārum f.**: a truce, 3
**inops (inopis)**: poverty-stricken, poor, 1
**invehō, -ere, -vexī, -vectum**: convey, bring in, 5
**Malitiosa, -ae f.**: Malitiosa (forest), 1
**mercēs, mercēdis f.**: pay, wages; bribe, 2
**mīrus, -a, -um**: amazing, surprising, 7
**nūper**: recently, lately, not long ago, 4

**pacīscō, -ere, , pactum**: agree upon; betroth, 2
**pedes, peditis m.**: foot soldier; infantry, 5
**plūrimus, -a, -um**: most, very many, 4
**repente**: suddenly, 5
**residuus, -a, -um**: residual, remaining, 1
**rōbor, rōboris n.**: oak; strength, 5
**silva, -ae f.**: wood, forest, woodland, 3
**sollicitō (1)**: to agitate, stir, worry, 3
**trahō, -ere, trāxī, tractum**: draw, drag, 6
**turbō (1)**: throw in confusion, disturb, 5
**uter, utra, utrum**: which (of two), 7
**vagus, -a, -um**: wandering, roaming, 1
**valeō, -ēre, uī**: be strong, be effective, prevail, 4
**vīcīnus, -a, -um**: neighboring, 6
**voluntārius, -iī m.**: volunteer, 2

1 **Vēientēs (erant)**: nom. pred.
2 **sollicitātīs...animīs**: abl. abs.; i.e. a revolt from the treaty the Veientes struck with the Romans
**trāxēr(unt)**: syncopated 3p pf.; i.e. gathered; The Sabines are subject, and the Veientes are the object.
3 **apud**: *among...*
**vagōs**: *transients*; i.e. those without property
**etiam**: *even*
**valuit**: *prevailed*
**pūblicō auxiliō nūllō**: i.e. the Veientes offered no public money to the Sabines/
4 **valuitque**: *and...prevailed*; pacta fidēs is subject
**apud**: *among*
**dē cēterīs (Etrūscīs)**: *concerning the rest (of the Etruscans)*; who had no motive to attack Rome
5 **minus mīrum est**: *it is...*; impers. verb and comparative adv.
**indūtiārum**: translate as sg.
6 **cum...parārent**: impf. subj.
**summā ope**: abl. manner

**vertī**: pass. inf.
**in eō**: *on this*; i.e. the following question
7 **vidērētur**: *seemed*
**utrī...īnferrent**: *which one was to...*; ind. deliberative question; utrī is nom. pl.
**occupat**: *seizes (the opportunity)* + inf.; i.e. to do something first
**agrum**: *land*
8 **et...quidem...cēterum**: *certainly...but more so*; quidem is concessive in sense when followed by adversative
**peditum rōbore**: *because of...*; abl. cause
**equitātū auctō nūper**: *because of...*; abl. cause
**plūrimum valuit**: *prevailed the most*; 'was the most powerful,' inner acc. and superlative of multus
10 **ab**: *as a result of...*
**turbātī...sunt**
11 **nec pugna cōnstāre...potuit**: *the battle-line was able neither to stand firm...*

**31.** dēvictīs Sabīnīs cum in magnā glōriā magnīsque opibus rēgnum Tullī ac tōta rēs Rōmāna esset, nūntiātum rēgī patribusque est in monte Albānō lapidibus plūvisse. 2. quod cum crēdī vix posset, missīs ad id vīsendum prōdigium in cōnspectū haud aliter quam cum grandinem ventī glomerātam in terrās agunt crēbrī cecidēre caelō lapidēs. 3. vīsī etiam audīre vōcem ingentem ex summī cacūminis lūcō ut patriō rītū sacra Albānī facerent, quae velut dīs quoque simul cum patriā relictīs oblīviōnī dederant, et aut Rōmāna sacra suscēperant aut fortūnae, ut fit, obīrātī cultum relīquerant deum. 4. Rōmānīs quoque ab eōdem prōdigiō novendiāle sacrum pūblicē susceptum est, seu vōce caelestī ex Albānō monte missā—nam id quoque trāditur—seu haruspicum

---

**aliter**: otherwise, in another way, 1
**cacumen, -inis n.**: peak, top, 1
**caelum, -ī n.**: sky, 7
**cōnspectus, -ūs m.**: sight, view, 7
**crēber, crēbra, -rum**: thick, crowded, 1
**cultus, -ūs m.**: worship; cultivation, upbringing, 5
**dēvincō, -ere, -vīcī, -victum**: conquer, 2
**glomerō (1)**: form a ball or mass, 1
**grando, grandinis f.**: hail, a hail-storm, 1
**haruspex, -spicis m.**: haruspex, 1
**lapis, -idis m.**: stone, 4

**lūcus, -ī m.**: grove, 7
**novendiālis, -e**: a nine-day, of nine days (feast), 1
**obīrascor, -ārī, obīrātum**: be angry at (dat), 1
**oblīviō, -iōnis f.**: oblivion, 1
**patrius, -a, -um**: of a father, ancestral, 7
**pluō, -ere, -vī**: *impers.* it rains, 1
**rītus, -ūs m.**: rite, ceremony, 6
**suscipiō, -ere, cēpī, ceptum**: undertake, take up, 7
**vīsō, -ere**: examine, view carefully, 2
**vix**: with difficulty, with effort, scarcely, 5

1 **dēvictīs Sabīnīs**: abl. abs.
  **cum...esset**
2 **rēs Rōmāna**: *the Roman state*
  **nūntiātum...est**: *it...*; impers.
  **rēgī patribusque**: dat. ind. obj.
3 **in monte...plūvisse**: *that it had...*; imper. pf. inf. and abl. of means
  **quod**: *this*; connective relative and subject
  **cum...posset**
4 **missīs...prōdigium**: *for (those)...*; PPP dat. of reference: i.e. 'in the eyes of those...'
  **ad id vīsendum prōdigium**: *for...*; gerundive + noun: perform a gerund-gerundive flip and translate as gerund (-ing) + obj. or as an inf.
  **aliter**: as often, followed by quam introducing a clause of comparison
5 **cum...agunt**: *when...drive*; temporal clause
6 **cecidēr(unt)**: syncopated 3p pf.
  **(ē) caelō**
  **vīsī (sunt)**: *they seemed...*; i.e. the same ones sent (mīssīs) above

7 **ut...faceret**: *that...*; ind. command, impf. subj.
  **patriō rītū**: abl. manner
  **sacra**: *rites, sacrifices*
8 **velut d(e)īs...relictīs**: *as if...*; abl. abs. and conditional clause of comparison; the Albans had abandoned their gods when they left their patria and came to Rome
  **oblīviōnī dederant**: i.e. Albans had forgotten
  **aut...aut...**: *either...or...*
9 **suscēperant**: Albans are still subject
  **fortūnae**: *at their fortune*; i.e. their misfortune, dat. with compound verb
  **ut fit**: *as happens*; clause of comparison
  **obīrātī**: dep. PPP, translate as 'having Xed'
  **cultum...de(ōr)um**
10 **Rōmānīs**: *for...*; dat. of interest
  **ab**: *as a result of...*
11 **seu...seu...**: *whether...or...*
  **voce caelestī...missā**: *because...*; causal abl. abs.; i-stem 3rd decl. abl.
12 **trāditur**: *is handed* down; i.e. is reported

monitū; mānsit certē sollemne ut quandōque idem prōdigium
nūntiārētur fēriae per novem diēs agerentur.

5. haud ita multō post pestilentiā labōrātum est. unde cum pigritiā
mīlitandī orerētur, nūlla tamen ab armīs quiēs dabātur ā bellicōsō
rēge, salūbriōra etiam crēdente mīlitiae quam domī iuvenum
corpora esse, dōnec ipse quoque longinquō morbō est implicitus. 6.
tunc adeō frāctī simul cum corpore sunt spīritūs illī ferōcēs ut quī
nihil ante ratus esset minus rēgium quam sacrīs dedere animum,
repente omnibus magnīs parvīsque superstitiōnibus obnoxius
dēgeret religiōnibusque etiam populum implēret. 7. volgō iam
hominēs eum statum rērum quī sub Numā rēge fuerat requīrentēs,
ūnam opem aegrīs corporibus relictam sī pāx veniaque ab dīs

---

**aeger, -gra, -grum**: sick, injured; *adv.* poorly, 6
**bellicōsus, -a, -um**: warlike, 2
**dēgō, -ere, dēgī**: spend, pass (time), 1
**fēriae, -ārum f.**: festival, 1
**frangō, -ere, frēgī, frāctum**: break, 1
**implicō, -āre, -āvī(uī), itum**: entangle, enfold, 1
**labōrō (1)**: work, toil, labor, strive, 2
**longinquus, -a, -um**: prolonged; distant, 1
**mīlitō (1)**: serve as a soldier, 1
**monitus, -ūs m.**: warning, admonition, 2
**morbus, -ī m.**: disease, sickness, illness, 1
**novem**: nine, 1
**obnoxius, -a, -um**: subject to, obedient to (dat.), 2
**pestilentia, -ae f.**: plague, pestilence, 1

**pigritia, -ae f.**: reluctance, sluggishness, 1
**quandōque**: whenever, 1
**quiēs, quiētis f.**: rest, repose, sleep, 4
**religio, -iōnis f.**: religious scruple/observance, 7
**repente**: suddenly, 5
**requīrō, -ere**: seek out, ask, inquire, 1
**salūbris, -e**: healthy, useful, 4
**spīritus, -ūs m.**: breath; spirit, 2
**status, -ūs m.**: position, condition, state, 2
**superstitiō, -tiōnis f.**: superstition, 1
**tunc**: then, at that time, 3
**venia, -ae f.**: mercy, indulgence, favor, 3
**vulgus (volgus), -ī n.**: mass, masses, crowd, 7

1 **monitū**: *because of...*; abl. cause
**certē**: *at least*
**ut...agerentur**: *that...was celebrated*; 'was conducted,' ind. command
**quandōque...nūntiārētur**: *whenever...*; subj. of subordinate verb in a ind. command

3 **multō**: *much*; 'by much,' abl. of degree of difference modifying post
**labōrātum est**: *they...*; 'it was struggled,' impers. pf. pass.: translate as active in English
**unde**: *then*; connective relative: translate as a demonstrative, e.g. inde
**cum...orerētur**: *although...*; concessive, impf. pass. subj. orior

4 **mīlitandī**: gen. gerund (-ing)
**ab armīs**: *from...*; abl. of separation
**ā bellicōsō rēge**: abl. agent
**salūbriōra...corpora esse**: *that...*; ind. disc. with comparative adj.; governed by credente

5 **crēdente**: modifying rēge
**mīlitae**: *abroad*; 'in military service,' locative

**domī**: *at...*; locative

6 **ipse**: *(the king) himself*

7 **frāctī...sunt**: spīritūs illī ferōcēs is the subject; translate in the sg.; illī indicates something well-known or renowned: that (famous) spiritedness
**cum corpore**: *with the body*
**ut...dēgeret**: *that...*; result clause, impf. subj.
**quī...ratus esset**: *(the man) who...*; relative of characteristic with plpf. dep. reor

8 **nihil (esse) minus rēgium...animum**: *that nothing (was)...*; here with clause of comparison
**sacrīs**: dat. ind. obj.
**dedere**: *to give*; inf. dedō

10 **dēgeret (vitam)**
**volgō**: *in general*; 'in a mass,' an abl. adv,

11 **eum statum rērum**: *that...*; demonstrative

12 **ūnam opem...relictam (esse)**: *that only one help...*; pf. pass. relinquō, 'be left' governed by crēdēbant
**aegrīs corporibus**: *for...*; dat. of interest
**ab d(e)īs**

impetrāta esset crēdēbant. 8. ipsum rēgem trādunt volventem
commentāriōs Numae, cum ibi quaedam occulta sollemnia
sacrificia Iovī Ēliciō facta invēnisset, operātum hīs sacrīs sē
abdidisse; sed nōn rītē initum aut cūrātum id sacrum esse, nec
sōlum nūllam eī oblātam caelestium speciem sed īrā Iovis
sollicitātī prāvā religiōne fulmine ictum cum domō cōnflagrāsse.
Tullus magnā glōriā bellī rēgnāvit annōs duōs et trīgintā.

**32.** mortuō Tullō rēs, ut īnstitūtum iam inde ab initiō erat, ad
patrēs redierat hīque interrēgem nōmināverant. quō comitia
habente Ancum Marcium rēgem populus creāvit; patrēs fuēre
auctōrēs.
Numae Pompilī rēgis nepōs fīliā ortus Ancus Marcius erat. 2. Quī

---

**abdō, -ere, -didī, -ditus**: hide, put away, 3
**comitium, -ī n.**: assembly; elections, 6
**commentārius, -ī m.**: commentary, 3
**cōnflagrō (1)**: burn up, be consumed, 1
**cūrō (1)**: care for, take care of, attend to, 3
**Ēlicius, -ī m.**: Eliciter, (epithet of Jupiter), 2
**fulmen, -minis n.**: lightning, thunderbolt, 3
**impetrō (1)**: obtain, accomplish, 2
**ineō, -īre, -iī, -itum**: go into, enter, initiate, 7
**interrēx, -rēgis m.**: interim king, 2
**Mārcius, -ī n.**: Marcius, Ancus Marcius, 4
**mortuus, -a, -um**: dead, 4
**nepōs, nepōtis m.**: grandson, decendent, 7

**nōminō (1)**: (call by) name, mention, 3
**occultus, -a, -um**: concealed, hidden, 2
**offerō, -ferre, -tulī, -lātum**: offer, present, 3
**operor, -ārī, -ātum**: be occupied with, devote onself to, engage in (often religious rite) (dat.), 1
**Pompilius, -iī m.**: Pompilius, 4
**prāvus, -a, -um**: wrong, crooked, wrong, 4
**religiō, -iōnis f.**: religious scruple/observance, 7
**rītē**: duly, fitly, 3
**sacrificium, ī n.**: sacrifice, 7
**sollicitō (1)**: to agitate, stir, worry, 3
**trīginta**: thirty, 7
**volvō, -ere, volvī**: turn over, roll over, 3

---

1 **impetrāta esset**: plpf. dep. subj. of subordinate verb in ind. disc.; equiv. to fut. pf. indicative in direct speech
   **ipsum rēgem...abdidisse**: *that...*; pf. inf.
   **trādunt**: *they hand down*; i.e. they report
2 **cum...invēnisset**
   **occulta**: i.e. not publicly performed
3 **Iovī Ēliciō**: *for...*; dat. interest
   **operātum hīs sacrīs**: dep. PPP: translate as 'having Xed;' and dat. obj.
4 **nōn rītē initum (esse)...id sacrum esse**: *that this...*; pf. pass. inf. ineō, cūrō governed by trādunt,
   **nec sōlum...sed**: *not only...but (also)...*
5 **nūllam...oblātam (esse)...speciem**: *that...*; pf. pass. inf. offerō
   **eī**: dat. ind. obj., is
   **(eum) īrā...cōnflagrā(vi)sse**: *that he...*; pf. inf. with abl. cause

6 **prāvā religiōne**: abl. cause with sollicitātī
   **ictum**: PPP iciō
   **cum**: *along with...*
7 **magnā glōriā bellī**: *with...*; abl. of attendant circumstances
   **annōs duōs et trīgintā**: *for...*; acc. duration
8 **mortuō Tullō**: abl. abs., supply pple 'being'
   **rēs**: *the state*
   **ut īnstitūtum...erat**: *as it...*; clause of comparison; impers. plpf. pass.
9 **quō...habente**: *this one...*; abl. abs. with connective relative quō, i.e. the interrex
   **creāvit**: governs a double acc. (obj. and pred.)
10 **fuēr(unt) auctōrēs**: i.e. authorized it
12 **fīliā**: *from...*; abl. of origin
   **ortus est**: pf. dep. orior
   **Quī**: *This one...*; connective relative, translate as a demonstrative in English

ut rēgnāre coepit et avītae glōriae memor et quia proximum
rēgnum, cētera ēgregium, ab ūnā parte haud satis prōsperum fuerat
aut neglēctīs religiōnibus aut prāvē cultīs, longē antīquissimum
ratus sacra pūblica ut ab Numā īnstitūta erant facere, omnia ea ex
commentāriīs rēgiīs pontificem in album ēlāta prōpōnere in
pūblicō iubet.

inde et cīvibus ōtiī cupidīs et fīnitimīs cīvitātibus facta spēs in
avī mōrēs atque īnstitūta rēgem abitūrum. 3. igitur Latīnī cum
quibus Tullō rēgnante ictum foedus erat sustulerant animōs, et cum
incursiōnem in agrum Rōmānum fēcissent repetentibus rēs
Rōmānīs superbē respōnsum reddunt, dēsidem Rōmānum rēgem
inter sacella et ārās āctūrum esse rēgnum ratī.

---

**album, -ī n.**: a whitewashed board, 1
**antīquus, -a, -um**: ancient; better, important, 5
**āra, ārae f.**: altar, 6
**avītus, -a, -um**: ancestral, of a grandfather, 5
**commentārius, -ī m.**: commentary, 3
**colō, -ere, coluī, cultum**: cultivate; worship, 3
**cupīdus, -a, -um**: desirous for, eager for (gen.), 1
**dēses, dēsidis**: inactive, idle (sitting down), 1
**efferō, -ere, -tulī, -lātum**: carry out, lift, 5
**ēgregius, -a, -um**: excellent, outstanding, 4
**incursiō, -iōnis f.**: incursion, 2
**memor, -is**: mindful, remembering (gen.), 7

**neglegō, ere, -lēxī, neglēctum**: to neglect, 2
**ōtium, -iī n.**: leisure, peace, 5
**pontifex, -ficis m.**: priest, pontifex, 5
**prāvus, -a, -um**: wrong, crooked, wrong, 4
**prōpōnō, -ere**: publish, put forth, 1
**prōsperus, -a, -um**: favorable, successful, 2
**religiō, -iōnis f.**: religious scruple/observance, 7
**respōnsum, -ī n.**: answer, reply, 5
**sacellum, -ī n.**: sanctuary (unroofed, w/ altar), 3
**superbus, -a, -um**: arrogant, proud; Superbus, 7
**tollō, ere, sustulī, sublātum**: lift up; raze, 5

1 **ut...coepit**: *as...*; temporal clause
**et...et...**: *both...and...*; note the lack of parallelism
2 **cētera**: *otherwise*; 'in other respects,' adv. acc.
3 **aut...aut...**: *either,...or...*
**ab ūnā parte**: *in one part*
**neglēctīs...cultīs**: abl. abs.
**longē antīquissimum (esse)...facere**: *(that it was) by far most important to...*
4 **ratus**: PPP dep. reor: translate as 'having Xed'
**ut...īnstitūta erant**: *just as...*; clause of comparison
**omnia ea...prōpōnere in pūblicō (locō)**: *that...*
**ea**: *those things*; acc. pl. demonstrative
5 **ēlāta**: PPP efferō
7 **et cīvibus...et fīnitimīs cīvitātibus...**: *both for...and for...*; dat. of interest
**ōtiī**: *for...*; objective gen.

facta (est)
8 **in avī...rēgem abitūrum (esse)**: *that the king...*; in apposition to spēs with fut. inf. abeō; i.e. that he would avoid Tullus' mistakes and adopt the ways of Numa, Anca's grandfather
**īnstitūta**: *procedures*; i.e. of governing
9 **Tullō rēgnante**: abl. abs.
**ictum...est**: pf. pass. iciō
**sustulerant**: plpf. tollō
**cum...fēcissent**: plpf. subj.
10 **agrum**: *land*
**repetentibus rēs Rōmānīs**: dat. ind. obj. and pres. pple; rēs means 'restitution'
11 **dēsidem...āctūrum esse...**: *that...would idly spend...*; fut. inf. agō; dēsidem, 'idle,' is predicative and best translated as an adverb
12 **ratī**: dep. PPP reor: translate as 'having Xed'

4. medium erat in Ancō ingenium, et Numae et Rōmulī memor; et praeterquam quod avī rēgnō magis necessāriam fuisse pācem crēdēbat cum in novō tum ferōcī populō, etiam quod illī contigisset ōtium sine iniūriā id sē haud facile habitūrum; temptārī patientiam et temptātam contemnī, temporaque esse Tullō rēgī aptiōra quam Numae. 5. ut tamen, quoniam Numa in pāce religiōnēs īnstituisset, ā sē bellicae caerimōniae prōderentur, nec gererentur sōlum sed etiam indīcerentur bella aliquō rītū, iūs ab antīquā gente Aequicolīs quod nunc fētiālēs habent dēscrīpsit, quō rēs repetuntur.

6. lēgātus ubi ad fīnēs eōrum venit unde rēs repetuntur, capite vēlātō fīlō—lānae vēlāmen est—'audī, Iuppiter' inquit; 'audīte, fīnēs'—cuiuscumque gentis sunt, nōminat—; 'audiat Fās. ego sum

---

**Aequicolī, -ōrum m.**: a portion of the Aequi, dwelling in Sabine territory, 1
**antīquus, -a, -um**: ancient; better, important, 5
**aptus, -a, -um**: fitting, suitable for (dat.), 6
**avus, avī m.**: grandfather, 3
**bellicus, -a, -um**: of war, 1
**caerimōnia, -ae f.**: ceremony, rite, 3
**contemnō, -ere, -tempsī**: despise, scorn, 1
**contingō, -ere, -tigī,**: to touch, happen, 2
**dēscrībō, -ere, -psī, -ptum**: draw up, arrange, 1
**fās n.**: right, righteousness, divine law, 6
**fētiālis, -e**: fetialis (type of priest), 5
**fīlum, -ī n.**: thread; fillet of wool, 1
**lāna, -ae f.**: wool, 2

**memor, -is**: mindful, remembering (gen.), 7
**necessārius, -a, -um**: necessary, inevitable, 2
**nōminō (1)**: (call by) name, mention, 3
**ōtium, -iī n.**: leisure, peace, 5
**patientia, -ae f.**: endurance, patience, 2
**praeterquam**: besides, beyond; except, 4
**prōdō, ere, -didī**: publish, bring forth; betray, 2
**quoniam**: since (now), seeing that, 5
**religiō, -iōnis f.**: religious scruple/observance, 7
**rītus, -ūs m.**: rite, ceremony, 6
**temptō (1)**: attempt, test; attack, 5
**vēlāmen, -minis n.**: covering, veil, 1
**vēlō (1)**: to veil, shroud, 3

---

1 **medium**: *moderate*; i.e. well-balanced, not favoring religion or war exclusively
**et...et...**: *both,...and...*
**et praeterquam quod...crēdēbat**: *and besides the fact that...*; quod introduces a noun clause
2 **avī rēgnō...fuisse pācem**: *that...*; pf. inf. sum
**avī rēgnō**: *for...*; dat. of interest
3 **cum...tum...**: *both...and...*
**etiam (crēdēbat) quod...**: *he also (believed)...*
**quod...contigisset ōtium...id**: *that peace which had happened to that one without injury*; ōtiium...id is the antecedent the relative clause quod...contigisset; dat. illī refers to Numa, and theverb is subj. of subordinate verb in ind. disc.; otium...id is obj. of habitūrum (esse)
4 **sē...habitūrum (esse)**: *that he...*; fut. inf. habeō; governed by etiam (crēdēbat) above
**facile**: adv.
**temptārī patientiam**: *that...*; again governed by etiam (crēdēbat)
5 **(patientiam) temptātum contemnī**: *that...*; pass. inf.; add an acc. subject; PPP temptō

**temporaque...Numae**: *and that...*
**quam Numae...**: clause of comparison
6 **ut...prōderentur...gererentur...indīcerentur**: *so that...*; purpose, impf. subj., i.e. established as a custom
7 **nec...sōlum sed etiam**: *not only...but also...*
**gererentur**: in same purpose clause, gerō, 'conduct'
**aliquō rītū**: *with...*; abl. manner
8 **iūs...dēscrīpsit**: the main clause; iūs, 'law'
**Aequicolīs**: in apposition to antīquā gente
9 **quō**: *by which...*; abl. means
**rēs**: *restitution*
10 **lēgātus**: i.e. the Pater Patratus discussed earlier
**capite vēlātō fīlō**: abl. abs., the fīlō is likely a fillet of wool worn by priests
12 **fīnēs**: vocative dir. address
**cuiuscumque...sunt**: *of...*; relative clause with gen. adjective quīcumque, 'whichsoever'
**audiat**: *let...*; jussive pres. subj.
**Fās**: personfied and subject of audiat

pūblicus nūntius populī Rōmānī; iūstē piēque lēgātus veniō, 1
verbīsque meīs fidēs sit.' peragit deinde postulāta. 7. inde Iovem
testem facit: 'sī ego iniūstē impiēque illōs hominēs illāsque rēs
dēdier mihi exposcō, tum patriae compotem mē nunquam sīrīs
esse.' haec, 8. cum fīnēs suprāscandit, haec, quīcumque eī prīmus 5
vir obvius fuerit, haec portam ingrediēns, haec forum ingressus,
paucīs verbīs carminis concipiendīque iūris iūrandī mūtātīs,
peragit. 9. sī nōn dēduntur quōs exposcit diēbus tribus et trīgintā—
tot enim sollemnēs sunt—perāctīs bellum ita indīcit: 'audī,
Iuppiter, et tū, Iāne Quirīne, dīque omnēs caelestēs, vōsque 10
terrestrēs vōsque īnfernī, audīte; 10. ego vōs testor populum
illum'—quīcumque est, nōminat—'iniūstum esse neque iūs

---

**carmen, carminis n.**: song, prediction, 6
**compos (compotis)**: partaking of, possessing, 2
**concipiō, -ere, -cēpī**: conceive, take in, 3
**exposcō, -ere, -poposcī**: pray for, demand, 3
**forum, -ī n.**: forum, marketplace, 2
**Iānus, -ī m.**: Janus, 2
**impius, -a, -um**: unholy, impious, 3
**īnfernus, -a, -um**: of the lower world, 1
**ingredior -gredī -gressum**: step in, enter, 4
**iniūstus, -a, -um**: unjust, 3
**iūrō (1)**: to swear (an oath), 6
**iūstus, -a, -um**: just, legitimate, 5
**mūtō (1)**: to change, 6

**nōminō (1)**: (call by) name, mention, 3
**nunquam**: never, at no time, 1
**obvius, -a, -um**: in the way of (dat), 5
**paucī, -ae, -a**: few, 1
**pius, -a, -um**: dutiful, pious, 3
**postulō (1)**: demand, claim, request, ask, 1
**Quirīnus, -ī m.**: Quirinus (Romulus), 2
**suprāscandō, -ere**: climb over, 1
**terrestris, -e**: of earth, 1
**testis, -is m/f**: witness, 4
**testor, -ārī, -ātum**: bear witness, make a will, 2
**tot**: so many, 5
**trīginta**: thirty, 7

1 **piēque**: et piē; adv. pius
  **lēgātus**: *as...*
2 **verbīs meīs...sit**: *let my words have...*; dat. of possession and jussive pres. subj. sum
  **peragit**: *go though*
  **postulāta**: *demands*; substantive, PPP
  **Iovem**: acc. Jupiter
3 **facit**: governs a double acc. (obj. and pred.)
  **impiēque**: et impiē; adv. impius
  **illōs...dēdier mihi**: *that...*; dēdier is an archaic form for dedī, pass. inf. of dedō, 'give up' or 'surrender;' mihi is dat. ind. obj.
4 **patriae compotem...mē...esse**: *that I...*; governed by nunquam sīrīs
  **nunquam si(ve)rīs**: *may you never permit...*; 2s pf. optative subj. (subj. of wish) sīnō, 'allow'
5 **haec (verba)...haec...haec...haec...peragit**: *he goes through these (words)...these (same words) ...these (same words)...these (same words)*; parallelism and asyndeton
  **quīcumque...fuerit**: *(to the one) whosoever...*;
  relative clause of characterstic with pf. subj. sum: translate as pf.
  **eī**: dat. of special adj. obvius, is
6 **portam ingrediēns**: *(while)...*; pres. pple
  **forum ingressus**: dep. PPP
  **paucīs...mūtātīs**: abl abs.
  **carminis concipiendīque iūris iūrandī**: *for conceiving...and...*; two noun + gerundive pairs: peform flips and translate as gerunds (-ing) + objs.; iūs iūrandum, 'swearing an oath,'
8 **quōs exposcit**: *(those) whom...*; the missing antecedent is subject of dēduntur
  **diēbus tribus et trīgintā...perāctīs**: abl. abs., interrupted by a parenthetical statement
9 **sollemnēs**: *customary, regular*
10 **Iāne Quirīne**: *Janus Quirinus*; vocative dir. address; the god of beginning and ending war
  **d(e)īque...īnfernī**: vocative dir. address
11 **populum...esse...persolvere**: *that...*
12 **quīcumque est**: i.e. populum; obj. of nōminat
  **iūs persolvere**: populum illum is acc. subject

persolvere; sed dē istīs rēbus in patriā maiōrēs nātū cōnsulēmus, 1
quō pactō iūs nostrum adipīscāmur.' cum †.....† nūntius Rōmam
ad cōnsulendum redit. 11. cōnfestim rēx hīs fermē verbīs patrēs
cōnsulēbat: 'quārum rērum lītium causārum condīxit pater patrātus
populī Rōmānī Quirītium patrī patrātō Prīscōrum Latīnōrum 5
hominibusque Prīscīs Latīnīs, quās rēs nec dedērunt [nec solvērunt].
nec fēcērunt, quās rēs darī fierī [solvī] oportuit, dīc' inquit eī quem
prīmum sententiam rogābat, 'quid cēnsēs?' tum ille: 12. 'pūrō
piōque duellō quaerendās cēnseō, itaque cōnsentiō cōnscīscōque.'
inde ōrdine aliī rogābantur; quandōque pars maior eōrum quī 10
aderant in eandem sententiam ībat, bellum erat cōnsēnsum. fierī
solitum ut fētiālis hastam ferrātam aut praeustam sanguineam ad

---

**adipīscor, -ī, adeptus**: obtain, overtake, 3
**adsum, -esse, -fuī**: be present, assist, 6
**cēnseō, -ēre, -uī, -sum**: think, judge; register, 7
**condīcō, -ere, -xī**: give notice, demand back, 1
**cōnfestim**: at once, immediately, 4
**cōnscīscō, -ere, -scīvī**: assent (by vote), resolve, 2
**cōnsentiō, -īre, -sī**: agree, agree upon, 3
**duellum, -ī n.**: combat, fight; war, 1
**fermē**: nearly, about, 4
**ferrātus, -a, -um**: iron-pointed, 1
**fētiālis, -e**: fetialis (type of priest), 5
**hasta, -ae f.**: spear, 5
**iste, ista, istud**: that/those (of yours), 2
**līs, lītis f.**: lawsuit, legal dispute, 1

**nātus, -ūs m.**: birth, 1
**oportet, -uit**: it is right, proper, fitting, 3
**pactum, -ī n.**: pact, agreement, 4
**patrō (1)**: bring to pass, execute, accomplish, 7
**persolvō, -ere**: pay, perform, 1
**pius, -a, -um**: dutiful, pious, 3
**praeūrō, -ere, -ussī, -ustum**: harden by fire, 1
**pūrus, -a, -um**: clean, pure; free, 4
**quandō**: when, since, 3
**rogō (1)**: to ask, ask for, 7
**sanguineus, -a, -um**: bloody, stained with blood, 1
**sententia, -ae f.**: opinion, thought, feeling, 4
**soleō, -ēre, solitum**: be accustomed, 3
**solvō, -ere, -vī, solūtum**: loosen; pay, 4

---

1 **persolvere**: *pay*; i.e. perform the just response
  **maiōrēs nātū**: *elders*; 'greater by birth,' abl. of respect and comparative magnus; i.e. senators
  **cōnsulēmus**: fut.
2 **quō pactō adipīscāmur**: *with what...we are to...*; ind. deliberative subj. with 1p pres. subj. and abl. means
  †.....†: A obelus (†) indicates that the clause inbetween is corrupt but the editor does not know how to emend it.
  **Rōmam**: acc. place to which
3 **ad cōnsulendum**: *for...*; ad + gerund (-ing) expressing purpose
4 **quārum rērum lītium causārum...Latīnīs**: *about what restitution, about (what) disputes, about (what) cases,,,*; gen. of charge with condīxit, translate into English as dē + abl. constructions; a series of relative clauses governed by quid cēnsēs in line 8
  **condīxit**: *has given formal notice*; the noun condictio is used when a plaintiff summons a defendant to court

4 **pater...Quirītium**: *Pater Patrātus...*; subject
5 **patrī patrātō...Latīnīs**: *to the Pater...*; dat. obj.
6 **quās rēs...fēcērunt**: *what restitution...*; relative adj. and clause; quibus rēbus is the antecedent
  **[nec solvērunt], [solvī]**: omit from translation
7 **(et) quās rēs...oportuit**: *what restitution it has been right...*; see note above; impers. 3s pf.
  **dīc**: imper. dīcō but not governed
  **eī**: *to that one* i.e a senator, dat. ind. obj.
  **quem...rogābat**: the verb governs a double acc.
8 **Quid cēnsēs (dē eīs)**: *What do you think (about those things)?*; supply a pronoun as the missing antecedent for quārum in the relative clause above
  **tum ille (dīxit)**: i.e. the senator addressed
  **pūrō...(rēs) quaerendās (esse)**: *that restitution must be...*; passive periphrastic (gerundive + esse); supply the acc. subject rēs from context
10 **ōrdine**: *in...*; abl. of manner
11 **ībat**: impf. eō, īre
  **fierī solitum (erat)**: *it was customary to happen*
12 **ut...ferret**: *that...*; noun result clause after fierī

fīnēs eōrum ferret et nōn minus tribus pūberibus praesentibus
dīceret: 13. 'quod populī Prīscōrum Latīnōrum hominēsque Prīscī
Latīnī adversus populum Rōmānum Quirītium fēcērunt
dēlīquērunt, quod populus Rōmānus Quirītium bellum cum Prīscīs
Latīnīs iussit esse senātusque populī Rōmānī Quirītium cēnsuit
cōnsēnsit cōnscīvit ut bellum cum Prīscīs Latīnīs fieret, ob eam
rem ego populusque Rōmānus populīs Prīscōrum Latīnōrum
hominibusque Prīscīs Latīnīs bellum indīcō faciōque.' 14. id ubi
dīxisset, hastam in fīnēs eōrum ēmittēbat. Hōc tum modō ab
Latīnīs repetītae rēs ac bellum indictum, mōremque eum posterī
accēpērunt.

**33.** Ancus dēmandātā cūrā sacrōrum flāminibus sacerdōtibusque

---

**cēnseō, -ēre, -uī, -sum**: think, judge; register, 7
**cōnscīscō, -ere, -scīvī**: assent (by vote), resolve, 2
**cōnsentiō, -īre, -sī**: agree, 3
**dēlinquō, -ere, -uī, -ī m.**: commit a fault, 1
**dēmandō (1)**: to entrust, commend, 1
**ēmittō, -ere, -mīsī, -missum**: send out, 3

**flāmen, flāminis, m.**: priest, 5
**hasta, -ae f.**: spear, 5
**praesēns, -sentis**: present, being present, 7
**pūbēs, pūberis f.**: men (young, of military age), 7
**senātus, -ūs f.**: senate, 5

1 **ferret et...dīceret**: impf. subj. in result clause
  **nōn minus (quam) tribus pūberibus praesentibus**: *with no less (than) three men of military age being present*; abl. abs., pres. pple
2 **quod...fēcērunt (et) dēlīquērunt**: *whereas...*; 'in respect to the fact that...' quod is acc. of respect introducing a non clause; this serves as a legal preamble to the main clause
  **Quirītium**: *of the Quirites*
3 **adversus**: *against* + acc.
4 **(et) quod...iussit...cēnsuit (et) cōnsēnsit (et) cōnscīvit**: *(and) whereas...*; 'in respect to the fact that...' quod is again acc. of respect introducing another noun clause
6 **ut...fieret**: *that...*; ind. command, impf. subj. fīō
  **ob eam rem**: *for this reason*
7 **populīs...Latīnīs**: *upon...*; dat. of compound verb
8 **id ubi dīxisset**: *whenever he...*; Livy uses the

impf. and, as here, plpf. subj. to indicate repeated action in the past; this construction, called an 'indefinite relative clause' or a 'past general temporal clause,' is common in Greek but found only in this instance in book 1
9 **ēmittēbat**: *he used to...*; or *'he would...'* customary impf.
s **eōrum**: i.e. of the enemy
  **hōc modō**: *in...*; abl. of manner
  **ab Latīnīs**: abl. of separation
10 **repetītae (sunt)**
  **rēs**: *restitution*
  **indictum (est)**
  **mōrem eum**: demonstrative
  **posterī (Rōmānī)**: nom. pl.
12 **dēmandātā cūrā sacrōrum**: abl. abs.
  **flāminibus sacerdōtibusque aliīs**: dat. ind obj. of dēmandāta

aliīs, exercitū novō cōnscrīptō profectus, Politōrium, urbem 1
Latīnōrum, vī cēpit; secūtusque mōrem rēgum priōrum, quī rem
Rōmānam auxerant hostibus in cīvitātem accipiendīs,
multitūdinem omnem Rōmam trādūxit. 2. et cum circā Palātium,
sēdem veterum Rōmānōrum, Sabīnī Capitōlium atque arcem, 5
Caelium montem Albānī implēssent, Aventīnum novae multitūdinī
datum. additī eōdem haud ita multō post, Tellēnīs Ficānāque
captīs, novī cīvēs.

3. Politōrium inde rūrsus bellō repetītum quod vacuum
occupāverant Prīscī Latīnī, eaque causa dīruendae urbis eius fuit 10
Rōmānīs nē hostium semper receptāculum esset. 4. postrēmō omnī
bellō Latīnō Medulliam compulsō, aliquamdiū ibi Mārte incertō,

---

**aliquamdiū**: for some long time, 2
**Aventīnum, ī n. (us, -ī m.)**: Aventine hill, 4
**Caelius, -ī m.**: Caelius, Caelian mountain, 1
**Capitōlium, -ī n.**: Capitolium, 4
**compellō, -ere, -pulī**: drive back or together, 2
**cōnscrībō, -ere, -psī, -ptum**: register, enroll, 3
**dīruō, -ere, -ī, -utum**: tear down, destroy, 4
**Ficāna, -ae f.**: Ficana (town), 1
**incertus, -a, -um**: unreliable, doubtful, 5

**Mārs, Mārtis m.**: Mars, 6
**Medullia, -ae f.**: Medullia (Latin town), 2
**Politōrium, -ī n.**: Politorium, 2
**postrēmō,**: at last, finally; abl. as adv., 5
**receptāculum, -ī n.**: refuge, shelter, 2
**rūrsus**: again, backward, back, 3
**Tellēna, -ōrum n.**: Tellena (town), 1
**trādūcō, -ere, -dūxī**: carry across, 4
**vacuus, -a, -um**: empty, fear, vacant, 3

1 **exercitū novō cōnscrīptō**: abl. abs.
  **profectus**: dep. PPP proficīscor, translate as 'having Xed'
2 **vī**: abl. means vīs
  **secūtus**: dep. PPP, translate as 'having Xed'
  **rēgum priōrum**: gen. pl.
  **rem Rōmānam**: *the Roman state*
3 **auxerant**: plpf. augeō
  **hostibus...accipiendīs**: *by...*; abl. means, noun + gerundive: perform a gerund-gerundive flip and translate as gerund (-ing) + obj.
4 **Rōmam**: acc. place to which
  **cum...implē(vi)ssent**: *since...*; causal cum clause with plpf. subj.
6 **novae multitūdinī**: dat. ind. obj.
7 **datum (est)**
  **additī (sunt)**: novī cīvēs is the subject
  **eōdem**: *in the same place*; or 'in that very place' i.e the Aventine hill; adv.

  **multō**: *much*; 'by much,' abl. of degree of difference with post; modified by haud
  **Tellēnīs Ficānāque captīs**: abl. abs.
9 **bellō**: *with...*; abl. means
  **repetītum (est)**
  **quod**: *which...*; relative
10 **eaque...fuit**: *and this was...*; nom. subj.
  **dīruendae urbis eius**: *of...*; noun + gerundive: perform a gerund-gerundive flip and translate as gerund (-ing) + obj.; eius is gen. demonstrative
11 **Rōmānīs**: dat. of interest
  **nē...esset**: *so that...might not...*; neg. purpose clause with impf subj. sum
12 **omnī bellō...compulsō**: abl. abs.
  **Medulliam**: acc. place to which
  **Mārte incertō**: abl. abs., supply the pple 'being;' via metonomy Mārte means, 'fight' or 'combat'

variā victōriā pugnātum est; nam et urbs tūta mūnītiōnibus  1
praesidiōque firmāta validō erat, et castrīs in apertō positīs
aliquotiēns exercitus Latīnus comminus cum Rōmānīs signa
contulerat. 5. ad ultimum omnibus cōpiīs cōnīsus Ancus aciē
prīmum vincit; inde ingentī praedā potēns Rōmam redit, tum  5
quoque multīs mīlibus Latīnōrum in cīvitātem acceptīs, quibus, ut
iungerētur Palātiō Aventīnum, ad Murciae datae sēdēs.

6. Iāniculum quoque adiectum, nōn inopiā locī sed nē quandō ea
arx hostium esset. id nōn mūrō sōlum sed etiam ob commoditātem
itineris ponte subliciō, tum prīmum in Tiberī factō, coniungī urbī  10
placuit. 7. Quirītium quoque Fossa, haud parvum mūnīmentum ā
plāniōribus aditū locīs, Ancī rēgis opus est. 8. ingentī incrēmentō

---

**aditus, -ūs m.**: approach, access, 1
**aliquotiēns**: several times, 1
**Aventīnum, ī n. (us, -ī m.)**: Aventine hill, 4
**comminus**: hand-to-hand, 1
**commoditās, -tātis f.**: convenience, 1
**cōnferō, -ferre**: bring together, collect, 4
**cōnitor, -ī, cōnīsum**: endeavor, strive, 1
**coniungō, -ere, -iunxī, -iunctum**: join together, 2
**cōpia, -ae f.**: abundance, supply; troops, 5
**firmō (1)**: strengthen, support, 4
**fossa, -ae f.**: ditch, trench, 5
**Iāniculum, -ī n.**: Janiculum hill, 2
**incrēmentum, -ī n.**: increase, addition, 2
**inopia, -ae f.**: poverty, need; lack of, 2
**iter, itineris n.**: way, route, path; journey, 5

**mūnīmentum, -ī n.**: fortification, 1
**mūnītiō, -iōnis f.**: fortification, entrenchment, 3
**Murcia, -ae f.**: Murcia (goddess, later surname of Venus), 1
**placet, -uit**: it is pleasing, it is resolved, 5
**plānus, -a, -um**: flat, level, 2
**pōns, pontis m.**: bridge, 2
**potēns, -entis**: powerful, being powerful over, 4
**pugnō (1)**: to fight, 5
**quandō**: when, since, 3
**sublicius, -a, -um**: on wooden piles, 2
**tūtus, -a, -um**: safe, secure, guarded, 4
**validus, -a, -um**: strong, powerful, 5
**varius, -a, -um**: various, alternating, 6

1 **variā victōriā**: *with alternating...*
  **pugnātum est**: *they...*; 'it was fought,' impers. pf. pass.: best translated as active in English
  **et...et...**: *both...and*
2 **mūnītiōnibus, praesidiō validō**: abl. means
  **firmāta...erat**:
  **castrīs...positīs**: *camp pitched*; common idiom
  **in apertō (locō)**: PPP aperiō
3 **signa**: *military standards*; i.e. in battle
4 **contulerat**: plpf. cōnferō
  **ad ultimum**: *at last*; i.e. finally
  **cōnīsus**: dep. PPP: translate as 'having Xed'
  **(in) aciē**
5 **ingentī praedā**: means, i-stem 3rd decl. abl.
  **potēns**: i.e. enriched, empowered
  **Rōmam**: acc. place to which
6 **Multīs mīlibus...acceptīs**: abl. abs.
  **cīvitātem**: *citizenship*
  **quibus...**: *to these people*; a connective relative and dat. ind. obj.
  **ut iungerētur**: *so that...might...*; purpose

7 **ad (aram) Murciae**: *near (the altar) of Murcia*; i.e. future site of Circus Maximus
  **datae (sunt)**
8 **adiectum (est)**
  **inopiā**: *because of...*; abl. cause
  **nē quandō...esset**: *so that at some time this might not...*; neg. purpose; indefinite aliquandō loses the prefix ali- before sī, nisi, num, and nē
9 **id...coniungī urbī**: *that this be joined with the city...*; pass. inf. and dat. of compound
  **nōn...sōlum sed etiam**: *not only...but also*
  **mūrō**: *with...*; abl. means
10 **ponte subliciō...factō**: *by a Pons Sublicius...*; abl. means and PPP; a bridge over the Tiber leading to the Janiculum; this is a proper name
  **placuit**: impers. pf. with pass. inf. coniungī
11 **Quirītium Fossa**: *Ditch of the Quirites*; i.e. a moat where the city was flat and unprotected
  **ā plāniōribus...locīs**: *on the...*
12 **aditū**: *in...*; abl. respect
  **ingentī incrēmentō**: means, i-stem 3rd decl. adj.

rēbus auctīs, cum in tantā multitūdine hominum, discrīmine rēctē 1
an perperam factī cōnfūsō, facinora clandestīna fierent, carcer ad
terrōrem incrēscentis audāciae mediā urbe imminēns forō
aedificātur.

9. nec urbs tantum hōc rēge crēvit sed etiam ager fīnēsque. Silvā 5
Maesiā Vēientibus adēmptā usque ad mare imperium prōlātum et
in ōre Tiberis Ōstia urbs condita, salīnae circā factae, ēgregiēque
rēbus bellō gestīs aedis Iovis Ferētrī amplificāta.

**34.** Ancō rēgnante Lucumō, vir impiger ac dīvitiīs potēns,
Rōmam commigrāvit cupīdine maximē ac spē magnī honōris, 10
cuius adipīscendī Tarquiniīs—nam ibi quoque peregrīnā stirpe
oriundus erat—facultās nōn fuerat. 2. Dēmarātī Corinthiī fīlius erat,

---

**adipīscor, -ī, adeptus**: obtain, overtake, 3
**aedificō (1)**: make a building, build, 2
**aedis, -is f.**: temple, *pl.* house, 5
**amplificō (1)**: enlarge, made larger, 2
**an**: or (in questions), 7
**audācia, -ae f.**: boldness, audacity, 6
**carcer, -eris m.**: prison, 1
**clandestīnus, -a, -um**: in secret, clandestine, 1
**commigrō (1)**: move with one's family, 2
**cōnfundō, -ere, -fūdī, -fūsum**: confuse, disturb, 3
**Corinthius, -ī m.**: Corinthian, 1
**cupīdō, cupīdinis f.**: desire, longing, 7
**Dēmarātus, -ī m.**: Demaratus, 1
**discrīmen, -nis n.**: difference, distinction, 7
**dīvitiae, -ārum f.**: riches, wealth, 4
**ēgregius, -a, -um**: excellent, outstanding, 4
**facinus, -noris n.**: bad deed, crime, 6
**facultās, -tātis f.**: opportunity, ability, 1

**Ferētrius, -ī m.**: Feretrius (of trophies), 2
**forum, -ī n.**: forum, 7
**immineō, -ēre**: overhang, threaten, 2
**impiger, -gra, -grum**: active, energetic, quick, 2
**incrēscō, -ere**: grow, increase, 1
**Lucumō, Lucumōnis m.**: Lucumo, 5
**Maesia, -ae f.**: Maesia (forest), 1
**oriundus, -a, -um**: descended, born, 6
**ōs, ōris n.**: mouth; face, 1
**Ōstia, -ae f.**: Ostia (port town of Rome), 1
**perperam**: wrongly, 2
**potēns, -entis**: powerful, being powerful over, 4
**prōferō, -ferre, -tulī, -lātus**: bring forth, extend, 3
**rēctus, -a, -um**: correct, straight; honest, 5
**salīnae, -ārum f.**: salt works, salt pits, 1
**silva, -ae f.**: wood, forest, woodland, 3
**Tarquiniī, -ōrum m.**: Tarquinii (city), 5
**usque**: up to, until; all the way, 4

1 **rēbus auctīs**: abl. abs., augeō
   **cum...fierent**: *since...*; causal
   **discrīmine...cōnfūsō**: abl. abs.
2 **rēctē an perperam factī**: *of whether something (was) done rightly or wrongly*; elliptical ind. question following discrīmine; equiv. to 'factī utrum rēctē an perperam factum esset'
   **clandestīna**: predicative, translate as an adv.
   **ad**: *for...*
3 **incrēscentis audāciae**: i.e. crime; pres. pple
   **(in) mediā urbe...(in) forō**
   **nec...tantum...sed etiam**: *not only...but also*
5 **hōc rēge**: abl. cause
   **Silvā...adēmptā**: abl. abs.
6 **Vēientibus**: *from...*; dat. of separation
   **prōlātum (est)**
7 **condita (est)**

   **factae (sunt)**
8 **rēbus...gestīs**: abl. abs.
   **Iovis Ferētrī**: *of Jupiter Feretrius*; built by Romulus
   **amplificāta (est)**
9 **Ancō rēgnante**: abl. abs.
   **dīvitiīs**: *in...*; abl. respect
10 **Rōmam**: acc. place to which
    **cupīdine...ac spē**: abl. cause
11 **cuius adipīscendī...facultās**: *of...*; pronoun in gen. + gerundive; perform a gerund-gerundive flip and translate as gerund (-ing) + obj. (translate cuius just as acc. relative 'which')
    **Tarquiniīs**: *at...*; locative
    **peregrīnā stirpe**: *from...*; abl. origin
12 **Dēmārātī Corinthiī**: gen. father of Lucumo

quī ob sēditiōnēs domō profugus cum Tarquiniīs forte cōnsēdisset, 1
uxōre ibi ductā duōs fīliōs genuit. nōmina hīs Lucumō atque
Arrūns fuērunt. Lucumō superfuit patrī bonōrum omnium hērēs:
Arrūns prior quam pater moritur uxōre gravidā relictā. 3. nec diū
manet superstes fīliō pater; quī cum, ignōrāns nurum ventrem 5
ferre, immemor in testandō nepōtis dēcessisset, puerō post avī
mortem in nūllam sortem bonōrum nātō ab inopiā Egeriō inditum
nōmen. 4. Lucumōnī contrā, omnium hērēdī bonōrum, cum dīvitiae
iam animōs facerent, auxit ducta in mātrimōnium Tanaquil,
summō locō nāta et quae haud facile iīs in quibus nāta erat 10
humiliōra sineret ea quō innūpsisset. 5. spernentibus Etrūscīs
Lucumōnem exsule advenā ortum, ferre indignitātem nōn potuit,

---

**advena, ae m.**: foreigner, immigrant, 7
**Arrūns, Arruntis m.**: Arruns, 6
**avus, avī m.**: grandfather, 3
**cōnsīdō, -ere, -sēdī, -sessus**: to sit down, 4
**dēcēdō, -ere, -cessī**: depart, withdraw, die, 1
**diū**: a long time, long, 4
**dīvitiae, -ārum f.**: riches, wealth, 4
**Ēgerius, -ī m.**: Egerius, 3
**exsul, exsulis m/f**: an exile, 2
**gignō, -ere, genuī, genitum**: beget, 4
**gravidus, -a, -um**: pregnant, 2
**hērēs, hērēdis, m./f.**: heir, heiress, 5
**humilis, -e**: lowly, humble, 3
**ignōrō (1)**: be ignorant of, 2
**immemor, -oris**: forgetful, unmindful, 1
**indignitās, -tātis f.**: indignity, outrage, 4
**indō, -ere, -didī, -ditum**: attach, give to, 3

**innūbō, -ere, -nūpsī, -nuptum**: veil on, marry, 1
**inopia, -ae f.**: poverty, need; lack of, 2
**Lucumō, Lucumōnis m.**: Lucumo, 5
**mātrimōnium, -iī n.**: marriage, 6
**morior, morī, mortuus sum**: die, 3
**nepōs, nepōtis m.**: grandson, decendent, 7
**nurus, -ūs f.**: daughter-in-law, 2
**profugus, -ī m.**: fugitive, refugee, 4
**sēditiō, -tiōnis f.**: insurrection, riot, 2
**sors, sortis f.**: lot, lottery; oracle, prophecy, 4
**spernō, -ere, sprēvī**: spurn, reject, 3
**superstes, -stitis**: outliving surviving, 1
**supersum, -esse, -fuī**: remain, survive, be left, 5
**Tanaquil, -is f.**: Tanaquil, 6
**Tarquiniī, -ōrum m.**: Tarquinii (city), 5
**testor, -ārī, -ātum**: bear witness, make a will, 2
**venter, -ris m.**: stomach, belly, 1

1 **domō**: *from...*; abl. separation
  **Tarquiniīs**: *at...*; locative
  **forte**: abl., fors
2 **uxōre...ductā**: abl. abs.; ducere in matrimōnium is a common idiom for 'marry'
  **hīs**: dat. of possession; i.e. fīliīs
3 **patrī**: dat. possession
  **bonōrum omnium**: i.e. property; bona, 'goods'
  **hērēs**: *as...*; predicative
4 **uxōre...relictā**: abl. abs., Arruns' wife
  **nec diū**: *and..not long*
5 **fīliō**: dat. with special adj.
  **quī**: *this one*; connective relative; i.e. Demaratus
  **cum...dēcessisset**: plpf. subj.
  **nurum ventrem ferre**: *that...* ; ventrum ferre is idiom for 'be pregnant,' lit. 'carries a belly'
6 **in testandō**: i.e. the creation of a will
  **puerō...nātō**: *to...*; dat. ind. obj.; i.e. Arruns'
7 **bonōrum**: i.e. property; bona, 'goods'

  **ab inopiā**: *based on...*
  **Egeriō...nōmen**: *the name 'Egerius;'* nom. but attracted into the dat. by puerō
  **inditum (est)**
8 **Lucumōnī**: *for...*; dat. of interest
  **contrā**: *in response*
  **hērēdī**: *as...*; dat. in apposition
9 **animōs faceret**: *gave courage*
  **auxit (animōs)**: pf. augeō
10 **(in) summō locō**: locus refers to 'posiition' or 'status' in society
  **nāta**: dep. PPP nāscor
  **quae...sineret**: *who...would...*; relative clause of characteristic or result with impf. subj. sīnō
  **facile**: adv.
  **iīs**: *than...*; eīs, demonstrative, abl. comparison
11 **humiliōra ea**: *those things lower (in status)*
  **quō**: *into which*; adv. 'to where;' ea antecedent
12 **ortum**: dep. PPP orior + abl. source

oblītaque ingenitae ergā patriam cāritātis dummodo virum 1
honōrātum vidēret, cōnsilium migrandī ab Tarquiniīs cēpit. 6.
Rōma est ad id potissima vīsa: in novō populō, ubi omnis repentīna
atque ex virtūte nōbilitās sit, futūrum locum fortī ac strēnuō virō;
rēgnāsse Tatium Sabīnum, arcessītum in rēgnum Numam ā 5
Curibus, et Ancum Sabīnā mātre ortum nōbilemque ūnā imāgine
Numae esse. 7. facile persuādet ut cupīdō honōrum et cui Tarquiniī
māterna tantum patria esset.

8. sublātīs itaque rēbus āmigrant Rōmam. ad Iāniculum forte
ventum erat; ibi eī carpentō sedentī cum uxōre aquila suspēnsīs 10
dēmissa leviter ālīs pilleum aufert, superque carpentum cum
magnō clangōre volitāns rūrsus velut ministeriō dīvīnitus missa

---

**āla, -ae f.**: wing, 1
**āmigrō (1)**: move away, remove, depart, 1
**aquila, -ae f.**: eagle, 1
**arcessō, -ere, -īvī, -itum**: summon, call, 1
**auferō, -ferre, abstulī, -lātus**: carry away, 3
**cāritās, -tātis f.**: affection, 5
**carpentum, -ī n.**: carriage (two-wheeled), 5
**clangor, -ōris m.**: noise, 1
**cupīdō, cupīdinis f.**: desire, longing, 7
**Curēs, ium m.**: Cures (Sabine town), 3
**dēmittō, -ere, -mīsī**: drop down, send down, 1
**dīvīnitus**: from the gods, providentially, 3
**dummodo**: provided only, provided that, 1
**ergā**: toward, for (acc), 3
**fortis, -e**: strong, brave, 1
**honōrō (1)**: honor, distinguish, 1
**Iāniculum, -ī n.**: Janiculum hill, 2
**imāgō, imāginis f.**: image; waxen image, 2
**ingenitus, -a, -um**: inborn, native, 1

**leviter**: lightly, 1
**māternus, -a, -um**: maternal, 1
**migrō (1)**: to travel, migrate, 3
**ministerium, -ī n.**: service, office, 4
**nōbilis, -e**: noble, 1
**nōbilitās, -tātis f.**: nobility, renown, 4
**oblīvīscor, -ī, oblītus sum**: forget (gen.), 4
**persuādeō, -ēre, -suāsī, -āsum**: persuade, 2
**pilleus, -ī m.**: cap, 1
**potissimus, -a, -um**: most of all; above all, 2
**repentīnus, -a, -um**: sudden, unexpected, 2
**rūrsus**: again, backward, back, 3
**sedeō, -ēre, sēdī, sessum**: to sit, 5
**strēnuus, -a, -um**: strenuous, energetic, 1
**super**: on top of, over, above (acc.), 7
**suspendō, -ere, -ndī, -nsum**: hang up, 5
**Tarquiniī, -ōrum m.**: Tarquinii (city), 5
**tollō, ere, sustulī, sublātum**: lift up; raze, 5
**volitō (1)**: to fly around, flitter, 1

1 **oblīta**: dep. PPP oblīvīscor: 'having Xed'
  **ingenitae...cāritātis**: gen. obj. of verb of forgetting; i.e. patriotism
  **dummodo...vīderet**: *provided that...*; proviso cl.
2 **cēpit**: *conceived*; 'took up,' a idiom
3 **est...vīsa**: *seemed*
  **ad id**: *for...*; expressing purpose
  **ubi...sit**: *where...*; relative with pres. subj. sum; subj. of subordinate verb in ind. disc
  **omnis...nōbiliās**
4 **rapentīna atque ex virtūte**: predicative: translate after the verb
  **futūrum (esse) locum**: *there will...*; fut. inf. sum
  **fortī...virō**: *for...*; dat. of interest
5 **rēgnā(vi)sse...Sabīnum**: *that...*
  **arcessītum (esse)...Numam**: *that...*; pf. pass.
6 **Ancum...esse**: *that...*; ind. disc.

**ortum**: dep. PPP orior + abl. of source
**ūnā imāgine Numae**: *because of a single...*; abl. of cause following nōbiliem; the wax masks of exceptional ancestors displayed in the atrium: Ancus was able to display only one such mask.
7 **persuādet**: Tanaquil is subject; facile is an adv.
  **ut cupīdō honōrum**: *as (one) desirous of honors*; clause of comparison and cupīdō modifies the missing dat. ind. obj. of persuādet
  **Cui...esset**: *for whom Tarquiniī...*; relative clause of characteristic with dat. of interest
8 **tantum**: *only, merely*; qualifying māterna
9 **sublātīs...rēbus**: abl. abs. tollō
10 **ventum erat**: *they...*; impers. plpf.: make active
  **eī (in)...sedentī**: *from him...*; dat. of compound
8 **suspēnsīs...ālīs**: abl. abs. āla, 'wing'
12 **velut ministeriō**: *as if for that service*; purpose

capitī aptē repōnit; inde sublīmis abiit. 9. accēpisse id augurium
laeta dīcitur Tanaquil, perīta ut volgō Etrūscī caelestium
prōdigiōrum mulier. excelsa et alta spērāre complexa virum iubet:
eam ālitem eā regiōne caelī et eius deī nūntiam vēnisse; circā
summum culmen hominis auspicium fēcisse; levāsse hūmānō
superpositum capitī decus ut dīvīnitus eīdem redderet.

10. hās spēs cōgitātiōnēsque sēcum portantēs urbem ingressī sunt,
domiciliōque ibi comparātō L. Tarquinium Prīscum ēdidēre
nōmen. 11. Rōmānīs cōnspicuum eum novitās dīvitiaeque
faciēbant; et ipse fortūnam benignō adloquiō, cōmitāte invītandī
beneficiīsque quōs poterat sibi conciliandō adiuvābat, dōnec in
rēgiam quoque dē eō fāma perlāta est. 12. nōtitiamque eam brevī

---

**adiuvō, -āre, -iūvī, adiūtum**: help, assist, 6
**adloquium, -ī n.**: address, 1
**āles, ālitis m.**: bird, 1
**altus, -a, -um**: high, lofty, tall; deep, 3
**aptus, -a, -um**: fitting, suitable for (dat.), 6
**auspicium, -ī n.**: auspice, augury, bird-signs, 3
**beneficium, -ī n.**: good deed, favor, 5
**benignus, -a, -um**: kind, kindly, 7
**brevis, -e**: short, brief, 5
**caelum, -ī n.**: sky, 7
**cōgitātiō, -tiōnis f.**: thought, reflection, 2
**cōmitās, -tātis f.**: friendliness, kindliness, 1
**comparō (1)**: prepare, collect, 1
**complector, -plectī, -plexus**: embrace, 1
**conciliō (1)**: win over, unite (dat.), 6
**cōnspicuus, -a, -um**: conspicuous, 1
**culmen, culminis n.**: top, peak, 2
**dīvīnitus**: from the gods, providentially, 3
**dīvitiae, -ārum f.**: riches, wealth, 4

**domicilium, -iī n.**: dwelling, 1
**ēdō, -ere, ēdidī, ēditum**: bring forth, perform, 6
**excelsus, -a, -um**: lofty, on high, 1
**ingredior -gredī -gressum**: step in, enter, 4
**invītō (1)**: to invite, summon, 2
**laetus, -a, -um**: happy, fortunate; abundant, rich, 6
**levō (1)**: to raise; lift, 1
**nōtitia, -ae f.**: acquaintance, 1
**novitās, -tātis f.**: newness, novelty, 3
**nūntia, -iae f.**: messenger, 1
**perferō, -re, -tulī, -lātum**: carry through, 2
**perītus, -a, -um**: experienced, skilled in (gen) 1
**portō (1)**: to carry, 3
**repōnō, -ere, -posuī, -positum**: put back, 1
**spērō (1)**: hope, hope for, expect, 4
**sublīmis, -e**: on high, aloft, uplifted, 3
**superpōnō, -ere, -suī**: place on top, 1
**Tanaquil, -is f.**: Tanaquil, 6
**vulgus (volgus), -ī n.**: mass, masses, crowd, 7

1 **capitī**: *back on*...; dat. compound verb
  **abiit**: pf. abeō
2 **laeta**: predicative: translate nom. adj. as adv.
3 **perīta...mulier**: nom. apposition, governs a gen.
  **ut...Etrūscī**: *just as*...; clause of comparison
  **volgō**: *in general*; 'in a mass,' an abl. adv,
  **excelsa et alta spērāre**: *that (he)*...; add acc. subject; neut. acc. pl. substantives (add 'things')
  **complexa virum**: dep. PPP complector
  **(dīcit) eam ālitem...vēnisse**: *(she says) that this*...; pf. inf., supply main verb
4 **(ex) eā regiōne caelī**: demonstrative
  **eius deī nūntiam**: *as*...; gen. demonstrative
  **circā (eam ālitem)...fēcisse**: *(and that this bird)*...; supply eam ālitem as acc. subj.
5 **culmen**: caput
  **(eam ālitem) levā(vi)sse...decus**: *(and that this*

  *bird)*...; pf. inf.
  **hūmānō...capitī**: *above*...; dat. of compound
6 **ut...redderet**: *so that (the bird) might*...; purpose
  **eī-dem**: *back on*... dat. compound or ind. obj.
7 **ingressī sunt**: pf. dep. ingredior
8 **domiciliōque ibi comparātō**: abl. abs.
  **ēdidēr(unt)**: syncopated 3p pf.
10 **faciēbant**: governs a double acc.
  **adloquiō, cōmitāte, beneficiīs**: abl. means modifying conciliandō
  **invītandī**: i.e. of hospitality; gen. gerund (-ing)
11 **quōs potest (concilāre)**: *(those) whom*...; the missing antecedent is obj. of conciliandō
  **sibi conciliandō**: *by*...; gerund (-ing) + dat. sē
12 **perlāta est**: pf. pass. perferō
  **brevī (tempore)**: *in*...; abl. time when

apud rēgem līberāliter dexterēque obeundō officia in familiāris 1
amīcitiae addūxerat iūra, ut pūblicīs pariter ac prīvātīs cōnsiliīs
bellō domīque interesset et per omnia expertus postrēmō tūtor
etiam līberīs rēgis testāmentō īnstituerētur.

**35.** rēgnāvit Ancus annōs quattuor et vīgintī, cuilibet superiōrum 5
rēgum bellī pācisque et artibus et glōriā pār. iam fīliī prope
pūberem aetātem erant. eō magis Tarquinius īnstāre ut quam
prīmum comitia rēgī creandō fierent. 2. quibus indictīs sub tempus
puerōs vēnātum ablēgāvit. isque prīmus et petīsse ambitiōsē
rēgnum et ōrātiōnem dīcitur habuisse ad conciliandōs plēbis 10
animōs compositam: 3. [cum] sē nōn rem novam petere, quippe quī
nōn prīmus, quod quisquam indignārī mīrārīve posset, sed tertius

---

**ablegō (1)**: send away, send off, 1
**addūcō, -ere, -dūxī, -ductum**: lead to, 2
**ambitiōsē**: ambitiously, solicitously, 1
**amīcitia, -ae, f.**: friendship; alliance, 3
**comitium, -ī n.**: assembly; elections, 6
**compōnō, -ere, -posuī**: arrange; collect, 1
**conciliō (1)**: win over, unite (dat.), 6
**dexterē**: skillfully, 1
**experior, -ī, expertum**: try, attempt, test, 3
**familiāris, -e**: of the household; intimate, 2
**indignor, -ārī, indignātum**: be offended, 3
**īnstō, -āre, -stitī**: press (on), engage, 6
**intersum, -esse, -fuī**: engage in, be among (dat.), 3
**līberāliter**: generously, liberally, 1

**obeō, -īre, -iī, -itum**: engage in; enter; die, 4
**officium, -iī, n.**: duty, service, 3
**ōrātiō, -iōnis f.**: speech, speaking, 5
**postrēmō,**: at last, finally; abl. as adv., 5
**pūbēs, pūberis f.**: men (young, of military age), 7
**quattuor**: four, 3
**quilibet, quae-, quod-**: anyone you please, 2
**superior, -ius**: higher, upper; previous, 6
**tertius, -a, -um**: third, 4
**testāmentum, -ī n.**: will, testament, 1
**tūtor, -ōris m.**: guardian; defender, 2
**vēnor, -ārī, -ātum**: hunt, chase, 2
**vīgintī**: twenty, 4

1 **notitiam eam...addūxerat**: *he had raised this acquaintance into...*
**apud regem**: *before...*,
**līberāliter...obeundō officia**: *by...*; abl. means, gerund (-ing)
**in...amīcitiae...iūra**: *into the bonds of...*;
2 **ut...interesset...īnstituerētur**: *so that...*; result clause with impf. subj. (translate as indicative)
3 **(in) bellō domīque**: *in...*; abl. and locative
**expertus**: *having been...*; dep. PPP but passive in sense, see also 36.4; governs per omnia
4 **līberīs**: dat. of interest
**tūtor**: *as guardian*
**(in) testāmentō**
5 **annōs quattuor et vīgintī**: *for...*; acc. duration
**cuilibet**: *to...*; quilibet, dat of special adj. pār
6 **et artibus et glōriā**: *both in...and in...*; respect
7 **pūberem aetātem**: *military age*; the pūbēs are 'soldiers' or 'men' of military age
**eō**: *because of this*; abl. cause
**īnstāre**: historical inf.: translate as 3s impf.
**ut...fierent**: *that...*; ind. command

**quam prīmum**: *as soon as possible*; idiom (quam + superl. is translated 'as...as possible')
8 **rēgī creandō**: *for...*; dat. of purpose; noun + gerundive; perform a gerund-gerundive flip and translate as a gerund (ing) + obj.
**quibus indictīs**: *these things...*; abl. abs. with connective relative
**sub tempus**: *near the...*; i.e. for the comitia
9 **vēnātum**: *to...*; acc. supine (PPP + um) often expresses purpose: translate as an inf.
**isque prīmus...dīcitur**: *and he is said (to be) the first...*; prīmus is nom. pred.
**et...et...**: *both...and...*
10 **ōrātiōnem habuisse**: *to have delivered a speech*; common idiom
**ad conciliandōs animōs**: *for...*; perform a flip an translate as gerund (-ing) + obj.
11 **sē...petere**: *that...*; the editor omits [cum]
**quī...adfectet**: *who is not the first but third to...* subj. of subordinate verb in ind. disc.
12 **quod...posset**: *at which anyone would be able to express indignation or surprise*

Rōmae peregrīnus rēgnum adfectet; et Tatium nōn ex peregrīnō sōlum sed etiam ex hoste rēgem factum, et Numam ignārum urbis, nōn petentem, in rēgnum ultrō accītum: 4. sē ex quō suī potēns fuerit Rōmam cum coniuge ac fortūnīs omnibus commigrāsse; maiōrem partem aetātis eius quā cīvīlibus officiīs fungantur hominēs, Rōmae sē quam in vetere patriā vīxisse; 5. domī mīlitiaeque sub haud paenitendō magistrō, ipsō Ancō rēge, Rōmāna sē iūra, Rōmānōs rītūs didicisse; obsequiō et observantiā in rēgem cum omnibus, benignitāte ergā aliōs cum rēge ipsō certāsse. 6. haec eum haud falsa memorantem ingentī cōnsēnsū populus Rōmānus rēgnāre iussit.

ergō virum cētera ēgregium secūta, quam in petendō habuerat,

---

**adfectō (1)**: strive for, pursue, 3
**benignitās, -tātis f.**: kindness, 1
**certō (1)**: to contend, strive, compete, 6
**cīvīlis, -e**: civil, of a citizen, 2
**commigrō (1)**: move with one's family, 2
**coniūnx -ūgis m/f**: husband, wife, spouse, 6
**cōnsēnsus, -ūs m.**: agreement, consent, 4
**discō, -ere, didicī**: learn, come to know, 3
**ēgregius, -a, -um**: excellent, outstanding, 4
**ergā**: toward, for (acc), 3
**ergō**: therefore; for the sake of + gen., 7
**fallō, -ere, fefellī, falsum**: deceive, cheat, 6

**fungor, -ī, functum**: perform (abl.), 3
**ignārus, -a, -um**: ignorant, 4
**magister, -strī m.**: head, keeper, teacher, 2
**memorō (1)**: to recall, mention, 5
**obsequium, -ī n.**: obedience, 1
**observantia, -ae, f.**: reverance, attention, 1
**officium, -iī, n.**: duty, service, 3
**paenitet, -ēre, -uit**: it makes (acc) feel regret, 4
**potēns, -entis**: powerful, being powerful over, 4
**rītus, -ūs m.**: rite, ceremony, 6
**ultrō**: voluntarily, spontaneously, 4
**vīvō, -ere, vīxī, vīctum**: live, 4

1 **Rōmae**: locative
**Tatium...factum (esse)**: *that,...*; pf. pass. inf.
**nōn...sōlum sed etiam**: *not only...but also*
**ex**: *from (the status of)...*
2 **Numam...accītum (esse)**: pf. pass. inf. acciō; ultrō likely means 'unexpectedly' rather than 'voluntarily'
3 **sē...commigrā(vi)sse**: *that he...*
**ex (tempore) quō...fuerit**: *from (the time) in which...*; 'since...' abl. time when; relative with pf. subj. sum of subordinate verb in ind. disc.
**suī potēns**: *master of himself, having power over himself*; objective gen., gen. sg. reflexive sē Lucumo was no longer under another's potestas once his father Demaratus died
**Rōmam**: *to...*; acc. place to which
5 **maiōrem partem aetātis eius**: *for...*; acc. of duration; eius is gen. possession: i.e. Tarquinius'
**quā...fungantur hominēs**: *in which (time)...*; relative with pres. subj.; subj. of subordinate verb in ind. disc.; quā is abl. time when/within
**cīvīlibus officīs**: obj. of verb

6 **Rōmae sē (vīxisse)**: *that...*; add pf. inf. vīvō
**quam (sē)...patriā vīxisse...**: *than...*; a clause of comparison following comparative maiōrem
**domī mīlitiaeque**: *at home and abroad*; locative; mīlitiae, lit. 'in military service'
7 **paenitendō**: *regrettable*; 'worthy to be regretted,' gerundive as simple adj.
8 **Rōmāna sē iūra (et) Rōmānōs rītūs didicisse**: *that...*; with pf. inf. discō
**(sē) obsequiō...certā(vi)sse**: *that he...*
**obsequiō et observantiā in regem**: *in...*; abl. respect
9 **in regem**: *toward...*
**cum omnibus**: i.e surpassed all; abl. association
**benignitāte**: *in...*; abl. respect
**cum rēge ipsō**: i.e. surpassed the king
11 **iussit**: pf. iubeō
12 **cētera**: *otherwise*; 'in other respects,' adv. acc.
**secūta...est**: pf. dep., ambitio is subject
**quam**: *which...*; the antecedent is fem. ambitio
**in petendō**: *in...*; gerund (-ing)

etiam rēgnantem ambitiō est; nec minus rēgnī suī firmandī quam 1
augendae reī pūblicae memor centum in patrēs lēgit quī deinde
minōrum gentium sunt appellātī, factiō haud dubia rēgis cuius
beneficiō in cūriam vēnerant. 7. bellum prīmum cum Latīnīs gessit
et oppidum ibi Apiolās vī cēpit; praedāque inde maiōre quam 5
quanta bellī fāma fuerat revecta lūdōs opulentius īnstrūctiusque
quam priōrēs rēgēs fēcit. 8. tum prīmum circō quī nunc maximus
dīcitur dēsignātus locus est. loca dīvīsa patribus equitibusque ubi
spectācula sibi quisque facerent; 9. forī appellātī; spectāvēre furcīs
duodēnōs ab terrā spectācula alta sustinentibus pedēs. lūdicrum fuit 10
equī pugilēsque ex Etrūriā maximē accītī. sollemnēs deinde annuī
mānsēre lūdī, Rōmānī magnīque variē appellātī. 10. ab eōdem rēge

---

**altus, -a, -um**: high, lofty, tall; deep, 3
**ambitiō, -tiōnis f.**: canvassing, 1
**annuus, -a, -um**: lasting a year, annual, 1
**Apiolae, -ārum f.**: Apiolae, 1
**beneficium, -ī n.**: good deed, favor, 5
**circus, -ī m.**: racetrack, circuit, 2
**dēsignō (1)**: to mark out, designate, 2
**duodēnī, -ae, a**: twelve each, 1
**Etrūria, -ae f.**: Etruria, 5
**factiō, factiōnis f.**: faction, party, 4
**firmō (1)**: strengthen, support, 4
**forus, -ī m.**: benches, seats, bleachers, 1

**furca, -ae f.**: prop, fork-shaped prop, fork, 2
**lūdicrum, -ī n.**: game, sport, exhibition, 4
**lūdus, -ī m.**: game, play, sport; school, 5
**memor, -is**: mindful, remembering (gen.), 7
**opulentus, -a, -um**: opulent, wealthy, 5
**pēs, pedis m.**: foot, 1
**pugil, -is m.**: boxer, 1
**revehō, -ere, -xī, -ctum**: carry back, 2
**spectō (1)**: to watch, look at, 6
**sustineō, -ēre, -uī, -tentum**: hold up, 4
**varius, -a, -um**: various, alternating, 6

---

1 **etiam rēgnantem**: *even (while)...*; pres. pple, modifying virum
**nec minus...**: *and no less*
**rēgnī suī firmandī**: *of...*; noun + gerundive; perform a gerund-gerundive flip and translate as gerund (-ing) + obj.; modifying memor

2 **augendae reī pūblicae**: *of...*; see above
**lēgit**: *chose, selected*

3 **(patrēs) minōrum gentium**: *(fathers) of lesser clans*; or 'of secondary clans,' nom. pred.
**factiō**: in apposition; i.e. the new patres
**haud dubia rēgis**: *by no means doubtful toward the king*; i.e. loyal; dubius governs gen. or dat.
**cuius beneficiō...vēnerant**: *by...*; relative clause with gen. sg. quī; patrēs is 3p subject

4 **cum...gessit**: pf. gerō
**Latīnīs**: *with...*; dat. of association

5 **vī**: abl. means vīs
**praedā maiōre...revecta**: abl. abs.

6 **quanta...fuerat**: *how much..., as much as...*
**fāma**: *expectation*
**opulentius īnstrūctiusque**: comparative adv.

īnstructus, 'prepared' or 'arranged'
**circō**: *for...*; dat. of pupose

8 **dīcitur (esse)**: governs nom. pred. maximus
**dēsignātus...est**: pf. pass.
**loca**: *region*; sg. translation for neut. pl. of locus
**dīvīsa (sunt)**
**patribus equitibusque**: *for...*; dat. interest
**ubi...facerent**: *where...would...*; relative clause of purpose

9 **spectācula**: *seats*
**sibi**: *for...*; dat. of interest
**forī appellātī (sunt)**: forī is nom. pred.
**spectāvēr(unt)**: patrēs et equitēs are subject;
**furcīs...sustinentibus**: abl. abs., obj. spectācula

10 **duodēnōs...pedēs**: acc. of extent
**ab terrā**: i.e. in height
**lūdicrum fuit**: *the exhibition was...*

11 **accītī**: PPP acciō

12 **mānsēr(unt)**: syncopated 3p pf.
**Rōmānī magnī...appellātī (sunt)**: *were called in various ways Romani Ludi or Magni Ludi*

et circā forum prīvātīs aedificanda dīvīsa sunt loca; porticus tabernaeque factae.

**36.** mūrō quoque lapideō circumdare urbem parābat cum Sabīnum bellum coeptīs intervēnit. adeōque ea subita rēs fuit ut prius Anienem trānsīrent hostēs quam obviam īre ac prohibēre exercitus Rōmānus posset. 2. itaque trepidātum Rōmae est; et prīmō dubiā victōriā, magnā utrimque caede pugnātum est. reductīs deinde in castra hostium cōpiīs datōque spatiō Rōmānīs ad comparandum dē integrō bellum, Tarquinius equitem maximē suīs dēesse vīribus ratus ad Ramnēs, Titiēnsēs, Lucerēs, quās centuriās Rōmulus scrīpserat, addere aliās cōnstituit suōque īnsignēs relinquere nōmine.

---

**aedificō (1)**: make a building, build, 2
**Aniō, Aniēnis f.**: Anio river, 3
**circumdō, -are, -dedī**: surround, put around, 4
**comparō (1)**: prepare, collect, 4
**cōnstituō, -ere, -uī, -tus**: decide establish, 6
**cōpia, -ae f.**: abundance, supply; troops, 5
**dēsum, -esse, -fuī**: be lacking, fail (dat), 6
**forum, -ī n.**: forum, marketplace, 2
**integer, integrī n.**: whole, 2
**interveniō -īre -vēnī**: come between, interrupt, 5
**lapideus, -a, -um**: of stone, 2
**Lucerēs, -um m.**: Luceres (Etruscan clan), 2
**obviam**: in the way, opposite, 3

**porticus, -ūs f.**: portico, colonnade, 1
**prohibeō, -ēre, -hibuī**: hold back, hinder, 6
**pugnō (1)**: to fight, 5
**Ramnēs (Ramnensēs), -um, m.**: Ramnes (Latin clan), 2
**redūcō, -ere, -xī, -ctus**: lead/bring back, 2
**scrībō, -ere, scrīpsī, scrīptum**: write, 6
**spatium, -iī n.**: period, span,; distance, space, 7
**subitus, -a, -um**: sudden, 4
**taberna, -ae f.**: shop, 1
**Titiēnsēs, -um m.**: Titienses (Sabine clan), 2
**trepidō (1)**: tremble, be agitated, 4

1 **et**: *also*
**aedficanda loca**: *places to be built*; i.e. building sites; gerundive as simple adj.
2 **prīvātīs**: *for private (citizens)*; dat. of interest
**facta (sunt)**
4 **coeptīs**: *(between) the undertakings*; 'things begun,' PPP coepī and dat. of compound
**adeō**: adv. modifying subita
**ut…trānsīrent**: *that…*; result with impf. subj.
**prius**: *before, earlier*; comparative prīmus
5 **quam…posset**: *than…*; clause of comparison impf. subj. possum in same result clause
6 **trepidātum est**: *they…*; 'it was agitated' impers. pf. passive, translate actively in English
**Rōmae**: *at…*; locative
7 **prīmō**: abl. as adv.
**dubiā victōriā**: abl. abs., supply 'being'
**pugnātum est**: *they…*; 'it was agitated' impers. pf. passive, which is often translated actively in English

8 **reductīs…cōpiīs**: abl. abs.; i.e. the enemy; the cōpiae are 'troops'
**datō spatiō**: abl. abs.
**ad comparandum…bellum**: *for…*; noun + gerund; perform a gerund-gerundive flip and translate as gerund (-ing) + obj.
9 **dē integrō**: *anew, afresh*
**equitem…dēesse vīribus**: *that…*; ind. disc., inf. dēsum governs dat.
10 **ratus**: dep. PPP reor, translate as 'having Xed'
11 **scrīpserat**: *had registered, had enrolled*
**aliās (centuriās)**
**suōque…relinquere nōmine**: *to leave them (to posterity) distinguished by his own name*; īnsignēs is predicative; just as Tarquinius added senators who favor him, so now he adds centuries distinct from the old ones.

3. id quia inaugurātō Rōmulus fēcerat, negāre Attus Navius, inclitus eā tempestāte augur, neque mūtārī neque novum cōnstituī nisi avēs addīxissent posse. 4. ex eō īra rēgī mōta; ēlūdēnsque artem ut ferunt, 'age dum' inquit, 'dīvīne tū, inaugurā fierīne possit quod nunc ego mente concipiō.' cum ille auguriō rem expertus profectō futūram dīxisset, 'atquī hoc animō agitāvī' inquit, 'tē novāculā cōtem discissūrum. cape haec et perage quod avēs tuae fierī posse portendunt.' tum illum haud cūnctanter discidisse cōtem ferunt. 5. statua Attī capite vēlātō, quō in locō rēs ācta est in comitiō in gradibus ipsīs ad laevam cūriae fuit; cōtem quoque eōdem locō sitam fuisse memorant ut esset ad posterōs mīrāculī eius monumentum.

---

**addīcō, -ere, -dīxī, -dictum**: assent to, 2
**agitō (1)**: drive; chase; consider, 3
**atquī**: and yet, 1
**Attus, -ī m.**: Attus, 2
**augur, -is m.**: augur, 4
**comitium, -ī n.**: assembly; elections, 6
**concipiō, -ere, -cēpī**: conceive, take in, 3
**cōnstituō, -ere, -uī, -tus**: decide establish, 6
**cōs, cōtis f.**: whetstone, sharpening stone, 3
**cūnctor, -ārī, -ātus**: delay, hesitate, 2
**discindō, -ere, -dī, -ssum**: split, cleave, 2
**dum**: while, as long as, until, 6
**ēlūdō, -ere, -sī, -sus**: mock, make fun of, 2
**experior, -ī, expertum**: try, attempt, test, 3
**gradus, -ūs m.**: step, pace; stairs, 5

**inaugurō (1)**: take auspices, decide by augury, 5
**inclitus, -a, -um**: famed, well known, 5
**laevus, -a, -um**: left, unfavorable, 6
**memorō (1)**: to recall, mention, 5
**mēns, mentis f.**: mind, intent, purpose, 4
**mūtō (1)**: to change, 6
**Navius, -ī m.**: Navius, 1
**negō (1)**: to deny, say that…not, 5
**nisi**: if not, unless, 7
**novācula, -ae f.**: razor, 1
**portendō, -ere, -tendī, -tentum**: foretell, 7
**profectō**: assuredly, indeed, certainly, 4
**statua, -ae f.**: statue, 1
**tempestās, -tātis f.**: time; weather, 6
**vēlō (1)**: to veil, shroud, 3

1 **id**: i.e. the adding of centuries; obj. of fēcerat
  **inaugurātō**: *with the auspices having been taken*; a common single term abl. abs.
  **negāre**: historical inf. with nom. subj.: translate as 3s impf.
2 **eā tempestāte**: *at…*; abl. time when; tempestās means 'time' here and eā is demonstrative
  **neque mūtārī neque novum cōnstituī…posse**: *that (anything) is able either to be changed or to be established as new*; pres. pass. infs,.; neque…neque is made positive after negāre; novum is predicative
3 **nisi…addīxissent**: plpf. subj. of subordinate verb in ind. disc. (fut. pf. ind. in direct speech)
  **rēgī**: dat. of possession
  **mōta (est)**
4 **ut ferunt**: *as they report*; parenthetical
  **age dum**: *come now*; 'come awhile,' imper. agō is often used to grab attention and dum, is used as an intensive, often found in comedy
  **dīvīne tū**: *you prophet*; 'divine one,' dir. address

  **inaugurā**: imperative
  **fierī-ne possit**: *whether…*; ind. question with pres. subj. possum
5 **quod…concipiō**: *(that) which…*; or 'what…' relative clause and subject of fierī
  **(in) mente**
  **auguriō…expertus**: *experienced/skilled in* + abl. respect; dep. PPP but passive in sense (cf. 34.12)
  **rem…profectō futūram (esse)**: *that…*; fut. inf.; i.e. will come to pass
6 **hoc…tē…discissūrum (esse)**: *this, namely that…* ind. disc. with fut. inf. in apposition to acc. hoc
  **(in) animō**
  **quod…portendunt**: *(that) which…*; relative
7 **illum…discidisse cōtem**
  **ferunt**: *they report*; i.e. according to tradition
9 **capite vēlātō**: abl. abs.
  **quō in locō**: in quō locō…
10 **ad**: *near…*
  **cōtem…sitam fuisse**: *that…was (once) situated*
11 **ut…esset**: *that…might exist*; purpose

6. auguriīs certē sacerdōtiōque augurum tantus honōs accessit ut nihil bellī domīque posteā nisi auspicātō gererētur, concilia populī, exercitūs vocātī, summa rērum, ubi avēs nōn admīsissent, dirimerentur. 7. neque tum Tarquinius dē equitum centuriīs quicquam mūtāvit; numerō alterum tantum adiēcit, ut mīlle et octingentī equitēs in tribus centuriīs essent. 8. posteriōrēs modo sub iīsdem nōminibus quī additī erant appellātī sunt; quās nunc quia gemināatae sunt sex vocant centuriās.

**37.** hāc parte cōpiārum auctā iterum cum Sabīnīs cōnflīgitur. sed praeterquam quod vīribus crēverat Rōmānus exercitus, ex occultō etiam additur dolus, missīs quī magnam vim lignōrum, in Aniēnis rīpā iacentem, ārdentem in flūmen conicerent; ventōque iuvante

---

**accēdō, -ere, -cessī**: come to, approach, is added, 7
**admittō, -ere, -mīsī**: allow, permit; send, 2
**Aniō, Aniēnis f.**: Anio river, 3
**ārdeō, -ēre, ārsī, ārsum**: be on fire, burn, 4
**augur, -is m.**: augur, 4
**auspicātō**: auspices taken, after taking auspices, 1
**cōnflīgō, -ere, -īxī**: clash, dash together, 1
**coniciō, -ere, -iēcī**: throw together, hurl, 2
**cōpia, -ae f.**: abundance, supply; troops, 5
**dirimō, -ere -ēmī, -emptum**: interrupt, break off 4
**dolus, -ī m.**: trick, deceit, 7
**geminō (1)**: double, 4
**iaceō, -ēre, -uī**: lie down, lie dead, 3

**iterum**: again, a second time, 3
**iuvō (1)**: help, assist, aid; *iuvat*, it is pleasing, 3
**lignum, -ī n.**: wood, 2
**mūtō (1)**: to change, 6
**nisi**: if not, unless, 7
**occultus, -a, -um**: concealed, hidden, 2
**octingentī, -ae, -a**: eight hundred, 1
**posteā**: after this, afterwards, 5
**praeterquam**: besides, beyond; except, 4
**rīpa, -ae f.**: riverbank, bank, shore, 3
**sacerdōtium, -ī n.**: priesthood, 1
**sex**: six, 4
**ventus, -ī m.**: wind, 2

---

1 **auguriīs...sacerdōtiōque augurum**: *to...*; dat. of compound verb; augurum is gen. pl.
 **ut...gererētur**: *that...*; result
2 **bellī domīque**: *in...*; both locative
 **nisi auspicātō**: *unless with the auspices having been taken*; another common single term abl. abs.; cf. inaugurātō on the previous page
 **(et) concilia, exercitūs, summa...dirimerentur**: 2nd half of the result clause with three subjects
3 **exercitūs vocātī**: *summoning the armies*; 'armies called,' PPP where one expects a gerund
 **summa rērum**: *highest of affairs*; i.e. administration fo affairs
 **ubi...admīsissent**: *when...*; plpf. subj. of subordinate verb in ind. disc. (fut. pf. ind. in direct speech)
5 **numerō**: abl. respect
 **alterum tantum**: *another as much*; i.e. doubled
 **ut...essent**: *so that...*; result
6 **posteriōrēs**: *"Secondary (knights)"*; nom. pred.
 **modo**: *only*

 **sub iīsdem nōminibus**: i.e. old names
7 **quī additī erant**: *(those) who...*; the missing antecedent is subject of appellātī sunt
 **quās..sex vocant centuriās**: *these...*; connective relative, vocant governs a double acc. and sex centuriās is a proper name: "the Six Centuries"
9 **hāc parte...auctā**: PPP, augeō; copiae, 'troops'
 **cum Sabīnīs**: *with...*; abl. of association
 **cōnflīgitur**: *they...*; impers. pass.: translate in English as active with Rōmānī as subject
10 **praeterquam quod...**: *but besides the fact that...*; quod introduces a noun clause
 **vīribus**: *in...*; abl. respect, vīs
 **ex occultō**: *in secret, secretly*
11 **missīs**: abl. abs. explaining dolus; the other term in the abs. is the antecedent of quī
 **quī...conicerent**: *(those) who,...would...*; relative clause of purpose
 **vim**: *quantity*
12 **iacentem**: pres. pple iaceō
 **ventō iuvante**: abl. abs. or means

accēnsa ligna, et plēraque [in] ratibus impacta sublicīs<que> cum haerērent, pontem incendunt. 2. ea quoque rēs in pugnā terrōrem attulit Sabīnīs, et fūsīs eadem fugam impedit; multīque mortālēs cum hostem effūgissent in flūmine ipsō periēre, quōrum fluitantia arma ad urbem cognita in Tiberī prius paene quam nūntiārī posset īnsignem victōriam fēcēre.

3. eō proeliō praecipua equitum glōria fuit; utrimque ab cornibus positōs, cum iam pellerētur media peditum suōrum aciēs, ita incurrisse ab lateribus ferunt, ut nōn sisterent modo Sabīnās legiōnēs ferōciter īnstantēs cēdentibus, sed subitō in fugam āverterent. 4. montēs effūsō cursū Sabīnī petēbant, et paucī tenuēre: maxima pars, ut ante dictum est, ab equitibus in flūmen āctī sunt. 5.

---

**accendō, -ere, -cendī, -cēnsum**: kindle, set afire, 4
**adferō, -ferre, attulī, allātum**: bring, propose, 6
**cēdō, -ere, cessī**: withdraw; yield to (dat) 3
**cognōscō, -ere, -nōvī, -nitum**: recognize, know, 4
**cornū, -ūs n.**: horn; wing (of a battle), 4
**cursus, -ūs m.**: course, running, haste, 6
**effugiō, -ere, -fūgī**: flee away, escape, 1
**effūsus, -a, -um**: spread out; *adv.* widely 7
**ferōciter**: fiercely, 3
**fluitō (1)**: float, 2
**haereō, -ēre, haesī**: stick, hesitate, 3
**impediō, -īre, -īvī**: hinder, impede, 1
**impingō, -ere, -pēgī, -pactum**: strike against, 1
**incendō, -ere, -ī, -ēnsus**: kindle, enflame, burn, 3
**incurrō, -ere, -currī, -cursūrum**: run in, attack, 1
**īnstō, -āre, -stitī**: press (on), engage, 6

**latus, -eris n.**: side, flank, 2
**legiō, legiōnis f.**: legion, 7
**lignum, -ī n.**: wood, 2
**mortālis, -e**: mortal, 6
**paene**: almost, nearly, 3
**paucī, -ae, -a**: few, 1
**pedes, peditis m.**: foot soldier; infantry, 5
**pereō, -īre, periī**: to pass away, perish, 4
**plērusque, plēra-, plērum-**: very many, most, 3
**pōns, pontis m.**: bridge, 2
**praecipuus, -a, -um**: special, 2
**ratis, -is f.**: raft, 1
**sistō, -ere, stitī, statum**: stand, stop, 2
**subitō**: immediately, straightaway, 4
**sublicius, -a, -um**: wooden piles, 2

1 **accēnsa (sunt)**: pf. pass.
**plēraque (ligna)**: nom. subj.
**impācta (sunt)**
**ratibus...sublicīs<que>**: *against...*; dat. of compound verb; diamond brackets indicate an addition made by the modern editor
**cum haerērent**: i.e. burning timber that did not slip past the bridge
2 **ea...rēs**: *this situation*
3 **attulit**: pf. adferō
**fūsīs**: *for (those)...*; i.e. the Sabines in a rout; dat. of interest; PPP fundō, 'spread out' which can be supply the noun from context
**eadem (rēs)**: *the same situation*
4 **periēr(unt)**: syncopated 3p pf.
**quōrum...arma...fēcēr(unt)**: *whose weapons...* i.e. spears and shields of wood or wicker
**fluitantia...ad urbem...in Tiberī**: *(while)...*; pres. pple
5 **cognita**: *having been recognized*

**prius...quam (victōria) nūntiārī posset**: equiv. to priusquam with impf. subj. of anticipated action; impf. subj. possum
**īnsignem victōriam fēcēr(unt)**: *made the victory known*; double acc.
7 **(in) eō proeliō**
**(equitēs) utrimque...positōs**: *(the horsemen)...* PPP, equitēs is missing but understood
**ab cornibus**: *on the flanks*; i..e of the Romans
8 **pellerētur**: i..e to the point of retreat
**ita incurrisse ab lateribus**: *that...*; (equitēs)... positōs is acc. subject
10 **ferunt**: *they report*; i.e. according to tradition
**ut...sisterent...āverterent**: *that...*; result clause
**nōn...modo...sed**: *not only...but (also)...*
**cēdentibus**: *on those withdrawing*; i.e the retreating Roman infantry from two lines earlier; dat. of compound verb
11 **tenuēr(unt) (cursum)**: syncopated 3p pf.
12 **ut**: *as...*; parenthetical, clause of comparison

5. Tarquinius, īnstandum perterritīs ratus, praedā captīvīsque Rōmam missīs, spoliīs hostium—id vōtum Volcānō erat—ingentī cumulō accēnsīs, pergit porrō in agrum Sabīnum exercitum indūcere; 6. et quamquam male gesta rēs erat nec gestūrōs melius spērāre poterant, tamen, quia cōnsulendī rēs nōn dabat spatium, īre obviam Sabīnī tumultuāriō mīlite; iterumque ibi fūsī, perditīs iam prope rēbus pācem petiēre.

**38.** Collātia et quidquid citrā Collātiam agrī erat Sabīnīs adēmptum; Egērius—frātris hic fīlius erat rēgis—Collātiae in praesidiō relictus. dēditōsque Collātīnōs ita accipiō eamque dēditiōnis fōrmulam esse: 2. rēx interrogāvit: 'estisne vōs lēgātī ōrātōrēsque missī ā populō Collātīnō ut vōs populumque

---

**accendō, -ere, -cendī, -cēnsum**: kindle, set afire, 4
**captīva, -ae f. (-us, -ī m)**: prisoner, 2
**citrā**: this side of (acc), 1
**Collātia, -ae f.**: Collatia, (town), 7
**Collātīnus, -ī m.**: of Collatia (town); Collatine, 5
**cumulus, -ī m.**: heap, 1
**dēditio, -ōnis f.**: surrrender, capitulation, 1
**Ēgerius, -ī m.**: Egerius, 3
**fōrmula, -ae f.**: form, 1
**indūcō, -ere, -dūxī, -ductum**: lead in, bring to, 3
**īnstō, -āre, -stitī**: press (on), engage, 6
**interrogō (1)**: to ask, question, 2
**iterum**: again, a second time, 3
**melior, melius**: better, 5

**mīlēs, mīlitis m.**: soldier; soldiery, 7
**obviam**: in the way, opposite, 3
**ōrātor, -ōris, m.**: speaker, orator, 2
**perdō, -ere, perdidī**: lose, ruin, destroy, 2
**pergō, -ere -rēxī -rectum**: proceed, continue, 7
**perterreō, -ēre**: frighten, terrify, 1
**porrō**: forward; again, in turn; furthermore, 4
**quisquis, quidquid**: whoever, whatever, 4
**spatium, -iī n.**: period, span,; distance, space, 7
**spērō (1)**: hope, hope for, expect, 4
**tumultuārius, -a, -um**: haphazard, disordered, 1
**Volcānus (Vulcanus), -ī m.**: Vulcan, 1
**vōtum, -ī n.**: vow, prayer, 2

---

1 **īnstandum (esse)**: *that (he)*...; 'that it must/had to be pressed on,' impers. passive periphrastic (gerundive + esse); supply a subject and make active in English
**perterritīs**: *on (those)*...; PPP, dat. obj. of compound verb; i.e. the Sabines
**ratus**: dep PPP, reor: translate as 'having Xed'
**praedā...missīs**: abl. abs.
2 **spoliīs hostium...accēnsīs**: abl. abs.
**Volcānō**: dat. interest
**ingentī cumulō**: *in*...; abl. manner, i-stem abl.
3 **agrum**: *land*
4 **gesta...erat**: *had been carried out*; i.e. for the Sabines
**(sē) gestūrōs (esse) melius**: *that*...; with fut. inf. gerō; melius is comparative adv. of bonus
5 **cōnsulendī**: *for*...; gen. gerund (-ing)
**rēs**: *situation*; i.e. for the Sabines
**īre obviam Sabīnī**: an historical inf. with nom.

subj.: translate as 3p impf.
6 **tumultuāriō mīlite**: i.e. the Sabine army was likely not able to organize into its usual ranks
**fūsī (sunt)**: pf. pass. fundō, 'spread,' but here 'rout' or 'turn away'
**perditīs...rēbus**: abl. abs.
7 **petiēr(unt)**
8 **agrī**: *of land*; partitive with quidquid
**erat adēmptum**: plpf. pass.
**Sabīnīs**: *from*...; dat. of compound verb
9 **Collātiae**: *at*...; locative
10 **relictus (est)**
**dēditōs (esse) Collātīnōs**: *that*...; pf. pass. dedō governed by accipiō
**accipiō**: *I understand*; Livy, as narrator, is speaking in the 1st person singular
**eam dēditiōnis...esse**: *and that*...; eam is subject
12 **ut...dēderētis**: *so that...might*...; purpose

Collātīnum dēderētis?'—'sumus.'—'estne populus Collātīnus in
suā potestāte?'—'est.'—'dēditisne vōs populumque Collātīnum,
urbem, agrōs, aquam, terminōs, dēlūbra, ūtēnsilia, dīvīna
hūmānaque omnia, in meam populīque Rōmānī diciōnem?'—
'dēdimus.'—'at ego recipiō.'

3. bellō Sabīnō perfectō Tarquinius triumphāns Rōmam redit. 4.
inde Prīscīs Latīnīs bellum fēcit; ubi nusquam ad ūniversae reī
dīmicātiōnem ventum est, ad singula oppida circumferendō arma
omne nōmen Latīnum domuit. Corniculum, Fīculea vetus,
Cameria, Crustumerium, Ameriola, Medullia, Nōmentum, haec dē
Prīscīs Latīnīs aut quī ad Latīnōs dēfēcerant, capta oppida. 5. pāx
deinde est facta.

---

**Ameriola, -ae f.**: Ameriola (town), 1
**at**: but, yet; at least, 6
**Cameria, -ae f.**: Cameria, 1
**circumferō, -ferre**: carry around, 1
**Collātīnus, -ī m.**: of Collatia (town); Collatine, 5
**Corniculum, -ī n.**: Corniculum (town), 2
**Crustumerium, -ī n.**: Crustuminum, 1
**dēficiō, -ere, -fēxī, -fectum**: fail; defect, revolt, 3
**dēlūbrum, -ī n.**: shrine, 1
**dicio, diciōnis f.**: sway, authority, jurisdiction, 2
**dīmicātiō, -tiōnis f.**: combat, fight, 5
**domō, -āre, -uī**: tame, subdue, 1

**Fīculea, -ae f.**: Ficulea (town), 1
**Medullia, -ae f.**: Medullia (Latin town), 2
**Nōmentum, -ī n.**: Nomentum, 1
**nusquam**: nowhere, 2
**perficiō, -ere, -fēcī, -fectum**: accomplish, bring about, 7
**potestās, -tātis f.**: power; rule, 3
**recipiō, -ere, -cēpī, -ceptum**: take (back), 4
**terminus, -ī m.**: boundary, boundary-line, 3
**triumphō (1)**: celebrate a triumph, 1
**ūniversus, -a, -um**: one and all, entire, whole, 4
**ūtēnsilia, -um n.**: utensils, necessaries, 1

1 **dēderētis**: 2s impf. subj. dedō; in a series of Roman questions and Sabine responses
**Collātīnus**: of Collatia, Collatine
**in suā potestāte**: i.e. independent
2 **dēdistis-ne**: pres. dedō
4 **meam populīque Rōmānī**: both possessives, adj. and gen. respectively modifying diciōnem
5 **dēdimus**: pres. dedō
**at**: *then, in turn*
6 **bellō Sabīnō perfectō**: abl. abs.
**Rōmam**: acc. place to which
**Prīscīs Latīnīs**: *on...*; bellum facere + dat. is a common idiom
**ad ūniversae reī dīmicātiōnem**: *to a decisive battle*; idiom, 'to a battle of the entire event'
8 **ventum est**: *they...*; i.e. the Romans; 'it was come,' impers. pf. pass. is often translated actively in English
**ad singula oppida circumferendō arma**: *by bearing arms...*; abl. means, gerund (-ing)
9 **omne nōmen Latīnum**: i.e. the entire people
10 **haec...oppida**: nom. subj.
(dē illōs) **quī...dēfēcerant**: *(from those) who...*
11 **capta (sunt)**

māiōre inde animō pācis opera incohāta quam quantā mōle 1
gesserat bella, ut nōn quiētior populus domī esset quam mīlitiae
fuisset. 6. nam et mūrō lapideō, cuius exōrdium operis Sabīnō bellō
turbātum erat, urbem quā nōndum mūnierat cingere parat, et īnfima
urbis loca circā forum aliāsque interiectās collibus convallēs, quia 5
ex plānīs locīs haud facile ēvehēbant aquās, cloācīs fastīgiō in
Tiberim ductīs siccat, 7. et āream ad aedem in Capitōliō Iovis quam
vōverat bellō Sabīnō, iam praesāgiente animō futūram ōlim
amplitūdinem locī, occupat fundāmentīs.

**39.** eō tempore in rēgiā prōdigium vīsū ēventūque mīrābile fuit. 10
puerō dormientī, cui Serviō Tulliō fuit nōmen, caput ārsisse ferunt
multōrum in cōnspectū; 2. plūrimō igitur clāmōre inde ad tantae reī

---

**aedis, -is f.**: temple, *pl.* house, 5
**amplitudo, -inis f.**: magnificence, grandeur, 2
**ārdeō, -ēre, ārsī, ārsum**: be on fire, burn, 4
**ārea, -ae f.**: ground, building site, open space, 2
**Capitōlium, -ī n.**: Capitolium, 4
**cingō, -ere, cinxī**: surround, gird, 1
**cloāca, -ae f.**: sewer, 3
**cōnspectus, -ūs m.**: sight, view, 7
**convallis, -is f**: lowland, vale, 2
**dormiō, -īre, -īvī**: to sleep, 2
**ēvehō, -ere, -vexī, -vectum**: carry out, 2
**ēventus, -ūs m.**: outcome, result, 4
**exōrdium, -iī n.**: beginning, 1
**fastīgium, -ī n.**: slope, descent; pediment, 1
**forum, -ī n.**: forum, 7
**fundāmentum, -ī n.**: foundation, base, 6

**incohō (1)**: begin, 1
**intericiō, -ere, -iēcī, -iectum**: throw between, 2
**lapideus, -a, -um**: of stone, 2
**mīrābilis, -e**: amazing, wonderous, 2
**mōlēs, -is f.**: mass; burden, magnitude; labor, 3
**mūniō, -īre, -īvī, -ītum**: fortify, build, 6
**ōlim**: once; one day, 2
**plānus, -a, -um**: flat, level, 2
**plūrimus, -a, -um**: most, very many, 4
**praesāgiō, -īre, -īvī**: foretell, presage,, 1
**quiētus, -a, -um**: resting, calm, tranquil, 1
**siccō (1)**: to dry, 1
**Tullius, -ī m.**: Tullius, 6
**turbō (1)**: throw in confusion, disturb, 5
**vīsus, -ūs m.**: appearance, sight; vision, 1
**voveō, -ēre, vōvī, vōtum**: vow, swear, 5

1 **māiōre animō**: i.e. spirit, enthusiasm; comparative magnus; abl. manner
**pācis**: *of peacetime*; modifying opera
**incohāta (sunt)**
**quam**: clause of comparison
**quantā mōle**: *with as much labor...*; 'burden'; abl. manner
2 **ut...esset...fuissset**: *so that...*; result clause with impf. subj and plpf. subj.
**domī**: locative
**mīlitae**: *abroad*; 'in military service,' locative
3 **et...et...et...**: *both...and...and...*
**cuius...operis...erat**: *of which ...*; relative adj.
**(in) Sabīnō bellō**
4 **quā...mūnierat**: *where...*; relative adv.
**interiectās**: PPP modifying fem.convallēs
**collibus**: *between...*; dat. of compound
5 **facile**: adv.
6 **ēvehēbant**: *would...*; customary impf.; i.e. there was no drainage

**cloācīs...ductīs**: abl. abs.
**fastīgiō**: abl. means
7 **Iovis**: gen. Iuppiter modifying aedem
8 **vōverat**: the subject is Tarquinius
**(in) bellō Sabīnō**
**praesāgiente animō**: abl. abs.
**futūram**: *going to come*; fut. pple
**ōlim**: *one day*
9 **fundāmentīs**: *for...*; dat. purpose
10 **eō tempore**: *at...*; abl. time when
**vīsū ēventūque**: *in...*; abl. of respect
11 **puerō dormientī**: *for...*; dat. of interest
**cui...fuit**: dat. of possession
**Serviō Tulliō**: nom. attracted into the dat. by cui
**caput ārsisse**: *that...*; pf. inf. 'burst in flames,' or 'caught fire'
**ferunt**: *they report*; i.e. according to tradition
12 **plūrimō clāmōre...ortō**: abl. abs. orior
**ad**: *at..., in regard to...*
**tantae reī**: *of so great an event*

mīraculum ortō excitōs rēgēs, et cum quīdam familiārium aquam 1
ad restinguendum ferret, ab rēgīnā retentum, sēdātōque eam
tumultū movērī vetuisse puerum dōnec suā sponte experrēctus
esset; mox cum somnō et flammam abīsse. 3. tum abductō in
sēcrētum virō Tanaquil 'vidēn tū puerum hunc' inquit, 'quem tam 5
humilī cultū ēducāmus? scīre licet hunc lūmen quondam rēbus
nostrīs dubiīs futūrum praesidiumque rēgiae adflīctae; proinde
māteriam ingentis pūblicē prīvātimque decōris omnī indulgentiā
nostrā nūtriāmus.'
 4. inde puerum līberum locō coeptum habērī ērudīrīque artibus 10
quibus ingenia ad magnae fortūnae cultum excitantur. ēvenit facile
quod dīs cordī esset: iuvenis ēvāsit vērē indolis rēgiae nec, cum

---

**abdūcō, -ere, dūxī, ductum**: lead away, 2
**adflīgō, -ere, -xī, -ctum**: crush, beat down, 1
**cor, cordis n.** heart, 2
**cultus, -ūs m.**: worship; cultivation, upbringing, 5
**ērudiō, -īre, -īvī, -ītum**: educate, instruct, 1
**ēvādō, -ere, -vāsī, -vāsum**: turn out, go out, 1
**ēveniō, -īre**: turn out, happen, 4
**excitō (1)**: excite, rouse, incite, 5
**expergīscor, -ī, experrēctum**: awake, rouse, 2
**familiāris, -e**: of the household; intimate, 2
**flamma, -ae f.**: flame, fire, torch, love, 3
**humilis, -e**: lowly, humble, 3
**indolēs, -is f.**: natural ability, talent, 4
**indulgentia, -ae f.**: kindness, 1
**licet, -ēre, -uit**: it is allowed, permitted, 3

**lūmen, lūminis n.**: light, 1
**māteria, -ae f.**: opportunity, source, stuff, 4
**mox**: soon, 1
**nūtriō, -īre, -īvī, -ītum**: to feed, nourish, 1
**proinde**: then, therefore, consequently, 3
**quondam**: formerly, at one time, 6
**rēgīna, -ae f.**: queen, 2
**restinguō, -ere, restinxī**: put out, quench, 1
**retineō, -ēre, -uī, -tentum**: to hold back, 2
**sēcrētus, -a, -um**: secret, private, separate, 3
**sēdō (1)**: settle, calm, 2
**somnus, -ī m.**: sleep, 4
**sponte**: of one's own will, voluntarily, 1
**Tanaquil, -is f.**: Tanaquil, 6
**vetō, -āre, vetuī, vetitum**: forbid, advise…not, 2

---

1 **ortō**: dep. PPP orior in abl. abs.
 **excitōs (esse) rēgēs**: *that…*; i.e. rēx et regīna; governed by ferunt
 **familiārium**: *of domestics*; i.e. members of the household, whether free or slaves
2 **ad restinguendum**: *for…*; ad + gerund (-ing) supply the obj.
 **(eum) ā rēgīnā retentum (esse)**: *that…*; governed by ferunt; add acc. subject
 **sēdātō tumultū**: abl. abs.
 **eam…vetuisse puerum**: *that…*
3 **dōnec…experrēctus esset**: temporal clause with plpf. dep. subj. of anticipated action
4 **et**: *also*
 **flammam abīsse**: *that…*; pf. inf. abeō
 **abductō…virō**: abl. abs.; vir is here 'husband'
 **in sēcrētum**: *aside*
5 **vidēn**: = vidēsne?; a common colloquial form
 **scīre licet**: *it is evident*
 **hunc…futūrum (esse)…adflīctae**: *that this one…*; fut. inf. sum

6 **rēbus nostrīs dubiīs**: *for…*; dat. of interest
7 **rēgiae adflīctae**: *for…*; dat. of interest, rēgia
8 **māteriam ingentis decōris**: i.e. Servius
9 **nūtriāmus**: *let…*; 1p hortatory pres. subj.
10 **puerum…coeptum (esse) habērī**: *the boy began…*; pf. pass.
 **līber(ōr)um**: gen. pl. līberī, 'children'
 **(in) locō**
11 **ingenia**: *the talents*
 **ad**: *for…*
 **ēvēnit**: *it…* impersonal pf.
 **facile**: adv.
12 **quod…cordī esset**: *because he served as a pleasure…*; impf. subj. of alleged cause (from the characters' perspective) with dat. of purpose (lit. 'was for a pleasure/heart'); cordī est is an idiom used three times in Book 1
 **d(e)īs**: *to…*; dat. of interest; deus
 **ēvāsit (esse)**: *turned out (to be)*
 **indolis rēgiae**: *of…*; gen. of description

quaererētur gener Tarquiniō, quisquam Rōmānae iuventūtis ūllā 1
arte cōnferrī potuit, fīliamque eī suam rēx dēspondit.

5. hic quācumque dē causā tantus illī honōs habitus crēdere
prohibet servā nātum eum parvumque ipsum servīsse. eōrum magis
sententiae sum quī Corniculō captō Ser. Tullī, quī prīnceps in illā 5
urbe fuerat, gravidam virō occīsō uxōrem, cum inter reliquās
captīvās cognita esset, ob ūnicam nōbilitātem ab rēgīnā Rōmānā
prohibitam ferunt servitiō partum Rōmae ēdidisse Prīscī Tarquinī
<in> domō; 6. inde tantō beneficiō et inter mulierēs familiāritātem
auctam et puerum, ut in domō ā parvō ēductum, in cāritāte atque 10
honōre fuisse; fortūnam mātris, quod capta patriā in hostium
manūs vēnerit, ut servā nātus crēderētur fēcisse.

---

**beneficium, -ī n.**: good deed, favor, 5
**captīva, -ae f. (-us, -ī m)**: prisoner, 2
**cāritās, -tātis f.**: affection, 5
**cognōscō, -ere, -nōvī, -nitum**: recognize, know, 4
**cōnferō, -ferre**: bring together, collect, 4
**Corniculum, -ī n.**: Corniculum (town), 2
**dēspondō, -ere, -spondī**: to betroth, 2
**ēdō, -ere, ēdidī, ēditum**: bring forth, perform, 6
**ēdūcō, -ere, -xī, -ctum**: lead or draw out, 4
**familiāritās, -tātis f.**: intimacy, 1
**gener, generī m.**: son-in-law, 5
**gravidus, -a, -um**: pregnant, 2
**iuventūs, -tūtis f.**: youth, 5

**nōbilitās, -tātis f.**: nobility, renown, 4
**occīdō, -ere, -cīdī, -cīsus**: kill, strike down, 5
**partus, -ūs m.**: offspring, 4
**prohibeō, -ēre, -hibuī**: hold back, hinder, 6
**rēgīna, -ae f.**: queen, 2
**reliquus, -a, um**: remaining, left (over), 2
**sententia, -ae f.**: opinion, thought, feeling, 4
**Ser.**: Servius, 7
**serva, -ae, f.**: slave, 4
**serviō, -īre, -īvī, -ītum**: be slave to (dat), 2
**servitium, -ī n.**: slavery, servitude, 4
**ūllus, -a, -um**: any, 7
**ūnicus, -a, -um**: unique, singular, only, 2

1 **Tarquiniō**: *for...*; dat. of interest
**nec...quisquam**: *and not...*
**ūllā arte**: *in...*; abl. respect
2 **cōnferrī**: *to be compared*
**eī**: dat. ind. obj., i.e. Servius
3 **hic**: demonstrative pronoun; i.e. marriage ties
**quācumque dē causā**: *for whatever reason*;
Livy shows skepticism toward the previous story
**tantus...honōs habitus**: PPP habeō, 'consider,'
+ nom. pred.
**illī**: dat. interest, i.e. Servius
**crēdere**: *(us) from believing...*; after prohibet
4 **servā nātum (esse) eum**: *that...*; pf. dep. nāscor
and abl. of origin
**parvumque ipsum serv(īv)isse**: *and that...as
a little (boy)...*; parvum is predicative
5 **sententiae sum**: *I am of the opinion*
**Corniculō captō**: abl. abs.
**Ser(vī) Tullī**: i.e. the father of the king; this gen.
more likely modifies Corniculō than uxorem
6 **gravidam...uxōrem...ēdidisse**: *that...*; pf. inf.
**virō occīsō**: abl. abs. i.e. Servius Tullius above
**cum...cognita esset**: plpf. pass. subj.

7 **ab rēgīnā Rōmānā**: abl. agent
**prohibitam...servitiō**: *kept from...*; PPP and
abl. of separation
**ferunt**: *they report*; main verb
**Rōmae**: locative
**Prīscī Tarquinī**: gen. with in domō
9 **et...et...**: *both...and...*
**tantō beneficiō**: abl. cause; i.e. Tanaquil's
kindess toward the uxor
**familiāritātem auctam (esse)**: *that...*; pf. pass.
augeō
10 **puerum...fuisse**: *that...*; i.e. Servius Tulllius
**ut...ēductum**: *as if (one)...*; comparison
**ā parvō**: *from a little (boy), from boyhood*
**fortūnam mātris...fēcisse**: *(and) that...*; pf. inf.
faciō, 'bring it about'
11 **quod...vēnerit**: *because...*; pf. subj. of
subordinate verb in ind. disc.
**ut...crēderētur**: *that he was...*; noun result
clause and impf. subj. governed by fēcisse
12 **servā nātus (esse)**: *to...*; pf. dep. inf. and
abl. of origin

**40.** duodēquadrāgēsimō fermē annō ex quō rēgnāre coeperat 1
Tarquinius, nōn apud rēgem modo sed apud patrēs plēbemque
longē maximō honōre Ser. Tullius erat. 2. tum Ancī fīliī duo etsī
anteā semper prō indignissimō habuerant sē patriō rēgnō tūtōris
fraude pulsōs, rēgnāre Rōmae advenam nōn modo vīcīnae sed nē 5
Italicae quidem stirpis, tum impēnsius iīs indignitās crēscere sī nē
ab Tarquiniō quidem ad sē redīret rēgnum, 3. sed praeceps inde
porrō ad servitia cāderet, ut in eādem cīvitāte post centēsimum ferē
annum quam Rōmulus deō prōgnātus deus ipse tenuerit rēgnum
dōnec in terrīs fuerit, id servus servā nātus possideat. cum 10
commūne Rōmānī nōminis tum praecipuē id domūs suae dēdecus
fore, sī Ancī rēgis virīlī stirpe salvā nōn modo advenīs sed servīs

---

**advena, ae m.**: foreigner, immigrant, 7
**anteā**: before, earlier, previously, 3
**centēsimus, -a, -um**: hundredth, 1
**dēdecus, -coris n.**: dishonor, disgrace, 2
**duodēquadrāgēsimus, -a, -um**: 38<sup>th</sup>, 1
**etsī**: even if, although, though, 5
**ferē**: almost, nearly; in general, 5
**fermē**: nearly, about, 4
**fraus, fraudis f.**: fraud, deception; harm, hurt, 5
**impēnsē**: earnestly, strongly; vehemently, 2
**indignitās, -tātis f.**: indignity, outrage, 4
**indignus, -a, -um**: unworthy, undeserving, 4
**Ītalicus, -a, -um**: Italic, Italian, 1
**patrius, -a, -um**: of a father, ancestral, 7

**porrō**: forward; again, in turn; furthermore, 4
**possideō, -ēre, -sēdī**: possess, hold, 2
**praeceps, praecipitis**: headlong, fast, 2
**praecipuē**: especially, 5
**prōgnātus, -a, -um**: born, 1
**salvus, -a, -um**: well, safe, healthy, 3
**Ser.**: Servius, 7
**serva, -ae, f.**: slave, 4
**servitium, -ī n.**: slavery, servitude, 4
**Tullius, -ī m.**: Tullius, 6
**tūtor, -ōris m.**: guardian; defender, 2
**vīcīnus, -a, -um**: neighboring, 6
**virīlis, -e**: of a man, masculine, 4

1 **duodēquadrāgēsimō...annō**: abl. time when
 **ex (tempore) quō... coeperat**: *from (the time) in which...*; 'since...' abl. time when
2 **nōn...modo sed**: *not only...but (also)*
3 **maximō honōre**: *of...*; abl. quality as predicate
 **Ancī fīliī duo etsī...stirpis**: *although...*
4 **prō**: *as...*; often before verb of considering
 **habuerant**: *had considered*
 **sē...pulsōs (esse)**: pf. pass. pellō
 **patriō rēgnō**: abl. separation
 **rēgnāre...advenam**: *that...*
5 **nōn modo...sed**: *not only...but (also)...*
 **vīcīnae (stirpis)...Ītalicae stirpis**: gen. of description with advenam
6 **nē...quidem**: *not even*; emphasizing the intervening word
 **tum**: main clause, in response to anteā above
 **impēnsius**: comparative adv.
 **iīs**: *for...*; i.e. the sons; eīs, dat. of interest
 **indignitās crēscere**: historical inf. with nom. subject: translate as finite 3s impf.
 **sī...redīret...cāderet**: *if...should...should*;

protasis of a fut. more vivid (sī pres. subj., pres. subj.) in secondary seq. with a surpressed apodosis: 'it would be undignified.'
 **nē ab Tarquiniō quidem**: *not even after Tarquinius*; nē...quidem emphasizes the intervening words
8 **ut...possideat**: result with pres. subj.
9 **quam...tenuerit rēgnum**: *which...*; pf. subj., subj. of subordinate verb in result clause
 **deō**: abl. of source (origin)
10 **dōnec...fuerit**: temporal clause with pf. subj. sum of anticipated action
 **servā nātus**: nom. pred.; dep. PPP nāscor and abl. of origin
 **cum...tum...**: *both...and...*
11 **commūne...id...dēdecus fore**: *that it would be...*; ind. disc. still governed by habuerant above; fut. inf. sum (alternative to futūrum esse)
12 **sī...paterēt**: *if...should...*; fut. more vivid
 **Ancī...salvā**: abl. abs., supply pple 'being'
 **nōn modo...sed**: *not only...but (also)*; dat. of interest

etiam rēgnum Rōmae pateret.

4. ferrō igitur eam arcēre contumēliam statuunt; sed et iniūriae dolor in Tarquinium ipsum magis quam in Servium eōs stimulābat, et quia gravior ultor caedis, sī superesset, rēx futūrus erat quam prīvātus; tum Serviō occīsō, quemcumque alium generum dēlēgisset, eundem rēgnī hērēdem factūrus vidēbātur; ob haec ipsī rēgī īnsidiae parantur. 5. ex pāstōribus duo ferōcissimī dēlēctī ad facinus, quibus cōnsuētī erant uterque agrestibus ferrāmentīs, in vestibulō rēgiae quam potuēre tumultuōsissimē speciē rixae in sē omnēs appāritōrēs rēgiōs convertunt; inde, cum ambō rēgem appellārent clāmorque eōrum penitus in rēgiam pervēnisset, vocātī ad rēgem pergunt. 6. prīmō uterque vōciferārī et certātim alter alterī

---

**agrestis, -e**: of the fields, rural; farmer, ruralfolk, 4
**ambō, -ae, -ō**: both, two together, 3
**appāritor, -ōris f.**: attendant (free-born), guard, 3
**arceō, -ēre, -uī**: fend/shut off, keep away, 5
**certātim**: in rivalry, 2
**consuescō, -ere, -ēvī, -suētum**: accustom, 1
**contumēlia, -ae f.**: insult, abuse, 2
**convertō, -ere, -ī, -rsus**: turn (around), 4
**dēligō, -ere, dēlēgī, dēlectum**: choose, select, 2
**dolor, -ōris m.**: pain, grief, 1
**facinus, -noris n.**: bad deed, crime, 6
**ferrāmentum, -ī n.**: iron tool, 1
**gener, generī m.**: son-in-law, 5

**gravis, -e**: heavy, serious, important, 2
**hērēs, hērēdis, m./f.**: heir, heiress, 5
**īnsidiae, -ārum f.**: ambush, 3
**occīdō, -ere, -cīdī, -cīsus**: kill, strike down, 5
**penitus**: within, inwardly, deeply, 1
**pergō, -ere -rēxī -rectum**: proceed, continue, 7
**rixa, -ae f.**: quarrel, dispute, 1
**stimulō (1)**: provoke, incite, rouse, excite, 6
**supersum, -esse, -fuī**: remain, survive, be left, 5
**tumultuōsus, -a, -um**: tumultuous, 2
**ultor, ultōris m.**: avenger, 3
**vestibulum, -ī n.**: entrance, vestibule, 3
**vōciferor, -ārī, -ātum**: shout, 1

2 **ferrō**: abl. means; 'a sword' via metonomy
**sed et...et quia...**: *but both...and because...*; explaining why Tarquin's death is preferable to Servius'
**et...et...**: *both...and...*
3 **in...**: *against...*
4 **gravior ultor caedis**: nom. pred.
**sī superessent,...futūrus erat**: *if he were to..., would be...*; mixed condition: impf. subj. supersum and periphrastic fut. (fut. pple + sum): 'were going to X' is equiv. to 'would X'
5 **tum**: *(and) then...*; continuing the point made since et quia
**Serviō occīsō**: abl. abs.
**quemcumque...dēlēgisset, eundem**: *the same one...*; eundem is the antecedent of the relative clause; a fut. pf. ind. made plpf. subj as a subordinate verb in ind. disc.
6 **factūrus vidēbātur**: *seemed...*; fut. pple faciō governs a double acc.
**ipsī**: *they themselves*; nom. pl.

7 **rēgī**: dat. of interest
**dēlēctī**: PPP, i.e. by the sons of Ancus
**ad facinus**: *for...* ad expressing purpose
8 **quibus...ferrāmentīs**: *with what...*; relative clause and relative adj.
**uterque**: i.e the shepherds, subject of 3p verb
**agrestibus**: dat. of interest
9 **quam potuēr(unt) tumultuōsissimē**: clause of comparison; quam + superl. is often translated 'as X as possible' with posse 'is possible' just understood; here, 3p pf. posse is expressed
**speciē**: abl. means
**in**: *upon...*
10 **cum...appellārent...pervēnisset**: impf. and plpf. subj.
12 **prīmō**: *at first*; adv.
**vōciferārī**: historical inf. with nom. subject: translate as finite 3p impf.
**alter alterī**: *one...to the other*; nom. and dat. of compound

obstrepere; coercitī ab līctōre et iussī in vicem dīcere tandem 1
oboquī dēsistunt; ūnus rem ex compositō ōrdītur. 7. cum intentus
in eum sē rēx tōtus āverteret, alter ēlātam secūrim in caput dēiēcit,
relictōque in volnere tēlō ambō sē forās ēiciunt.

**41.** Tarquinium moribundum cum quī circā erant excēpissent, 5
illōs fugientēs līctōrēs comprehendunt. clāmor inde concursusque
populī, mīrantium quid reī esset. Tanaquil inter tumultum claudī
rēgiam iubet, arbitrōs ēiēcit. simul quae cūrandō volnerī opus sunt,
tamquam spēs subesset, sēdulō comparat, simul sī dēstituat spēs,
alia praesidia mōlītur. 10

2. Serviō properē accītō cum paene exsanguem virum ostendisset,
dextram tenēns ōrat nē inultam mortem socerī, nē socrum inimīcīs

---

**ambō, -ae, -ō**: both, two together, 3
**arbiter, arbitrī m.**: witness, 2
**claudō, -ere, -dī, -sum**: to close, enclose, 5
**coerceō, -aere, -uī, -citum**: enclose, confine, 1
**comparō (1)**: prepare, collect, 1
**compositum, -ī n.**: agreement, compact, 4
**comprehendō, -ere, -ndī, -nsum**: grasp, arrest, 4
**concursus, -ūs m.**: gathering; collision, charge, 5
**cūrō (1)**: care for, take care of, attend to, 3
**dēiciō, -ere, -iēcī, -iectum**: throw/bring down, 3
**dēsistō, -ere, -stitī, -stitum**: desist, stop, 1
**dēstituō, -ere, -uī, -ūtum**: leave, abandon, 3
**efferō, -ere, -tulī, -lātum**: carry out, lift, 5
**ēiciō, -ere, ēiēcī, ēiectum**: throw out, 2
**excipiō, -ere, -cēpī, -ceptum**: receive, welcome, 6
**exsanguis, -e**: lifeless, fainting, bloodless, 2
**forās**: out of doors, 2
**fugiō, -ere, fūgī**: to flee, hurry away, 3
**inimīcus, -a, -um**: hostile, unfriendly, 1
**intentus, -a, -um**: intent, focused, eager, 4

**inultus, -a, -um**: unavenged, 1
**mōlior, -īrī, mōlītum**: set in motion, stir, 3
**moribundus, -a, -um**: dying, almost dead, 2
**oboquor, -ī, -locūtum**: interrupt, speak against, 1
**obstrepō, -ere, -uī**: raise a cry against, 1
**ōrō (1)**: plead, pray (for), entreat, 5
**ostendō, -ere, ostendī**: to show, 5
**paene**: almost, nearly, 3
**properē**: quickly, hastily, speedily, 1
**secūris, -is f.**: axe, 1
**sēdulō**: busily, 1
**socer, socerī m.**: father-in-law, 3
**socrus, -ūs f.**: mother-in-law, 1
**subsum, -esse, -fuī**: be near or at hand, 1
**tamquam**: as if, as much as, so to speak, 3
**Tanaquil, -is f.**: Tanaquil, 6
**tandem**: finally, at last, in the end, 4
**tēlum, -ī n.**: projectile, arrow, spear, 5
**vicis, -is f.**: turn, exchange; office; **-em**, in turn, 6

---

1 **obstrepere**: historical inf.: translate as 3p impf.
**in vicem**: *in turn*
2 **oboquī**: *from...*; dep. inf.: translate as pres. pple
**ex compositō**: *by agreement*
**rem**: *(his) case*; i.e. legal case or cause
3 **tōtus**: translate nom. adj. as adv.
**ēlātum...dēiēcit**: PPP efferō; English prefers two finite verbs (e.g. lifted and threw down) whereas Latin often prefers PPP and a main verb
4 **relictō...tēlō**: abl. abs.
5 **cum...excēpissent**: plpf. subj.
**quī circā erant**: *(those) who...*
7 **mīrantium**: *of (those)...*; pple modifies populī
**quid reī essent**: *what was the matter*; 'what of matter there was,' ind. quest.; partitive gen.
**claudī**: pass. inf.

8 **iubet (et) arbitrōs ēiēcit**
**simul...simul...**: *both...and at the same time*
**quae...opus sunt**: *(those things) which are in need*; opus est, 'there is a need' is an idiom that governs either (1) nom. or (2) abl. of separation of the thing needed; here quae is neut. nom. pl.; missing antecedent is obj. of comparat
**cūrandō volnerī**: *for...*; dat. of purpose, noun + gerundive; perform a gerund-gerundive flip and translate as a gerund (ing) + obj.; volnus=vulnus
9 **tamquam...subesset**: *as if...*; conditional clause of comparison with impf. subj.
10 **alia praesidia**: i.e. remedies
**cum...ostendisset**: Tanaquil is subject
12 **nē inultam mortem socerī (esse sinat),**: *that... not...*; ellipsis, ind. command with pres. subj.

lūdibriō esse sinat. 3. 'tuum est' inquit, 'Servī, sī vir es, rēgnum, nōn eōrum quī aliēnīs manibus pessimum facinus fēcēre. ērige tē deōsque ducēs sequere quī clārum hoc fore caput dīvīnō quondam circumfūsō ignī portendērunt. nunc tē illa caelestis excitet flamma; nunc expergīscere vērē. et nōs peregrīnī rēgnāvimus; quī sīs, nōn unde nātus sīs reputā. sī tua rē subitā cōnsilia torpent, at tū mea cōnsilia sequere.' 4. cum clāmor impetusque multitūdinis vix sustinērī posset, ex superiōre parte aedium per fenestrās in Novam viam versās—habitābat enim rēx ad Iovis Statōris—populum Tanaquil adloquitur. 5. iubet bonō animō esse; sōpītum fuisse rēgem subitō ictū; ferrum haud altē in corpus dēscendisse; iam ad sē redīsse; īnspectum volnus abstersō cruōre; omnia salūbria esse;

---

**abstergeō, -ere, -sī, -tersum**: wipe away, 1
**adloquor, loquī, locūtus**: speak, address, 3
**aedis, -is f.**: temple, *pl.* house, 5
**altus, -a, -um**: high, lofty, tall; deep, 3
**at**: but, yet; at least, 6
**circumfundō -ere -fūdī -fūsus**: pour around, 1
**clārus, -a, -um**: clear, distinguished, bright, 6
**cruor, cruōris m.**: blood, gore, 2
**dēscendō, -ere, -ndī, -nsum**: descend, 6
**ērigō, -ere, -rēxī, -rectum**: raise up, lift, 4
**expergīscor, -ī, experrēctum**: awake, rouse, 2
**facinus, -noris n.**: bad deed, crime, 6
**fenestra, -ae f.**: window, 1
**flamma, -ae f.**: flame, fire, torch, love, 3
**ictus, -ūs m.**: strike, blow, 1
**ignis, ignis, m.**: fire, 2

**īnspiciō, -ere, -spexī, -spectum**: look on, 1
**lūdibrium, -ī n.**: object of mockery, 3
**pessimus, -a, -um**: worst, very bad, 1
**portendō, -ere, -tendī, -tentum**: foretell, 7
**quondam**: formerly, at one time, 6
**reputō (1)**: to think over, reflect on, 1
**salūbris, -e**: healthy, useful, 4
**sōpiō, -īre, -īvī, -ītum**: put to sleep, lull to sleep, 2
**Stator, -ōris m.**: the Stayer (of Jupiter), 2
**subitus, -a, -um**: sudden, 4
**superior, -ius**: higher, upper; previous, 6
**sustineō, -ēre, -uī, -tentum**: hold up, 4
**Tanaquil, -is f.**: Tanaquil, 6
**torpeō, -ēre.**: be paralyzed, be numb, 2
**via, -ae, f.**: way, road, 7
**vix**: with difficulty, with effort, scarcely, 5

1 **lūcibriō esse**: *to serve as a object of mockery*; a common translation of dat. of purpose; a double dative construction (purpose and interest)
**Servī**: voc. dir. address
**Sī vir es**: i.e. a real man, a man of character

2 **nōn eōrum**: not *theirs*; in contrast to possessive tuum, assume rēgnum est
**quī...fēcēr(unt)**: syncopated 3p pf.
**aliēnīs manibus**: abl. means, the sons used shepherds to assassinate the king

3 **ducēs**: *as guides, as leaders*
**sequere**: sg. dep. imperative
**clārum hoc fore caput**: *that this*...; with fut. inf. (equiv. to futūrum esse); caput can often mean 'life' as well as 'head'
**dīvīnō...circumfūsō ignī**: abl. abs.; i-stem 3rd decl. noun

4 **excitet**: *Let*...; jussive pres. subj.
5 **expergīscere**: sg. dep. imperative

**et**: *also, too*; or concessive with peregrīnī: 'even though'
**quī sīs**: ind. question, 2s pres. subj. sum

6 **unde nātus sīs**: ind. question, pf. dep. nāscor
**rē subitā**: *by*...; abl. cause

7 **sequere**: sg. dep. imperative
**cum...posset**: impf. subj. possum

8 **Novam viam**: *Nova Via*; a proper name
**ad Iovis Statōris**: *near (the temple of)*...; ellipsis; gen. sg. Iuppiter

10 **bonō animō esse**: *that (they) be of good spirit*; or 'of good cheer/will,' abl. of quality as pred.
**sōpītum fuisse...ictū**: *that...* pf. inf.; the verb 'dicit' is missing but understood
**sōpitum**: *rendered unconscious*; 'put to sleep'

11 **'ferrum...dēscendisse**: *that...*;
**(sē) iam...redīsse**: *that...*; pf. inf. redeō

12 **īnspectum (esse) volnus**: *that...*
**omnia salūbria esse**: *that...*

cōnfīdere propediem ipsum eōs vīsūrōs; interim Ser. Tulliō iubēre 1
populum dictō audientem esse; eum iūra redditūrum obitūrumque
alia rēgis mūnia esse. 6. Servius cum trabeā et līctōribus prōdit ac
sēde rēgiā sedēns alia dēcernit, dē aliīs cōnsultūrum sē rēgem esse
simulat. itaque per aliquot diēs cum iam exspīrāsset Tarquinius 5
cēlātā morte per speciem aliēnae fungendae vicis suās opēs
firmāvit; tum dēmum palam factum est complōrātiōne in rēgiā
ortā. Servius praesidiō firmō mūnītus, prīmus iniussū populī,
voluntāte patrum rēgnāvit. 7. Ancī līberī iam tum comprēnsīs
sceleris ministrīs ut vīvere rēgem et tantās esse opēs Servī 10
nūntiātum est, Suessam Pōmētiam exsulātum ierant.

**42.** nec iam pūblicīs magis cōnsiliīs Servius quam prīvātīs

---

**aliquot**: several, 6
**cēlō (1)**: hide, conceal, 1
**complōrātiō, -tiōnis f.**: wailing, lamentation, 2
**comprehendō, -ere, -ndī, -nsum**: grasp, arrest, 4
**cōnfīdō, -ere**: trust, believe, rely upon, 1
**dēcernō, -ere, -crēvī, -crētum**: decide, decree, 6
**dēmum**: at length, finally, 2
**exspīrō (1)**: breathe out, 1
**exsulō (1)**: to exile, banish; live in exile, 3
**firmō (1)**: strengthen, support, 4
**firmus, -a, -um**: strong, steadfast, 2
**fungor, -ī, functum**: perform (abl.), 3
**iniussū**: without orders, 4
**interim**: meanwhile, in the meantime, 5
**minister, ministrī m.**: attendant, servant, 1
**mūnia (nom. and acc.)**: duties, 2

**mūniō, -īre, -īvī, -ītum**: to fortify, build, 6
**obeō, -īre, -iī, -itum**: engage in; enter; die, 4
**palam**: openly, publicly, 5
**prōdeō, -īre, -iī**: to go forth, advance, 3
**propediem**: soon, 3
**sedeō, -ēre, sēdī, sessum**: to sit, 5
**Ser.**: Servius, 7
**simulō (1)**: feign, pretend, make like, 7
**Suessa Pōmētia, -ae f.**: Suessa Pometia (town), 2
**trabea, -ae f.**: robe of state, state robe, 1
**Tullius, -ī m.**: Tullius, 6
**vicis, -is f.**: turn, exchange; office; **-em**, in turn, 6
**vīsō, -ere**: examine, view carefully, 2
**vīvō, -ere, vīxī, vīctum**: live, 4
**voluntās, -tātis f.**: will, wish, permission, 6

---

1 **(eam) cōnfīdere**: *that (she)*...
  **ipsum eōs vīsūrōs (esse)**: *that*...; fut. inf. videō eōs refers to the crowd, and ipsum to the king
  **(rēgem) interim...iubēre**: *that (the king)*...;
2 **dictō audientem esse**: *be obedient to* + dat.; or 'obey,' an idiom with an unusual use of dictō
  **eum...redditūrum (esse) obitūrumque...esse**: *that he*...; fut. infs
4 **alia...dē aliīs**: *some cases...about other cases*
  **cōnsultūrum sē rēgem esse**: *that*...; fut. inf.
5 **cum...exspīrā(vi)sset Tarquinius**: *although*...; perhaps concessive with plpf. subj.
6 **cēlātā morte**: abl. abs.
  **aliēnae fungendae vicis**: *of*...; do a gerund-gerundive flip and translate as a gerund (ing) + obj.; aliēna vicis means 'the office of a another'
7 **factum est**: *it*...; impers. pf. pass., i.e. that the king was dead
7 **complōrātiōne...ortā**: abl. abs. causal in sense; dep. PPP orior
8 **prīmus**: i.e. was the first to...
9 **comprēnsīs...ministrīs**: abl. abs.; i.e. shepherds
10 **ut...nūntiātum est**: *as it..., when it...*; temporal clause with impers. pf. pass.
  **vīvere rēgem, tantās...Servī**: *that*...; ind. disc.
11 **Suessam Pōmētiam**: *to Suessa Pometia*; acc. place to which; two names to distinguish it from the town Suessa Aurunca, also in Latium
  **exsultātum**: *to*...; acc. supine (PPP + um) often expresses purpose: translate as an inf.
  **ierant**: plpf. eō, īre
12 **pūblicīs cōnsiliīs, prīvātīs (cōnsiliīs)**: abl. means; i.e. public acts and familial ties outlined below

mūnīre opēs, et nē, quālis Ancī līberum animus adversus
Tarquinium fuerat, tālis adversus sē Tarquinī līberum esset, duās
fīliās iuvenibus rēgiīs, Lūciō atque Arruntī Tarquiniīs iungit; 2. nec
rūpit tamen fātī necessitātem hūmānīs cōnsiliīs quīn invidia rēgnī
etiam inter domesticōs īnfīda omnia atque īnfesta faceret.
peropportūnē ad praesentis quiētem statūs bellum cum
Vēientibus—iam enim indūtiae exierant—aliīsque Etrūscīs
sūmptum. 3. in eō bellō et virtūs et fortūna ēnituit Tullī; fūsōque
ingentī hostium exercitū haud dubius rēx, seu patrum seu plēbis
animōs perīclitārētur, Rōmam rediit. 4. adgrediturque inde ad pācis
longē maximum opus, ut quemadmodum Numa dīvīnī auctor iūris
fuisset, ita Servium conditōrem omnis in cīvitāte discrīminis

---

**adgredior, -ī, -gressum**: go to, attack, address, 4
**Arrūns, Arruntis m.**: Arruns, 6
**conditor, -tōris m.**: founder, 5
**discrīmen, -nis n.**: difference, distinction, 7
**domesticus, -a, -um**: of a house, 4
**ēniteō, -ēre, ēnituī**: shine forth, gleam, 1
**exeō, -īre, -iī, -itus**: go out, 6
**fātum, -ī n.**: fate, ruin, death, 5
**indūtiae, -ārum f.**: a truce, 3
**īnfīdus, -a, -um**: unfaithful, disloyal, 2
**invidia, -ae f.**: hatred, envy, lack of popularity, 5
**Lūcius, -ī m.**: Lucius, 1

**mūniō, -īre, -īvī, -ītum**: fortify, build, 6
**necessitās, -tātis f.**: necessity, 4
**perīclitor, -ārī, -ātum**: try, test, 1
**peropportūnē**: very opportunely, 1
**praeses, praesidis m.**: protector, 1
**quālis, -e**: of what sort? what?, 5
**quemadmodum**: in what manner, how, 1
**quiēs, quiētis f.**: rest, repose, sleep, 4
**rumpō, -ere, rūpī**: burst, break, 1
**status, -ūs m.**: position, condition, state, 2
**sūmō, -ere, -mpsī, -mptum**: take (up), chose, 6
**tālis, -e**: such, 3

1 **mūnīre**: historical inf. with nom. subject: translate as finite 3p impf.
  **nē...esset**: *so that...might not...*; neg. purpose clause with impf. subj.
  **quālis...animus...fuerat, tālis (animus)**: *such a mind...as...*; 'this sort (of mind), which sort of mind...' correlatives (demon. and relative) tālis is the antecedent of the relative quālis...fuerat
  **Ancī līber(ōr)um**: gen. modifying animus
  **adversus**: *against* + acc.
2 **Tarquinī līber(ōr)um**: gen. modifying animus
3 **iuvenibus rēgiīs**: *with...*; abl. of association
  **Lūciō...Tarquiniīs**: in apposition to iuvenibus
4 **hūmānīs cōnsiliīs**: *by...;* abl. means
  **quīn...faceret**: *that envy for the kingship...*; a quin-clause with impf. subj. after a negative verb of prevention (rūpit); the verb governs a double acc.
5 **īnfīda omnia atque īnfesta**: neut. pl., i.e. things
6 **peropportūnē...(erat) bellum**: add linking verb

**ad...**: *for..., in regard to...*
**praesentis...statūs**: gen. sg.
8 **sūmptum**: PPP with bellum
  **et...et...**: *both...and...*
  **fūsōque...exercitū**: abl. abs. with PPP fundō; 'spread out in a rout'
9 **haud dubius rēx (fuit)**
  **seu...seu...perīclitārētur**: *whether...or...*; ind. question with impf. dep. following dubius; seu = sīve
10 **Rōmam**: acc. place to which
  **ut...ferrent**: *so that...might...*; purpose
11 **quemadmodum...ita...**: *in what manner...so...*; correlatives (relative and demonstrative)
12 **fuisset**: plpf. subj., of subordinate clause (relative clause) in a purpose clause
  **conditōrem**: *as...*; acc. pred. with ferrent
  **omnis...discrīminis ordinumque**: *of every distinction of the orders*; hendiadys (two terms denote the same object)

ōrdinumque quibus inter gradūs dignitātis fortūnaeque aliquid 1
interlūcet posterī fāmā ferrent. 5. cēnsum enim īnstituit, rem
salūberrimam tantō futūrō imperiō, ex quō bellī pācisque mūnia
nōn virītim, ut ante, sed prō habitū pecūniārum fierent; tum classēs
centuriāsque et hunc ōrdinem ex cēnsū dīscrīpsit, vel pācī decōrum 5
vel bellō.

**43.** ex iīs quī centum mīlium āeris aut māiōrem cēnsum habērent
octōgintā cōnfēcit centuriās, quadrāgēnās seniōrum ac iūniōrum; 2.
prīma classis omnēs appellātī; seniōrēs ad urbis custōdiam ut
praestō essent, iuvenēs ut foris bella gererent; arma hīs imperāta 10
galeā, clipeum, ocreae, lōrīca, omnia ex aere; haec ut tegumenta
corporis essent: tēla in hostem hastaque et gladius. 3. additae huic

---

**aes, aeris n.**: bronze, copper; as (coin), 4
**clipeus, -ī m.**: round shield, 2
**cōnficiō, -ere**: to finish (off), accomplish, 5
**cūstōdia, -ae f.**: guard, watch, 4
**decōrus, -a, -um**: suitable/appropriate for (dat.), 2
**dignitās, -tātis f.**: worth, merit, 3
**discrībō, -ere, -scrīpsī**: distribute, divide, 2
**foris, -is f.**: door, entrance, 2
**galea, -ae f.**: helmet, 1
**gradus, -ūs m.**: step, pace; stairs, 5
**habitus, -ūs m.**: state, disposition; possession, 5
**hasta, -ae f.**: spear, 5
**interlūceō, -ēre**: is distinguished, 1

**iūnior, iūnius**: younger, 5
**lōrīca, -ae f.**: breast-plate, 2
**mūnia (nom. and acc.)**: duties, 2
**ocrea, -ae f.**: greave, 2
**octōginta**: eighty, 3
**pecūnia, -ae f.**: money, 6
**praestō**: at hand, ready, 2
**quadrāgēnī, -ae, -a**: forty each, 1
**salūbris, -e**: healthy, useful, 4
**senex, senis m.**: old man; *adj.* old, 5
**tegumentum, -ī n.**: covering, protections, 1
**tēlum, -ī n.**: projectile, arrow, spear, 5
**virītim**: individually, man by man, 3

1 **ōrdinumque**: see previous note
**quibus...aliquid interlūcet**: *by which...*;
relative clause with abl. means; partitive gen.
modifying aliquid
2 **posterī fāmā ferrent**: *posterity might report by word of mouth*; i.e. might glorify
**cēnsum**: i.e. of persons and property
**rem salūberrimam**: in apposition of cēnsum, superl. salūbris
3 **tantō futūrō imperiō**: *for...*; dat. of purpose, fut. pple sum
**ex quō...fierent**: *from which...might...*; relative clause of purpose with impf. subj. fīō
4 **ut ante**: *as...*; clause of comparison
**prō**: *in proportion to..., according to...*
5 **vel...decōrum vel...**: *suitable either...or...*;
decorum is an adjective governing a dat., equiv. to dat. of purpose
7 **iīs**: *those*; eīs
**centum mīlium**: *of...*; objective gen., mīlle
**āeris**: *asses*; 'of bronze (coin),' the *as* is a
Roman coin made out of bronze; partitive gen.
**māiōrem**: comparative, magnus
8 **quadrāgēnās...iūniōrum**: in apposition
9 **prīma classis**: nom. pred.
**omnēs appellātī (sunt)**: *they all...*
**seniōrēs**: in apposition to quadrāgēnās
**ad**: *for...*; expressing purpose
10 **ut...essent**: *so that...*; purpose
**iuvenēs**: in apposition to quadrāgēnās
**ut...gererent**: *so that...*; purpose
**hīs**: *from them*; i.e. from the seniōrēs et iūniōrēs
dat. ind. obj.
**imperāta (sunt)**
**galeā...lōrīca, omnia**: in apposition to arma
11 **haec ut...essent**: *so that these...*; purpose
12 **tēla in hostem (hīs imperāta sunt)**: parallel to arma above; in, 'against'
**hastaque et gladius**: *both...and...*; in apposition
**additae (sunt)**
**huic classī**: dat. of compound verb

classī duae fabrum centuriae quae sine armīs stīpendia facerent; 1
datum mūnus ut māchinās in bellō ferrent. 4. secunda classis intrā
centum usque ad quīnque et septuāgintā mīlium cēnsum īnstitūta,
et ex iīs, seniōribus iūniōribusque, vīgintī cōnscrīptae centuriae;
arma imperāta scūtum prō clipeō et praeter lōrīcam omnia eadem. 5
5. tertiae classis [in] quīnquāgintā mīlium cēnsum esse voluit;
totidem centuriae et hae eōdemque discrīmine aetātium factae; nec
dē armīs quicquam mūtātum, ocreae tantum adēmptae. 6. in quārtā
classe cēnsus quīnque et vīgintī mīlium, totidem centuriae factae,
arma mūtāta: 7. nihil praeter hastam et verūtum datum. quīnta 10
classis aucta; centuriae trīgintā factae; fundās lapidēsque missilēs
hī sēcum gerēbant; [in] hīs accēnsī cornicinēs tubicinēsque in duās

---

**accēnseō, -ēre, -uī, -sum**: register (in addition), 1
**clipeus, -ī m.**: round shield, 2
**cōnscrībō, -ere, -psī, -ptum**: register, enroll, 3
**cornicen, -nis m.**: hornblower, trumpeter, 1
**discrīmen, -nis n.**: difference, distinction, 7
**faber, fabrī m.**: engineer, 3
**funda, -ae f.**: sling, 1
**hasta, -ae f.**: spear, 5
**intrā**: within, among (acc), 3
**iūnior, iūnius**: younger, 5
**lapis, -idis m.**: stone, 4
**lōrīca, -ae f.**: breast-plate, 2
**māchina, -ae f.**: siege machine, seige engine, 1
**missilis, -e**: missle, 1
**mūnus, mūneris n.**: service, duty, 1
**mūtō (1)**: to change, 6
**ocrea, -ae f.**: greave, 2

**praeter**: except, besides, 5
**quārtus, -a, -um**: one-fourth, 1
**quīnquāgintā**: fifty, 1
**quīnque**: five, 6
**Quīntus, -a, -um**: fifth, 1
**scūtum, -ī n.**: shield, 2
**senex, senis m.**: old man; *adj.* old, 5
**septuāgintā**: seventy, 1
**stīpendium, -iī n.**: contribution, military service, 2
**tertius, -a, -um**: third, 4
**totidem**: so many as, just as many, 2
**trīgintā**: thirty, 7
**tubicen, -inis m.**: trumpeter, 1
**usque**: up to, until; all the way, 4
**verūtum, -ī n.**: javelin, dart, 1
**vīgintī**: twenty, 4

---

1 **quae...facerent**: *who would...*; relative clause of purpose
2 **datum (est)**: pf. pass., i.e. to the engineers
 **ut...ferrent**: *that...*; ind command
 **secunda classis...īnstitūta (est)**
3 **centum (mīlium)...mīlium**: *of 100,000 down to of...*; objective gen. pl. mīlle with cēnsum
4 **iīs**: *those*; eīs
 **seniōribus iūniōribusque**: in apposition
 **vīgintī cōnscrīptae (sunt) centuriae**
5 **imperāta (sunt)** i.e. from those
 **scūtum...omnia eadem**: in apposition to arma
 **prō clipeō**: *in place of...*; the scūtum is oblong-shaped while the clipeus is round
6 **tertiae classis...esse**: *belongs to the third class*; gen. description as predicate; cēnsum is subject
 **quīnquāgintā mīlium**: objective gen. mīlle with cēnsum
 **voluit**: i.e. chose, determine

7 **totidem centuriae (factae sunt)**
 **aetātium**: gen. aetās, i.e. between seniōrēs et iūniōrēs
8 **mūtātum (est)**
 **tantum**: *only*; adv.
 **adēmptae (sunt)**
9 **cēnsus (fuit)**
 **quīnque et vīgintī mīlium**: *of...*; objective gen. with cēnsus
 **factae (sunt)**
10 **mūtāta (sunt)**
 **hastam et verūtum**: the hasta was for jabbing, and the verūtum for throwing
 **datum (est)**
 **aucta (est)**
11 **facta (sunt)**
 **missilēs**: *as missles*
12 **hīs**: *(in addition) to these*; dat. compound
 **accēnsī (sunt)**: pf. pass. accēnseō

centuriās distribūtī; ūndecim mīlibus haec classis cēnsēbātur. 8. hōc minor cēnsus reliquam multitūdinem habuit; inde ūna centuria facta est, immūnis mīlitiā.

ita pedestrī exercitū ōrnātō distribūtōque, equitum ex prīmōribus cīvitātis duodecim scrīpsit centuriās; 9. sex item aliās centuriās, tribus ab Rōmulō īnstitūtīs, sub iīsdem quibus inaugurātae erant nōminibus fēcit. ad equōs emendōs dēna mīlia aeris ex pūblicō data, et, quibus equōs alerent, viduae attribūtae quae bīna mīlia aeris in annōs singulōs penderent. haec omnia in dītēs ā pauperibus inclīnāta onera.

10. deinde est honos additus. nōn enim, ut ab Rōmulō trāditum cēterī servāverant rēgēs, virītim suffrāgium eadem vī eōdemque

---

**aes, aeris n.**: bronze, copper; as (coin), 4
**alō, -ere, aluī, alitus**: feed, nourish, 1
**attribuō, -ere, -uī, -ūtum**: assign, 2
**bīnī, -ae, -a**: two each, two by two, 4
**cēnseō, -ēre, -uī, -sum**: think, judge; register, 7
**dēnī, -ae, -a**: ten each, 1
**distribuō, -ere, -uī, -ūtum**: distribute, divide, 2
**dītes (dīves), dititis**: wealthy, rich, 2
**duodecim**: twelve, 6
**emō, -ere, ēmī, emptum**: buy, 2
**immūnis, -e**: exempt, 1
**inaugurō (1)**: take auspices, decide by augury, 5
**item**: also, likewise, in like manner, 3
**onus, oneris n.**: burden, load, 3

**ōrnō (1)**: equip, decorate, adorn, 1
**pauper, -eris**: poor, 1
**pedester, -is, -e**: infantry, of foot soldier, 1
**pendō, -ere**: pay; weight, 1
**reliquus, -a, um**: remaining, left (over), 2
**scrībō, -ere, scrīpsī, scrīptum**: write, 6
**servō (1)**: save, preserve, protect, 4
**sex**: six, 4
**suffrāgium, -ī n.**: vote, right of voting, 4
**tribus, -ūs f.**: tribe, 1
**ūndecim**: eleven, 1
**vidua, -ae f.**: widow; unmarried woman, 2
**virītim**: individually, man by man, 3

1 **distribūtī (sunt)**
**ūndecim mīlibus**: *at eleven thousand (asses)*; abl. of price
**hōc**: *than this (amount)*; abl. of comparison
3 **mīlitiā**: *from...*; abl. of separation; immūnis is nom. modifying centuria
4 **pedestrī...ōrnātō distribūtōque**: abl. abs.
**equitum...duodecim centuriās**: partitive gen.
5 **scrīpsit**: *registered, enrolled*
6 **tribus...īnstitūtīs**: abl. abs.
**sub iīsdem...nōminibus**
**quibus inaugurātae erant**: *with which they had been inaugurated*; abl. means
7 **ad equōs emendōs**: *for...*; noun + gerundive; perform a gerund-gerundive flip and translate as a gerund (-ing) + obj.
**mīlia**: pl. mīlle
**āeris**: *asses*; 'of bronze (coin),' the *as* is a Roman coin made out of bronze; partitive gen.
**ex pūblicō**: i.e. public expense
8 **data (est)**
**quibus equōs alerent**: *...might...*; relative clause of purpose; bīna mīllia is the antecedent
**attribūtae (sunt)**: viduae is subject
**quae...penderent**: *who...would...*; relative of purpose with impf. subj.
9 **āeris**: *asses*; partitive gen.
**haec omnia...onera**
**in**: *onto...*
**inclīnāta (sunt)**
11 **est...additus**: i.e. to the rich
**ut (suffrāgium) ab Romulō trāditum regēs**: *as ...had preserved (the right to vote)*; clause of comparison; trāditum is acc. PPP
12 **eadem vī eōdemque iūre**: *with equal...*; īdem here means 'equal'

iūre prōmiscē omnibus datum est; sed gradūs factī, ut neque 1
exclūsus quisquam suffrāgiō vidērētur et vīs omnis penes prīmōrēs
cīvitātis esset; 11. equitēs enim vocābantur prīmī, octōgintā inde
prīmae classis centuriae; ibi sī variāret —quod rārō incidēbat—
secundae classis; nec ferē unquam īnfrā ita dēscendērunt ut ad 5
īnfimōs pervenīrent. 12. nec mīrārī oportet hunc ōrdinem quī nunc
est post explētās quīnque et trīgintā tribūs, duplicātō eārum numerō
centuriīs iūniōrum seniōrumque, ad īnstitūtam ab Ser. Tulliō
summam nōn convenīre. 13. quadrifāriam enim urbe dīvīsā
[regiōnibus] collibus quī habitābantur, partēs eās tribūs appellāvit, 10
ut ego arbitror, ab tribūtō; nam eius quoque aequāliter ex cēnsū
cōnferendī ab eōdem inita ratiō est; neque eae tribūs ad

---

**aequāliter**: equally, uniformly, 1
**arbitror, -ārī, arbitrātus**: judge, think, 2
**cōnferō, -ferre**: bring together, collect, 4
**dēscendō, -ere, -ndī, -nsum**: descend, 6
**duplicō (1)**: double, 2
**exclūdō, -ere, -clūsī, -clūsum**: shut out, 1
**expleō, -ēre, -ēvī, -ētum**: fulfull, fill out, 4
**ferē**: almost, nearly; in general, 5
**gradus, -ūs m.**: step, pace; stairs, 5
**incidō, -ere, -cīdī**: fall into/upon; happen, 5
**ineō, -īre, -iī, -itum**: go into, enter, initiate, 7
**īnfrā**: below, underneath, beneath, 2
**iūnior, iūnius**: younger, 5
**octōgintā**: eighty, 3
**oportet, -uit**: it is right, proper, fitting, 3

**penes**: belonging to, in the possession of (acc.), 2
**prōmiscuus, -a, -um**: promiscuous, 1
**quadrifāriam**: in four parts, 1
**quīnque**: five, 6
**rārus, -a, -um**: rare; scattered, far apart, 2
**ratiō, -ōnis f.**: plan, method, system, calculation, 2
**senex, senis m.**: old man; *adj.* old, 5
**Ser.**: Servius, 7
**suffrāgium, -ī n.**: vote, 4
**tribūtum, -ī n.**: tax, tribute, 1
**trīginta**: thirty, 7
**tribus, -ūs f.**: tribe, 3
**Tullius, -ī m.**: Tullius, 6
**unquam (umquam)**: ever, 3
**variō (1)**: vary, waver, fluctuate, 1

---

1 **prōmiscē**: adv.
  **omnibus**: dat. ind. obj.
  **factī (sunt)**
  **ut...vidērētur...esset**: *so that...might seem...*;
  purpose; everyone votes but votes are not equal
  **neque...et...**: *not...and...*
2 **suffrāgiō**: *from...*; abl. separation
3 **prīmī**: i.e. the first to vote
  **octōgintā inde centuriae (vocābantur)**: *then...*
  i.e. second in voting
4 **variāret**: *there is a difference (of opinion)*
  **quod**: *which...*
  **rārō**: abl. as adverb
5 **(octōgintā centuriae) secundae classis**
  **(vocābantur)**: heavy ellipsis; i.e. to vote
  **ut...pervenīrent**: *that...*; result, impf. subj.
6 **nec mīrārī oportet**: i.e. it should be no surprise
  pres. dep. inf.
  **hunc ōrdinem...nōn convenīre**: *that this*
  *organization,,,does not fit*
7 **post...tribūs**: *after...*; fem. pl. with PPP expleō

  **duplicātō eārum numerō**: abl. abs.; since the
  centuries, not tribes were doubled, eārum must
  refer to fem. pl. centuriae instead of fem. tribūs;
8 **centuriīs iūniōrum seniōrumque**: abl. in
  apposition to numerō eārum; the doubling
  occurred with the division into an equal
  number of seniōrēs and iūniōrēs centuries
  **ad īnstitūtam...summam (centuriārum)**: *to*
  *the total sum...*
9 **urbe dīvīsā**: abl. abs.
10 **[regiōnibus]**: omit
  **collibus**: abl. means
  **appellāvit**: *called* (x) (y); governs a double acc.
11 **ut**: *as...*; clause of comparison
  **ab tribūtō**: *from the word 'tribūtum'*
  **eius...cōnferendī**: *of...*; perform a gerund-
  gerundive flip: translate as gerund (-ing) + obj.;
  gen. sg. eius refers to tribūtum; modifies ratiō
12 **ab eōdem (rēge)**: i.e. Servius Tullius
  **ratiō initia est**: *the plan...*
  **eae**: nom. pl. demonstrative adj.

centuriārum distribūtiōnem numerumque quicquam pertinuēre.

**44.** cēnsū perfectō quem mātūrāverat metū lēgis dē incēnsīs lātae cum vinculōrum minīs mortisque, ēdīxit ut omnēs cīvēs Rōmānī, equitēs peditēsque, in suīs quisque centuriīs, in Campō Mārtiō prīmā lūce adessent. 2. ibi īnstrūctum exercitum omnem suovetaurīlibus lustrāvit, idque conditum lustrum appellātum, quia is cēnsendō fīnis factus est. mīlia octōgintā eō lustrō cīvium cēnsa dīcuntur; adicit scrīptōrum antīquissimus Fabius Pictor, eōrum quī arma ferre possent eum numerum fuisse.

3. ad eam multitūdinem urbs quoque amplificanda vīsa est. addit duōs collēs, Quirīnālem Vīminālemque; Vīminālem inde deinceps auget Ēsquiliīs; ibique ipse, ut locō dignitās fieret, habitat; aggere

---

**adsum, -esse, -fuī**: be present, assist, 6
**agger, -is m.**: mound, 1
**amplificō (1)**: enlarge, made larger, 2
**antīquus, -a, -um**: ancient; better, important, 5
**campus, -ī m.**: field, 4
**cēnseō, -ēre, -uī, -sum**: think, judge; register, 7
**deinceps**: one after another, successively, 4
**dignitās, -tātis f.**: worth, merit, 3
**distribūtiō, -iōnis f.**: distribution, 1
**ēdīcō, -ere, -dīxī**: declare, proclaim, 1
**Ēsquiliae, -ārum f.**: Esquiline (hill) 2
**Fabius, -iī m.**: Fabius, 2
**incēnseō, -ēre, -uī, -sum**: not register (in census) 1
**lustrō (1)**: purify, 1
**lustrum, -ī n.**: space of five years, 2
**lūx, lūcis m.**: light, 6
**Mārtius, -a, -um**: of Mars, 1
**mātūrō (1)**: hasten, do quickly, 2
**minae, -ārum f.**: threats, menaces, 2
**octōginta**: eighty, 3
**pedes, peditis m.**: foot soldier; infantry, 5
**perficiō, -ere, -fēcī, -fectum**: accomplish, bring about, 7
**pertineō, -ēre, -tinuī**: pertain to; reach, 5
**Pictor, -is m.**: Pictor, 1
**Quirīnālis, -e**: Quirinal Hill, 1
**scrīptor, -is m.**: author, writer, 4
**suovetaurilia, -um n.**: sacrifice of pig, sheep, and bull at altar of Mars, 3
**Vīminālis, -e**: Viminal (hill), 2
**vinculum, -ī n.**: bond, chain, 2

1 **centuriārum**: modifies both acc. nouns
  **quicquam pertinuēr(unt)**: *did not pertain at all*; syncopated 3p pf.; quicquam is an inner acc.
2 **cēnsū perfectō**: abl. abs.
  **dē in-cēnsīs**: about those unregistered; failed to register in the census; the law is called *lex de incensis*
  **lātae**: i.e. having been passed by the assembly; PPP ferō
3 (Servius) **ēdīxit**
  **ut...adessent**: *that...*; ind. command, impf. subj.
4 **quisque**: *each one*
5 **prīmā lūce**: *at...*; abl. time when
6 **idque conditum**: *and this, having been completed,*; nom. subj., PPP condō
  **appellātum (est)**
7 **is**: *this*; i.e. the lustrum; neut. id but attracted into the masc. of the pred. fīnis
  **cēnsendō**: *for...*; dat. of purpose
  **eō lustrō**: *by...*; i.e. by that census

  **cīvium**: partitive with mīlia octōgintā
  **cēnsa (esse)**: *to have...*; pf. pass.
8 **Fabius Pictor**: (ca. 270-200 BC) wrote a history of Rome from Aeneas to his present in Greek
  **eōrum**: *of those*
  **quī...possent**: *who...*; relative clause of characterstic with impf. subj.
9 **eum numerum fuisse**: *that this...*; pf. inf. sum
10 **ad**: *for...*
  **amplificanda vīsa est**: *seemingly had to...*; a variation of passive periphrastic (gerundive + sum) with pf. videor, 'seem'
12 **Ēsquiliīs**: abl. means
  **ipse**: *he himself*; i.e. Servius
  **ut...fieret**: *so that...might*; purpose, impf. fīō
  **locō**: *of the place*; dat. poss.
  **aggere**: i.e. a ditch and mound (fossa vallumque) construction

et fossīs et mūrō circumdat urbem; ita pōmērium prōfert. 4. pōmērium verbī vim sōlam intuentēs postmoērium interpretantur esse; est autem magis circāmoerium, locus quem in condendīs urbibus quondam Etrūscī quā mūrum ductūrī erant certīs circā terminīs inaugurātō cōnsecrābant, ut neque interiōre parte aedificia moenibus continuārentur, quae nunc volgō etiam coniungunt, et extrīnsecus pūrī aliquid ab hūmānō cultū pateret solī. 5. hoc spatium quod neque habitārī neque arārī fās erat, nōn magis quod post mūrum esset quam quod mūrus post id, pōmērium Rōmānī appellārunt; et in urbis incrēmentō semper quantum moenia prōcessūra erant tantum terminī hī cōnsecrātī prōferēbantur.

**45.** auctā cīvitāte magnitūdine urbis, fōrmātīs omnibus domī et

---

**aedificium, -ī n.**: building, 1
**arō, arāre, -āvī**: plow, 1
**autem**: however, moreover, 1
**circāmoerium, -ī n.**: 'around the wall,' 1
**circumdō, -are, -dedī**: surround, put around, 4
**coniungō, -ere, -iūnxī, -iūnctum**: join together, 2
**cōnsecrō (1)**: consecrate, make sacred, 4
**continuō (1)**: connect; hold successively, 2
**cultus, -ūs m.**: worship; cultivation, upbringing, 5
**extrīnsecus**: outside, 1
**fās n.**: right, righteousness, divine law, 6
**fōrmō (1)**: shape, form, 2
**fossa, -ae f.**: ditch, trench, 5
**inaugurō (1)**: take auspices, decide by augury, 5

**incrēmentum, -ī n.**: increase, addition, 2
**interior, -ius**: interior, 1
**interpretor, -ārī**: translate, interpret; decide, 2
**intueor, -tuērī, -tuitus sum**: look upon, 5
**pōmērium, -ī n.**: pomerium, 7
**postmoērium, -ī n.**: 'behind the wall,' 1
**prōcēdō, -ere, -cessī, -cessum**: proceed, 5
**prōferō, -ferre, -tulī, -lātus**: bring forth, extend, 3
**pūrus, -a, -um**: clean, pure; free, 4
**quondam**: formerly, at one time, 6
**solum, -ī n.**: ground, soil, 1
**spatium, -iī n.**: period, span,; distance, space, 7
**terminus, -ī m.**: boundary, boundary-line, 3
**vulgus (volgus), -ī n.**: mass, masses, crowd, 7

---

1 **et...et...**: *and...and...*; there are three terms
2 **pōmērium verbī vim sōlam intuentēs**: *(those) looking at the meaning alone of the word 'pomerium'*
  **postmoērium...esse**: *that it...*; i.e. an open space immediately behind the city-wall
3 **autem magis**: *but rather*; pōmērium is subject
  **circāmoerium**: i.e. an open space immediately behind and in front of the city-wall
  **in condendīs urbibus**: perform a gerund-gerundive flip: translate as gerund (-ing) + obj.
4 **quā**: *where*; relative adv.
  **ductūrī erant**: periphrastic fut. (fut. pple + sum), dūcō, 'build' or 'draw up'
5 **inaugurātō**: *with the auspices having been taken*; a common single term abl. abs.
  **ut...continuārentur...pateret**: *that...*; result
6 **(in) interiōre parte**
  **moenibus**: *with...*; dat. of compound
  **volgō**: *in general*; 'in a mass,' an abl. adv,

**etiam**: *even*
7 **pūrī aliquid...solī ...**: *some ground free...*; partitive gen.; pūrī governs an abl. of separation
8 **fās erat**: *it...*; impersonal
  **nōn magis...quam**: *not more...than...*
  **quod...esset**: *because...*; impf. subj. sum, subj. of alleged cause (from the characters' point of view)
9 **quod mūrus (esset) post id**: alleged cause
10 **quantum...prōcessūra erant**: *as far as...*; relative clause, quantum is an adv. acc. (inner acc.); fut. periphrastic (fut. pple + sum)
11 **tantum**: *so far*; adv. acc. (inner acc.); correlative with quantum (tantum...quantum: so far...as far as = as far as)
12 **auctā cīvitāte**: abl. abs.
  **magnitūdine urbis**: abl. means
  **fōrmātīs omnibus**: abl. abs.
  **domī**: locative

ad bellī et ad pācis ūsūs, nē semper armīs opēs adquīrerentur, 1
cōnsiliō augēre imperium cōnātus est, simul et aliquod addere urbī
decus. 2. iam tum erat inclitum Diānae Ephesiae fānum; id
commūniter ā cīvitātibus Asiae factum fāmā ferēbat. eum
cōnsēnsum deōsque cōnsociātōs laudāre mīrē Servius inter 5
procerēs Latīnōrum, cum quibus pūblicē prīvātimque hospitia
amīcitiāsque dē industriā iūnxerat. saepe iterandō eadem perpulit
tandem, ut Rōmae fānum Diānae populī Latīnī cum populō
Rōmānō facerent. 3. ea erat cōnfessiō caput rērum Rōmam esse, dē
quō totiēns armīs certātum fuerat. 10

id quamquam omissum iam ex omnium cūrā Latīnōrum ob rem
totiēns īnfēlīciter temptātam armīs vidēbātur, ūnī sē ex Sabīnīs fors

---

**adquīrō, -ere**: acquire, attain, 1
**amīcitia, -ae, f.**: friendship; alliance, 3
**Asia, -ae f.**: Asia Minor, 1
**certō (1)**: to contend, strive, compete, 6
**cōnfessiō, -iōnis f.**: acknowledgement, 1
**cōnor, -ārī, cōnātum**: try, attempt, 3
**cōnsēnsus, -ūs m.**: agreement, consent, 4
**cōnsociō (1)**: share, make common, 4
**Ephesius, -a, -um**: of Ephesus, Ephesian, 1
**hospitium, ī n.**: guest-friendship/hospitality, 6
**inclitus, -a, -um**: famed, well known, 5
**industria, -ae f.**: diligence, exertion, 3
**īnfēlīx, -fēlīcis**: unhappy, unfortunate, 3

**iterō (1)**: renew, repeat, 2
**laudō (1)**: to praise, glorify, 2
**mīrus, -a, -um**: amazing, surprising, 7
**omittō, -ere, -mīsī, -missum**: disregard, 1
**perpellō, -ere, -pulī**: push through, prevail, 2
**prīvātim**: privately, in private, 2
**procerēs, -um m.**: leaders, chieftains, 3
**saepe**: often, 2
**tandem**: finally, at last, in the end, 4
**temptō (1)**: attempt, test; attack, 5
**totiēns**: so many times, so often, 2
**ūsus, -ūs m.**: use, practice; need, 3

---

1 **ad bellī (ūsūs)**: *for...*; expressing purpose
**nē...adquīrerentur**: *so that...might not*; neg. purpose clause
2 **cōnsiliō**: *by planning, by policy*
**cōnātus est**: pf. dep
**et (cōnātus est)**: *and...*; add
**aliquod...decus**: acc. obj.
**urbī**: *to...*; dat. ind. obj. or compound
3 **id...factum (esse)**: *that this...*; pf. pass. inf.
4 **Āsiae**: *of Asia Minor*
**fāmā ferēbant**: *they reported by word of mouth*
**eum cōnsēnsum**: i.e. the temple made in common
5 **laudāre**: historical inf. with nom. subject, Servius: translate as finite 3p impf.
7 **dē industriā**: *out of...*

**iterandō eadem**: *by...*; gerund (-ing) and means
8 **ut...facerent**: *that...*; ind. command
**Rōmae**: *at...*; locative
9 **ea**: *this*; neut. id attracted into fem. by pred. cōnfessiō
**caput...esse**: *that...*; in apposition to cōnfessiō
**certātum fuerat**: *had been (once) contested*; plpf. pass.; fuerat emphasizes the completedness of the action
11 **Id quamquam**: *although this...*; i.e. the contest for superiority
**omissum (esse)**
**ob rem...temptātum armīs**: *on account of...*
**vidēbātur**: *seemed*
12 **ūnī...ex Sabīnīs**: *to...*; dat. ind. obj. ūnus (gen. -īus ., dat. -ī); reflexive sē is acc. obj.

dare vīsa est prīvātō cōnsiliō imperiī reciperandī. 4. bōs in Sabīnīs nāta cuidam patrī familiae dīcitur mīranda magnitūdine ac speciē; fīxa per multās aetātēs cornua in vestibulō templī Diānae monumentum eī fuēre mīrāculō. 5. habita, ut erat, rēs prōdigiī locō est, et cecinēre vātēs cuius cīvitātis eam cīvis Diānae immolāsset, ibi fore imperium; 6. idque carmen pervēnerat ad antistitem fānī Diānae Sabīnusque ut prīma apta diēs sacrificiō vīsa est, bovem Rōmam actam dēdūcit ad fānum Diānae et ante āram statuit. ibi antistes Rōmānus, cum eum magnitūdō victimae celebrāta fāma mōvisset, memor respōnsī Sabīnum ita adloquitur: 'quidnam tū, hospes, parās?' inquit, 'incestē sacrificium Diānae facere? quīn tū ante vīvō perfunderis flūmine? īnfima valle praefluit Tiberis.'

---

**adloquor, loquī, locūtus**: speak, address, 3
**antistes, antistis m.**: priest, 4
**aptus, -a, -um**: fitting, suitable for (dat.), 6
**āra, ārae f.**: altar, 6
**canō, -ere, cecinī, cantum**: sing, prophesy, 5
**carmen, carminis n.**: song, prediction, 6
**celebrō (1)**: celebrate; practice, engage in, 3
**cornū, -ūs n.**: horn; wing (of a battle), 4
**dēdūcō, -ere**: lead or bring down, launch, 7
**familia, -ae f.**: family, household, 3
**fīgō, -ere, fīxī, fīxum**: fix, fasten; pierce, 2
**hospes, -pitis m.**: stranger; host, guest-friend, 4
**immolō (1)**: burn (in sacrifice), sacrifice, 2

**incestē**: impurely, 1
**memor, -is**: mindful, remembering (gen.), 7
**perfundō, -ere, -fūdī, -sum**: pour over, bathe, 2
**praefluō, -ere, -xī**: flow by, 1
**quīnam, quae-, quid-**: just who/what?, 2
**reciperō (1)**: recover, restore, recuperate, 2
**respōnsum, -ī n.**: answer, reply, 5
**sacrificium, ī n.**: sacrifice, 7
**vallis, -is f.**: valley, vale, 2
**vātēs, -is m.**: prophet, 3
**vestibulum, -ī n.**: entrance, vestibule, 3
**victima, -ae f.**: victim, 1
**vīvus, -a, -um**: living, alive, 4

1 **vīsa est**: pf. videor, 'seem'
**prīvātō cōnsiliō**: means
**imperiī recipierandī**: *for...*; noun + gerundive; perform a gerund-gerundive flip and translate as a gerund (ing) + obj.; gen.
2 **bōs**: *a heifer*; a female cow
**nata (esse)**: pf. nāscor following dīcitur
**patrī familiae**: *to a paterfamilias*
**mīrandā magnitūdine ac speciē**: *of amazing...*; abl. of quality (predicative) and a gerundive: ('worthy to be amazed at' = amazing)
3 **per multās aetātēs**: *over many generations*
4 **monumentum...fuēr(unt)**: nom. pred. and syncopated 3p pf.
**eī...mīrāculō**: *to this...*; i.e. the size of the bōs; dat. of possession
**habita...est**: *was considered*
**ut erat**: *as it was*; clause of comparison
**rēs**: *the circumstances*; i.e. the birth of the bōs
**prōdigiī (in) locō**: *at the position of a prodigy*; i.e. as an omen; pred. after habita est;
5 **cecinēr(unt)**: the responses were often delivered in verse

**cuius cīvitātem...immolā(vi)sset, ibi**: *there, of whose city-state...*; relative clause with plpf. subj. of subordinate verb in ind. disc. (originally fut. pf.); ibi is the antecedent
**eam**: i.e. the heifer
**Diānae**: dat. of interest
6 **ibi fore imperium**: *that...*; fut. inf. sum (alter. to futūrum esse); i.e. the seat of power
**id carmen**: i.e. the prophetic response, which was delivered in verse
7 **Sabīnusque...dēdūcit**: *and a Sabine...*
**ut prīma...vīsa est**: *as soon as...*; 'when first' temporal clause; videor, 'seem'
**sacrificiō**: *for...*; dat. of purpose
8 **Rōmam**: acc. place to which
**actam**: PPP, agō, 'drive'
9 **cum...mōvisset**: *since...*; causal, plpf. subj.
**fāmā**: *by word of mouth*
11 **(Parāsne) incestē...facere?**: add main verb
**quīn**: *Why...not...?*; common interrogative
12 **ante**: *beforehand*
**vīvō...flūmine**: i.e. running water
**perfunderis**: 2s pres. dep.

7. religiōne tactus hospes, quī omnia, ut prōdigiō respondēret
ēventus, cuperet rītē facta, extemplō dēscendit ad Tiberim; intereā
Rōmānus immolat Diānae bovem. id mīrē grātum rēgī atque
cīvitātī fuit.

**46.** Servius quamquam iam ūsū haud dubiē rēgnum possēderat,
tamen quia interdum iactārī vōcēs ā iuvene Tarquiniō audiēbat sē
iniussū populī rēgnāre, conciliātā prius voluntāte plēbis agrō captō
ex hostibus virītim dīvīsō, ausus est ferre ad populum vellent
iubērentne sē rēgnāre; tantōque cōnsēnsū quantō haud quisquam
alius ante rēx est dēclārātus. 2. neque ea rēs Tarquiniō spem
adfectandī rēgnī minuit; immō eō impēnsius quia dē agrō plēbis
adversā patrum voluntāte sēnserat agī, crīminandī Servī apud

---

**adfectō (1)**: strive for, pursue, 3
**conciliō (1)**: win over, unite (dat.), 6
**cōnsēnsus, -ūs m.**: agreement, consent, 4
**crīminor, -ārī, -ātus**: charge, accuse, 2
**cupiō, -ere, -īvī, -ītum**: desire, long for, 1
**dēclārō (1)**: to declare, make clear, 1
**dēscendō, -ere, -ndī, -nsum**: descend, 6
**ēventus, -ūs m.**: outcome, result, 4
**extemplō**: immediately, straightaway, 5
**grātus, -a, -um**: pleasing, grateful, 6
**hospes, -pitis m.**: stranger; host, guest-friend, 4
**iactō (1)**: toss, throw, cast, 3
**immō**: on the contrary, but rather, 1
**immolō (1)**: burn (in sacrifice), sacrifice, 2
**impēnsē**: earnestly, strongly; vehemently, 2

**iniussū**: without orders, 4
**interdum**: sometimes, from time to time, 2
**intereā**: meanwhile, 1
**minuō, -ere, minuī**: diminish, ebb, 1
**mīrus, -a, -um**: amazing, surprising, 7
**possideō, -ēre, -sēdī**: possess, hold, 2
**religiō, -iōnis f.**: religious scruple/observance, 7
**respondeō, -ēre, -dī, -nsus**: answer, 1
**rītē**: duly, fitly, 3
**sentiō, -īre, sēnsī, sēnsum**: feel, perceive, 7
**tangō, -ere, tetigī, tactum**: touch, 2
**ūsus, -ūs m.**: use, practice; need, 3
**virītim**: individually, man by man, 3
**voluntās, -tātis f.**: will, wish, permission, 6

1 **tāctus**: i.e. motivated, inspired
**quī...cuperet**: *who...would...*; relative clause of characteristic with impf. subj.
**ut prōdigiō respondēret ēventus**: *so that... might correspond...*; purpose with dat. ind. obj.; ēventus is subject
3 **rēgī atque cīvitātī**: *to...*; dat. of reference
5 **ūsū**: *by right of use*; a legal term; i.e. the idea that one acquires the rights by use over time
6 **iactārī vōcēs**: *that...*
**sē...rēgnāre**: *that...*
7 **conciliātā...voluntāte**: abl. abs.
**agrō captō...dīvīsō**: abl. abs.
8 **ausus est**: pf. dep. audeō
**ferre ad populum**: i.e. for vote in the comitia centuriata
**vellent iubērentne...rēgnāre**: *whether they were to be willing and were to order...*; indirect deliberative subj. in secondary seq.; the original "Velitis iubeatis, Quirites?" is the formula for a *rogatio*, the process of bring a matter before the assembly
9 **sē rēgnāre**: *that...*; Servius is the antecedent
**tantō...quantō**: *by so great...as*; '...by how great,' correlatives (demonstrative and relative)
10 **Tarquiniō**: dat. of interest
**adfectandī rēgnī**: *of...*; gen. noun + gerundive: perform a gerund-gerundive flip and translate as gerund (-ing) + obj.
11 **eō**: *because of this*; 'by this,' abl. of cause; or possibly abl. degree of difference: 'so much' with impēnsius
**impēnsius**: comparative adv. with crīminandī
**quia...sēnserat**: Tarquinius is subject
**(rēs) dē agrō plēbis...agī**: *that (matters) about...*; pres. pass. inf.; i.e. by Servius
12 **adversā...voluntāte**: *with...*; abl. abs. adversus, 'opposing'
**crīminandī Servī**: *of...*; perform the gerund-gerundive flip and translate as gerund (-ing) + obj.; modifies occāsiōnem

patrēs crēscendīque in cūriā sibi occāsiōnem datam ratus est, et  1
ipse iuvenis ārdentis animī et domī uxōre Tulliā inquiētum animum
stimulante. 3. tulit enim et Rōmāna rēgia sceleris tragicī exemplum,
ut taediō rēgum mātūrior venīret lībertās ultimumque rēgnum esset
quod scelere partum foret.  5

4. hic L. Tarquinius—Prīscī Tarquinī rēgis fīlius nepōsne fuerit
parum liquet; plūribus tamen auctōribus fīlium ēdiderim—frātrem
habuerat Arruntem Tarquinium mītis ingeniī iuvenem. 5. hīs
duōbus, ut ante dictum est, duae Tulliae rēgis fīliae nūpserant, et
ipsae longē disparēs mōribus. forte ita inciderat nē duo violenta  10
ingenia mātrimōniō iungerentur fortūnā, crēdō, populī Rōmānī,
quō diūturnius Servī rēgnum esset cōnstituīque cīvitātis mōrēs

---

**ārdeō, -ēre, ārsī, ārsum**: be on fire, burn, 4
**Arrūns, Arruntis m.**: Arruns, 6
**cōnstituō, -ere, -uī, -tus**: decide, establish, 6
**dispār (gen. disparis)**: unequal, unlike, 2
**diūturnius, -a, -um**: longer, of long duration, 1
**ēdō, -ere, ēdidī, ēditum**: put forth, produce, 6
**incidō, -ere, -cīdī**: fall into/upon; happen, 5
**inquiētus, -a, -um**: restless, 1
**lībertās, -tātis f.**: freedom, liberty, 3
**liqueō, -ēre, līquī**: be clear, be evident, 1
**mātrimōnium, -iī n.**: marriage, 6

**mātūrus, -a, -um**: mature; timely, early, 2
**mītis, -e**: mild, gentle, 5
**nepōs, nepōtis m.**: grandson, decendent, 7
**nūbō, -ere, -psī, nuptum**: marry, put on veil, 4
**occāsiō, -iōnis f.**: chance, opportunity, 4
**parum**: *adv.* too little, 6
**stimulō (1)**: provoke, incite, rouse, excite, 6
**taedium, -iī n.**: disgust, loathing, 1
**tragicus, -a, um**: fit for tragedy, 1
**Tullia, -ae f.**: Tullia, 7
**violēns, violentis**: violent, 1

1 **patrēs**: i.e. senātōrēs
 **crēscendī**: *of...*; gerunds modifying occāsiōnem
  i.e. in power and influence
 **occāsiōnem datam (esse)**: *that...*; pf. pass. inf.
 **ratus est**: dep. pf. reor
2 **ipse (fuit)**: *he himself (was)*
 **ārdentis animī**: *of...*; gen. of description; pres.
  pple ardeō often indicating passion or anger
 **domī**: *at...*; locative
 **uxōre...stimulante**: abl. abs.
3 **tulit**: pf. ferō
 **et**: *also*
 **sceleris tragicī**: gen. modifying exemplum
4 **ut...venīret...esset**: *so that...*; result
 **taediō**: abl. of cause
 **rēgum**: *for...*; objective gen., rēx
 **mātūrior**: comparative as predicate: translate
  after the verb
5 **quod...partum foret**: *because it had...*; plpf.
  subj. (foret is often equiv. to esset); subj. of
  subordinate verb in a result clause
 **scelere**: abl. of origin
 **fīlius nepōsne fuerit**: *whether...or...*; ind. quest.
  with pf. subj. sum governed by liquet
7 **(cum) plūribus auctōribus**: abl.

 accompaniment with missing preposition
 **ēdiderim (eum)**: *would...*; 1s potential pf. subj.
  i.e. declare; double acc. (obj., pred.): supply eum
8 **habuerat**: subject is L. Tarquinius above
 **mītis ingeniī**: *of...*; gen. of description
 **iuvenem**: apposition
 **hīs duōbus**: dat. of interest
9 **ut ante dictum est**: *as...*; clause of comparison
10 **ipsae (erant)**
 **mōribus**: *in character*; abl. respect
 **forte**: abl. fors
 **inciderat**: *it...*; impersonal
 **nē...iungerentur**: *so that...not...*; one expects a
  noun result clause (ut nōn) but Livy makes it a
  purpose clause to reveal divine will
11 **ingenia**: *characters*
 **fortūnā...populī Rōmānī**: *because of...*; abl.
  of cause
 **crēdō**: parenthetical
12 **quō...esset...possent**: *so that....might...*;
  purpose clause, impf. sum and possum
 **cōnstituī**: pass. inf.
 **mōrēs**: *character*

possent. 6. angēbātur ferōx Tullia nihil māteriae in virō neque ad cupiditātem neque ad audāciam esse; tōta in alterum āversa Tarquinium eum mīrārī, eum virum dīcere ac rēgiō sanguine ortum: spernere sorōrem, quod virum nacta muliebrī cessāret audāciā. 7. contrahit celeriter similitūdō eōs, ut ferē fit: malum malō aptissimum; sed initium turbandī omnia ā fēminā ortum est. ea sēcrētīs virī aliēnī adsuēfacta sermōnibus nūllīs verbōrum contumēliīs parcere dē virō ad frātrem, dē sorōre ad virum; et sē rēctius viduam et illum caelibem futūrum fuisse contendere, quam cum imparī iungī ut ēlanguēscendum aliēnā ignāviā esset; 8. sī sibi eum quō digna esset dī dedissent virum, domī sē propediem vīsūram rēgnum fuisse quod apud patrem videat. 9. Celeriter

---

**adsuefaciō, -ere, -fēcī**: accustom (to), 1
**angō, -ere, -xī, -ctum**: torture, distress, 1
**aptus, -a, -um**: fitting, suitable for (dat.), 6
**audācia, -ae f.**: boldness, audacity, 6
**caelebs, caelibis**: unmarried, 1
**celeriter**: swiftly, quickly, 2
**cessō (1)**: cease from, be remiss, be idle, 1
**contendō, -ere, -ī, -ntus**: strive; hasten, 1
**contrahō, -ere, -trāxī**: draw together, 1
**contumēlia, -ae f.**: insult, abuse, 2
**cupiditās, -tātis f.**: desire, ambition, 6
**dignus, -a, -um**: worthy, deserving of (abl.), 5
**ēlanguēscō, -ere, -guī**: grow feeble, languish, 1
**fēmina, -ae f.**: woman, 2
**ferē**: almost, nearly; in general, 5
**ignāvia, -ae f.**: cowardice, laziness, 2

**impar**: unequal, 1
**māteria, -ae f.**: opportunity, source, stuff, 4
**nanciscor, nanciscī, nactus**: obtain, 2
**parcō, -ere, pepercī**: spare, refrain (dat), 1
**propediem**: soon, 3
**rēctus, -a, -um**: correct, straight; honest, 5
**sanguis, sanguinis m.**: blood, 7
**sēcrētus, -a, -um**: secret, private, separate, 3
**sermō, sermōnis m.**: conversation, talk, 3
**similitūdō, -inis f.**: likeness, resemblance, 1
**soror, sorōris f.**: sister, 6
**spernō, -ere, sprēvī**: spurn, reject, 3
**Tullia, -ae f.**: Tullia, 7
**turbō (1)**: throw in confusion, disturb, 5
**viduus, -a, -um**: unmarried, widowed, 1

---

1 **ferōx Tullia**: opposed to her sister, gentle Tullia
  **nihil māteriae...esse**: *that there was no stuff*
  **in virō**: i.e. husband
  **ad cupitiātem**: *for ambition*
2 **tōta**: predicative: translate nom. adj. as adv.
  **in alterum...Tarquinium**: *toward...*
3 **mīrārī**: historical inf.: translate as 3s impf.
  **eum...dicere**: *(and) she calls him*; the fierce one
  **virum**: i.e. a man of honor, one with ambition
  **rēgiō sanguine**: abl. of origin
  **ortum**: *(one)...*; dep. PPP orior
4 **spernere**: historical inf.: nom. Tullia is subject
  **quod...cessāret**: *because...*; subj., alleged cause
  **nacta**: dep. PPP
  **muliebrī...audāciā**: abl. separation
5 **ut ferē fit**: *as...*; clause of comparison
  **malum (est)**: *the wicked (is)...*; substantive
6 **malō**: dat. of special adj.; substantive
  **turbandī omnia**: gen. sg. gerund
  **ortum est**: pf. dep. orior, with abl. origin

7 **ea**: *this one*; i.e. ferōx Tullia
  **sēcrētīs...sermōnibus**: *to...*; dat. compound
  **virī aliēnī**: i.e. mild Tullia's husband
  **nūllīs...contumēliīs**: dat. obj. of parcere
8 **parcere**: historical inf.: translate as 3s impf.
  **(et) dē sorōre ad virum**: *(and)...*; asyndeton
  **et...contendere**: *she contended*; historical inf.
9 **rēctius...fuisse**: *that it would...*; impersonal periphrastic fut. pf. inf. and neut. comparative
  **sē (esse)...illum (esse) caelibem**: *that she (be)...and that one (be)...*; add linking infs.
  **quam...iungī**: *than to...*; clause of comparison
10 **ut...ēlanguēscendum esset**: *so that she had to...*; 'it had to...' result and impersonal pass. periphrastic: make active with Tullia as the subject
  **aliēnā ignāviā**: *because of...*; abl. cause
  **sī...dedissent, sē...vīsūram...fuisse**: *that, if... had... she would have...*; past contrary to fact condition in ind. disc. governed by contendere
11 **quō digna esset**: *of whom she was worthy*

adulēscentem suae temeritātis implet; [Arrūns Tarquinius et Tullia minor] prope continuātīs fūneribus cum domōs vacuās novō mātrimōniō fēcissent, iunguntur nuptiīs, magis nōn prohibente Serviō quam adprobante.

**47.** tum vērō in diēs īnfēstior Tullī senectūs, īnfēstius coepit rēgnum esse; iam enim ab scelere ad aliud spectāre mulier scelus. nec nocte nec interdiū virum conquiēscere patī, nē grātuita praeterita parricīdia essent: 2. nōn sibi dēfuisse cui nupta dīcerētur, nec cum quō tacita servīret; dēfuisse quī sē rēgnō dignum putāret, quī meminisset sē esse Prīscī Tarquinī fīlium, quī habēre quam spērāre rēgnum māllet. 3. 'sī tū is es cui nuptam esse mē arbitror, et virum et rēgem appellō; sīn minus, eō nunc peius mūtāta rēs est

---

**adprobō (1)**: approve, consent to, 1
**adulēscens, -ntis m./f.**: youth, 1
**arbitror, -ārī, arbitrātus**: judge, think, 2
**Arrūns, Arruntis m.**: Arruns, 6
**conquiēscō, -ere, -ēvī**: remain at rest, 2
**continuō (1)**: connect, hold successively, 2
**dēsum, -esse, -fuī**: be lacking, fail (dat), 6
**dignus, -a, -um**: worthy of, deserving of (abl.), 5
**fūnus, fūneris n.**: funeral, death, 1
**grātuitus, -a, -um**: without pay, gratuitous, 1
**interdiū**: by day, during the day, 1
**mālō, mālle, māluī**: prefer, 1
**mātrimōnium, -iī n.**: marriage, 6
**meminī, -isse**: recall, remember, 1
**mūtō (1)**: to change, 6
**nox, noctis, f.**: night, 5

**nūbō, -ere, -psī, nuptum**: marry, put on veil, 4
**nuptiae, -ārum f.**: marriage, wedding, 2
**parricīdium, -iī n.**: parricide, treason, 4
**peior, peius**: worse, 1
**praetereō, -īre, -īvī, -itum**: pass, go pass, 3
**prohibeō, -ēre, -hibuī**: hold back, hinder, 6
**pūtō (1)**: to think, consider, 4
**senectūs, -tūtis f.**: old age, 1
**serviō, -īre, -īvī, -ītum**: be slave to (dat), 2
**sīn**: but if, if, however, 2
**spectō (1)**: to watch, look at, 6
**spērō (1)**: hope, hope for, expect, 4
**tacitus, -a, -um**: silent, still, 7
**temeritās, -tātis f.**: recklessness, 1
**Tullia, -ae f.**: Tullia, 7
**vacuus, -a, -um**: empty, fear, vacant, 3

---

1 **suae temeritātis**: *with*...; partitive gen.; implēre elsewhere governs an abl. but in Livy governs a partitive gen.; Ferōx Tullia is subject
**[Arrūns...]**: omit from translation
2 **prope continuātīs fūneribus**: abl. abs.
**cum...fēcissent**: plpf. subj. with double acc.
**novō mātrimōniō**: dat. of purpose
3 **nōn prohibente Serviō**: abl. abs.
4 **adprobante (Serviō)**: abl. abs. in a clause of comparison
5 **vērō**: *in fact, actually*; abl. as adv.
**in diēs**: *day by day, daily*
**īnfēstior...īnfēstius**: *more insecure*; comp. adj.
**senectūs (coepit esse)**
6 **ad aliud...scelus**
**spectāre**: historical inf.; translate as 3s impf.
7 **nocte**: abl. time when
**patī**: historical inf. patior, mulier is the subject
**nē...essent**: *lest*...; fearing clause, impf. subj.
8 **nōn sibi dēfuisse (virum) cui nūpta (esse)**

**dīceretur**: *there was not lacking for her (a man) to whom she would be called a wife*; ind. disc. with implied verb of speaking; first of a series of relative clauses of characteristic; nūpta is a substantive or pf. pass. nūpta (esse) the missing antecedent virum is the subject
9 **nec cum quō..servīret**: *nor (a man) with whom*...; relative clause of characteristic
**dēfuisse quī...**: *(rather) there was lacking (a man) who would*...; relative of characteristic
**sē rēgnō dignum (esse)**: *that he*...; ind. disc. dignus often governs an abl. of respect
10 **quī meminisset**: *who would*...; characteristic
**quī...mallet**: *who would*...; impf. subj. mālō, relative clause of characteristic
11 **is...cui..**: *he to whom*...; pred. and dat. interest
12 **(tē) appellō**: *I call (you)*; double acc.
**sīn minus**: *but if not*; common ellipsis
**eō**: *so much*; 'by this much" dat. degree of diff.
**rēs**: *my situation*

quod istīc cum ignāviā est scelus. 4. quīn accingeris? nōn tibi ab Corinthō nec ab Tarquiniīs, ut patrī tuō, peregrīna rēgna mōlīrī necesse est: dī tē Penātēs patriīque et patris imāgō et domus rēgia et in domō rēgāle solium et nōmen Tarquinium creat vocatque rēgem. 5. aut sī ad haec parum est animī, quid frūstrāris cīvitātem? quid tē ut rēgium iuvenem cōnspicī sinis? facesse hinc Tarquiniōs aut Corinthum; dēvolvere retrō ad stirpem, frātrī similior quam patrī.' 6. hīs aliīsque increpandō iuvenem īnstīgat, nec conquiēscere ipsa potest sī, cum Tanaquil, peregrīna mulier, tantum mōlīrī potuisset animō ut duo continua rēgna virō ac deinceps generō dedisset, ipsa rēgiō sēmine orta nūllum mōmentum in dandō adimendōque rēgnō faceret.

---

**accingō, -ere, -xī, -ctum**: gird, prepare, encircle with a belt, 1
**conquiēscō, -ere, -ēvī**: remain at rest, 2
**cōnspiciō, -ere, -spexī**: catch sight of, see, 2
**continuus, -a, -um**: continuous, 1
**Corinthus, -ī m.**: Corinth, 2
**deinceps**: one after another, successively, 4
**dēvolvō, -ere**: roll, tumble down, sink down, 1
**facessō, -ere, -ī, -ītum**: take off, retire, 2
**frustror, -ārī, -ātum**: disappoint, 1
**gener, generī m.**: son-in-law, 5
**ignāvia, -ae f.**: cowardice, laziness, 2
**imāgō, imāginis f.**: image; waxen image, 2
**increpō, -āre, -uī**: rattle, clang; rebuke, chide, 5
**īnstīgō (1)**: stimulate, 1

**istīc**: there in you, in you there, there, 1
**mōlior, -īrī, mōlītum**: set in motion, stir, 3
**mōmentum, -ī n.**: influence, movement, 1
**necessis, -e**: necessary, 1
**parum**: *adv.* too little, 6
**patrius, -a, -um**: of a father, ancestral, 7
**Penātēs, -ium m.**: Penates, 4
**rēgālis, -e**: regal, of a king, 1
**retrō**: back, again, 1
**sēmen, -is n.**: seed, 1
**similis, -e**: similar to, like (dat), 6
**solium, -ī n.**: throne, seat, 1
**Tanaquil, -is f.**: Tanaquil, 6
**Tarquiniī, -ōrum m.**: Tarquinii (city), 5

1 **quod istīc**: *because in you there*...; istīc is an adv. formed from a 2nd pers. demonstrative
**quīn accingeris?**: *why...not?*; 2s pres.pass. but reflexive (middle voice) in sense
**tibi**: *for*... dat. of interest
2 **ut patrī tuō**: *as for*...; clause of comparison, dat. of interest
3 **d(e)ī Pentātēs**: a single entity, not two
**patriīque (deī)**: *and*...
**patris imāgō**: i.e. the wax mask of Tarquinius Priscus
**domus**: fem. sg.
5 **ad**: *for*...
**animī**: partitive gen. with parum
**quid**: *why...?*; acc. respect: 'in respect to what?'
6 **quid**: *why...?*
**ut rēgium iuvenem**: *as*...; clause of comparison
**sinis**: 2s pres. sinō
7 **dēvolvere (tē)**: pass. imperative but reflexive (middle voice) in sense; i.e. go back where you came from!
7 **similior**: in apposition to 2s subject
8 **hīs aliīsque**: abl. means; i.e. Tullia's words
**increpandō**: abl. means, gerund (-ing)
9 **sī...faceret**: this lengthy conditional clause
**cum...potuisset**: plpf. subj. possum
**tantum**: *so much*; adv. acc. (inner acc.)
10 **animō**: abl. means
**ut...dedisset**: *that*...; result, plpf. subj. dō
11 **ipsa**: *Tullia herself*; the subject of the sī-clause
**orta**: dep. PPP orior with abl. of source
**nūllum mōmentum...faceret**: *exert no influence;* or 'bring no weight to bear,' momentum is actually the difference in weight that tips a scale and creates change
**in dandō adimendōque rēgnō**: gerundives, perform a gerund-gerundive flip and translate as gerunds (-ing) + obj.

7. hīs muliebribus īnstīnctus furiīs Tarquinius circumīre et prēnsāre minōrum maximē gentium patrēs; admonēre paternī beneficiī ac prō eō grātiam repetere; allicere dōnīs iuvenēs; cum dē sē ingentia pollicendō tum rēgis crīminibus omnibus locīs crēscere. 8. postrēmō ut iam agendae reī tempus vīsum est, stīpātus agmine armātōrum in forum inrūpit. inde omnibus perculsīs pavōre, in rēgiā sēde prō cūriā sedēns patrēs in cūriam per praecōnem ad rēgem Tarquinium citārī iussit. 9. convēnēre extemplō, aliī iam ante ad hoc praeparātī, aliī metū nē nōn vēnisse fraudī esset, novitāte ac mīrāculō attonitī et iam dē Serviō actum ratī.

10. ibi Tarquinius maledicta ab stirpe ultimā orsus: servum servāque nātum post mortem indignam parentis suī, nōn

**admoneō, -ēre, -uī**: remind, admonish, 2
**agmen, agminis n.**: column (of troops), army, 5
**alliciō, -ere, -lēxī**: entice, allure, 1
**attonitus, -a, -um**: astonished, stunned, 1
**beneficium, -ī n.**: good deed, favor, 5
**circumeō, -īre, -iī**: go around, canvass, 2
**citō (1)**: summon, hasten; ~full gallop, 3
**crīmen, crīminis n.**: charge, crime; 3
**dōnum, -ī n.**: gift, 7
**extemplō**: immediately, straightaway, 5
**forum, -ī n.**: forum, marketplace, 2
**fraus, fraudis f.**: fraud, deception; harm, hurt, 5
**furia, -ae f.**: madness; fury, avenging spirit, 3
**grātia, -ae f.**: gratitude, favor, influence, thanks, 6
**indignus, -a, -um**: unworthy, undeserving, 4

**inrumpō, -ere, -rūpī, -ruptum**: burst in, 2
**īnstinguō, -ere, -xī, -ctum**: incite, 1
**maledictum, -ī n.**: abusive word, curse, 1
**novitās, -tātis f.**: newness, novelty, 3
**paternus, -a, -um**: paternal; ancestral, 4
**percellō, -ere, -culī, perculsum**: strike, 4
**polliceor, -cērī, -citus**: promise, offer, 1
**postrēmō**: at last, finally; abl. as adv., 5
**praecō, praecōnis m.**: herald, 3
**praeparō (1)**: prepare, get ready before, 1
**prēnsō (1)**: solicit (for an office), grasp, 1
**sedeō, -ēre, sēdī, sessum**: to sit, 5
**serva, -ae, f.**: slave, 4
**stīpō (1)**: crowd together, stuff, pack, 1

1 **circumīre, prēnsāre, admonēre,...crēscere**: historical inf.; translate as 3s impf.
2 **paternī beneficiī**: *of...*; i.e. about; gen. with verbs of forgetting and reminding
3 **prō eō**: *in return for this*; i.e. the beneficium
**cum...tum...**: *both...and...*; abl. means
**dē sē**: *from...*
**ingentia**: neut. acc. pl.,
4 **pollicendō**: *by...*; abl. means, gerund (-ing)
**rēgis crīminibus**: abl. means, and objective gen. (i.e. against...)
**(in) omnibus locīs**
**crēscere**: i.e. in power and influence
5 **ut...vīsum est**: *as...*; 'when...' temporal clause
**agendae reī**: *of...*; noun + gerundive; perform the gerund-gerundive flip and translate as a gerund (-ing) + obj.
6 **armātōrum (virōrum)**
**omnibus perculsīs**: abl. abs.; pavōre is abl. of cause

8 **rēgem...citārī**: *that...*
**iussit**: pf. iubeō
**convēnēr(unt)**: syncopated 3p pf.
**aliī...aliī...**: *some...others...*; partitive in apposition to previous subject
9 **ad hoc**: *for this (purpose)*
**metū**: *because of...*; abl. cause
**nē nōn vēnisse...esset**: *lest...not...*; 'that...not' fearing with impf. subj. and inf. as the subject
**fraudī**: *harmful*; dat. of purpose (lit. 'be for a harm'); cf. cordī est, 'be pleasant'
10 **actum (esse)**: *that it was done*; impers. pf. pass.
**ratī**: dep. PPP reor: translate as 'having Xed'
11 **orsus est**: pf. dep. ordior
**(eum esse) servum...**: *that (he was)...*; i.e. Servius; ind. disc. in apposition to maledicta, add linking verb
12 **servā nātum**: dep. PPP nāscor and abl. origin

interrēgnō, ut anteā, initō, nōn comitiīs habitīs, nōn per suffrāgium 1
populī, nōn auctōribus patribus, muliebrī dōnō rēgnum occupāsse.
11. ita nātum, ita creātum rēgem, fautōrem īnfimī generis hominum
ex quō ipse sit, odiō aliēnae honestātis ēreptum prīmōribus agrum
sordidissimō cuique dīvīsisse; 12. omnia onera quae commūnia 5
quondam fuerint inclīnāsse in prīmōrēs cīvitātis; īnstituisse cēnsum
ut īnsignis ad invidiam locuplētiōrum fortūna esset et parāta unde,
ubi vellet, egentissimīs largīrētur.

**48.** huic ōrātiōnī Servius cum intervēnisset trepidō nūntiō
excitātus, extemplō ā vestibulō cūriae magnā vōce 'quid hoc' 10
inquit, 'Tarquinī, reī est? quā tū audāciā mē vīvō vocāre ausus es
patrēs aut in sēde cōnsīdere mea?' 2. cum ille ferōciter ad haec—sē

---

**anteā**: before, earlier, previously, 3
**audācia, -ae f.**: boldness, audacity, 6
**comitium, -ī n.**: assembly; elections, 6
**cōnsīdō, -ere, -sēdī, -sessus**: to sit down, 4
**dōnum, -ī n.**: gift, 7
**egēns, egentis**: poor, 1
**ēripiō, -ere, -uī, -ptus**: snatch, rescue, 2
**excitō (1)**: excite, rouse, incite, 5
**extemplō**: immediately, straightaway, 5
**fautor, -ōris m.**: supporter, patron, 3
**ferōciter**: fiercely, 3
**honestās, -tātis f.**: respectability, honor, rank, 1
**ineō, -īre, -iī, -itum**: go into, enter, initiate, 7
**interrēgnum, -ī n.**: interim king, 3

**interveniō -īre -vēnī**: come between, interrupt, 5
**invidia, -ae f.**: hatred, envy, lack of popularity, 5
**largior, -īrī, -ītum**: give generously, 2
**locuplēs, -ētis**: rich, wealthy, 2
**odium, -iī n.**: hatred, 2
**onus, oneris n.**: burden, load, 3
**ōrātiō, -iōnis f.**: speech, speaking, 5
**quondam**: formerly, at one time, 6
**sordidus, -a, -um**: dirty, 3
**suffrāgium, -ī n.**: vote, right of voting, 4
**trepidus, -a, -um**: trembling, alarming, alarmed, 3
**vestibulum, -ī n.**: entrance, vestibule, 3
**vīvus, -a, -um**: living, alive, 4

1 **interrēgnō...initō**: abl. abs., ineō
 **ut anteā**: *as...*; clause of comparison
 **comitiīs habitīs**: abl. abs.
2 **auctōribus patribus**: abl. abs., i.e. the senators did not authorize the vote
 **muliebrī dōnō**: *because of...*; abl. cause
 **(eum) rēgnum occupā(vi)sse**: *that (he)...*; all of the preceding abls. are part of this ind. disc.
3 **(eum) ita nātum (esse)**: *that (he)...*; pf. dep. inf.
 **(eum) ita creātum (esse)**: *that (he)...*; rēgem is pred.
 **generis**: *class*
4 **ex quō ipse sit**: *from...*; relative with pres. subj. of subordinate verb in ind. disc.
 **(eum) odiō...dīvīsisse**: *that (he)...*; ind. disc.
 **odiō**: *because of...*; abl. cause
 **aliēnae honestātis**: *for...*; objective gen. of odiō
 **prīmōribus**: *from...*; dat. of compound ēreptum
 **agrum**: *land*
5 **sordidissimō cuique**: *among every...*; dat. ind. obj.; i.e. of the lowest class
 **(eum) omnia...inclīnā(vi)sse**: *that (he)...*

 **quae...fuerint**: *which...*; relative with pf. subj. of subordinate verb in ind. disc.
6 **(eum) īnstituisse cēnsum**: *that (he)...*
 **ut...esset**: *so that...might*; purpose
7 **īnsignis...et parāta**: *marked...and ready at hand*; both nom. pred.; PPP parō
 **ad**: *for*
 **unde...largīrētur**: *from which...might*; relative of purpose with impf. dep; fortūna is antecedent
 **ubi vellet**: *whenever...*; relative clause with impf. subj. volō
9 **huic ōrātiōnī**: dat. of compound verb
 **trepidō nūntiō**: i.e. an alarming message
10 **ā vestibulō**: i.e. i.e. while standing in...
 **magnā vōce**: *with a loud voice*; abl. manner
 **quid...reī**: *what purpose...?*; appositional gen.
11 **Tarquinī**: voc. dir. address
 **quā...audāciā**: *with...*; interrogative adj.
 **mē vīvō**: abl. abs., supply pple 'being'
 **ausus es**: 2s dep. pf. audeō
12 **cum ille (dīceret)**: i.e. Tarquinius
 **ad haec**: *in response to...*

patris suī tenēre sēdem; multō quam servum potiōrem fīlium rēgis
rēgnī hērēdem; satis illum diū per licentiam ēlūdentem īnsultāsse
dominīs—, clāmor ab utriusque fautōribus oritur et concursus
populī fīēbat in cūriam, appārēbatque rēgnātūrum quī vīcisset. 3.
tum Tarquinius necessitāte iam et ipsā cōgente ultima audēre,
multō et aetāte et vīribus validior, medium arripit Servium
ēlātumque ē cūriā in īnferiōrem partem per gradūs dēiēcit; inde ad
cōgendum senātum in cūriam rediit. 4. fit fuga rēgis appāritōrum
atque comitum; ipse prope exsanguis cum sine rēgiō comitātū
domum sē reciperet ab iīs quī missī ab Tarquiniō fugientem
cōnsecūtī erant interficitur. 5. crēditur, quia nōn abhorret ā cēterō
scelere, admonitū Tulliae id factum. carpentō certē, id quod satis

---

**abhorreō, -ēre, -uī**: shrink from; vary from, 1
**admonitus, -ūs m.**: suggestion, reminder, 1
**appāreō, -ēre, -uī**: appear, be apparent, 4
**appāritor, -ōris f.**: attendant (free-born), guard, 3
**arripiō, -ere, -uī, -reptus**: snatch, grab, 1
**carpentum, -ī n.**: carriage (two-wheeled), 5
**cōgō, -ere, -ēgī, -āctum**: compel, collect, 4
**comes, -itis m. f.**: companion, comrade, 6
**comitātus, -ūs m.**: retinue, escort, company, 1
**concursus, -ūs m.**: gathering; collision, charge, 5
**cōnsequor, -ī, secūtum**: follow, go after, 2
**dēiciō, -ere, -iēcī, -iectum**: throw/bring down, 3
**diū**: a long time, long, 4
**dominus, -ī m.**: master, 4
**ēfferō, -ere, -tulī, -lātum**: carry out, lift, 5

**ēlūdō, -ere, -sī, -sus**: mock, make fun of, 2
**exsanguis, -e**: lifeless, fainting; bloodless, 2
**fautor, -ōris m.**: supporter, patron, 3
**fugiō, -ere, fūgī**: to flee, hurry away, 3
**gradus, -ūs m.**: step, pace; stairs, 5
**hērēs, hērēdis, m./f.**: heir, heiress, 5
**īnferior, -ius**: lower, 1
**īnsultō (1)**: insult, taunt, 1
**licentia, -ae f.**: license, lack of restraint, 1
**necessitās, -tātis f.**: necessity, 4
**potior, potius**: more preferable, better, 1
**recipiō, -ere, -cēpī, -ceptum**: take (back), 4
**senātus, -ūs f.**: senate, 5
**Tullia, -ae f.**: Tullia, 7
**validus, -a, -um**: strong, powerful, 5

1 **sē...tenēre**: *that...*
  **multō (esse)...hērēdem**: *that...(be) the heir...*
  **multō**: *much*; 'by much,' abl. degree of difference with potiōrem
  **quam servum**: *than...*; clause of comparison
2 **satis illum...īnsultā(vi)sse**: *that that one...*; i.e. Servius; satis modifies diū
3 **dominīs**: dat. of compound verb
  **clāmor...oritur**: end of Tarquinius' speech
  **utriusque**: gen. sg. ūterque
  **appārēbat**: *it...*; impersonal
  **rēgnātūrum (esse) quī vīcisset**: *that (the one)...*; the missing acc. subj. is antecedent of quī; plpf. vincō; subordinate verb in ind. disc.
5 **necessitāte...cōgente**: *necessity itself even now compelling to dare*; abl. abs.
  **audēre**: complementary inf. with cōgente
  **ultima**: *extreme things, extreme measures*; acc.
6 **multō**: *much*; abl. degree of difference
  **et aetāte et vīribus**: abl. respect; i.e younger and stronger

**medium**: i.e. by the waist
7 **ēlātum...dēiēcit**: PPP ēfferō; English prefers two finite verbs (e.g. lifted and threw down) whereas Latin often prefers PPP and a main verb
  **per**: *over*
  **ad cōgendum senātum**: *for...*; perform a gerund-gerundive flip and translate as gerund (-ing) + obj.
9 **ipse**: *he himself*; i.e. Servius
  **prope**: adv.
  **cum...sē reciperet**: i.e. retreat or return
10 **domum**: acc. place to which
  **ab iīs**: *by those*; abl. agent
  **fugientem**: *(the one)...*; pres. pple
11 **crēditur**: *it is...*; impers. pass.
  **nōn abhorret**: *it is not inconsistent with, it does not vary from*; common translation for abhorreō
12 **id...(factum) esse**: *that...*; id refers to Tarquinius' behavior; logical subject of crēditur
  **id quod...**: *that which...*; parenthetical; id is in apposition to the entire clause

cōnstat, in forum invecta nec reverita coetum virōrum ēvocāvit 1
virum ē cūriā rēgemque prīma appellāvit. 6. ā quō facessere iussa
ex tantō tumultū cum sē domum reciperet pervēnissetque ad
summum Cyprium Vīcum, ubi Diānium nūper fuit, flectentī
carpentum dextrā in Urbium Clīvum ut in collem Ēsquiliārum 5
ēveherētur, restitit pavidus atque inhibuit frēnōs is quī iūmenta
agēbat iacentemque dominae Servium trucīdātum ostendit. 7.
foedum inhūmānumque inde trāditur scelus monumentōque locus
est—Scelerātum Vīcum vocant—quō āmēns, agitantibus furiīs
sorōris ac virī, Tullia per patris corpus carpentum ēgisse fertur, 10
partemque sanguinis ac caedis paternae cruentō vehiculō,
contāmināta ipsa respersaque, tulisse ad Penātēs suōs virīque suī,

---

**agitō (1)**: to drive; chase; consider, 3
**āmēns, -ntis**: out of one's mind, distracted, 1
**carpentum, -ī n.**: carriage (two-wheeled), 5
**clīvus, -ī m.**: slope, 1
**coetus, -ūs m.**: gathering, meeting, 2
**cōnstō, -āre, -stitī**: it is agreed; stand firm, 6
**contāminō (1)**: contaminate, defile, disgrace, 1
**cruentus, -a, -um**: bloody, blood-stained, 2
**Cyprius, -ī m.**: Cyprius, 1
**Diānium, -iī n.**: temple of Diana, 1
**domina, -ae f.**: mistress, master, owner, 1
**Ēsquiliae, -ārum f.**: Esquiline (hill), 2
**ēvehō, -ere, -vexī, -vectum**: carry out, convey, 2
**ēvocō (1)**: call out, challenge, 3
**facessō, -ere, -ī, -ītum**: take off, retire, 2
**flectō, -ere, flexī, flectum**: turn, bend, 4
**foedus, -a, -um**: ugly, foul, filthy, 4
**forum, -ī n.**: forum, 7
**frēnum, -ī n. (pl. masc.)**: bit, rein, 2
**furia, -ae f.**: madness; fury, avenging spirit, 3
**iaceō, -ēre, -uī**: lie down, lie dead, 3

**inhibeō, -ēre, -uī, -itum**: check, 1
**inhūmānus, -a, -um**: inhuman, 1
**invehō, -ere, -vexī, -vectum**: convey, bring in, 5
**iūmentum, -ī n.**: oxen, beast of burden, 1
**nūper**: recently, lately, not long ago, 4
**ostendō, -ere, ostendī**: to show, 5
**paternus, -a, -um**: paternal; ancestral, 4
**pavidus, -a, -um**: alarmed, horrified, 2
**Penātēs, -ium m.**: Penates, 4
**recipiō, -ere, -cēpī, -ceptum**: take (back), 4
**respergō, -ere, -spersī**: splatter, sprinkle over, 2
**resistō, -ere, -stitī**: stand still, stop; oppose, 4
**revereor, -ērī, -itum**: respect, feel abashed at, 1
**sanguis, sanguinis m.**: blood, 7
**scelerātus, -a, -um**: wicked; profane, 2
**soror, sorōris f.**: sister, 6
**trūcīdō (1)**: cut down, kill, butcher, 2
**Tullia, -ae f.**: Tullia, 7
**vehiculum, -ī n.**: carriage, vehicle, 2
**vīcus, -ī m.**: street, 2

---

1 **cōnstat**: *is agreed*
**(Tullia) in forum invecta**: PPP
**reverita coetum virōrum**: dep PPP, translate as 'having Xed;' Tullia does not show a proper sense of shame for being among men in public.
2 **virum**: *her husband*
**prima**: i.e. was the first to…
**ā quō**: *by this one*; i.e. Tarquin; connective rel.
**iussa**: i.e. Tullia, the subject of the cum-clause
3 **cum sē…reciperet…vicum**: i.e. was returning
**domum**: acc. place to which
4 **Cyprium Vīcum**: *Cyprus Street*
**flectentī…ēveherētur**: *for (the one) turning…*; i.e. Tullia (or her driver), dat. of interest
5 **dextrā**: *to the right*; 'on the right'

**Urbium Clīvum**: *Clivus Urbius*; a street name
**ut…ēveherētur**: *so that…might*; purpose
6 **is quī…agēbat**: *the one who…*; i.e. Tullia's driver, subject of restitit, inhibuit, and ostendit
7 **iacentem**: pres. pple iaceō, i.e. in the road
8 **trāditur**: *is handed down*; according to tradition
**monumentō…est**: *serves as…*; dat. of purpose
**vocant (locum)**: a double acc. (obj., pred.)
9 **quō**: *to where*; or connective rel.: 'to there'
**agitantibus…virī**: abl. abs.
10 **fertur**: *is reported*; governs pf. inf. agō, ferō
11 **partem…tulisse**: *and…to have brought part…*
**sanguinis…paternae**: *of the blood of her murdered father*; hendiadys (2s terms, one obj.)
12 **ipsa**: *Tullia herself*; subject of fertur

quibus īrātīs malō rēgnī prīncipiō similēs propediem exitūs 1
sequerentur.

8. Ser. Tullius rēgnāvit annōs quattuor et quadrāgintā ita ut bonō
etiam moderātōque succēdentī rēgī difficilis aemulātiō esset;
cēterum id quoque ad glōriam accessit quod cum illō simul iūsta ac 5
lēgitima rēgna occīdērunt. 9. id ipsum tam mīte ac tam moderātum
imperium tamen quia ūnīus esset dēpōnere eum in animō habuisse
quīdam auctōrēs sunt, nī scelus intestīnum līberandae patriae
cōnsilia agitantī intervēnisset.

**49.** inde L. Tarquinius rēgnāre occēpit, cui Superbō cognōmen 10
facta indidērunt, quia socerum gener sepultūrā prohibuit, 2.
Rōmulum quoque īnsepultum perisse dictitāns, prīmōrēsque

---

**accēdō, -ere, -cessī**: come to, approach, is added, 7
**aemulātiō, -tiōnis f.**: rivalry; envy, 1
**agitō (1)**: drive; chase; consider, 3
**cēterum**: but, in other respects; besides, 7
**cognōmen, -minis n.**: nickname, 7
**dēpōnō, -ere, -posuī**: put aside, put down, 2
**dictitō (1)**: say repeatedly, 3
**difficilis, difficile**: hard, difficult, 1
**exitus, -ūs m.**: end, result, 1
**gener, generī m.**: son-in-law, 5
**indō, -ere, -didī, -ditum**: attach, give to, 3
**īnsepultus, -a, -um**: unburied, 1
**interveniō -īre -vēnī**: come between, interrupt, 5
**intestīnus, -a, -um**: domestic, family; civil, 1
**īrātus, -a, -um**: angry, angered, 2
**iūstus, -a, -um**: just, legitimate, 5
**lēgitimus, -a, -um**: lawful, legal, 1
**līberō (1)**: to free, release, 2

**mītis, -e**: mild, gentle, 5
**moderātus, -a, -um**: temperate, 2
**nī (nisī)**: if not, unless, 5
**occīdō, -ere, -cīdī, -cīsus**: kill, strike down, 5
**occipiō, -ere, -cēpī, -captum**: begin, 2
**pereō, -īre, periī**: to pass away, perish, 4
**prīncipium, -ī n.**: beginning, 4
**prohibeō, -ēre, -hibuī**: hold back, hinder, 6
**propediem**: soon, 3
**quadrāgintā**: forty, 7
**quattuor**: four, 3
**sepultūra, -ae f.**: burial, 2
**Ser.**: Servius, 7
**similis, -e**: similar to, like (gen., dat.), 6
**socer, socerī m.**: father-in-law, 3
**succēdō, -ere, -cessī, -cesum**: come up, succeed, 2
**superbus, -a, -um**: arrogant, proud; Superbus, 7
**Tullius, -ī m.**: Tullius, 6

---

1 **quibus īrātīs...sequerentur**: *by whom, angered* i.e. by whose anger; abl. of cause; subj. of subordinate verb in ind. disc.; exitūs is subject
**malō...prīncipiō**: *to...*; dat. of adj. similēs;

2 **annōs...quadrāgintā**: *for...*; acc. of duration
**ut...esset**: *that...would...*; result

3 **bonō...rēgī**: *for...*; dat. of interest
**etiam**: *even*

5 **id...accessit**: *this...is added*; accēdere, 'be added,' + ad is an idiom
**quod...occīdērunt**: *(namely) that...*; noun clause in apposition to id; Tarquin and Tullia are the subject; cum illō refers to Servius

6 **id ipsum (esse)...imperium**: *that this rule itself (was)...*; governed by quīdam auctōrēs sunt
**tamen**: *however*

7 **quia (imperium) ūnīus esset**: *because it was one man's rule*; subj. of alleged cause from Servius' perspective; ūnīus is gen. sg. ūnus
**dēpōnere (imperium) eum in animō habuisse**: *that he...*; i.e. he intended; eum is acc. subject; governed by quīdam auctōrēs sunt

8 **quīdam auctōrēs sunt**: *there are certain writers (who state)*; governing ind. disc.
**nī...intervēnisset**: *if...had not*; contrary to fact condition (sī plpf. subj., plpf. subj.) but dēponere ...habuisse replaced the apodosis dēposuisset
**līberandae patriae**: *of...*; noun + gerundive; translate as gerund (-ing) + obj. with cōnsilia

9 **cōnsilia agitantī**: *(the one) considering...*; dat. of compound verb intervēnisset; i.e. Servius

10 **cui**: *to whom*; ind. obj. and dat. of possession
**Superbō**: '*Superbus*' attracted into dat. of cui

11 **facta**: *actions, deeds*; nom. pl. substantive
**sepultūrā**: *from...*; abl. of separation
**īnsepultum**: predicative: translate after inf.

patrum, quōs Servī rēbus fāvisse crēdēbat, interfēcit; cōnscius 1
deinde male quaerendī rēgnī ab sē ipsō adversus sē exemplum capī
posse, armātīs corpus circumsaepsit; 3. neque enim ad iūs rēgnī
quicquam praeter vim habēbat ut quī neque populī iussū neque
auctōribus patribus rēgnāret. 4. eō accēdēbat ut in cāritāte cīvium 5
nihil speī repōnentī metū rēgnum tūtandum esset. quem ut plūribus
incuteret cognitiōnēs capitālium rērum sine cōnsiliīs per sē sōlus
exercēbat, 5. perque eam causam occīdere, in exsilium agere, bonīs
multāre poterat nōn suspectōs modo aut invīsōs sed unde nihil
aliud quam praedam spērāre posset. 10
 6. praecipuē ita patrum numerō imminūtō statuit nūllōs in patrēs
legere, quō contemptior paucitāte ipsā ōrdō esset minusque per sē

---

**accēdō, -ere, -cessī**: come to, approach, is added, 7
**capitālis, -e**: of the head, capital, 1
**cāritās, -tātis f.**: affection, 5
**circumsaepiō -īre -saepsī**: hedge around, 1
**cognitiō, -tiōnis f.**: inquiry, examination, 3
**cōnscius, -a, -um**: conscious, aware, witnessing, 1
**contemptus, -a, -um**: despised, 1
**exerceō, -ēre, -uī, -citum**: train, 2
**exsilium, -iī n.**: exile, 3
**faveō, -ēre, fāvī**: favor, support (dat.), 2
**imminuō, -ere, -uī, -ūtum**: diminish, 1
**incutiō, -ere**: strike into, inspire, 1

**invīsus, -a, -um**: hateful, hated (dat.), 2
**iussus, -ūs m.**: order, 4
**multō (1)**: deprive from (abl); punish, 2
**occīdō, -ere, -cīdī, -cīsus**: kill, strike down, 5
**paucitās, -tātis f. (1)**: fewness, scarcity, 1
**praecipuē**; especially, 5
**praeter**: except, besides, 5
**repōnō, -ere, -posuī,**: put, place back, store, 1
**spērō (1)**: hope, hope for, expect, 4
**suspiciō, -ere, -spexī**: look up to, suspect, 2
**tūtor, -ārī, -ātum**: secure, make safe, 2

1 **rēbus**: *affairs, interests*; ind. obj.
 **quōs...fāvisse**: ind. disc in a relative clause
 **male...exemplum...posse**: *that an example...*;
 pass. inf. capiō, governed by cōnscius
2 **male quaerendī rēgnī**: *of...*; noun + gerundive:
 perform a gerund-gerundive flip and translate as
 gerund (-ing) + obj.; modifies exemplum
 **ab sē ipsō**: *from...*; abl. of source
 **adversus**: *against...*; + acc.
3 **armātīs (virīs)**: abl. means
 **ad**: *in regard to...*
4 **quicquam**: *anything*
 **ut quī...rēgnāret**: *who...*; causal relative clause
 of characteristic; an 'ut' or 'quippe' may being a
 relative of characteristic, and 'ut quī' therefore,
 may be translated 'since...ruled'
5 **auctōribus patribus**: abl. abs., add pple 'being'
 **eō accēdēbat**: *it was added to this*; a periphrasis
 for 'moreover;' eō, 'to this,' is an adv. (cf. quō)
 **ut...tūandum esset**: *that...had to be...*; noun
 result clause with pass. periphrastic (gerundive +
 impf. subj.) and dative of agent
 **in cāritāte...repōnentī**: *by (the one)...*; dat. of
 agent; here dat. pres. pple

6 **speī**: partitive gen. with nihil
 **metū**: abl. means
 **quem**: *this*; connective relative; i.e. metus
 **ut...incuteret**: *so that...might...*; purpose clause
 **plūribus**: *into...*; dat. of compound,
7 **cognitiōnēs**: *inquiries*; a legal inquiry or trial
 **rērum**: *of...cases*; i.e. legal cases involving the
 death penalty
 **per sē**: *by...*
8 **per eam causam**: i.e. through this pretext
 **bonīs**: *from...*; abl. separation; bona, 'property'
9 **nōn...modo...sed**: *not only...but (also)*
 **suspectōs, invīsōs**: *(those)...*; obj. of infs. above
 **unde...posset**: *(those) from where...*; relative
 clause of characteristic; impf. subj.
11 **patrum numerō imminūtō**: abl. abs.
12 **legere**: *to select*; i.e. the appointing of senators
 **quō...esset...indignārentur**: *so that...might...*;
 purpose
 **ōrdō**: i.e. the senate
 **paucitāte ipsā**: *by...*; abl. cause
 **per sē**: *through themselves*; with agī

nihil agī indignārentur. 7. hic enim rēgum prīmus trāditum ā priōribus mōrem dē omnibus senātum cōnsulendī solvit; domesticīs cōnsiliīs rem pūblicam administrāvit; bellum, pācem, foedera, societātēs per sē ipse, cum quibus voluit, iniussū populī ac senātūs, fēcit dirēmitque.

8. Latīnōrum sibi maximē gentem conciliābat ut peregrīnīs quoque opibus tūtior inter cīvēs esset, neque hospitia modo cum prīmōribus eōrum sed adfīnitātēs quoque iungēbat. 9. Octāviō Mamiliō Tusculānō—is longē prīnceps Latīnī nōminis erat, sī fāmae crēdimus, ab Ulixe deāque Circā oriundus—, eī Mamiliō fīliam nuptum dat, perque eās nuptiās multōs sibi cognātōs amīcōsque eius conciliat.

---

**adfīnitās, -tātis f.**: relationship (by marriage), 3
**administrō (1)**: administer, manage, 1
**amīcus, -ī m.**: friend, 2
**cognātus, -ī m.**: kinsman, relative, 2
**conciliō (1)**: win over, unite (dat.), 6
**dea, -ae f.**: goddess, divinity, deity, 4
**dirimō, -ere -ēmī, -emptum**: interrupt, break off 4
**domesticus, -a, -um**: of a house, 4
**hospitium, ī n.**: guest-friendship/hospitality, 6
**indignor, -ārī, indignātum**: be offended, 3
**iniussū**: without orders, 4

**Mamilius, -ī m.**: Mamilius, 2
**nūbō, -ere, -psī, nūptum**: marry, put on veil, 4
**nuptiae, -ārum, f.**: marriage, wedding, 2
**Octāvius, -iī m.**: Octavius, 1
**oriundus, -a, -um**: descended, born, 6
**senātus, -ūs f.**: senate, 5
**societās, -tātis f.**: alliance, partnership, 7
**solvō, -ere, -vī, solūtum**: loosen; pay, 4
**Tusculānus, -a, -um**: of Tusculum, 1
**tūtus, -a, -um**: safe, secure, guarded, 4
**Ulixēs, -is m.**: Ulysses (Odysseus), 1

1 **per sē nihil agī**: *that...*; pass. inf. agō, 'do'
   **prīmus**: i.e. was the first to...
   **mōrem...senātum cōnsulendī**: a gerund (-ing)
   **solvit**: *break, dissolve*
2 **priōribus**: *(those)...*; comparative prīmus
3 **rem pūblicam**: *government, (public) state, commonwealth*
   **voluit**: pf. volō
6 **sibi**: *to himself*; dat. ind. obj.
   **ut...esset**: *so that...might...*; purpose
7 **neque...modo...sed**: *not only...but (also)...*
8 **Octāviō Mamiliō**: *to...*; dat. ind. obj.

**Tusculānō**: *of Tusculum*; Latin town; dat.
9 **longē**: *by far*; i.e. a quite important leader
   **Latīnī nōminis**: i.e. of all the people who carry the name Latin
10 **fāmae**: dat. ind. obj.
   **eī Mamiliō**: *to this...*; resuming the same dat. after a parenthetical clause
11 **nuptum**: *to...*; acc. supine (PPP + um) often expresses purpose: translate as an inf.
   **sibi**: *to himself*; dat. ind. obj.
12 **eius**: i.e. Mamilius'; gen. sg. is

**50.** iam magna Tarquinī auctōritās inter Latīnōrum procerēs erat, cum in diem certam ut ad lūcum Ferentīnae conveniant indīcit: esse, quae agere dē rēbus commūnibus velit. 2. conveniunt frequentēs prīmā lūce: ipse Tarquinius diem quidem servāvit, sed paulō ante quam sōl occideret vēnit. multa ibi tōtō diē in conciliō variīs iactāta sermōnibus erant. 3. Turnus Herdonius ab Arīciā ferōciter in absentem Tarquinium erat invectus: haud mīrum esse Superbō inditum Rōmae cognōmen.—iam enim ita clam quidem mussitantēs, volgō tamen eum appellābant.—an quicquam superbius esse quam lūdificārī sīc omne nōmen Latīnum? 4. longē ab domō excitīs, ipsum, quī concilium indīxerit, nōn adesse. temptārī profectō patientiam ut, sī iugum accēperint, obnoxiōs

---

**absēns, absentis (adj.)**: absent, 3
**adsum, -esse, -fuī**: be present, assist, 6
**an**: or (in questions), 7
**Arīcia, -ī f.**: Aricia (Latin town), 1
**auctōritās, -tātis f.**: authority, 2
**clam**: secretly, in secret, 3
**cognōmen, -minis n.**: nickname, 7
**Ferentīna, -ae f.**: Ferentina (goddess), 2
**ferōciter**: fiercely, 3
**frequēns, frequentis**: crowded, busy, 6
**Herdonius, -ī m.**: Herdonius, 1
**iactō (1)**: toss, throw, cast, 3
**indō, -ere, -didī, -ditum**: attach, give to, 3
**invehō, -ere, -vexī, -vectum**: bring in, attack, 5
**iugum, -ī n.**: yoke, harness (for oxen); ridge, 2
**lūcus, -ī m.**: grove, 7

**lūdificor, -ārī, -ātum**: make sport of, 1
**lūx, lūcis m.**: light, 6
**mīrus, -a, -um**: amazing, surprising, 7
**mussitō (1)**: mutter, grumble, 1
**obnoxius, -a, -um**: subject to, obedient to (dat.), 2
**occidō, -ere, -cidī, -cāsum**: fall, 1
**paulus, -a, -um**: little, small, 6
**procerēs, -um m.**: leaders, chieftains, 3
**profectō**: assuredly, indeed, certainly, 4
**sermō, sermōnis m.**: conversation, talk, 3
**servō (1)**: save, preserve, protect, 4
**sōl, sōlis m.**: sun, 1
**superbus, -a, -um**: arrogant, proud; Superbus, 7
**temptō (1)**: attempt, test; attack, 5
**varius, -a, -um**: various, alternating, 6
**vulgus (volgus), -ī n.**: mass, masses, crowd, 7

2 **in diem certam**: *on a decided day*
  **ut...conveniant**: *that...*; ind. command with pres. subj.
3 **esse**: *that (there)...*; subject is antecedent of quae
  **quae...velit**: *(things) which...*; relative clause of characteristic, pres. subj. volō
  **agere**: *to discuss*
4 **prīmā lūce**: abl. time when
  **servāvit**: *kept*; i.e. remembered the appointment
  **paulō**: *a little*; 'by a little,' abl. of degree of difference
  **ante quam...occideret**: *before...*; often as one word; quam introduces a clause of comparison but when joined with ante (or prius), we describe it as a temporal clause with a subj. of anticipated action
5 **tōtō diē**: abl. time within; i.e. Tarquin is absent
6 **variīs sermōnibus**: means
  **iactāta...erant**: i.e. back and forth in discussion
7 **in**: *upon..., against...*

**erat invectus**: *had made an attack*; 'had brought himself against,' plpf. pass. invehō is reflexive (middle voice) in sense
7 **haud mīrum esse**: *that it...*; impers.
8 **(eī) Superbō inditum (esse)...cognōmen**: *that the name 'Superbus'...*; ind. disc., pf. pass. inf.; Superbō is drawn to dat. of missing eī, 'to him'
  **Rōmae**: locative
  **quidem...tamen**: *albeit...nevertheless*
9 **volgō**: *in general*; 'in a mass,' an abl. adv,
  **an quicquam...esse**: *Is there anything...*; ind. rhetorical questions are expressed as ind. disc.
  **superbius**: neut. comparative adj.
  **quam lūdificārī sīc**: clause of comparison
  **nōmen Latīnum**: i.e. all who carry the name
11 **excitīs**: *for (those)...*; dat. interest
  **ipsum...abesse**: *that he himself...*
  **indīxerit**: pf. subj., subordinate verb in ind. disc.
12 **temptārī patientiam**: *that (their) patience...*
  **accēperint**: pf. subj.; see indīxerit above

premat. cui enim nōn appārēre, adfectāre eum imperium in
Latīnōs? 5. quod sī suī bene crēdiderint cīvēs, aut sī crēditum illud
et nōn raptum parricīdiō sit, crēdere et Latīnōs quamquam nē sīc
quidem aliēnigenae dēbēre: 6. sīn suōs eius paeniteat, quippe quī
aliī super aliōs trūcīdentur exsulātum eant bona āmittant, quid speī
meliōris Latīnīs portendī? sī sē audiant, domum suam quemque
inde abitūrōs neque magis observātūrōs diem conciliī quam ipse
quī indīxerit observet.

7. haec atque alia eōdem pertinentia sēditiōsus facinorōsusque
homō hīsque artibus opēs domī nactus cum maximē dissereret,
intervēnit Tarquinius. 8. is fīnis ōrātiōnī fuit; āversī omnēs ad
Tarquinium salūtandum. quī silentiō factō monitus ā proximīs ut

---

**adfectō (1)**: strive for, pursue, 3
**aliēnigena, -ae m./f.**: foreign-born, foreigner, 1
**āmittō, -ere, -mīsī, -missum**: lose, let go, 7
**appāreō, -ēre, -uī**: appear, be apparent, 4
**bene**: well, 3
**dēbeō, -ēre, -uī, debitum**: ought. owe, 3
**disserō, -ere, -seruī**: talk about, discuss, 5
**exsulō (1)**: to exile, banish; live in exile, 3
**facinorōsus, -a, -um**: criminal, 1
**interveniō -īre -vēnī**: come between, interrupt, 5
**melior, melius**: better, 5
**moneō, -ēre, -uī, -itum**: warn, advise, 2
**nancīscor, nancīscī, nactus**: obtain, 2

**observō (1)**: watch, observe, attend to, 2
**ōrātiō, -iōnis f.**: speech, speaking, 5
**paenitet, -ēre, -uit**: it makes (acc) feel regret, 4
**parricīdium, -iī n.**: parricide, treason, 4
**pertineō, -ēre, -tinuī**: pertain to; reach, 5
**portendō, -ere, -tendī, -tentum**: foretell, 7
**premō, -ere, pressī, -ssum**: press, check, 2
**salūtō (1)**: to greet, 2
**sēditiōsus, -a, -um**: seditious, treasonable, 1
**silentium, -iī n.**: silence, 5
**sīn**: but if; if, however, 2
**super**: on top of, over, above (acc.), 7
**trūcīdō (1)**: cut down, kill, butcher, 2

---

1 **premat**: *that he may degrade them as subjects*
**cui...appārēre**: *to whom is it not....?* an ind. rhetorical question is oft expressed in ind. disc.
**adfectāre...Latīnōs**: *that...*

2 **quod**: *this*; connective relative, i.e. imperium
**sī...bene crēdiderint (eī)..., aut sī crēditum......sit, dēbēre**: *if (in fact)...have entrusted (to him)... well or if...has been entrusted...; ought...* simple condition (sī pf. ind., pres. ind.); pf. act. and pass. subj. of subordinate verb in ind. disc.

3 **crēdere (imperium eī) et Latīnōs...dēbēre**: *that the Latins also...*; crēdō, 'entrust' + dat.
**quamquam...aliēnigenae**: Herdonius corrects himself mid-clause; dat. obj. of crēdō; dat. obj.
**nē...quidem**: *not even*; emphasizing sīc

4 **sīn...paeniteat**: *if it should make...*; pres. subj.
**suōs (cīvēs)**: i.e. the Romans
**eius**: *for him*; impers. paenitet governs acc. of person affected and gen. of the object of feeling
**quī...trūcīdentur,...eant, (et)...āmittant**: *who...*; three pres. subj. verbs in a series; subj. of subordinate verb in ind. disc.

5 **aliī super aliōs**: i.e. one after another

**exsultātum**: *to...*; acc. supine (PPP + um) often expresses purpose: translate as an inf.
**eant**: 3s pres. subj. eō, īre
**bona**: *property*; 'goods'
**quid...portendī**: *what...*; ind. rhetorical quest. expressed as ind. disc.; pres. pass. inf. portendō
**speī meliōris**: partitive gen., comparative bonus

6 **Latīnīs**: dat. interest
**sī sē audiant,...quemque...abitūrōs (esse)... observātūrōs (esse)**: *if they heed..., each one will...*; future more vivid (sī fut., fut.) in ind. disc. (sī pres. subj., fut. inf.); the Latīnī are subject, and sē refers to Herdonius

7 **ipse**: *Tarquinius himself*

8 **indīxerit**: pf. subj., subordinate verb in ind. disc.

9 **pertinentia**: pres. pple + dat. eō-dem
**domī**: locative
**indīxerit**: pf. subj., subordinate verb in ind. disc.

10 **cum maximē**: *just when...*; homō is subject
**ōrātiōnī**: dat. possession

11 **ad Tarquinium salūtandum**: *to...*; perform a gerund-gerund flip: translate as gerund (-ing)

12 **silentiō factō**: abl. abs.

pūrgāret sē quod id temporis vēnisset, disceptātōrem ait sē sūmptum inter patrem et fīlium cūrā reconciliandī eōs in grātiam morātum esse, et quia ea rēs exēmisset illum diem, posterō diē āctūrum quae cōnstituisset. 9. nē id quidem ab Turnō tulisse tacitum ferunt; dīxisse enim nūllam breviōrem esse cognitiōnem quam inter patrem et fīlium paucīsque trānsigī verbīs posse: nī pāreat patrī, habitūrum īnfortūnium esse.

**51.** haec Arīcīnus in rēgem Rōmānum increpāns ex conciliō abiit. quam rem Tarquinius aliquantō quam vidēbātur aegrius ferēns cōnfestim Turnō necem māchinātur, ut eundem terrōrem quō cīvium animōs domī oppresserat Latīnīs iniceret. 2. et quia prō imperiō palam interficī nōn poterat, oblātō falsō crīmine īnsontem

---

**aeger, -gra, -grum**: sick, injured; *adv.* poorly, 6
**aiō**: say, affirm, 6
**aliquantum, -ī n.**: some, considerable, 5
**Arīcīnus, -a, -um**: of Aricia, Arician (town), 2
**brevis, -e**: short, brief, 5
**cognitiō, -tiōnis f.**: inquiry, examination, 3
**cōnfestim**: at once, immediately, 4
**cōnstituō, -ere, -uī, -tus**: decide establish, 6
**crīmen, crīminis n.**: crime; charge, 3
**disceptātor, -is m.**: arbiter, judge, decider, 1
**exemō, -ere, -ēmī, -emptum**: take away, 1
**fallō, -ere, fefellī, falsum**: deceive, cheat, 6
**grātia, -ae f.**: gratitude, favor, influence, thanks, 6
**increpō, -āre, -uī**: rattle, clang; rebuke, chide, 5
**īnfortūnium, -ī n.**: misfortune, 1
**iniciō, -ere, -iēcī, -iectum**: throw upon, 6

**īnsōns, -sontis**: innocent, guiltless, 2
**māchinor, -ārī, -ātum**: contrive, devise, 1
**moror, -ārī, -ātus sum**: delay, linger, 3
**nex, necis f.**: death, violent death, murder, 2
**nī (nisī)**: if not, unless, 5
**offerō, -ferre, -tulī, -lātum**: offer, present, 3
**opprimō, -ere, -pressī**: overwhelm; suppress, 6
**palam**: openly, publicly, 5
**pāreō, -ēre, -uī**: obey (dat.), 1
**paucī, -ae, -a**: few, 1
**pūrgō (1)**: excuse, apology; clear away, cleanse, 3
**reconciliō (1)**: win back, recover, 2
**sūmō, -ere, -mpsī, -mptum**: take (up), chose, 6
**tacitus, -a, -um**: silent, still, 7
**trānsigō, -ere, -ēgī**: settle, complete, transact, 1

---

1 **ut pūrgāret sē**: *that...*; ind. command
  **quod...vēnisset**: *because...*; plpf. subj., subj. of subordinate verb in ind. command
  **id temporis**: *at that time*
  **disceptātōrem**: *as...*; following PPP sūmptum
  **sē...morātum esse**: *that he...*; pf. dep. inf.
2 **cūrā reconciliandī eōs...**: *because of concern...*; abl. cause; gen sg. gerund (-ing)
  **ad grātiam**: *into (good) graces*; i.e. each other's favor; an idiom with verbs of reconciliation
3 **quia...exēmisset**: *because...*; plpf.. subj., subj. of subordinate verb in ind. disc.
  **posterō diē**: abl. time when
4 **(sē) actūrum (esse)**: *that (he)...*
  **quae**: *(the things) which...*
  **nē...quidem**: *not even*
  **id (Tarquinium)...tulisse tacitum**: *that (Tarquinius) did not carry this off in silence*; pf. inf. ferō; i.e. get away with, steal
  **ā Turnō**: *from...*; abl. of separation

5 **ferunt**: *they report*
  **(eum) dīxisse**: *that (he)...*; i.e. Turnus is subject
  **nūllam...esse cognitiōnem**: *that...*
6 **quam...fīlium**: *than...*; clause of comparison
  **paucīsque...posse**: *that it was able...*; pass. inf.
  **nī (fīlius) pāreat patrī**: a fut. more vivid condition (sī fut., fut.) in ind. disc. (sī pres. subj., fut. inf.); translate as present with fut. sense
7 **habitūrum īnfortūnium esse**: *(he) will be badly off*; '(he) will hold misfortune,' an idiom cf. īnfortūnium ferre, 'come badly off'
8 **Arīcīnus**: *the man from Aricia*; i.e. Herdonius
  **quam rem**: *this matter*; 'which matter'
9 **aliquantō**: *somewhat*; 'by some,' abl. degree of difference with comparative adv. aegrē, 'poorly'
10 **aegrius**: comparative adv. with pres. pple ferō
  **ut...iniceret**: *so that...might*; purpose
11 **quō...oppresserat**: *by which...*; abl. means
  **prō**: *by virtue of..., in proportion to...*
12 **oblātō...crīmine**: abl. abs.

oppressit. per adversae factiōnis quōsdam Arīcīnōs servum Turnī
aurō corrūpit, ut in dēversōrium eius vim magnam gladiōrum
īnferrī clam sineret. 3. ea cum ūnā nocte perfecta essent, Tarquinius
paulō ante lūcem accītīs ad sē prīncipibus Latīnōrum quāsī rē novā
perturbātus, moram suam hesternam velut deōrum quādam
prōvidentiā inlātam ait salūtī sibi atque illīs fuisse. 4. ab Turnō dīcī
sibi et prīmōribus populōrum parārī necem ut Latīnōrum sōlus
imperium teneat. adgressūrum fuisse hesternō diē in conciliō;
dilātam rem esse, quod auctor conciliī āfuerit quem maximē
peteret. 5. inde illam absentis īnsectātiōnem esse nātam quod
morandō spem dēstituerit. nōn dubitāre, sī vēra dēferantur, quīn
prīmā lūce, ubi ventum in concilium sit, īnstrūctus cum

---

**absēns, absentis (adj.)**: absent, 3
**adgredior, -ī, -gressum**: go to, attack, address, 4
**aiō**: say, affirm, 6
**Arīcīnus, -a, -um**: of Aricia, Arician (town), 2
**aurum, -ī n.**: gold, 2
**clam**: secretly, in secret, 3
**corrumpō, -ere, -rūpī**: break down, ruin, 3
**dēferō, -ferre, -tulī, -lātum**: carry away, bring, 5
**dēstituō, -ere, -uī, -ūtum**: leave, abandon, 3
**dēversōrium, -ī n.**: lodging, inn, 1
**differō, -ferre,**: delay, put off; carry apart, 2
**dubitō (1)**: to hestitate, doubt, 3
**factiō, factiōnis f.**: faction, party, 4
**hesternus, -a, -um**: of yesterday, 4

**īnsectātiō, -tiōnis f.**: attack, 1
**lūx, lūcis m.**: light, 6
**mora, -ae f.**: delay, hesitation, hindrance, 3
**moror, -ārī, -ātus sum**: delay, linger, 3
**nex, necis f.**: death, violent death, murder, 2
**nox, noctis, f.**: night, 5
**opprimō, -ere, -pressī**: overwhelm; suppress, 6
**paulus, -a, -um**: little, small, 6
**perficiō, -ere, -fēcī, -fectum**: accomplish, bring about, 7
**perturbō (1)**: trouble, set in confusion, 1
**prōvidentia, -ae f.**: foresight, 1
**quāsī**: as if, just as, as though, 1
**salūs, -ūtis f.**: refuge, (means of) safety, health, 1

1 **adversae factiōnis**: gen. description
2 **aurō**: abl. means
  **ut…sineret**: *so that…*; purpose
  **eius**: i.e. Turnus Herdonius', gen. sg. is
  **vim magnam**: *great amount*; 'great force'
3 **īnferrī**: pres. pass. inf.
  **ūnā nocte**: abl. time when
  **ea** : *these things;* subject of plpf. pass. subj.
  **paulō**: *a little;* 'by a little,' degree of difference
4 **accītīs…prīncipibus**: abl. abs., acciō
  **rē novā**: *by recent circumstances*; a common phrase for 'revolution' or 'political change'
5 **moram… ait…fuisse**: *said that…*; ind,. disc. with pf. inf. sum governed by ait
  **velut… inlātam** : *as if…*; conditional clause of comparison, pf. pass. īnferō, 'bring;' Tarquinius suggests the gods are on his side
6 **salūtī…fuisse**: *served as a refuge…*; dat. of purpose and sum; a double dat. construction (purpose and interest)
  **sibi atque illīs**: dat. interest; i.e. Latins leaders
  **ab Turnō dīcī…parārī…necem**: *that…is said*

  …; pass. dīcī; take ab Turnō with pass. parārī
7 **sibi et prīmōribus**: *for…*; dat. interest
  **ut…teneat**: *so that…*
8 **(eum) adgressūrum fuisse…**: *that (he) would have…*; apodosis of past contrary to fact with suppressed protasis ('if Tarquinius had come')
  **hesternō diē**: abl. time when
9 **dilātam…esse**: pf. pass. differō
  **quo…āfuerit**: *because…*; pf. subj. absum; subj. of subordinate verb in ind. disc.
10 **inde illam…esse nātam**: *that then…*; pf. dep. nāscor
  **absentis**: *of (the one)…*; i.e. Tarquinius
  **quod…dēstituerit**: *because…*; pf. subj. of alleged cause
11 **morandō**: abl. means, gerund (-ing)
  **(sē) nōn dubitāre**: *that (he)…*; i.e. Tarquinius
  **quīn**: *that…*; begins a substantive clause with subj. following a verb of doubt in the negative
12 **prīmā lūce**: *at…*; abl. time when
  **ventum sit**: *they…*; impers. pf. pass: translate actively

coniūrātōrum manū armātusque ventūrus sit. 6. dīcī gladiōrum ingentem esse numerum ad eum convectum. id vānum necne sit, extemplō scīrī posse. rogāre eōs ut inde sēcum ad Turnum veniant. 7. suspectam fēcit rem et ingenium Turnī ferōx et ōrātiō hesterna et mora Tarquinī, quod vidēbātur ob eam differrī caedēs potuisse. eunt inclīnātīs quidem ad crēdendum animīs, tamen, nisi gladiīs dēprehēnsīs, cētera vāna exīstimātūrī.

8. ubi est eō ventum, Turnum ex somnō excitātum circumsistunt cūstōdēs; comprehēnsīsque servīs quī cāritāte dominī vim parābant, cum gladiī abditī ex omnibus locīs dēverticulī prōtraherentur, enimvērō manifēsta rēs vīsa iniectaeque Turnō catēnae; et cōnfestim Latīnōrum concilium magnō cum tumultū

---

**abdō, -ere, -didī, -ditus**: hide, put away, 3
**cāritās, -tātis f.**: affection, 5
**catēna, -ae f.**: chain, fetter, shackle, 1
**circumsistō, -ere, -stetī**: to surround, 3
**comprehendō, -ere, -ndī, -nsum**: grasp, arrest, 4
**cōnfestim**: at once, immediately, 4
**coniūrātī, -ōrum m.**: conspirators, 1
**convehō, -ere, -xī, -ctum**: collect, gather, 1
**cūstōs, cūstōdis m.**: guard, doorkeeper, 2
**dēprehendō -ere -sī**: seize upon discover, 1
**dēverticulum, -ī n.**: longing, 1
**differō, -ferre,**: delay, put off; carry apart, 2
**dominus, -ī m.**: master, 4
**enimvērō**: actually, really; for in truth, 1

**excitō (1)**: excite, rouse, incite, 5
**existimō (1)**: judge, consider, think, 2
**extemplō**: immediately, straightaway, 5
**hesternus, -a, -um**: of yesterday, 4
**iniciō, -ere, -iēcī, -iectum**: throw upon, 6
**manifēstus, -a, -um**: clear, evident, flagrant, 4
**mora, -ae f.**: delay, hesitation, hindrance, 3
**nisi**: if not, unless, 7
**ōrātiō, -iōnis f.**: speech, speaking, 5
**prōtrahō, -ere, -xī**: produce; pull out, 1
**rogō (1)**: to ask, ask for, 7
**somnus, -ī m.**: sleep, 4
**suspiciō, -ere, -spexī**: look up to, suspect, 2
**vānus, -a, -um**: in vain, useless, worthless, false, 7

---

1 **(cum) manū**: *with a group*; abl. accompaniment with missing preposition
  **ventūrus sit**: fut. periphrastic subj. governed by *quīn*
  **dīcī...esse convectum**: *that...is said to...*; pass. *dīcī* governs pf. pass. inf. *convehō*
2 **id...sit**: *whether...or...*; ind. question
3 **scīrī posse**: ind. disc.; ind question is subject
  **(sē) rogāre**: *that (he)...*; Tarquinius is subject
  **ut...veniant**: *that...*; ind. command, pres. subj.
4 **suspectam**: *suspicious*; acc. pred.; fēcit governs a double acc.
  **et ingenium...mora Tarquinī**: 3p with 3s verb
5 **vidēbātur**: *seemed* + pf. inf. *possum*
  **ob eam**: i.e. *mora*
6 **eunt**: 3p pres. *eō*, *īre*
  **inclīnātīs...animīs**: abl. abs.

**crēdendum**: gerund (-ing)
**gladiīs dēprehēnsīs**: abl. abs.
7 **cētera (esse) vāna**: *that...*; i.e. the entire alleged coup
  **exīstimātūrī (sunt)**: fut. periphrastic
8 **est ventum**: *they...*; impers. pf. pass.: translate in the active voice
  **eō**: *there, to there*; adv. (cf. *quō*, 'to where')
9 **comprehēnsīsque servīs**: abl. abs.
  **cāritāte dominī**: *because of...*; abl. of cause and objective gen.
  **vim parābant**: i.e. to use force
10 **cum...prōtraherentur**: impf. pass. subj.
11 **vīsa (est)**
  **iniectae (sunt)**
  **Turnō**: *on...*; dat. of compound verb
12 **magnō cum tumultū**: *cum magnō tumultū*

advocātur. 9. ibi tam atrōx invidia orta est gladiīs in mediō positīs, ut indictā causā, novō genere lētī, dēiectus ad caput aquae Ferentīnae crāte superne iniectā saxīsque congestīs mergerētur.

**52.** revocātis deinde ad concilium Latīnīs Tarquinius conlaudātisque quī Turnum novantem rēs prō manifēstō parricīdiō meritā poenā adfēcissent, ita verba fēcit: 2. posse quidem sē vetustō iūre agere, quod, cum omnēs Latīnī ab Albā oriundī sint, [in] eō foedere teneantur, quō sub Tullō rēs omnis Albāna cum colōnīs suīs in Rōmānum cesserit imperium; 3. cēterum sē ūtilitātis id magis omnium causā cēnsēre ut renovētur id foedus, secundāque potius fortūnā populī Rōmānī ut participēs Latīnī fruantur quam urbium excidia vastātiōnēsque agrōrum, quās Ancō prius, patre

---

**adficiō, -ere, -fēcī, -fectum**: affect, afflict, 2
**advocō (1)**: to summon, call to, 6
**atrōx, atrōcis**: savage, cruel, atrocious, 7
**cēdō, -ere, cessī**: withdraw; yield to (dat), come, 3
**cēnseō, -ēre, -uī, -sum**: think, judge; register, 7
**cēterum**: but, in other respects; besides, 7
**colōnus, -ī m.**: settler, colonist, 4
**congerō, -ere, -gessī, -gestum**: heap up together, 2
**conlaudō (1)**: praise highly, 1
**crātis, -is f.**: wicker crate, 1
**dēiciō, -ere, -iēcī, -iectum**: throw/bring down, 3
**excidium, -iī n.**: destruction, 2
**Ferentīnus, -a, -um**: Ferentine, 1
**fruor, -ī, frūctum**: enjoy (abl.), 1
**indictus, -a, -um**: not said, not spoken, 1
**iniciō, -ere, -iēcī, -iectum**: throw upon, 6
**invidia, -ae f.**: hatred, unpopularity, envy, 5

**lētum, -ī n.**: death, 1
**manifēstus, -a, -um**: clear, evident, flagrant, 4
**mergō, -ere, -rsī, mersum**: sink, drown, 2
**meritus, -a, -um**: deserved, due, just, 1
**novō (1)**: revolutionize, make new, 1
**oriundus, -a, -um**: descended, born, 6
**parricīdium, -iī n.**: parricide, treason, 4
**particeps, participis**: partner, 1
**poena, -ae, f.**: punishment, 6
**potius**: rather, more, preferably, 5
**novō (1)**: foment, change, make new, 1
**revocō (1)**: call back, recall, 1
**saxum, -ī n.**: rock, 3
**superne**: from above, 2
**ūtilitās, -tātis f.**: utility, advantage, 1
**vastātiō, -tiōnis f.**: devastation, 1
**vetustus, -a, -um**: ancient, old, 4

---

1 **orta (est)**: pf. dep. orior
  **gladiīs...positīs**: abl. abs.
  **ut...mergerētur**: *that...*; result, impf. pass. subj.
  **indictā causā**: abl. abs.; i.e. not pleaded: the prefix in- here means 'not'
2 **novō genere lētī**: abl. means
  **ad caput**: *at the source*; i.e. spring, fountain
  **aquae Ferentīnae**: *of the Ferentine water*; in the sacred grove of the goddess Ferentina
3 **crāte...iniectā**: abl. abs.
  **saxīsque congestīs**: abl. abs.
4 **revocātis...Latīnīs...conlaudātisque**: abl. abs.
  **quī...adfēcissent**: *who had...*; or' since they had...' a relative clause of characteristic expressing cause; plpf. subj.
5 **novantem rem**: *fomenting revolution*; nova rēs is an idiom for 'revolution' or 'political change'
  **prō**: *for..., on account of...*
6 **verba fēcit**: *made a speech*; idiom

**posse...sē...agere**: *that he...*; inf. agō, 'proceed'
**vetustō iūre**: *in acccordance with..*; abl. manner
7 **quod...teneantur**: *because...*; with pres. subj., subj. of subordinate verb in ind. disc.
  **cum...sint**: *since...*; causal sense; subj. sum
  **eō foedere**: demonstrative
8 **quō (foedere)...cesserit**: *by which (treaty)...*; relative clause with pf. subj. of subordinate verb in ind. disc.
  **rēs omnis Albāna**: *the entire Alban state*
9 **sē...id magis...cēnsēre**: *that he thought it better*
  **ūtilitātis...omnium causā**: *for the sake of...*
10 **ut renovētur**: *(namely) that...*; ind. command
  **secundāque potius...ut...quam...**: *and that the Latins, as participants, enjoy the favorable...* ind. command; secundus, 'favorable'
11 **quam...patiantur**: *than...*; cl. of comparison
12 **Ancō...rēgnante**: abl. abs.
  **prius...deinde**: *first...then...*

deinde suō rēgnante perpessī sint, semper aut exspectent aut patiantur.

4. haud difficulter persuāsum Latīnīs, quamquam in eō foedere superior Rōmāna rēs erat; cēterum et capita nōminis Latīnī stāre ac sentīre cum rēge vidēbant, et [Turnus] suī cuique perīculī, sī adversātus esset, recēns erat documentum. 5. ita renovātum foedus, indictumque iūniōribus Latīnōrum ut ex foedere diē certā ad lūcum Ferentīnae armātī frequentēs adessent. 6. quī ubi ad ēdictum Rōmānī rēgis ex omnibus populīs convēnēre, nē ducem suum nēve sēcrētum imperium propriave signa habērent, miscuit manipulōs ex Latīnīs Rōmānīsque ut ex bīnīs singulōs faceret bīnōsque ex singulīs; ita gemīnātīs manipulīs centuriōnēs imposuit.

---

**adsum, -esse, -fuī**: be present, assist, 6
**adversor, -ārī, -ātum**: be against, resist, 1
**bīnī, -ae, -a**: two each, two by two, 4
**centuriō, -iōnis m.**: centurion, 3
**cēterum**: but, in other respects; besides, 7
**difficulter**: with difficulty, 1
**documentum, -ī n.**: example, lesson, instruction, 3
**ēdictum, -ī n.**: proclamation, edict, 3
**exspectō (1)**: look out for, wait for, await, 4
**Ferentīna, -ae f.**: Ferentina (goddess), 2
**frequēns, frequentis**: crowded, busy, 6
**geminō (1)**: double, 4
**impōnō, -ere, -posuī**: put upon, impose, 3
**iūnior, iūnius**: younger, 5

**lūcus, -ī m.**: grove, 7
**manipulus, -ī m.**: maniple (2 centuries/120 men) 2
**misceō, -ēre, -uī, mīxtum**: mix, mingle, 5
**perīculum, -ī n.**: risk, danger, peril, 7
**perpetior, -ī, -pessum**: suffer, endure ongoing, 1
**persuādeō, -ēre, -suāsī, -āsum**: persuade, 2
**proprius, -a, -um**: of one's own, 1
**recēns, -ntis**: fresh, recent, 2
**renovō (1)**: renew, make new, 4
**sēcrētus, -a, -um**: secret, private, separate, 3
**sentiō, -īre, sēnsī, sēnsum**: feel, perceive, 7
**stō, stāre, stetī, statum**: stand, 6
**superior, -ius**: higher, upper; previous, 6

1 **suō**: i.e. Tarquinius Superbus'
**perpessī sint**: pf. dep. perpetior (per-patior), subj. of subordinate verb in a ind. command
**aut...aut...**: *either...or...*; pres. subj. governed by quam in the clause of comparison
3 **persuāsum (est) Latīnīs**: *The Latins were...*; impers. pf. pass. with dat. ind. obj.: translate with personal subject
4 **Rōmāna rēs**: *the Roman state*
**cēterum**: *in other respects*
**capita...sentīre...cum rēge**: *that the heads...*; i.e. that the leaders...
**nōminis Latīnī**: *of the Latin people*; i.e. all who carry the name 'Latin'
**sentīre**: *assent*
5 **sui cuique perīculī**: *of his own risk, to each one*; obj. gen. with documentum; dat. of interest
**sī adversātus esset**: *if (each) had...*; protasis of a contrary to fact (sī plpf. subj., plpf. subj.) with suppressed apodosis ('each would have died just as Turnus had'); plpf. dep. subj.
6 **recēns**: i.e. the death of Turnus

**renovātum (est)**
7 **indictum (est)**: *it was...*; impers. pf. pass. indīcō
**iūniōribus**: dat. ind. obj.; men of military age
**ut...adessent**: *that...*; ind. command, impf. subj.
**diē certā**: abl. time when
**ad**: *at...*
8 **armātī (virī)**
**quī**: *these*; connective relative, nom. subject
**ubi...convēnēr(unt)**: *when...*
**ad**: *according to...*
9 **nē...nēve...ve...habērent**: *so that (they) not... or...or...*; neg. purpose clause; Latīnī are subject
10 **sēcrētum**: *separate*
**signa**: *military standards*
11 **ut...faceret**: *so that...*; result, impf. subj.
**ex bīnīs singulōs**: *one (maniple) out of two (halves)*; i.e. half a maniple of Romans and half a maniple of Latins form one maniple
**bīnōs ex singulīs**: *two (halves) out of one (maniple)*; each Roman/Latin divided into two
12 **gemīnātīs manipulīs**: *on...*; dat. compound

**53.** nec ut iniūstus in pāce rēx, ita dux bellī prāvus fuit; quīn eā 1
arte aequāsset superiōrēs rēgēs nī dēgenerātum in aliīs huic quoque
decorī offēcisset. 2. is prīmus Volscīs bellum in ducentōs amplius
post suam aetātem annōs mōvit, Suessamque Pōmētiam ex iīs vī
cēpit. 3. ubi cum dīvēnditā praedā quadrāgintā talenta argentī 5
refēcisset, concēpit animō eam amplitūdinem Iovis templī quae
digna deum hominumque rēge, quae Rōmānō imperiō, quae ipsīus
etiam locī maiestāte esset; captīvam pecūniam in aedificātiōnem
eius templī sēposuit.

4. excēpit deinde lentius spē bellum, quō Gabiōs, propinquam 10
urbem, nēquīquam vī adortus, cum obsīdendī quoque urbem spēs
pulsō ā moenibus adēmpta esset, postrēmō minimē arte Rōmānā,

---

**adorior, -īrī, adortus**: rise up, attack, 3
**aedificātiō, -tiōnis f.**: building, 1
**aequō (1)**: equal, make equal, 2
**amplitudo, -inis f.**: magnificence, grandeur, 2
**amplus, -a, -um**: ample, full, spacious, 3
**argentum, -ī n.**: silver, 2
**captīvus, -a, -um**: captured, plundered, 1
**concipiō, -ere, -cēpī**: conceive, take in, 3
**dēgenerō (1)**: (make) degenerate, 1
**dignus, -a, -um**: worthy of, deserving of (abl.), 5
**dīvēndō, -ere, -dī, -itum**: sell in pieces, 1
**ducentī**: two-hundred, 3
**excipiō, -ere, -cēpī, -ceptum**: receive, welcome, 6
**iniūstus, -a, -um**: unjust, 3
**lentus, -a, -um**: slow, 1
**maiestās, -tātis f.**: majesty, 1

**minimus, -a, -um**: very little; *adv.* least, 6
**nēquīquam**: to no purpose, in vain, 3
**nī (nisī)**: if not, unless, 5
**obsideō, -ēre, -sēdī, -sessum**: beset, beseige, 2
**officiō, -ere, -fēcī**: block, throw shade on (dat.), 2
**pecūnia, -ae f.**: money, 6
**postrēmō,**: at last, finally; abl. as adv., 4
**prāvus, -a, -um**: wrong, crooked, wrong, 4
**propinquus, -a, -um**: near, neighboring; kin, 3
**quadrāgintā**: forty, 7
**reficiō, -ere, -fēcī, -fectum**: refresh, repair, 3
**sēpōnō, -ere, -suī, -situm**: put aside, 2
**Suessa Pōmētia, -ae f.**: Suessa Pometia (town), 2
**superior, -ius**: higher, upper; previous, 6
**talentum, -ī n.**: talent (unit of weight), 2
**Volscī, -ōrum m.**: Volscians, Volsci, 3

---

1 **nec ut…(fuit), ita…**: *just as…so…not…*; clause of comparison; ut and ita are correlatives
**quīn**: *rather*; or '*(there is no doubt) that…*'
2 **aequā(vi)sset…nī offēcisset**: *he would have…, if he had not…*; past contrary to fact (sī plpf. subj., plpf. subj.)
**dēgenerātum**: *his degeneracy*; substantive
**in aliīs**: *in other things*
**huic…decorī**: dat. of compound verb
3 **prīmus**: i.e. was the first to…
**Volscīs**: *against the Volsci*; dat. ind. obj.
**in…annōs**: *for…*; acc. duration
4 **aetātem**: *lifetime*
**mōvit**: *set in motion, began*
**Suessam Pōmētiam**: *Suessa Pometia*; the main town of the Volsci
**vī**: *by…, with…*; irreg. abl. manner vīs
5 **ubi:…concēpit** *where…*
**cum…refēcisset**: *after he had made back…*; plpf. subj. i.e. gained in return

**dīvēnditā praedā**: abl. abs.
6 **concēpit (in) animō**
**eam amplitūdinem**: *such magnificence*
**Iovis templī**: *for…*; gen. possession; Iūppiter, which declines Iovis, Iovī, Iovem, and Iove
**quae…quae…quae…esset**: *which would be…*; relative clauses of result (quae = ut ea); in a parallel series with the same verb and ellipsis; amplitūdinem is the antecedent
7 **digna**: + abl. of respect, as often
**quae (digna) Rōmānō imperiō (esset)**
**quae (digna) ipsīus…maiestāte esset**
**ipsīus…locī**: gen. sg. intensive
10 **lentius bellum**: neut. comparative adj.
**spē**: *than expectation*; abl. of comparison
**(in) quō**
11 **adortus**: dep. PPP adorior, abl. manner vīs
12 **cum…adēmpta esset**: plpf. pass. subj. adimō
**obsīdendī…urbem**: gen. gerund (-ing)
**pulsō**: *from (him) having…*; PPP, dat. compound

fraude ac dolō, adgressus est. 5. nam cum velut positō bellō fundāmentīs templī iaciendīs aliīsque urbānīs operibus intentum sē esse simulāret, Sextus fīlius eius, quī minimus ex tribus erat, trānsfugit ex compositō Gabiōs, patris in sē saevitiam intolerābilem conquerēns: 6. iam ab aliēnīs in suōs vertisse superbiam et līberōrum quoque eum frequentiae taedēre, ut quam in cūriā sōlitūdinem fēcerit domī quoque faciat, nē quam stirpem, nē quem hērēdem rēgnī relinquat. 7. sē quidem inter tēla et gladiōs patris ēlapsum nihil usquam sibi tūtum nisi apud hostēs L. Tarquinī crēdidisse. nam nē errārent, manēre iīs bellum quod positum simulētur, et per occāsiōnem eum incautōs invāsūrum. 8. quod sī apud eōs supplicibus locus nōn sit, pererrātūrum sē omne Latium,

---

**adgredior, -ī, -gressum**: go to, attack, address, 4
**compositum, -ī n.**: agreement, compact, 4
**conqueror, -ī, -stum**: complain bitterly (about), 1
**dolus, -ī m.**: trick, deceit, 7
**ēlābor, -lābī, -lapsum**: slip away or out, escape, 2
**errō (1)**: make a mistake, wander astray, 1
**fraus, fraudis f.**: fraud, deception; harm, hurt, 5
**frequentia, -ae f.**: large number, crowd, 1
**fundāmentum, -ī n.**: foundation, base, 6
**hērēs, hērēdis, m./f.**: heir, heiress, 5
**iaciō, -ere, iēcī, iactum**: throw, cast, 3
**incautus, -a, -um**: unawares, off one's guard, 1
**intentus, -a, -um**: intent, focused, eager, 4
**intolerābilis, -e**: unbearable, intolerable, 1
**invādō, -ere, -vāsī**: rush upon, attack, 4
**Latium, -ī n.**: Latium, 1

**minimus, -a, -um**: very little; *adv.* least, 6
**nisi**: if not, unless, 7
**occāsiō, -iōnis f.**: chance, opportunity, 4
**pererrō (1)**: to wander; be mistaken, 1
**saevitia, -ae f.**: savageness, cruelty 1
**Sextus, -ī m.**: Sextus, 3
**simulō (1)**: feign, pretend, make like, 7
**sōlitūdō, sōlitūdinis f.**: wilderness, solitude, 3
**superbia, -ae f.**: arrogance, pride, 6
**supplex, -icis m.**: suppliant, petitioner, 1
**taedet, -ēre**: it makes (acc) feel disgust for (gen), 1
**tēlum, -ī n.**: projectile, arrow, spear, 5
**trānsfugiō, -ere, -fūgī**: flee, desert, 1
**tūtus, -a, -um**: safe, secure, guarded, 4
**urbānus, -a, -um**: of a city, urban, 2
**usquam**: anywhere, 3

---

1 **adgressus est**: pf. dep.
   **velut positō bellō**: *as if...*; conditional clause of comparison and abl. abs.; ponō, 'put aside'
   **fundāmentīs...iaciendīs**: *on...*; dat. compound adj. intentum; perform a gerund-gerundive flip and translate as gerund (-ing) + obj.
2 **aliīsque urbānīs operibus**: *on...*; dat. compound
   **intentum...sē...esse**: *that he...*;
3 **minimus (nātū)**: *youngest*; 'least (in birth)'
   **ex tribus (līberīs)**: Tarquinius had 3 children
4 **ex compositō**: *by agreement*
   **Gabiōs**: acc. place to which
   **in sē**: *upon...*
5 **iam (eum)...vertisse superbiam**: *that he...*; i.e. Tarquinius; pf. inf. vertō in apposition to above
   **ab aliēnīs (līberīs) in suōs (līberōs)**: add nouns
6 **līberōrum...taedēre**: *that he is disgusted by the number of children*; 'it causes him disgust for the number of children' a common impers. verb: translate actively in English

   **ut...faciat**: *so that...may...*; purpose
   **quam...sōlitūdinem fēcerit**: *what...*; relative clause with relative adj.; pf. subj. of subordinate verb in a purpose clause
   **domī**: locative
7 **nē quam stirpem (reliquat)**: *so that...may...* neg. purpose with pres. subj; quam means 'any' indefinite aliquam loses the preface ali- before sī, nisi, num or nē; same for (ali)quem below
8 **nē quem hērēdem...reliquat**: see above
   **sē...crēdidisse**: *that...*; nihil, 'not at all' (adv.)
   **inter**: *from among...*
10 **nē errārent**: *that they...*; ind. command
   **manēre iīs...bellum**: *that for them...*
   **positum (esse)**: *to have put aside*
   **eum...invāsūrum (esse)**: *that...*; fut. inf.
11 **quod sī**: *but if...*; 'in respect to this, if,' quod is acc. of respect, connective rel., and adversative.
12 **pererrātūrum (esse) sē...**: *that he...*; fut. inf.
   **Latium**: acc. plact to which

Volscōsque sē inde et Aequōs et Hernicōs petītūrum dōnec ad eōs 1
perveniat quī ā patrum crūdēlibus atque impiīs suppliciīs tegere
līberōs sciant. 9. forsitan etiam ārdōris aliquid ad bellum armaque
sē adversus superbissimum rēgem ac ferōcissimum populum
inventūrum. 5

10. cum sī nihil morārentur īnfēnsus īrā porrō inde abitūrus
vidērētur, benignē ab Gabīnīs excipitur. vetant mīrārī sī, quālis in
cīvēs, quālis in sociōs, tālis ad ultimum in līberōs esset; 11. in sē
ipsum postrēmō saevītūrum, sī alia dēsint. sibi vērō grātum
adventum eius esse, futūrumque crēdere brevī ut illō adiuvante ā 10
portīs Gabīnīs sub Rōmāna moenia bellum trānsferātur.

**54.** inde in cōnsilia pūblica adhibērī. ubi cum dē aliīs rēbus

---

**adhibeō, -ēre, -buī**: apply, admit, 4
**adiuvō, -āre, -iūvī, adiūtum**: help, assist, 6
**adventus, -ūs m.**: arrival, approach, 6
**Aequī, -ōrum m.**: Aequi, Aequians (people), 2
**ārdor, ārdōris m.**: ardor, passion, 2
**benignus, -a, -um**: kind, kindly, 7
**brevis, -e**: short, brief, 5
**crūdēlis, -e**: cruel, bitter, bloody, 1
**dēsum, -esse, -fuī**: be lacking, fail (dat), 6
**excipiō, -ere, -cēpī, -ceptum**: receive, welcome, 6
**forsitan**: perhaps, 2
**Gabīnus, -, -um**: of Gabii, 7
**grātus, -a, -um**: pleasing, grateful, 6
**Hernicī, -ōrum m.**: Hernici (people), 1
**impius, -a, -um**: unholy, impious, 3

**īnfēnsus, -a, -um**: hostile, 2
**moror, -ārī, -ātus sum**: delay, linger, 3
**porrō**: forward; again, in turn; furthermore, 4
**postrēmō,**: at last, finally; abl. as adv., 5
**quālis, -e**: of what sort? what?, 5
**saeviō, -īre, -īvī, -itum**: be savage, 2
**socius, -ī m.**: ally, companion, comrade, 5
**superbus, -a, -um**: arrogant, proud; Superbus, 7
**supplicium, -iī n.**: punishment, 7
**tālis, -e**: such, 3
**tegō, -ere, tēxī, tēctum**: cover, protect, 1
**trānsferō, -ferre, -tulī, -lātum**: carry across, 2
**vetō, -āre, vetuī, vetitum**: forbid, tell...not, 2
**Volscī, -ōrum m.**: Volscians, Volsci, 3

1 **Volscōsque sē...petītūrum (esse)**: *that...*
  **dōnec...perveniat**: temporal clause with pres. subj. of anticipated action
2 **quī...sciant**: *who...*; relative of characteristic with pres. subj. sciō, 'know how' + inf.
  **crūdēlibus...suppliciīs**: *from...*; abl. separation
3 **forsitan...sē...inventūrum (esse)**: *that he...*; fut. inf.
  **etiam ārdōris aliquid**: *even some passion*; 'something of passion,' partitive gen.
  **ad**: *for...*
6 **cum...vidērētur**: *when he seemed...*;
  **sī...morārentur**: *if they did not at all detain (him)*; legal formula when a judge dismisses an accused person or consul dismisses the senate nihil is an adv. acc. (inner acc.); impf. subj. of subordinate verb in a cum clause
  **porrō inde**: *forward from there*
  **abitūrus**: fut. pple abeō, nom. pred.
7 **vetant (Sextum) mīrārī**: *they tell (Sextus) not to be surprised*

  **sī, quālis...quālis...tālis...esset**: *if what sort... what sort...,this sort he was...*; or 'as...as... such...' correlatives (relative and demonstrative)
  **in**: *against...*
8 **ad ultimum**: *at last*; i.e. finally
  **(eum) in sē...saevītūrum (esse)**: *that (he)...*; fut. inf.; eum and sē both refer to Tarquinius
9 **sibi...esse**: *that...*; dat. sibi refers to the Gabini and is dat. of reference with grātum
  **vērō**: *in fact, actually*; abl. as adv.
10 **eius**: i.e. Sextus'; gen. sg., is
  **(sē)...crēdere**: *that they...*; i.e. Gabini
  **futūrum (esse)...ut...trānsferātur**: *that war will be transferred...*; 'that it will be the case that...war is transferred' futūrum esse ut + subj. is a periphrastic fut. passive inf. construction
  **brevī (tempore)**: abl. time when
  **illō adiuvante**: abl. abs.
12 **cōnsilia**: *counsel, deliberations*
  **adhibērī**: *(he) is admitted...*; historical inf.
  **ubi, cum**: *where, although...*; concessive clause

adsentīre sē veteribus Gabīnīs dīceret quibus eae nōtiōrēs essent, 1
ipse identidem bellī auctor esse et in eō sibi praecipuam
prūdentiam adsūmere quod utrīusque populī vīrēs nōsset, scīretque
invīsam profectō superbiam rēgiam cīvibus esse quam ferre nē
līberī quidem potuissent. 2. ita cum sēnsim ad rebellandum 5
prīmōrēs Gabīnōrum incitāret, ipse cum prōmptissimīs iuvenum
praedātum atque in expedītiōnēs īret et dictīs factīsque omnibus ad
fallendum īnstrūctīs vāna adcrēsceret fidēs, dux ad ultimum bellī
legitur. 3. ibi cum, īnsciā multitūdine quid agerētur, proelia parva
inter Rōmam Gabiōsque fierent quibus plērumque Gabīna rēs 10
superior esset, tum certātim summī īnfimīque Gabīnōrum Sex.
Tarquinium dōnō deum sibi missum ducem crēdere. 4. apud mīlitēs

---

**adcrēscō, -ere, -crēvī**: grow, increase, 1
**adsentiō, -īre, -sēnsī**: agree to, approve (dat.), 1
**adsūmō, -ere, -sūmpī**: assume, take to oneself, 2
**certātim**: in rivalry, 2
**dōnum, -ī n.**: gift, 7
**expedītiō, -tiōnis f.**: expedition, patrol, 1
**fallō, -ere, fefellī, falsum**: deceive, cheat, 6
**Gabīnus, -, -um**: of Gabii, 7
**identidem**: repeatedly, 2
**incitō (1)**: urge on, incite, 3
**īnscius, -a, -um**: unknowing, 2
**invīsus, -a, -um**: hateful, hated (dat.), 2
**mīles, mīlitis m.**: soldier, 7

**nōscō, -ere, nōvī, nōtum**: learn, know, 3
**nōtus, -a, -um**: known, familiar, 2
**plērumque**; for the most part, mostly, 1
**praecipuus, -a, -um**: special, 2
**praedor, -ārī, -ātum**: plunder, 1
**profectō**: assuredly, indeed, certainly, 4
**prōmptus, -a, -um**: ready; prompt, 1
**prūdentia, -ae f.**: prudence, good sense, 1
**rebellō (1)**: renew war, wage war again; rebel, 1
**sēnsim**: slowly, gradually, 2
**superbia, -ae f.**: arrogance, pride, 6
**superior, -ius**: higher, upper; previous, 6
**vānus, -a, -um**: in vain, useless, worthless, false, 7

1 **adsentīre sē…Gabīnīs**: *that…*; dat. compound
  **quibus…essent**: *to whom…*; relative cl. with
  impf. subj. of subordinate verb in a cum clause
  **eae (rēs)**: nom. pl. demonstrative
2 **ipse…auctor esse…et adūmere**: *he himself
  was an adviser…*; historical infs. with nom.
  subject: translate as finite 3s impf. verbs
  **in eō**: i.e. in bellō
  **sibi**: *for…*; dat. of compound verb and interest
3 **quod…nō(vi)sset, scīretque**: *because…*;
  alleged cause; plpf. subj. nōscō, impf. subj. scīre
  **utrīusque**: gen. sg. ūterque
  **vīrēs**: acc. pl. vīs
4 **invīsam…superbiam…esse**: *that arrogance…*
  ind. disc. governed by scīrent
  **cīvibus**: dat. reference with invīsam
  **quam…potuissent**: *which…*; relative with plpf.
  subj. possum; subordinate verb in ind. disc.
  **ferre**: inf. ferō
  **nē…quīdem**: *not even*; emphasizing līberī
5 **cum…incitāret**
  **ad rebellandum**: *for…*; gerund (-ing)
6 **(et) ipse…īret…adcrēsceret**: *and he himself…*;

continuation of cum cluase; impf. subj. eō, īre
  **cum prōmpissimīs…**: *with…*; accompaniment
7 **praedātum**: *to…*; acc. supine (PPP + um) often
  expresses purpose: translate as an inf.
  **dictīs factīsque**: *with words and actions*; abl.
  means; substantives from PPP dīcō and faciō
  **omnibus…īnstrūctīs**: abl. abs.
  **ad fallendum**: *for…*; gerund (-ing)
8 **vāna…fidēs**: *false confidence*; nom. subject
  **dux…bellī**: nom. pred.
  **ad ultimum**: *at last*; i.e. finally
9 **legitur**: *he…*; pres. pass. legō 'choose'
  **cum…fierent**: impf. subj. fiō
  **īnsciā multitūdine**: abl. abs., add pple 'being'
  **quid agerētur**: ind. question, agō, 'do'
10 **(in) quibus**: abl. place where
  **Gabīna rēs**: *the state of Gabii*
11 **summī īnfimīque Babīnōrum…credere**:
  historical inf. with nom. pl. subject
11 **Sex….missum (esse) ducem**: *that…*; pf. pass.
12 **dono sibi**: *as…for…*; double dat. (dat. purpose
  and interest); sibi refers to the Gabii
  **de(ōr)um**: syncopated gen. pl.

vērō obeundō perīcula ac labōrēs pariter, praedam mūnificē 1
largiendō tantā cāritāte esse ut nōn pater Tarquinius potentior
Rōmae quam fīlius Gabiīs esset.

5. itaque postquam satis vīrium conlēctum ad omnēs cōnātūs
vidēbat, tum ex suīs ūnum sciscitātum Rōmam ad patrem mittit 5
quidnam sē facere vellet, quandō quidem ut omnia ūnus pūblicē
Gabiīs posset eī dī dedissent. 6. huic nūntiō, quia, crēdō, dubiae
fideī vidēbātur, nihil vōce respōnsum est; rēx velut dēlīberābundus
in hortum aedium trānsit sequente nūntiō fīliī; ibi inambulāns
tacitus summa papāverum capita dīcitur baculō dēcussisse. 7. 10
interrogandō exspectandōque respōnsum nūntius fessus, ut rē
imperfectā, redit Gabiōs; quae dīxerit ipse quaeque vīderit refert;

---

**aedis, -is f.**: temple, *pl.* house, 5
**baculum, -ī n.**: staff, 4
**cāritās, -tātis f.**: affection, 5
**colligō, -ere, -ī, -lectum**: collect, gather, 2
**cōnor, -ārī, cōnātum**: try, attempt, 3
**dēcutiō, -ere, dēcussī, -ssum**: strike off, cut off, 1
**dēlīberābundus, -a, -um**: deep in throught, 1
**exspectō (1)**: look out for, wait for, await, 4
**fessus, -a, -um**: wearied, exhausted, 5
**hortus, -ī m.**: garden, 1
**imperfectus, -a, -um**: unfinished, 1
**inambulō (1)**: to walk back and forth, 1
**interrogō (1)**: to ask, question, 2
**labor, -is m.**: labor, toil, 6

**largior, -īrī, -ītum**: give generously, 2
**mūnificus, -a, -um**: generous, 1
**obeō, -īre, -iī, -itum**: engage in; enter; die, 4
**papāver, -eris n.**: poppy, 1
**perīculum, -ī n.**: risk, danger, peril, 7
**potēns, -entis**: powerful, being powerful over, 4
**quandō**: when, since, 3
**quisnam, quae-, quid-**: who, which pray, 1
**referō, -ferre, -tulī**: report, relate, 5
**respondeō, -ēre, -dī, -nsus**: answer, 1
**respōnsum, -ī n.**: answer, reply, 5
**sciscitor, -ārī, -ātum**: examine, inquire, 4
**tacitus, -a, -um**: silent, still, 7

1 **vērō**: *in fact, actually*; abl. as adv.
**obeundō**: *by...*; abl. means, gerund (-ing), Sextus does the same work as his soldiers.
**pariter**: adv. from *pār, pāris*
2 **largiendō**: *by...*; abl. means gerund
**(eum) tantā cāritāte esse**: *he was of...*; abl. of quality as pred.; add the acc. subj.
**ut Tarquinius (esset)...quam...esset**: *that...*; result clause with clause of comparison
**Rōmae**: locative
3 **Gabiīs**: locative
**satis...conlectum (esse)...cōnātūs**: *that...*; ind. disc. with pf. pass. inf.
**virium**: partitive gen. pl. *vīs* with *satis*
**ad**: *for...*
5 **ex suīs (virīs)**: *out of his own (men)*
**sciscitātum**: *to...*; acc. supine (PPP + um) often expresses purpose: translate as an inf.
**Rōmam**: place to which
6 **quidnam...vellet**: ind. quest., impf. subj. *volō*
**quandō...d(e ī) dedissent**: plpf. subj. *dō*, 'grant' or 'allow;' subordinate verb in ind. disc.

**ut...posset**: *that...had power over everything ...* noun result clause; impf. subj.; *ūnus*, 'alone'
7 **Gabiīs**: locative
**eī**: dat. ind. obj. *is*, i.e. Superbus; *sē* is Sextus
**huic nūntiō**: dat. ind. obj. with *respōnsum est*
**crēdō**: parenthetical
**dubiae fideī**: *of...*; gen. of description as pred. i.e. the messenger could not be trusted
8 **vidēbātur**: *seemed*
**velut dēlīberābundus**: *as if...*; conditional clause of comparison
9 **sequente nūntiō fīliī**: abl. abs.
**tacitus**: predicative, translate adj. as an adv.
10 **capita**: i.e. the flowers
11 **interrogandō exspectandōque**: *by...*; abl. of cause following *fessus*
**ut rē imperfectā**: *as if...*; conditional clause of comparison and abl. abs.;
12 **Gabiōs**: acc. place to which
**quae dīxerit...vīderit**: *(the things) which...*; or 'what...' relative of characteristic; pf. subj.
**ipse**: *he himself*

seu īrā seu odiō seu superbiā īnsitā ingeniō nūllam eum vōcem ēmīsisse. 8. Sextō ubi quid vellet parēns quidve praeciperet tacitīs ambāgibus patuit, prīmōrēs cīvitātis crīminandō aliōs apud populum, aliōs suā ipsōs invidiā opportūnōs interemit. multī palam, quīdam in quibus minus speciōsa crīminātiō erat futūra clam interfectī. 9. patuit quibusdam volentibus fuga, aut in exsilium āctī sunt, absentiumque bona iuxtā atque interemptōrum dīvīsuī fuēre. 10. largītiōnēs inde praedaeque; et dulcēdine prīvātī commodī sēnsūs malōrum pūblicōrum adimī, dōnec orba cōnsiliō auxiliōque Gabīna rēs rēgī Rōmānō sine ūllā dīmicātiōne in manum trāditur.

**55.** Gabiīs receptīs Tarquinius pācem cum Aequōrum gente fēcit,

---

**absēns, absentis (adj.)**: absent, 3
**Aequī, -ōrum m.**: Aequi, Aequians (people), 2
**ambāges, -ium f.**: hint, intimation; enigma, 3
**auxilium, -ī n.**: help, aid, assistance, 3
**clam**: secretly, in secret, 3
**commodum, -ī n.**: gain, advantage, benefit, 1
**crīminātiō, -tiōnis f.**: accusation, incrimination, 1
**crīminor, -ārī, -ātus**: charge, accuse, 2
**dīmicātiō, -tiōnis f.**: combat, fight, 5
**dīvīsus, -ūs m.**: a division, distribution, 1
**dulcēdō, -inis f.**: sweetness, 2
**ēmittō, -ere, -mīsī, -missum**: send out, 3
**exsilium, -iī n.**: exile, 3
**Gabīnus, -, -um**: of Gabii, 7
**īnsitus, -a, -um**: inborn, innate; implanted, 1
**interimō, -ere, -ēmī, -emptum**: take out, kill, 4
**invidia, -ae f.**: hatred, envy, lack of popularity, 5
**iuxtā**: close, next, 1
**largītiō, -tiōnis f.**: largesse, generous offering, 1
**odium, -iī n.**: hatred, 2
**opportūnus, -a, -um**: suitable, convenient 1
**orbus, -a, -um**: deprived of, bereft of (abl.), 2
**palam**: openly, publicly, 5
**pateō, -ēre, -uī**: lie open, is clear, is allowed, 2
**praecipiō, -ere, -cēpī, -ceptum**: take before; order, 5
**recipiō, -ere, -cēpī, -ceptum**: take (back), 4
**sentiō, -īre, sēnsī, sēnsum**: feel, perceive, 7
**Sextus, -ī m.**: Sextus, 3
**speciōsus, -a, -um**: good-looking, attractive, 2
**superbia, -ae f.**: arrogance, pride, 6
**tacitus, -a, -um**: silent, still, 7
**ūllus, -a, -um**: any, 7

---

1 **seu...seu...seu...**: *whether...or...or...*; = sīve with abl. of cause
   **ingeniō**: *in his character*; dat. of compound adj.
   **nūllam...ēmīsisse**: *that...*; ind. disc. governed by refert
2 **ubi...patuit**: *when...*
   **quid vellet parēns**: ind. quest.; impf. subj. volō
   **quidve...ambāgibus**: *or what...*; ind. question
3 **prīmōrēs cīvitātis**: obj. of interemit
   **crīminandō**: abl. means, gerund (-ing)
   **aliōs...aliōs...**: *some...others...*
4 **suā invidiā**: *because of their own lack of popularity*; abl. cause with opportūnōs
   **multī palam (interfectī sunt)**
5 **(sed) quīdam...**
   **minus speciōsa**: nom. pred., comparative adv.
   **erat futūra**: periphrastic fut. sum
6 **interfectī (sunt)**
   **quibusdam volentibus**: *for some...*; dat. of interest and pple volō
7 **āctī sunt**: pf. pass. agō, 'drive'
   **absentium**: *of (those)...*; gen. pl.
   **bona**: *property*; 'goods'
   **iuxtā atque**: *and equally*; 'and close at hand'
   **interēmptōrum**: *of (those)...*
   **dīvīsuī**: dat. of purpose, which with the verb sum is often translated 'serve as...'
8 **fuēr(unt)**
   **largītiōnēs inde praedaeque (fuērunt)**: *(there were)...*
   **dulcēdine prīvātī commodī**: *by the...*; abl. cause; parallel to the preceding two nominatives
9 **sēnsūs...adimī**: *that...*; pres. pass. inf.
   **cōnsiliō auxiliōque**: *from...*; abl. separation
10 **Gabīna rēs**: *the state of Gabii*
   **in manum**: i.e. into his power; a term often used for the power of a husband over his wife
12 **Gabiīs receptīs**: abl. abs.

foedus cum Tuscīs renovāvit. inde ad negōtia urbāna animum   1
convertit; quōrum erat prīmum ut Iovis templum in monte Tarpēiō
monumentum rēgnī suī nōminisque relinqueret: Tarquiniōs rēgēs
ambōs patrem vōvisse, fīlium perfēcisse. 2. et ut lībera ā cēterīs
religiōnibus ārea esset tōta Iovis templīque eius quod   5
inaedificārētur, exaugurāre fāna sacellaque statuit quae aliquot ibi,
ā Tatiō rēge prīmum in ipsō discrīmine adversus Rōmulum pugnae
vōta, cōnsecrāta inaugurātaque posteā fuerant. 3. inter prīncipia
condendī huius operis mōvisse nūmen ad indicandam tantī imperiī
mōlem trāditur deōs; nam cum omnium sacellōrum exaugurātiōnēs   10
admitterent avēs, in Terminī fānō nōn addīxēre; 4. idque ōmen
auguriumque ita acceptum est nōn mōtam Terminī sēdem

---

**addīcō, -ere, -dīxī, -dictum**: assent to, 2
**admittō, -ere, -mīsī**: allow, permit; send, 2
**aliquot**: several, 6
**ambō, -ae, -ō**: both, two together, 3
**ārea, -ae f.**: ground, building site, open space, 2
**cōnsecrō (1)**: consecrate, make sacred, 4
**convertō, -ere, -ī, -rsus**: turn (around), 4
**discrīmen, -nis n.**: difference, distinction, 7
**exaugurātiō, -tiōnis f.**: deconsecration, 1
**exaugurō (1)**: deconsecrate, 1
**inaedificō (1)**: build in or on, 1
**inaugurō (1)**: take auspices, decide by augury, 5
**indicō (1)**: indicate, point out, declare, 1
**mōlēs, -is f.**: mass; burden, magnitude; labor, 3
**negōtium, iī n.**: task, business, 4

**nūmen, -inis n.**: divine power, approval, 3
**ōmen, ōminis n.**: omen, 3
**perficiō, -ere, -fēcī, -fectum**: accomplish, bring about, 7
**posteā**: after this, afterwards, 5
**prīncipium, -ī n.**: beginning, 4
**religio, -iōnis f.**: religious scruple/observance, 7
**renovō (1)**: renew, make new, 4
**sacellum, -ī n.**: sanctuary (unroofed, w/ altar), 3
**Tarpēius, -a, -um**: Tarpeian, 2
**Terminus, -ī m.**: Terminus (god of boundaries), 2
**Tuscus, -a, -um**: Etruscan, 1
**urbānus, -a, -um**: of a city, urban, 2
**voveō, -ēre, vōvī, vōtum**: vow, swear, 5

1 **animum**: *his attention*
2 **ut…relinquerent**: *that…*; i.e. leave it to others finished; ind. command after prīmum negōtium
  **prīmum (negōtium)**
  **Iovis**: gen. sg. Iūppiter
3 **monumentum…nōminisque**: in apposition
  **Tarquiniōs…(et) fīlium perfēcisse**: *(namely) that…*; pf. inf. in apposition to monumentum; add 'templum' as obj. of infs.
4 **et ut…esset…eius**: *that…*; ind. command still following prīmum (negōtium) above
5 **tōta**: *entirely, wholly*; predicative
  **templīque eius**: *and of…*; demonstrative
  **quod inaedificārētur**: *which…*; relative with impf. pass. subj. of subordinate verb in an ind. command
6 **exaugurāre**: *to deconsecrate*; so that the land may be used for other purposes
  **quae…vōta, cōnsecrāta, inaugurātaque fuerant**: *which had been (once)…*; plpf. pass., fuerant emphasizes the completedness of the action
  **quae aliquot**: i.e. several of which
7 **in ipsō discrīmine…**: *at the very deciding point*
  **adversus**: preposition
8 **inter prīncipia**: *in the beginnings*
9 **condendī…operis**: *of…*; noun + gerundive; perform a gerund-gerundive flip and translate as gerund (-ing) + obj. with prīncipia
  **mōvisse nūmen…deōs**: *that the gods set in motion their power*
  **ad indicandam…mōlem**: *for…*; gerundive: perform a gerund-gerundive flip and translate as gerund (-ing) + obj.; mōles, 'magnitude'
10 **trāditur**: *it is handed down*;
  **cum…avēs**: *although…*; concessive cum clause
11 **addīxēr(unt)**
  **idque omen auguriumque**: *and this…*; subject
12 **nōn mōtam (esse) Terminī sēdem**: *(the fact that)…*; pf. pass. inf.; the entire clause is subject of the infinitive portendere below

ūnumque eum deōrum nōn ēvocātum sacrātīs sibi fīnibus firma stabiliaque cūncta portendere. 5. hōc perpetuitātis auspiciō acceptō, secūtum aliud magnitūdinem imperiī portendēns prōdigium est: caput hūmānum integrā faciē aperientibus fundāmenta templī dīcitur appāruisse. 6. quae vīsa speciēs haud per ambāgēs arcem eam imperiī caputque rērum fore portendēbat; idque ita cecinēre vātēs quīque in urbe erant quōsque ad eam rem cōnsultandam ex Etrūriā accīverant. 7. augēbātur ad impēnsās rēgis animus; itaque Pōmētīnae manubiae, quae perdūcendō ad culmen operī dēstinātae erant, vix in fundāmenta suppeditāvēre. 8. eō magis Fabiō, praeterquam quod antīquior est, crēdiderim quadrāgintā ea sōla talenta fuisse, 9. quam Pīsōnī, quī quadrāgintā mīlia pondō argentī

---

**ambāgēs, -ium f.**: hint, intimation; enigma, 3
**antīquus, -a, -um**: ancient; better, important, 5
**appāreō, -ēre, -uī**: appear, be apparent, 4
**argentum, -ī n.**: silver, 2
**auspicium, -ī n.**: auspice, augury, bird-signs, 3
**canō, -ere, cecinī, cantum**: sing, prophesy, 5
**cōnsultō (1)**: to deliberate, consult, 2
**culmen, culminis n.**: top, peak, 2
**cūnctor, -ārī, -ātus**: delay, hesitate, 2
**dēstinō (1)**: intend, design, 2 **Etrūria, f.**: Etruria, 5
**ēvocō (1)**: call out, challenge, 3
**Fabius, -iī m.**: Fabius, 2
**faciēs, faciēī f.**: appearance, face, 1
**firmus, -a, -um**: strong, steadfast, 2
**fundāmentum, -ī n.**: foundation, base, 6
**impensa, -ae f.**: expenditures, expenses, 1
**integer, -gra, -grum**: whole, intact, unharmed, 3
**manubiae, -ārum f.**: spoils, loot (from plunder), 1
**perdūcō, -ere**: build up, draw up; lead through, 1
**perpetuitās, -tātis f.**: pepetuity, 1
**Pīsō, Pīsōnis m.**: Piso, 1
**Pōmētīnus, -a, -um**: of Suessa Pometia, 1
**pondus, -eris n.**: weight; *pondō*, in pounds, 2
**portendō, -ere, -tendī, -tentum**: foretell, 7
**praeterquam**: besides, beyond; except, 4
**quadrāgintā**: forty, 7
**sacrō (1)**: make sacred, consecrate, dedicate, 4
**stabilis, -e**: steadfast, stable, 2
**suppeditō (1)**: supply, furnish, procure, 1
**talentum, -ī n.**: talent (unit of weight), 2
**vātēs, -is m.**: prophet, 3
**vix**: with difficulty, with effort, scarcely, 5

---

1 **ūnumque…ēvocātum (esse)…fīnibus**: *and (the fact) that…*; pf. pass. inf.; subject of portendere
**eum**: *this*; demonstrative
**sacrātīs…fīnibus**: *from…*; abl. of separation;
**firma…portendere**: *foretold…*; ind. disc., the acc.-inf. clauses above are subject of portendere
**firma stabiliaque (futūra esse) cūncta**: *that everything…*; ind. disc., add fut. inf.
2 **hōc…acceptō**: abl. abs.
3 **secūtum…est**: pf. dep. sequor
**aliud…prōdigium**: subject
4 **integrā faciē**: *with…*; abl. quality with caput
**aperientibus**: *to (those)…*; dat. of reference
5 **quae…speciēs**: *this…*; a connective relative adj.
**visa**: *(when)…*; PPP
**haud per ambāgēs**: litotes; i.e. left no doubt
**arcem…fore**: *that (it)…*; fut. inf. (=futūrum esse)
6 **imperiī**: *of the empire*
**id**: i.e. 'arcem…fore' above; acc. obj.
**cecinēr(unt)**: syncopated pf.; delivered in verse
7 **quīque…quōsque…**: *both who…and whom…*
**ad eam…cōnsultandam**: *for…*; gerundive + noun: flip and translate as a gerund (-ing) + obj.
8 **ad**: *for…*; expressing purpose
**animus**: *spirit, passion*; i.e. inclination
**Pōmētīnae manubiae**: the spoils noted in 53.3
9 **perdūcendō…operī**: *for…*; dat. of purpose; gerundive: translate as gerund s(-ing) + obj.
10 **suppeditāvēr(unt)**: syncopated pf.
**eō**: *because of this*; abl. of cause
**Fabiō**: Fabius Pictor, historian (ca. 270-200)
**crēdiderim**: *I would…*; potential pf. subj. + dat.
11 **praeterquam**: *besides that he is more ancient*
**quadrāgintā…fuisse**: *that those (spoils) were…* talentum is a Greek unit; pondus is a Roman unit
12 **quam (crēdiderim) Pīsōnī**: *than Piso*; L. Calpurnius Piso Frugi, historian, consul 133 BC
**quadrāgintā…sēposita (esse)**: *that…*; pf. pass.
**pondō**: *in pounds*; 'in weight,' abl. of respect
**argentī**: partitive gen.

sēposita in eam rem scrībit, summam pecūniae neque ex ūnīus tum 1
urbis praedā spērandam et nūllīus nē hōrum quidem operum
fundāmenta nōn exsuperātūram.

**56.** intentus perficiendō templō, fabrīs undique ex Etrūriā accītīs,
nōn pecūniā sōlum ad id pūblicā est ūsus sed operīs etiam ex plēbe. 5
quī cum haud parvus et ipse mīlitiae adderētur labor, minus tamen
plēbs gravābātur sē templa deum exaedificāre manibus suīs quam
postquam et ad alia, 2. ut speciē minōra, sīc labōris aliquantō
maiōris trādūcēbantur opera, forōs in circō faciendōs cloācamque
maximam, receptāculum omnium pūrgāmentōrum urbis, sub terrā 10
agendam; quibus duōbus operibus vix nova haec magnificentia
quicquam adaequāre potuit. 3. hīs labōribus exercitā plēbe, quia et

---

**adaequō (1)**: make equal; be equal, 2
**aliquantum, -ī n.**: some, considerable, 5
**circus, -ī m.**: racetrack, circuit, 2
**cloāca, -ae f.**: sewer, 3
**Etrūria, -ae f.**: Etruria, 5
**exaedificō (1)**: build, construct, 1
**exerceō, -ēre, -uī, -citum**: train, 2
**exsuperō (1)**: surpass, exceed, 1
**faber, fabrī m.**: engineer, 3
**forus, -ī m.**: benches, seats, bleachers, 1
**fundāmentum, -ī n.**: foundation, base, 6
**gravō (1)**: weigh down, oppress, aggrieve, 3
**intentus, -a, -um**: intent, focused, eager, 4
**labor, -is m.**: labor, toil, 6

**magnificentia, -ae f.**: magnificence, splendor, 2
**opera, -ae f.**: effort, exertion; workman, 4
**pecūnia, -ae f.**: money, 6
**perficiō, -ere, -fēcī, -fectum**: accomplish, bring about, 7
**pūrgāmentum, -ī n.**: refuse, 1
**receptāculum, -ī n.**: refuge, shelter, 2
**scrībō, -ere, scrīpsī, scrīptum**: write, 6
**sēpōnō, -ere, -suī, -situm**: put aside, 2
**spērō (1)**: hope, hope for, expect, 4
**trādūcō, -ere, -dūxī**: carry across, 4
**undique**: from everywhere, from all sides, 4
**ūtor, ūtī, usum**: use, enjoy (abl.), 3
**vix**: with difficulty, with effort, scarcely, 5

1 **sēposita (esse)**: pf. pass. inf.
**in eam rem**: *for this purpose*
**summam...exsuperātūram**: *a sum of...*; in lengthy apposition to mīlia above
**ex ūnīus...urbis praedā**: *from...*; gen. sg. ūnus
2 **spērandum**: ~~going~~ *to be hoped for*; gerundive modifying summam
**nūllīus...hōrum operum**: *of...*; gen. sg. nūllus modifying fundāmenta; i.e. Roman projects
3 **nē...quidem**: *not even*; emphasizing hōrum
**exsuperātūram**: fut. pple modifying summam, fundāmenta is acc. obj.
4 **perficiendō templō**: *on...*; dat. of compound adj.: flip and translate as gerund (-ing) + obj.
**fabrīs...accītīs**: abl. abs.
5 **nōn...sōlum...sed etiam**: *not only...but also*
**ad**: *for...*
**est ūsus**: dep. pf. ūtor
**operīs**: *workmen*; abl. pl. opera, -ae
6 **cum...adderētur**: *when...*; impf. pass. subj.
**et**: *also*
**mīlitae**: *to...*; dat. ind. obj.

**minus**: comparative adv.
7 **sē...exaedificāre...suīs**: *that they...*
**de(ōr)um**
**manibus suīs**: abl. means
**quam**: *than...*; clause of comparison
8 **postquam...trādūcēbantur**: *after...*;
**et**: *also*
**ad alia...opera**
**ut...sīc...**: *just as ...so...*; correlatives; clause of comparison
**speciē**: *in...*; abl. of respect
**labōris maiōris**: *of...*; gen. of description with opera; comparative bonus
**aliquantō**: *somewhat*; 'by some' abl. of degree of difference
9 **forōs...cloācamque**: in apposition to opera
**faciendōs**: ~~going~~ *to be made*; gerundive
**agendam**: ~~going~~ *to be driven*; gerundive
**quibus...operibus**: *to these...*; dat. compound
**nova haec magnificentia**: nom. sg.; Augustan
12 **quicquam**: *at all*; adv. acc. (inner acc.)
**exercitā plēbe**: abl. abs.

urbī multitūdinem, ubi ūsus nōn esset, onerī rēbātur esse et colōnīs 1
mittendīs occupārī lātius imperiī fīnēs volēbat, Signiam
Circeiōsque colōnōs mīsit, praesidia urbī futūra terrā marīque.

4. haec agentī portentum terribile vīsum: anguis ex columnā
ligneā ēlapsus cum terrōrem fugamque in rēgiā fēcisset, ipsīus 5
rēgis nōn tam subitō pavōre perculit pectus quam ānxiīs implēvit
cūrīs. 5. itaque cum ad pūblica prōdigia Etrūscī tantum vātēs
adhibērentur, hōc velut domesticō exterritus vīsū Delphōs ad
maximē inclitum in terrīs ōrāculum mittere statuit. 6. neque
respōnsa sortium ūllī aliī committere ausus, duōs fīliōs per ignōtās 10
eā tempestāte terrās, ignōtiōra maria in Graeciam mīsit. 7. Titus et
Arrūns profectī; comes iīs additus L. Iūnius Brūtus, Tarquiniā,

---

**adhibeō, -ēre, -buī**: apply, admit, 4
**anguis, -is m. f.**: serpent, snake, 1
**ānxius, -a, -um**: anxious, 1
**Arrūns, Arruntis m.**: Arruns, 6
**Circeiī, -ōrum m.**: Circeii (town), 1
**colōnus, -ī m.**: settler, colonist, 4
**columna, -ae f.**: pillar, column, 1
**comes, -itis m. f.**: companion, comrade, 6
**committō, -ere, -mīsī**: commit, entrust, 2
**Delphī, -ōrum m.**: Delphi, 2
**domesticus, -a, -um**: of a house, 4
**ēlābor, -lābī, -lapsum**: slip away or out, escape, 2
**exterreō, -ēre, -uī, -itum**: terrify, 1
**Graecia, -ae f.**: Greece, 1
**ignōtus, -a, -um**: unknown, 2
**inclitus, -a, -um**: famed, well known, 5
**Iūnius, -ī m.**: Junius, 3
**lātus, -a, -um**: wide, broad, 2

**ligneus, -a, -um**: of wood, 1
**onus, oneris n.**: burden, load, 3
**ōrāculum, -ī n.**: oracle, 1
**pectus, pectoris n.**: chest, breast; heart, 6
**percellō, -ere, -culī, perculsum**: strike, 4
**portentum, -ī n.**: omen, portent, 1
**respōnsum, -ī n.**: answer, reply, 5
**Signia, -ae f.**: Signia (town), 1
**sors, sortis f.**: lot, lottery; oracle, prophecy, 4
**subitus, -a, -um**: sudden, 4
**Tarquinia, -ae f.**: Tarquinia, 1
**tempestās, -tātis f.**: time; weather, 6
**terribilis, -e**: terrible, dreadful, 1
**Titus, -ī m.**: Titus, 1
**ūllus, -a, -um**: any, 7
**ūsus, -ūs m.**: use, practice; need, 3
**vātēs, -is m.**: prophet, 3

---

1 **rēbātur**: impf. dep. reor; Tarquinius is subject
   **urbī mulititūdinem...onerī...esse**: *that...*; a double dat. (interest and purpose); translate the dat. of purpose + esse as 'serve as...' in English
   **ubi...esset**: *when there was...*; impf. subj of subordinate verb in ind. disc.
   **colōnīs mittendīs**: *by...*; means; perfom gerund-gerundive flip: translate as gerund (-ing) + obj.
2 **occupārī...fīnēs**: *that...*;
   **lātius**: comparative adv.
   **Signiam Circeiōsque**: acc. place to which
3 **praesidia futūra**: acc. in apposition to colōnōs
   **urbī**: dat. interest
   **(in) terrā (in)que marī**
4 **haec**: neut. acc. pl.,
   **agentī**: *to (the one)...*; dat. reference; agō, 'do'
   **vīsum (est)**
5 **anguis...ēlapsus**: subject of cum clause and

main clauses below; dep. PPP: translate as 'having Xed'
   **cum...fēcisset**
6 **nōn tam...quam**: *not so much...as...*; correlatives (demonstrative, relative); quam introduces a comparative clause
   **pectus**: neut. obj. of both verbs; i.e. heart
7 **cum...adhibērentur**: *although...*; concessive
   **ad**: *in regard to,..., for...*
   **tantum**: *only*; adv. acc
8 **hōc velut domesticō vīsū**: *as it were, by...*
   **Delphōs**: acc. place to which
10 **ūllī aliī**: *to...*; dat. sg. ind. obj. ūllus alius
   **ausus (est)**: pf. dep. audeō
11 **eā tempestāte**: *at that time*; abl. time when
12 **profectī (sunt)**: pf. dep. proficīscor
   **comes**: *as...*; predicative
   **iīs**: *to them*; dat. ind. obj. or compound

sorōre rēgis, nātus, iuvenis longē alīus ingeniī quam cuius 1
simulātiōnem induerat. is cum prīmōrēs cīvitātis, in quibus frātrem
suum, ab avunculō interfectum audīsset, neque in animō suō
quicquam rēgī timendum neque in fortūnā concupīscendum
relinquere statuit contemptūque tūtus esse ubi in iūre parum 5
praesidiī esset. 8. ergō ex industriā factus ad imitātiōnem stultitiae,
cum sē suaque praedae esse rēgī sineret, Brūtī quoque haud abnuit
cognōmen ut sub eius obtentū cognōminis līberātor ille populī
Rōmānī animus latēns opperīrētur tempora sua. 9. is tum ab
Tarquiniīs ductus Delphōs, lūdibrium vērius quam comes, aureum 10
baculum inclūsum corneō cavātō ad id baculō tulisse dōnum
Apollinī dīcitur, per ambāgēs effigiem ingeniī suī.

---

**abnuō, -ere, -uī**: refuse, resent, 1
**ambāgēs, -ium f.**: hint, intimation; enigma, 3
**Apollō, -inis m.**: Apollo, 1
**aureus, -a, -um**: gold, golden, 3
**avunculus, -ī m.**: uncle (mother's side), 1
**baculum, -ī n.**: staff, 4
**cavō (1)**: hollow, 1
**cognōmen, -minis n.**: nickname, 7
**comes, -itis m. f.**: companion, comrade, 6
**concupīscō, -ere, -īvī**: desire eagerly, 1
**contemptus, -ūs m.**: contempt, 1
**corneus, -a, -um**: of cornel wood, 1
**Delphī, -ōrum m.**: Delphi, 2
**dōnum, -ī n.**: gift, 7
**effigiēs, -ēī f.**: likeness, image, 1
**ergō**: therefore; for the sake of + gen., 7

**imitātiō, imitātiōnis f.**: imitation, 1
**inclūdō, -ere, -ūsī, -ūsum**: close in/shut in, 3
**induō, -ere, induī, indūtum**: put on, 1
**industria, -ae f.**: diligence, exertion, 3
**lateō, -ēre, -uī**: lie hidden, 1
**līberātor, -is m.**: liberator, 3
**lūdibrium, -ī n.**: object of mockery, 3
**obtentus, -ūs m.**: cover, veil; spreading over, 1
**opperior, -īrī, -peritum**: wait for, await, 1
**parum**: *adv.* too little, 6
**simulātiō, -ōnis f.**: pretence, 2
**soror, sorōris f.**: sister, 6
**stultitia, -ae f.**: foolishness, folly, 1
**timeō, -ēre, -uī**: fear, be afraid of, 1
**tūtus, -a, -um**: safe, secure, guarded, 4

1 **Tarquiniā, sorōre rēgis**: *from...*; abl. origin
  **nātus**: dep. PPP nāscor
  **iuvenis**: in apposition to L. Iūnius Brūtus
  **longē alīus ingeniī**: *of a far different character*; alīus is gen. sg. of alius (-īus gen., -ī dat.); gen. of description modifying iuvenis
  **quam**: clause of comparison following alīus
  **(is iuvenis) cuius...**: *(that youth) whose...*
2 **induerat**: i.e. as if putting on a mask
  **cum...audī(vi)sset**
  **prīmōrēs...interfect(ōs) (esse)**: *that...*; ind. disc. with pf. pass. interficiō and heavy ellipsis; interfectōs is attracted to acc. sg. by frātrem
  **in quibus**: *(and) among them*
3 **neque...quicquam...neque (quicquam)**: *neither anything...nor (anything)...*; quicquam is neut. acc. modified by two gerundives, which are translated ~~going~~ to be Xed' + dat. of agent
5 **contemptū**: *because of...*; abl. of cause
  **tūtus esse**: *that (he)...*; governed by statuit

  **ubi...esset**: *where...*; relative; impf. subj. of subordinate verb in ind. disc.
  **in iūre**: *in the rule of law, in justice*
6 **praesidiī**: partitive gen.
  **ad**: *into...*
7 **cum...sineret**: *when he allowed*
  **sē suaque (bona) praedae esse rēgī**: *that he and...*; double dat. (interest and purpose); translate dat. of purpose + esse as 'serve as...'
  **sua (bona)**: add bona, 'goods,' or 'property'
8 **ut...opperīrētur**: *so that...might...*; purpose with impf. dep. subj.
  **eius...cognōminis**: gen. sg. demonstrative
  **līberātor ille...animus**: *that soul, the liberator*
10 **Delphōs**: acc. place to which
  **vērius**: comparative adv. with cl. of comparison
11 **corneō cavātō...baculō**: means or place where
  **tulisse...**: pf. ferō
  **dōnum Apollōnī**: *as a gift for Apollo*; interest
12 **effigiem ingeniī suī**: in apposition to baculum

10. quō postquam ventum est, perfectīs patris mandātīs cupīdō incessit animōs iuvenum scīscitandī ad quem eōrum rēgnum Rōmānum esset ventūrum. ex īnfimō specū vōcem redditam ferunt: imperium summum Rōmae habēbit quī vestrum prīmus, ō iuvenēs, ōsculum mātrī tulerit. 11. Tarquiniī ut Sextus, quī Rōmae relictus fuerat, ignārus respōnsī expersque imperiī esset, rem summā ope tacērī iubent; ipsī inter sē uter prior, cum Rōmam redīsset, mātrī ōsculum daret, sortī permittunt. 12. Brūtus aliō ratus spectāre Pȳthicam vōcem, velut sī prōlapsus cecidisset, terram ōsculō contigit, scīlicet quod ea commūnis māter omnium mortālium esset. 13. reditum inde Rōmam, ubi adversus Rutulōs bellum summā vī parābātur.

---

**contingō, -ere, -tigī,**: to touch, happen, 2
**cupīdō, cupīdinis f.**: desire, longing, 7
**expers, expertis**: free from, without (gen) 3
**ignārus, -a, -um**: ignorant, 4
**incēdō, -ere, cessī**: go, come into, enter, 5
**mandātum, -ī n.**: command, order, 2
**mortālis, -e**: mortal, 6
**ō**: oh (in exclamation), 1
**ōsculum, -ī n.**: kiss; lip, 3
**perficiō, -ere, -fēcī, -fectum**: accomplish, bring about, 7
**permittō -ere -mīsī -missum**: entrust to (dat), 3
**prōlābor, -lābī, -lapsum**: slip or fall forward, 2

**Pȳthicus, -a, -um**: of the Pythia, 1
**respōnsum, -ī n.**: answer, reply, 5
**Rutulus, -ī m.**: Rutulians, 6
**scīlicet**: evidently, no doubt, of course, 1
**scīscitor, -ārī, -ātum**: examine, inquire, 4
**Sextus, -ī m.**: Sextus, 3
**sors, sortis f.**: lot, lottery; oracle, prophecy, 4
**spectō (1)**: watch, look at, 6
**specus, -ūs m./f.**: cave, 2
**taceō, -ēre, -uī**: be silent, pass over in silence, 2
**uter, utra, utrum**: which (of two), 7
**vester, vestra, vestrum**: your, yours, 4

1 **quō**: *to there*; 'to where,' connective relative
  **ventum est**: *they...*; impers. pf. pass.: translate as pf. active
  **perfectīs...mandātīs**: abl. abs.
2 **scīscitandī**: gen. sg. gerund (-ing)
  **ad quem...esset ventūrum**: *to whom...would...* ind. question with periphratic fut. subj. in secondary seq. (fut. pple + sum)
3 **vōcem redditam (esse)**: *that...*; pf. pass. inf.
  **ferunt**: *they report; i.e.* according to tradition
4 **quī...tulerit**: *(the one) who...*; relative with fut. perf. ferō (translate pres. with fut. sense) equiv. to fut. more vivid condition; the missing antecedent is subject of habēbit
  **vestrum**: partitive gen. vōs
5 **ut Sextus...esset**: *so that...might...*; purpose
  **Rōmae**: locative
  **relictus fuerat**: plpf. pass.;
6 **rem...tacērī**: *that...*; i.e. the prophecy
  **summā ope**: *in their utmost power*; abl. manner
7 **ipsī**: *they themselves*

**uter...daret**: *which one was to...*; indirect deliberative quest.; uter is an interrogative
**cum...redīsset**: plpf. subj. redeō
**Rōmam**: acc. place to which
8 **sortī**: ind. obj., i.e. chance or luck
  **ratus**: dep. PPP reor: translate as "having Xed'
  **aliō...spectāre...vōcem**: *that...in another direction...*; 'to elsewhere,' aliō is an adv. just as eō, 'to there' and quō, 'to where'
9 **velut sī...cecidisset**: *just as if...*; conditional clause of comparison, plpf. subj. cadō
  **prōlāpsus**: dep. PPP: translate as 'having Xed'
10 **quod...esset**: *because...*; impf. subj. of alleged cause (from Brutus' own point of view)
  **ea**: subject; i.e. terra
11 **reditum (est)**: *they...*; impers. pf. pass. redeō: translate as pf. active
  **Rōmam**: acc. place to which
  **adversus**: *against...*
12 **vī**: abl. sg. vīs

**57.** Ardeam Rutulī habēbant, gēns, ut in eā regiōne atque in eā 1
aetāte, dīvitiīs praepollēns; eaque ipsa causa bellī fuit, quod rēx
Rōmānus cum ipse dītārī, exhaustus magnificentiā pūblicōrum
operum, tum praedā dēlēnīre populārium animōs studēbat, 2.
praeter aliam superbiam rēgnō īnfēstōs etiam quod sē in fabrōrum 5
ministeriīs ac servīlī tam diū habitōs opere ab rēge indignābantur.
3. temptāta rēs est, sī prīmō impetū capī Ardea posset: ubi id parum
prōcessit, obsidiōne mūnītiōnibusque coeptī premī hostēs. 4. in hīs
statīvīs, ut fit longō magis quam ācrī bellō, satis līberī commeātūs
erant, prīmōribus tamen magis quam mīlitibus; 5. rēgiī quidem 10
iuvenēs interdum ōtium convīviīs cōmīsātiōnibusque inter sē
terēbant.

---

**ācer, ācris, ācre**: sharp; fierce, keen, 2
**Ardea, -ae f.**; Ardea (Latin town), 5
**cōmīsātiō, -tiōnis f.**: carousing, partying, 1
**commeātus, -ūs m.**: grant of leave, furlough, 1
**convīvium, -ī n.**: banquet, feast, 3
**dēlēniō, -īre, iī, -itum**: soothe, mitigate, 1
**dītō (1)**: enrich, make rich 1
**diū**: a long time, long, 4
**dīvitiae, -ārum f.**: riches, wealth, 4
**exhauriō -īre -hausī -haustum**: empty, take out, 2
**faber, fabrī m.**: engineer, 3
**indignor, -ārī, indignātum**: be offended, 3
**interdum**: sometimes, from time to time, 2
**longus, -a, -um**: long, 3
**magnificentia, -ae f.**: magnificence, splendor, 2
**mīlēs, mīlitis m.**: soldier, 7
**ministerium, -ī n.**: service, office, 4

**mūnītiō, -iōnis f.**: fortification, entrenchment, 3
**obsidiō, -iōnis f.**: seige, blockade, 1
**ōtium, -iī n.**: leisure, peace, 5
**parum**: *adv.* too little, 6
**populāris, -is m.**: countryman, 2
**praepolleō, -ēre**: be very powerful, 1
**praeter**: except, besides, 5
**premō, -ere, pressī, -ssum**: press, check, 2
**prōcēdō, -ere, -cessī, -cessum**; proceed, 5
**Rutulus, -ī m.**: Rutulians, 6
**servīlis, -e**: slavish, servile, of a slave, 2
**statīva, -ōrum n**: outpost, stopping-place, camp, 2
**studeō, -ēre, uī**: be eager to, strive to (inf.), 1
**superbia, -ae f.**: arrogance, pride, 6
**temptō (1)**: attempt, test; attack, 5
**terō, -ere, trīvī**: wear down; waste, spend, 4

1 **ut**: *for in this region and in this time period*; or 'considering (it is) in this region and in this time period' ut introduces a concessive clause
2 **dīvitiīs**: *in*...; abl. respect
**ea ipsa**: nom. subj., demonstrative; id ipsum is attracted into fem. sg. by causa
**quod...dītārī...dēlēnīre...studēbat**: *(namely) because*...
3 **cum...tum** : *both...and...*
**ipse**: *himself;* modifying rēx
5 **praeter aliam superbiam**: *besides the rest of the arrogance*; i.e. other instances of arrogance
**(eōs) rēgnō īnfēstōs (esse)**: *that (they) were*...; ind. disc. governed by no verb but paralel to quod...studēbat above
**etiam quod...indignābantur**: *also because*...

**sē...diū habitōs (esse)**: *that (they)*...; pf. pass. habeō, 'hold' governed by indignābantur
6 **(in) servīlī tam...opere**: i.e. treated as slaves
**ab rēge**: abl. agent with habitōs (esse)
7 **temptāta rēs est**: i.e. an attempt was made
**sī...posset**: *whether*...; ind. question, impf. subj.
**capī**: pass. inf. capiō`
**id**: i.e. the attack
8 **coeptī (sunt)**
**premī**: pass. inf.
9 **ut fit**: *as it*...; clause of comparison, impers. 3s
**(in) longō (bellō)...(in) ācrī bellō**
**līberī**: i.e. freely given
**commeātūs**: i.e. time off granted to soldiers
10 **prīmōribus, mīlitibus**: *for*...; dat. of interest
11 **inter sē**: *with one another*

6. forte pōtantibus hīs apud Sex. Tarquinium, ubi et Collātīnus cēnābat Tarquinius, Ēgeriī fīlius, incīdit dē uxōribus mentiō. suam quisque laudāre mīrīs modīs; 7. inde certāmine accēnsō Collātīnus negat verbīs opus esse; paucīs id quidem hōrīs posse scīrī quantum cēterīs praestet Lucrētia sua. 'quīn, sī vigor iuventae inest, cōnscendimus equōs invīsimusque praesentēs nostrārum ingenia? id cuique spectātissimum sit quod necopīnātō virī adventū occurrerit oculīs.'

8. incaluerant vīnō; 'age sānē' omnēs; citātīs equīs āvolant Rōmam. quō cum prīmīs sē intendentibus tenebrīs pervēnissent, pergunt inde Collātiam, 9. ubi Lucrētiam haudquāquam ut rēgiās nurūs, quās in convīviō luxūque cum aequālibus vīderant tempus

---

**accendō, -ere, -cendī, -cēnsum**: kindle, set afire, 4
**adventus, -ūs m.**: arrival, approach, 6
**aequālis, -e**: equal; *subt.* peer, 2
**āvolō (1)**: to fly away, 1
**cēnō (1)**: to dine, eat dinner, 1
**citō (1)**: summon, hasten; ~full gallop, 3
**Collātia, -ae f.**: Collatia, 7
**cōnscendō, -ere, -scendī**: climb, embark, 1
**convīvium, -ī n.**: banquet, feast, 3
**cupīdō, cupīdinis f.**: desire, longing, 7
**Ēgerius, -ī m.**: Egerius, 3
**haudquāquam**: not at all, in no way, 2
**hōra, -ae f.**: hour, 2
**incalescō, -ere, -uī**: grow hot, 1
**incidō, -ere, -cīdī**: fall into/upon; happen, 5
**insum, -esse, -fuī**: to be in, 1
**intendō, -ere, -tendī, -tentum**: stretch, direct, 2
**invīsō, -ere**: go to see, visit, 1
**iuventa, -ae f.**: youth, 1

**laudō (1)**: to praise, glorify, 2
**luxus, -ī m.**: luxury, extravagance, splendor, 2
**mentiō, mentiōnis f.**: mention, 1
**mīrus, -a, -um**: amazing, surprising, 7
**necopīnātus, -a, -um**: unexpected, 1
**negō (1)**: to deny, say that...not, 5
**nurus, -ūs f.**: daughter-in-law, 2
**occurrō, -ere**: come to, occur, meet, 1
**oculus, -ī, m.**: eye, 6
**paucī, -ae, -a**: few, 1
**pergō, -ere -rēxī -rectum**: proceed, continue, 7
**pōtō (1)**: to drink, 1
**praesēns, -sentis**: present, being present, 7
**praestō, -stāre, -stitī**: exceed, surpass, stand out, 1
**sānē**: certainly, absolutely; then, if you will, 1
**spectātus, -a, -um**: proven, tried, tested, 1
**tenebrae, -ārum f.**: darkness, 1
**vigor, vigoris m.**: vigor, 1
**vīnum, -ī n.**: wine, 2

1 **forte**: abl. fors
  **pōtantibus hīs…**: abl. abs.
  **apud**: *in the presence of…*
2 **et**: *also*
  **suam (ūxorem)**
3 **laudāre**: historical inf.: translate as 3s impf.
  **mīrīs modīs**: *in…*; abl. manner
  **certāmine accēnsō**: abl. abs.
4 **verbīs opus esse**: *that…*; the idiom opus est, 'there is a need for' governs abl. of separation
  **paucīs…hōrīs**: *in…*; abl. time when
  **id…posse scīrī**: *that…*
  **quantum…praestet**: *how much…*; ind. question, pres. subj.; adv. acc. (inner acc.)
5 **cēterīs**: *over…*; dat. of compound verb
  **sua**: *his own*
  **quīn**: *Why…not…?*; common interrogative

  **inest**: i.e. in nōbīs
6 **nostrārum (uxōrum)**
  **ingenia**: *characters*
7 **id…sit**: *let that…*; 3s jussive pres. subj. sum
  **cuique**: *for…*; dat. of interest; perhaps referring to the wives (quaeque) rather than husbands (quisque)
  **quod…occurrerit**: *which…*; relative with fut. pf. occurrō: translate as present with fut. sense
  **virī**: *of the husband*
8 **oculīs**: dat. obj. of compound verb
9 **age sānē**: *come now!*; imper. often used to grab attention; sānē is an intensive adv.
  **citātīs equīs**: abl. abs.
10 **quō**: *there, to there*; 'to where,' connective rel.
  **prīmīs…tenebrīs**: abl. abs.
11 **ut rēgiās nurūs**: *as…*; clause of comparison

terentēs, sed nocte sērā dēditam lānae inter lūcubrantēs ancillās in 1
mediō aedium sedentem inveniunt. 10. muliebris certāminis laus
penes Lucrētiam fuit. adveniēns vir Tarquiniīque exceptī benignē;
victor marītus cōmiter invītat rēgiōs iuvenēs. ibi Sex. Tarquinium
mala libīdō Lucrētiae per vim stuprandae capit; cum fōrma tum 5
spectāta castitās incitat. 11. et tum quidem ab nocturnō iuvenālī
lūdō in castra redeunt.

**58.** paucīs interiectīs diēbus Sex. Tarquinius īnsciō Collātīnō
cum comite ūnō Collātiam vēnit. 2. ubi exceptus benignē ab ignārīs
cōnsiliī cum post cēnam in hospitāle cubiculum dēductus esset, 10
amōre ārdēns, postquam satis tūta circā sōpītīque omnēs
vidēbantur, strictō gladiō ad dormientem Lucrētiam vēnit

---

**adveniō, -īre, -vēnī, -ventum**: arrive, 1
**aedis, -is f.**: temple, *pl.* house, 5
**amor, -ōris m.**: love, desire, passion, 5
**ancilla, -ae f.**: attendant, handmaid, 1
**ārdeō, -ēre, ārsī, ārsum**: be on fire, burn, 4
**benignus, -a, -um**: kind, kindly, 7
**castitās, -tātis f.**: chastity, 1
**cēna, -ae f.**: dinner, 1
**Collātia, -ae f.**: Collatia, 7
**comes, -itis m. f.**: companion, comrade, 6
**cōmiter**: courteously, friendly, 2
**cubiculum, -ī n.**: bedroom, 1
**dēdūcō, -ere**: lead or bring down, launch, 7
**dormiō, -īre, -īvī**: to sleep, 2
**excipiō, -ere, -cēpī, -ceptum**: receive, welcome, 6
**fōrma, -ae, f.**: beauty, shape, form, 3
**hospitalis, -e**: of a guest-friend, 1
**ignārus, -a, -um**: ignorant, 4
**incitō (1)**: urge on, incite, 3
**īnscius, -a, -um**: unknowing, 2
**intericiō, -ere, -iēcī, -iectum**: throw between, 2

**invītō (1)**: to invite, summon, 2
**iuvenālis, -e**: youthful, 1
**lāna, -ae f.**: wool, 2
**laus, laudis f.**: praise, adulation, 2
**libīdō, libidinis f.**: lust, wanton desire, 4
**lūcubrō (1)**: work by lamplight, 1
**lūdus, -ī m.**: game, play, sport; school, 5
**marītus, -ī m.**: husband, 1
**nocturnus, -a, -um**: nocturnal, 2
**nox, noctis, f.**: night, 5
**paucī, -ae, -a**: few, 1
**penes**: belonging to, in the possession of (acc.), 2
**sedeō, -ēre, sēdī, sessum**: to sit, 5
**serus, -a, -um**: late, a late time, 2
**sōpiō, -īre, -īvī, -ītum**: put to sleep, lull to sleep, 2
**spectō (1)**: to watch, look at, 6
**stringō, -ere, -xī, -ctum**: draw, unsheathe, 2
**stuprō (1)**: rape, degrade, defile in illicit sex, 1
**terō, -ere, trīvī**: wear down; waste, spend, 4
**tūtus, -a, -um**: safe, secure, guarded, 4

---

1 **tempus terentēs**: predicative, modifying quās
  **nocte sērā**: i.e. late in the night
  **dēditam lānae**: PPP + dat. ind. obj. modifying Lucrētiam, obj. of inveniunt
2 **sedentem**: pres. pple modifying Lucrētiam
  **muliebris**: gen. with certāminis
3 **vir**: *the husband*
  **exceptī (sunt)**
4 **victor**: *as victor*
5 **Lucrētiae...stuprandae**: *for...*; objective gen. noun + gerundive: perform a gerund-gerundive flip and translate as gerund (-ing) + obj.; the verb stuprāre and noun stuprum evade easy translation into English.
  **cum...tum...**: *both...and...*; lit. 'while...at the same time...'
6 **spectāta**: *(once)....*; PPP
7 **redeunt**: 3p pres. redeō
8 **paucīs interiectīs diēbus**: abl. abs.
  **īnsciō Collātīnō**: abl. abs., supply pple 'being'
9 **Collātiam**: acc. place to which
  **ab ignārīs**: *by (those)...*
  **cōnsiliī (suī)**: *of (his)...*
10 **cum...dēductus esset**: plpf. pass. subj.
11 **amōre**: abl. cause
  **(omnia) satis tūta (vidēbantur)**: *(everything seemed)...*; heavy ellipsis, nom. pred.
  **sōpītī (esse) omnēs vidēbantur**: *and everyone seemed...*; pf. pass. inf.
12 **strictō gladiō**: abl. abs.

sinistrāque manū mulieris pectore oppressō 'tacē, Lucrētia' inquit; 1
'Sex. Tarquinius sum; ferrum in manū est; moriēre, sī ēmīserīs
vōcem.' 3. cum pavida ex somnō mulier nūllam opem, prope
mortem imminentem vidēret, tum Tarquinius fatērī amōrem, ōrāre,
miscēre precibus minās, versāre in omnēs partēs muliebrem 5
animum. 4. ubi obstinātam vidēbat et nē mortis quidem metū
inclīnārī, addit ad metum dēdecus: cum mortuā iugulātum servum
nūdum positūrum ait, ut in sordidō adulteriō necāta dīcātur. 5. quō
terrōre cum vīcisset obstinātam pudīcitiam velut <vī> victrīx
libīdō, profectusque inde Tarquinius ferōx expugnātō decōre 10
muliebrī esset, Lucrētia maesta tantō malō nūntium Rōmam
eundem ad patrem Ardeamque ad virum mittit, ut cum singulīs

---

**adulterium, -ī n.**: adultery, 1
**aiō**: say, affirm, 6
**amor, -ōris m.**: love, desire, passion, 5
**Ardea, -ae f.**; Ardea (Latin town), 5
**dēdecus, -coris n.**: dishonor, disgrace, 2
**ēmittō, -ere, -mīsī, -missum**: send out, 3
**expugnō (1)**: capture by assault, 2
**fateor, -ērī, fassum**: acknowledge, 1
**immineō, -ēre**: overhang, threaten, 2
**iugulō (1)**: kill, slay, cut the throat of, 1
**libīdō, libidinis f.**: lust, wanton desire, 4
**maestus, -a, -um**: grief-stricken, gloomy, 4
**minae, -ārum f.**: threats, menaces, 2
**misceō, -ēre, -uī, -mīxtum**: mix, mingle, 5
**morior, morī, mortuus sum**: die, 3
**mortuus, -a, -um**: dead, 4

**necō (1)**: to kill, slay, put to death, 2
**nūdus, -a, -um**: naked, bare, 3
**obstinātus, -a, -um**: resolved, resolute, fixed, 2
**opprimō, -ere, -pressī**: overwhelm; suppress, 6
**ōrō (1)**: plead, pray (for), entreat, 5
**pavidus, -a, -um**: alarmed, horrified, 2
**pectus, pectoris n.**: chest, breast; heart, 6
**precēs, -um**: prayer, entreaty, 7
**pudīcitia, -ae f.**: sexual virtue, chastity, 2
**sinister, -tra, -trum**: left; *fem.* left hand, 4
**somnus, -ī m.**: sleep, 4
**sordidus, -a, -um**: dirty, 3
**taceō, -ēre, -uī**: be silent, pass over in silence, 2
**versō (1)**: turn over, agitate, 2
**victrīx, -icis f.**: conquerer, vanquisher, 1

1 **mulieris pectore oppressō**: abl. abs.
  **Lucrētia**: voc. dir. address
9 **ferrum**: *a sword*; 'iron,' via metonomy
  **moriēr(is)**: 2s fut. dep.
  **ēmīserīs**: fut. pf.: translate as pres. with fut. sense
3 **cum...vidēret, tum...**: *while...saw..., at the same time...*
  **(et) prope...**: adv.
4 **fatērī, ōrāre, miscēre, versāre**: *tried to...*; historical inf. with nom. subject: translate as finite 3p impf.—here conative imperfect (e.g. attempted to..., tried to...)
5 **partēs**: *directions*
6 **(eam) obstinātam (esse)**: *that (she)...*; i.e. Lucretia, supply acc. subj.
  **nē...quidem**: *not even*; emphasizing the intervening word
7 **(eam) inclīnārī**: *that (she)...*
  **(sē) cum mortuā...positūrum (esse)**: *that (he)...*

fut. inf., pōnō, 'put alongside or beside'
**cum mortuā (fēminā)**
**iugulātum**: i.e. with throat slit
8 **ut...dīcātur**: *so that she may...*; purpose
  **necāta (esse)**: *to have...*; pres. pf. in sense
  **quō terrōre**: *by this...*; connective relative and abl. of cause
9 **cum...vīcisset**: *after...*; plpf. subj.
  **velut victrīx**: *as if a victor*; conditional clause of comparison
10 **profectus...esset**: plpf. dep. subj. proficīscor
  **expugnātō decōre muliebrī**: abl. abs.; i-stem 3rd decl. abl.; PPP used for the storming of cities
  **tantō malō**: *because of...*; abl. cause
11 **nūntium**: *message*
  **Rōmam**: acc. place to which
12 **eundem**: acc. īdem
  **Ardeam**: acc. place to which
  **ad virum**: *to her husband*
  **ut...veniant**: *that...*; ind. command, pres. subj.

fidēlibus amīcīs veniant; ita factō mātūrātōque opus esse; rem 1
atrōcem incīdisse.

6. Sp. Lucrētius cum P. Valeriō Volesī fīliō, Collātīnus cum L.
Iūniō Brūtō vēnit, cum quō forte Rōmam rediēns ab nūntiō uxōris
erat conventus. 7. Lucrētiam sedentem maestam in cubiculō 5
inveniunt. adventū suōrum lacrimae obortae, quaerentīque virō
'satin salvē?' 'minimē' inquit; 'quid enim salvī est mulierī āmissā
pudīcitiā? vestīgia virī aliēnī, Collātīne, in lectō sunt tuō; cēterum
corpus est tantum violātum, animus īnsōns; mors testis erit. sed
date dexterās fidemque haud impūne adulterō fore. 8. Sex. est 10
Tarquinius quī hostis prō hospite priōre nocte vī armātus mihi
sibique, sī vōs virī estis, pestiferum hinc abstulit gaudium.' 9. Dant

---

**adulter, -erī m.**: adulterer, 1
**adventus, -ūs m.**: arrival, approach, 6
**amīcus, -ī m.**: friend, 2
**āmittō, -ere, -mīsī, -missum**: lose, let go, 7
**atrōx, atrōcis**: savage, cruel, atrocious, 7
**auferō, -ferre, abstulī, -lātus**: carry away, 3
**cēterum**: but, in other respects; besides, 7
**cubiculum, -ī n.**: bedroom, 1
**fidēlis, -is**: faithful, trustworthy, loyal, 1
**gaudium, -iī n.**: joy, gladness, 4
**hospes, -pitis m.**: stranger; host, guest-friend, 4
**impūne**: with impunity, 1
**incidō, -ere, -cīdī**: fall into/upon; happen, 5
**īnsōns, -sontis**: innocent, guiltless, 2
**Iūnius, -ī m.**: Junius, 3
**lacrima, -ae f.**: tear, 5
**lectus, -ī m.**: bed, couch, 1

**Lucrētius, -iī m.**: Lucretius, 3
**maestus, -a, -um**: grief-stricken, gloomy, 4
**mātūrō (1)**: hasten, 2
**minimus, -a, -um**: very little; *adv.* least, 6
**nox, noctis, f.**: night, 5
**oborior, -īrī, -tum**: rise, 1
**P.**: Publius, 2
**pestiferus, -a, -um**: fatal, 1
**pudīcitia, -ae f.**: sexual virtue, chastity, 2
**salvus, -a, -um**: well, safe, healthy, 3
**sedeō, -ēre, sēdī, sessum**: to sit, 5
**Sp.**: Spurius, 3
**testis, -is m/f**: witness, 4
**Valērius, -ī m.**: Valerius, 3
**vestīgium, -ī n.**: footstep, tracks; trace, 3
**violō (1)**: to do violence to, violate, 5
**Volesus, -ī m.**: Volesus 1

1 **Ita...opus esse**: *that...*; the idiom opus est, 'there is a need for' governs an abl. of separation
**factō**: *action*
**mātūrātōque**: *and quickly*; lit. 'and (action) done quickly'
**rem...incīdisse**: *that...*; pf. inf.
3 **Volesī fīliō**: abl., in apposition
**L. Iūniō Brūtō**: the same man who travelled with the Tarquins to the oracle at Delphi
**vēnit**: 3s with 3p subject
4 **cum quō...erat conventus**: relative, plpf. pass.
**forte**: abl. fors
**Rōmam**: acc. place to which
**rediēns**: nom. pres. pple, redeō
6 **suōrum**: i.e. of her own kin; subjective gen.
**obortae (sunt)**
6 **virō**: *to her husband*
7 **Sati(s)n(e) salvē (agis)?**: satis and salvē are adverbs, and –ne introduces a yes/no question;

supply a verb such as agis, 'are you doing?'
7 **minimē**: a strong negative; superl. adv.
**salvī**: partitive gen. with quid
**mulierī**: *for...*; dat. interest
**āmissā pudīcitiā**: abl. abs.
8 **Collātīne**: voc. direct address
9 **tantum**: *only, alone*; adv. acc.
**īnsōns (est)**
10 **fidem**: *a pledge*
**haud...fore**: *that (it)...*; impersonal fut. inf. sum (alternative to futūrum esse)
**adulterō**: dat. of interest
11 **hostis**: *as...*
**prō**: *in place of..., instead of...*
**priōre nocte**: abl. time when
**mihi sibique**: *for..*; dat. of interest; with sibi, which refers to Sextus, Lucretia hints at the retribution to come
12 **virī**: i.e. men of honor, real men

ōrdine omnēs fidem; cōnsōlantur aegram animī āvertendō noxam 1
ab coācta in auctōrem dēlictī: mentem peccāre, nōn corpus, et unde
cōnsilium āfuerit culpam abesse. 10. 'vōs' inquit 'vīderītis quid illī
dēbeātur: ego mē etsī peccātō absolvō, suppliciō nōn līberō; nec
ulla deinde impudīca Lucrētiae exemplō vīvet.' cultrum, 11. quem 5
sub veste abditum habēbat, eum in corde dēfīgit, prōlāpsaque in
volnus moribunda cecidit. 12. conclāmat vir paterque;

**59.** Brūtus illīs lūctū occupātīs cultrum ex volnere Lucrētiae
extractum, mānantem cruōre prae sē tenēns, 'per hunc' inquit
'castissimum ante rēgiam iniūriam sanguinem iūrō, vōsque, dī, 10
testēs faciō mē L. Tarquinium Superbum cum scelerātā coniuge et
omnī līberōrum stirpe ferrō ignī quācumque dehinc vī possim

---

**abdō, -ere, -didī, -ditus**: hide, put away, 3
**absolvō, -ere, -solvī**: absolve, free, acquit, 3
**aeger, -gra, -grum**: sick, injured; *adv.* poorly, 6
**castus, -a, -um**: chaste, 1
**cōgō, -ere, -ēgī, -āctum**: compel, collect, 4
**conclāmō (1)**: cry out together, shout, 2
**cōniungō, -ere, -iunxī, -iunctum**: join, 2
**consolor, -ārī, -ātum**: console, 1
**cor, cordis n.** heart, 2
**cruor, cruōris m.**: blood, gore, 2
**culpa, -ae m.**: blame, fault; cause, 3
**culter, cultrī m.**: knife, 3
**dēbeō, -ēre, -uī, debitum**: ought. owe, 3
**dēfīgō, -ere, -fīxī, -fīxus**: fix, pierce, 3
**dehinc**: from here, hence, 1
**dēlictum, -ī n.**: crime, offense, transgression, 1
**etsī**: even if, although, though, 5
**extrahō, -ere, -trāxī, -tractum**: draw out, 1
**ignis, ignis, m.**: fire, 2

**impudicus, -a, -um**: shameless; lewd, 1
**iūrō (1)**: to swear (an oath), 6
**lūctus, ūs m.**: mourning, grief, sorrow, 2
**mānō (1)**: flow, be wet; spread, get abroad, 2
**mēns, mentis f.**: mind, intent, purpose, 4
**moribundus, -a, -um**: dying, almost dead, 2
**noxa, -ae f.**: harm, injury, 1
**peccō (1)**: sin, transgress, do wrong, 1
**peccātum, -ī n.**: sin, transgression, 1
**prae**: in front of, before (acc); compared to (abl), 6
**prōlābor, -lābī, -lapsum**: slip or fall forward, 2
**sanguis, sanguinis m.**: blood, 7
**scelerātus, -a, -um**: wicked; profane, 2
**superbus, -a, -um**: arrogant, proud; Superbus, 7
**supplicium, -iī n.**: punishment, 7
**testis, -is m/f**: witness, 4
**ūllus, -a, -um**: any, 7
**vestis, -is f.**: clothing, 4
**vīvō, -ere, vīxī, vīctum**: live, 4

1 (in) **ōrdine**
   **fidem**: *a pledge*
   **aegram animī**: *sick at heart*; adj. + gen. animī is common among poets but does not conform to common usage of the gen.: perhaps a locative?
   **āvertendō...dēlictī**: *by...*; means, gerund (-ing)
2 **coācta**: *(the one)...*; PPP
   **mentem peccāre, nōn corpus**: *that...*
   **unde...āfuerit**: *where...*; relative clause with pf. subj. absum; subordinate verb in ind. disc.
3 **cōnsilium**: *intention*
   **culpam abesse**: *that...*; ind. disc.
   **vīderītis**: *you will see (to it)*; i.e. you will bring to pass; 2p fut. pf.: translate in English as fut.
   **quid...dēbeātur**: ind. question with pres. subj. debeō, 'owe'
   **illī**: dat. sg. ind. obj.; i.e. Sextus

4 **peccātō**: *from...*; abl. of separation
   **suppliciō**: abl. separation
5 **ulla impudīca (fēmina)...vīvet**: fut.
   **Lucrētiae exemplō**: *according to...*; abl. manner
6 **eum**: i.e. the knife; resuming the acc. cultum placed emphatically at the start of the clause
   **prōlāpsa**: dep. PPP, translate as 'having Xed'
   **volnus**: vulnus
7 **cecidit**: pf. cadō
8 **illīs...occupātīs**: abl. means
9 **per hunc castissimum...sanguinem iūrō**: *I swear by...* per + acc. is commonly used in oaths
10 **ante...iniūriam**: qualifying castissimam
11 **faciō**: governs a double acc. (obj. and pred.)
   **mē...exsecūtūrum (esse)**: *that I...*; fut. inf.
12 **ferrō (et) ignī (et) quācumque...vī...**: i-stem abl. means.; relative cl. of characteristic possum

exsecūtūrum, nec illōs nec alium quemquam rēgnāre Rōmae 1
passūrum.' 2. cultrum deinde Collātīnō trādit, inde Lucrētiō ac
Valeriō, stupentibus mīrāculō reī, unde novum in Brūtī pectore
ingenium. ut praeceptum erat iūrant; tōtīque ab lūctū versī in īram,
Brūtum iam inde ad expugnandum rēgnum vocantem sequuntur 5
ducem. 3. ēlātum domō Lucrētiae corpus in forum dēferunt,
concientque mīrāculō, ut fit, reī novae atque indignitāte hominēs. 4.
prō sē quisque scelus rēgium ac vim queruntur. movet cum patris
maestitia, tum Brūtus castīgātor lacrimārum atque inertium
querellārum auctorque quod virōs, quod Rōmānōs decēret, arma 10
capiendī adversus hostīlia ausōs. 5. ferōcissimus quisque iuvenum
cum armīs voluntārius adest; sequitur et cētera iuventūs. inde patre

---

**adsum, -esse, -fuī**: be present, assist, 6
**castīgātor, -is m.**: chider, chastiser, 1
**concieō, -ēre, -īī**: rouse, provoke, stir up, 3
**culter, cultrī m.**: knife, 3
**decet**: befits, is fitting/ is becoming for (acc), 1
**dēferō, -ferre, -tulī, -lātum**: carry away, bring, 5
**efferō, -ere, -tulī, -lātum**: carry out, lift, 5
**expugnō (1)**: capture by assault, 2
**exsequor, -ī, -secūtum**: pursue, carry out, 2
**forum, -ī n.**: forum, 7
**hostīlis, -e**: of an enemy, hostile, 3
**indignitās, -tātis f.**: indignity, outrage, 4
**iners (inertis)**: idle, 1
**iūrō (1)**: to swear (an oath), 6

**iuventūs, -tūtis f.**: youth, 5
**lacrima, -ae f.**: tear, 5
**Lucrētius, -iī m.**: Lucretius, 3
**lūctus, -ūs m.**: mourning, grief, sorrow, 2
**maestitia, -ae**: sadness, gloom, 2
**pectus, pectoris n.**: chest, breast; heart, 6
**praecipiō, -ere, -cēpī, -ceptum**: take before; order, 5
**querella, -ae f.**: complaint, 3
**queror, -ī, questum**: complain, lament, 1
**stupeō, -ēre, -uī**: be stunned, astounded, 1
**Valērius, -ī m.**: Valerius, 3
**voluntārius, -iī m.**: volunteer, 2

1 **(me) nec...passūrum (esse)**: *that I...*; fut. inf. patior 'allow' + inf. as part of the oath
  **Rōmae**: locative
2 **Collātīnō**: dat. ind obj.
  **inde (cultrum trādit) Lucrētiō ac Valēriō**: Brutus gave the knife to each man as each swore the oath; ellipsis, dat. ind. obj.
3 **stupentibus**: pres. pple. modifying both men
  **reī**: *of the situation, of the circumstance*
  **unde...ingenium (esset)**: *from where...*; ind. question; with impf. subj. sum in apposition to mīrāculō
4 **ut praeceptum erat**: *just as (it)...*; impers. plpf. pass. in a clause of comparison
  **tōtī**: predicative, translate adj. as adv.
  **versī**: PPP vertō
5 **ad expugnandum rēgnum**: *for...*; gerundive; perform a gerund-gerundive flip and translate as gerund (-ing) + obj.
  **vocantem**: supply the men as object
6 **ducem**: *as leader*

**ēlātum...dēferunt**: PPP efferō; English prefers two finite verbs (e.g. lifted and carried away) whereas Latin often prefers PPP and a main verb
  **domō**: abl. place from which
7 **ut fit**: *as it...*; clause of comparison, impers. 3s
  **reī novae**: *of the recent situation*; modifying both ablatives
8 **prō sē quisque**: *each man for his part*; 'each according to his own ability'
  **movet (eōs)**: i.e. the homines
  **cum...tum...**: *both...and...*
10 **auctorque...arma capiendī**: *and promoter of...*; gen. gerund (-ing) + obj.
10 **quod virōs (decēret et) quod Rōmānōs decēret**: *because...*; impf. subj. decet; subj. of alleged cause (Brutus' point of view)
  **adversus hostīlia ausōs**: *against (those) having ...*; dep. PPP audeō, translate as 'having Xed'
12 **voluntārius**: *as...*; predicative
  **et**: *also*

praeside relictō Collātiae ad portās. cūstōdibusque datīs nē quis eum mōtum rēgibus nūntiāret, cēterī armātī duce Brūtō Rōmam profectī. 6. ubi eō ventum est, quācumque incēdit armāta multitūdō, pavōrem ac tumultum facit; rūrsus ubi anteīre prīmōrēs cīvitātis vident, quidquid sit haud temerē esse rentur. 7. nec minōrem mōtum animōrum Rōmae tam atrōx rēs facit quam Collātiae fēcerat; ergō ex omnibus locīs urbis in forum curritur. quō simul ventum est, praecō ad tribūnum Celerum, in quō tum magistrātū forte Brūtus erat, populum advocāvit. 8. ibi ōrātiō habita nēquāquam eius pectoris ingeniīque quod simulātum ad eam diem fuerat, dē vī ac libīdine Sex. Tarquinī, dē stuprō īnfandō Lucrētiae et miserābilī caede, dē orbitāte Tricipitīnī cui morte fīliae causa

---

**advocō (1)**: to summon, call to, 6
**anteeō, -īre**: go before, 1
**atrōx, atrōcis**: savage, cruel, atrocious, 7
**Celerēs, -um m.**: Celeres, 'the Swift' (guards), 2
**Collātia, -ae f.**: Collatia, 7
**currō, -ere, cucurrī**: run, rush, fly, 2
**cūstōs, cūstōdis m.**: guard, doorkeeper, 2
**ergō**: therefore; for the sake of + gen., 7
**forum, -ī n.**: forum, marketplace, 2
**incēdō, -ere, cessī**: go, come into, enter, 5
**īnfandus, -a, -um**: unspeakable, 1
**libīdō, libidinis f.**: lust, wanton desire, 4
**magistratus, -ūs m.**: magistrate, officer, 2
**miserābilis, -e**: miserable, pitiable, 4

**motus, -ūs m.**: movement, disturbance, riot, 3
**nēquāquam**: by no means, 3
**ōrātiō, -iōnis f.**: speech, speaking, 5
**orbitās, -tātis f.**: bereavement, orphanhood, 2
**pectus, pectoris n.**: chest, breast; heart, 6
**praecō, praecōnis m.**: herald, 3
**praeses, praesidis m.**: protector, 1
**quisquis, quidquid**: whoever, whatever, 4
**rūrsus**: again, backward, back, 3
**simulō (1)**: feign, pretend, make like, 7
**stuprum, -ī n.**: rape, degradation, illicit sex 1
**temerē**: without purpose, without design; rashly, 1
**tribūnus, -ī m.**: tribune, officer, 1
**Tricipitinus, -ī m.**: Tricipitinus, 1

1 **patre...relictō**: abl. abs.
  **praeside**: *as*...; predicative
  **Collātiae**: *at*...; locative or possibly gen.
  **cūstōdibusque datīs**: abl. abs.
2 **nē quis...nūntiāret**: *so that not anyone*...; neg. purpose clause; indefinite aliquis loses the prefix ali- before sī, nisi, num or nē
  **eum motum**: demonstrative adj.
  **rēgibus**: i.e. rēgia familia
  **duce Brūtō**: abl. abs., supply pple 'being'
3 **profectī (sunt)**: 3p pf. dep. proficīscor
  **eō**: *there, to there*; adv. (cf. quō, 'to where')
  **ventum est**: *they*...; impers. pf. pass.: translate as pf. active
  **quācumque...multitūdo**: *wheresoever*...; relative adv.
4 **rūrsus**: i.e. on the other hand; adversative
  **anteīre prīmōrēs cīvitātis**: *that*...
5 **vident**: the subject are the people who feel panic as the armed men approach
  **quidquid...esse**: *that*...
  **quidquid sit**: relative clause of characteristic

with pres. subj.; the missing antecedent is acc. subj. of esse; the people do not know the reason for the uprising as they look on the armed men
  **rentur**: 3p pres. dep. reor
6 **Rōmae**: locative
  **quam**: *than*...; clause of comparison
  **Collātiae**: locative
7 **curritur**: *they*...; impers. pass.: translate active
  **quō**: *there, to there*; 'to where,' connective rel.
8 **ventum est**: *they*...; impers. pf. pass.: translate as pf. active
  **Celerum**: *of the Celeres*; bodyguard of the king
  **in quō...magistrātū**
9 **forte**: abl. fors
  **habita (est)**: *was delivered*; i.e. by Brutus
10 **eius...ingeniīque**: *of that*...; gen. of description
  **quod...fuerat**: *which*...
  **ad eam diem**: *up to..., until*...
11 **dē**: *about*...
12 **Tricipitīnī**: father, Sp. Lucretius Tricipitinus
  **cui**: *to whom*...; dat. of reference (his viewpoint)
  **morte fīliae**: *than*...; abl. of comparison

mortis indignior ac miserābilior esset. 9. addita superbia ipsīus rēgis miseriaeque et labōrēs plēbis in fossās cloācāsque exhauriendās dēmersae; Rōmānōs hominēs, victōrēs omnium circā populōrum, opificēs ac lapicīdās prō bellātōribus factōs. 10. indigna Ser. Tullī rēgis memorāta caedēs et invecta corporī patris nefandō vehiculō fīlia, invocātīque ultōrēs parentum dī. 11. hīs atrōciōribusque, crēdō, aliīs, quae praesēns rērum indignitās haudquāquam relātū scrīptōribus facilia subicit, memorātīs incēnsam multitūdinem perpulit ut imperium rēgī abrogāret exsulēsque esse iubēret L. Tarquinium cum coniuge ac līberīs. 12. ipse iūniōribus quī ultrō nōmina dabant lectīs armātīsque, ad concitandum inde adversus rēgem exercitum Ardeam in castra est

---

**abrogō (1)**: repeal, annul, recall, 1
**Ardea, -ae f.**; Ardea (Latin town), 5
**atrōx, atrōcis**: savage, cruel, atrocious, 7
**bellātor, -is m.**: warrior, 1
**cloāca, -ae f.**: sewer, 3
**concitō (1)**: stir up, incite, impel, 4
**coniūnx -ūgis m/f**: husband, wife, spouse, 6
**dēmergō, -ere, -sī, -sum**: plunge, send beneath, 1
**exhauriō -īre -hausī -haustum**: empty, take out, 2
**exsul, exsulis m/f**: an exile, 2
**fossa, -ae f.**: ditch, trench, 5
**haudquāquam**: not at all, in no way, 2
**incendō, -ere, -ī, -ēnsus**: kindle, enflame, burn, 3
**indignitās, -tātis f.**: indignity, outrage, 4
**indignus, -a, -um**: unworthy, undeserving, 4
**invehō, -ere, -vexī, -vectum**: convey, bring in, 5
**invōcō (1)**: invoke, call on, 4
**iūnior, iūnius**: younger, 5

**labor, -is m.**: labor, toil, 6
**lapicida, -ae, m.**: stone-worker, stone-cutter, 1
**memorō (1)**: to recall, mention, 5
**miserābilis, -e**: miserable, pitiable, 4
**miseria, -ae f.**: misery, suffering, 1
**nefandus, -a, -um**: unspeakable, impious, 2
**opifex, -icis m/f**: craftsman, artisan, 1
**perpellō, -ere, -pulī**: push through, prevail, 2
**praesēns, -sentis**: present, being present, 7
**referō, -ferre, -tulī**: report, relate, 5
**scriptor, -is m.**: author, writer, 4
**Ser.**: Servius, 7
**subiciō, -ere, -iēcī**: place under, bring up, 2
**superbia, -ae f.**: arrogance, pride, 6
**ultor, ultōris m.**: avenger, 3
**ultrō**: voluntarily, spontaneously, 4
**vehiculum, -ī n.**: carriage, vehicle, 2

---

1 **esset**: subordinate verb in implied ind. disc.
  **addita (est)**: 3s pf. pass. with 3p subjects
  **ipsīus rēgis**: *of...*; gen. sg. intensive ipse
2 **in fossās...exhauriendās**: *into...*; noun + gerundive, perform a gerund-gerundive flip and translate as gerund (-ing) + obj.
3 **dēmersae**: PPP modifying fem. gen. sg. plēbis
  **Rōmānōs...factōs (esse)**: *that...*; ind. disc.
4 **opificēs ac lapicīdās**: pred. of factōs (esse)
  **prō**: *in place of...., instead of...*
5 **memorāta (est)**: indigna caedēs is subject
  **invecta...fīlia**: *the daughter having..*; PPP, a second subject for 3s memorāta (est)
  **corporī patris**: *over...*; dat. of compound verb
6 **invocātī (sunt)...d(e)ī**
  **ultōrēs parentum**: *as...*; predicative
  **hīs atrōciōribusque aliīs...memorātīs**: *these things and...*; abl. abs., comparative adj.

7 **crēdō**: parenthetical
  **quae...subicit**: *which....suggests (to a speaker)*; 'brings up (to a speaker),' quae is neut. acc. pl.;
  **praesēns rērum indignitās**: *present indignation for such affairs;* (1) praesēns refers to Brutus' present and (2) indignitas can mean (a) indignity (i.e. humiliation one suffers) or (b) indignation (i.e. anger one feels in response); This is anger.
8 **haudquāquam...facilia**: modifies neut. pl. quae
  **relātū**: abl. respect; supine modifying facilia; translate as inf. or a gerund (-ing)
  **scrīptōribus**: *for...*; i.e. for a historian like Livy
9 **ut...abrogāret...iubēret**: *that...*; ind. command
10 **exsulēs...esse...L. Tarquinium**: *that...*
11 **ipse...est profectus**: *Brutus himself set out*;
   **iūniōribus...lectīs armātīs**: abl. abs.
   **ad concitandum...**: *for...*; flip to gerund (-ing)
12 **adversus**: *against...*; preposition

profectus: imperium in urbe Lucrētiō, praefectō urbis iam ante ab 1
rēge īnstitūtō, relinquit. 13. inter hunc tumultum Tullia domō
profūgit exsecrantibus quācumque incēdēbat invocantibusque
parentum furiās virīs mulieribusque.

**60.** hārum rērum nūntiīs in castra perlātīs cum rē novā trepidus 5
rēx pergeret Rōmam ad comprimendōs mōtūs, flexit viam
Brūtus—sēnserat enim adventum—nē obvius fieret; eōdemque
ferē tempore, dīversīs itineribus, Brūtus Ardeam, Tarquinius
Rōmam vēnērunt. 2. Tarquiniō clausae portae exsiliumque
indictum: līberātōrem urbis laeta castra accēpēre, exāctīque inde 10
līberī rēgis. duo patrem secūtī sunt quī exsulātum Caere in
Etrūscōs iērunt. Sex. Tarquinius Gabiōs tamquam in suum rēgnum

---

**adventus, -ūs m.**: arrival, approach, 6
**Ardea, -ae f.**; Ardea (Latin town), 5
**Caere (no gen.) n.**: Caere (town), 2
**claudō, -ere, -dī, -sum**: to close, enclose, 5
**comprimō, -ere, -pressī**: suppress, hold back, 2
**dīversus, -a, -um**: different, contrary, 2
**exigō, -ere, -ēgī, -actum**: drive out, spend, 1
**exsecror, -ārī, -ātum**: curse, 1
**exsilium, -iī n.**: exile, 3
**exsulō (1)**: to exile, banish; live in exile, 3
**ferē**: almost, nearly; in general, 5
**flectō, -ere, flexī, flectum**: turn, bend, 4
**furia, -ae f.**: madness; fury, avenging spirit, 3
**incēdō, -ere, cessī**: go, come into, enter, 5
**invōcō (1)**: invoke, call on, 4

**iter, itineris n.**: way, route, path; journey, 5
**laetus, -a, -um**: happy, fortunate; abundant, rich, 6
**līberātor, -is m.**: liberator, 3
**Lucrētius, -iī m.**: Lucretius, 3
**motus, -ūs m.**: movement, disturbance, riot, 3
**obvius, -a, -um**: in the way of (dat), 5
**perferō, -re, -tulī, -lātum**: carry through, 2
**pergō, -ere -rēxī -rectum**: proceed, continue, 7
**praefectus, -ī m.**: Prefect (official), 2
**profugiō, -īre, -īvī, -ītum**: flee, escape, 2
**sēntiō, -īre, sēnsī, sēnsum**: feel, perceive, 7
**tamquam**: as if, as much as, so to speak, 3
**trepidus, -a, -um**: trembling, alarming, alarmed, 3
**Tullia, -ae f.**: Tullia, 7
**via, -ae, f.**: way, road, 7

1 **Lucrētiō**: dat. ind. obj.
  **praefectō urbis…īnstitūtō**: abl. abs.; the praefectus urbis managed the city in the absence of the king and later in the absence of all officials who possessed imperium
2 **inter**: *in the middle of…*
  **domō**: abl. place from which
3 **exsecrantibus…invocantibusque…virīs mulieribusque**: abl. abs. with two subjects and two pples
  **quācumque…incēdēbat**: *wheresoever…*; adv.
4 **parentum**: i.e. Tullia's father Servius, but Livy also uses the word to describe one's ancestors
5 **hārum rērum nūntiīs…perlātīs**: *messages…*; abl. abs. with objective gen.
  **cum…pergeret**
  **rē novā**: *by recent circumstances*; a common phrase for 'revolution' or 'political change'
  **ad comprimendōs mōtūs**: *for…*; gerundive + noun, perform a gerund-gerundive flip and translate as a gerund (-ing) + obj.

6 **viam**: i.e. his course or direction
7 **nē…fieret**: *so that…not…*; neg. purpose with impf. subj. fīō and pred.
  **eōdem…tempore**: abl. time when
8 **dīversīs itineribus**: abl. means; iter, 'route'
  **Ardeam, Rōmam**: acc. place to which
9 **Tarquiniō**: *for…*; dat. of interest
  **clausae (sunt) portae**: 3p pf. pass.
  **exsilium…indictum (est)**
10 **laeta**: predicative: translate nom. adj. as adv.
  **accēpēr(unt)**
  **exāctī (sunt)**
11 **secūtī sunt**: dep. pf.
  **exsultātum**: *to…*; acc. supine (PPP + um) often expresses purpose: translate as an inf.
  **Caere**: acc. place to which
  **in**: *among*
12 **iērunt**: 3p pf. īre
  **Gabiōs**: acc. place to which
  **tamquam…**: *as if…*; conditional clause of comparison

profectus ab ultōribus veterum simultātium, quās sibi ipse caedibus
rapīnīsque concierat, est interfectus.

3. L. Tarquinius Superbus rēgnāvit annōs quīnque et vīgintī.
rēgnātum Rōmae ab conditā urbe ad līberātam annōs ducentōs
quadrāgintā quattuor. duo cōnsulēs inde comitiīs centuriātīs ā
praefectō urbis ex commentāriīs Ser. Tullī creātī sunt, L. Iūnius
Brūtus et L. Tarquinius Collātīnus.

---

**centuriātus, -a, -um**: centuriate, 1
**comitium, -ī n.**: assembly; elections, 6
**commentārius, -ī m.**: commentary, 3
**concieō, -ēre, -īī**: rouse, provoke, stir up, 3
**ducentī**: two-hundred, 3
**Iūnius, -ī m.**: Junius, 3
**līberō (1)**: to free, release, 2
**praefectus, -ī m.**: Prefect (official), 2
**quadrāgintā**: forty, 7

**quattuor**: four, 3
**quīnque**: five, 6
**rapīna, -ae, f.**: pillaging, plundering, 1
**Ser.**: Servius, 7
**simultās, -tātis f.**: rivalry, grudge, 1
**superbus, -a, -um**: arrogant, proud; Superbus, 7
**ultor, ultōris m.**: avenger, 3
**vīgintī**: twenty, 4

1 **profectus**: dep. PPP prōficīscor, translate as 'having Xed'
  **āb ultōribus**: abl. agent
  **veterum simultātium**: *of...*; gen. pl.
  **sibi**: *upon...*; dat. of interest
  **ipse**: *(he) himself*
  **caedibus rapīnīsque**: abl. means
2 **est interfectus**: interfectus est
3 **annōs quīnque et vīgintī**: *for...*; acc. of duration
4 **rēgnātum (est)**: *it...*; impers. pf. pass.
  **Rōmae**: locative
  **ab conditā urbe**: *from the founding of the city*; 'from the city having been founded,' PPP where English prefers a gerund + obj.
  **ad līberātam (urbem)**: *to the liberation of the city*; 'to the city having been liberated,' PPP
  **annōs...quattuor**: *for...*; acc. of duration
5 **(in) comitiīs centuriātīs**
  **ā praefectō urbis**: abl. agent; as noted earlier, the praefectus urbis managed the city in the absence of the king and later in the absence of all officials who possessed imperium
6 **ex**: *based on..., as a result from...*
  **L. Iūnius Brūtus et L. Tarquinius Collātīnus**: in apposition to duo cōnsulēs

# Preface

**PR.** factūrusne operae pretium sim sī ā prīmōrdiō urbis rēs 1
populī Rōmānī perscrīpserim nec satis sciō nec, sī sciam, dīcere
ausim, 2. quippe quī cum veterem tum volgātam esse rem videam,
dum nōvī semper scrīptōrēs aut in rēbus certius aliquid allātūrōs sē
aut scrībendī arte rudem vetustātem superātūrōs crēdunt. 3. 5
utcumque erit, iuvābit tamen rērum gestārum memoriae prīncipis
terrārum populī prō virīlī parte et ipsum cōnsuluisse; et sī in tantā
scrīptōrum turbā mea fāma in obscūrō sit, nōbilitāte ac
magnitūdine eōrum mē quī nōminī officient meō cōnsōler. 4. rēs est 9

---

**adferō, -ferre, attulī, allātum**: bring, propose, 6
**cōnsolor, -ārī, -ātum**: console, comfort, 1
**dum**: while, as long as, until, 6
**iuvō (1)**: help, assist, aid; *iuvat*, it is pleasing, 3
**memor, -is**: mindful, remembering (gen.), 7
**nōbilitās, -tātis f.**: nobility, renown, 4
**nōscō, -ere, nōvī, nōtum**: learn, know, 3
**obscūrus, -a, -um**: dim, obscure, indistinct, 3
**officiō, -ere, -fēcī**: block, throw shade on (dat.), 2
**opera, -ae f.**: effort, exertion; workman, 4
**perscrībō, -ere, -scrīpsī**: write in detail, 1

**pretium, -ī n.**: worth, value, price, reward, 1
**prīmōrdium, -ī n.**: (very) beginning, 2
**rudis, -e**: uncultivated, inexperienced in (gen), 3
**scrībō, -ere, scrīpsī, scrīptum**: write, 6
**scrīptor, -is m.**: author, writer, 4
**superō (1)**: overcome, surpass, be above, 2
**turba, -ae f.**: crowd, throng; tumult, 4
**utcumque**: however, in whatever way, 2
**vetustās, -tātis f.**: antiquity; past, old age, 2
**virīlis, -e**: of a man, masculine, 4
**volgō (1)**: make common, prostitute, publish, 3

1 **factūrusne...sim**: *whether I am...*; ind. question with 1s periphrastic fut. subj. (fut. pple + sum) faciō, 'accomplish'
**pretium**: *something worthy, something of value*
**sī...perscrīpserim...**: *if I...*; protasis (if-clause) of a fut. more vivid condition (sī fut. pf., fut.); translate 1s fut. pf. as pres. with fut. sense; the apodosis (then-clause) is the ind. question above
2 **nec...nec...**: *neither...nor...*
**sī sciam,...ausim**: *if...should, would...*; a fut. less vivid condition (sī pres. subj., pres. subj.); here, the apodosis (then-clause) is replaced with 1s pf. subj. audeō (ausim is equiv. to ausus sim)
**quippe quī...videam**: *inasmuch as (I am) one who...*; or 'since I...' causal relative clause of characteristic with 1s pres. subj; quippe 'inasmuch as' or ut sometimes introduces the clause when expressing cause
3 **cum...esse rem**: *that the subject...*; ind. disc.
**cum...tum...**: *both...and...*; lit. 'while...at the same time...'
4 **dum...crēdunt**: *as long as...*; usual translation with indicative mood; this clause is causal and explains the preceding statement
**aut...aut...**: *either...or...*

**in rēbus...allātūrōs (esse) sē**: *that they...*; ind. disc. with fut. inf. adferō, 'produce'
**in rēbus**: *in affairs*
**certius**: comparative adj.
5 **(sē) scrībendī...superātūrōs (esse)**: *that they...*; ind. disc. with fut. inf.
**scrībendī arte**: abl. means and appositional gen.
6 **utcumque erit**: concessive clause
**iuvābit**: *it...*; impers. 3s fut. + inf.
**rērum...et (mē) ipsum cōnsuluisse**: *that I myself also have given thought to...*; + dat.; ind. disc.; et is an adverb modifying intensive ipsum
**rērum gestārum**: i.e. history; PPP gerō, 'do'
**memoriae**: dat.
**prīncipis...populī**: adj. + noun modifies rērum
7 **terrārum**: *of the world*; short for the common expression orbis terrārum, 'sphere of lands'
**prō virīlī parte**: *according to a man's ability*; i.e. to do one's best/to the utmost of one's ability
8 **sī...sit, cōnsōler**: *if...should, I would...*; fut. less vivid condition (sī pres. subj., pres. subj.);
9 **eōrum...quī...officient**: *of those who...*; 3p fut.
**nōminī...meō**: dat. of compound verb '
**cōnsōler**: *let...*; 1s jussive subj. dep.
**rēs**: *the subject*; i.e. Livy's subject

praetereā et immēnsī operis, ut quae suprā septingentēsimum 1
annum repetātur et quae ab exiguīs profecta initiīs eō crēverit ut
iam magnitūdine labōret suā; et legentium plērīsque haud dubitō
quīn prīmae orīginēs proximaque orīginibus minus praebitūra
voluptātis sint, festīnantibus ad haec nova quibus iam prīdem 5
praevalentis populī vīrēs sē ipsae cōnficiunt: 5. ego contrā hoc
quoque labōris praemium petam, ut mē ā cōnspectū malōrum quae
nostra tot per annōs vīdit aetās, tantisper certē dum prīsca [tōta] illa
mente repetō, āvertam, omnis expers cūrae quae scrībentis
animum, etsī nōn flectere ā vērō, sollicitum tamen efficere posset. 10

6. quae ante conditam condendamve urbem poēticīs magis decōra
fabulīs quam incorruptīs rērum gestārum monumentīs trāduntur, ea

---

**cōnficiō, -ere**: to finish (off), accomplish, 5
**cōnspectus, -ūs m.**: sight, view, 7
**dubitō (1)**: to hestitate, doubt, 3
**decōrus, -a, -um**: suitable/appropriate for (dat.), 2
**dum**: while, as long as, until, 6
**efficiō, -ere, -fēcī, -fectus**: make, bring about, 2
**etsī**: even if, although, though, 5
**exiguus, -a, -um**: small, meager, 1
**expers, expertis**: free from, without (gen), 3
**fabula, -ae f.**: story, 3    **festīnō (1)**: hasten, 2
**flectō, -ere, flexī, flectum**: turn, bend, 4
**immēnsus, -a, -um**: immense, 2
**incorruptus, -a, -um**: uncorrupted, reliable, 2
**labor, -is m.**: labor, toil, 6
**labōrō (1)**: work, toil, labor, strive, 2

**mēns, mentis f.**: mind, intent, purpose, 4
**plērusque, plēra-, plērum-**: very many, most, 3
**poēticus, -a, -um**: poetic, of a poet, 1
**praebeō, -ēre, -uī, -itum**: present, offer, 3
**praemium, -ī n.**: reward, prize, 1
**praetereā**: besides, moreover, in addition, 1
**praevaleō, -ēre, -uī**: be exceedingly powerful, 1
**prīdem**: for a long time, long since, 1
**priscus, -a, -um**: old, of former times, 1
**scrībō, -ere, scrīpsī, scrīptum**: write, 6
**septingentesimus, -a, -um**: seven hundredth, 1
**sollicitus, -a, -um**: troubled, anxious, 2
**supra**: above; before (acc.)1
**tantisper**: for a while, so long, meanwhile, 3
**tot**: so many, 5    **voluptās, -tātis f.**: pleasure, 2

**immēnsī operis**: gen. description as pred.
**ut quae...repetātur**: *which is traced back...*; causal relative clause of characteristic with pres. subj.; as 'quippe,' 'ut' emphasizes the causal role: Ut quī can mean 'since this...'
**quae...crēverit**: *which...*; same causal relative clause of characteristic, pf. subj. crēscō
2 **profecta**: dep. PPP prōficīscor: 'having Xed'
**eō**: *to that point*; 'to there,' adv. (cf. quō)
**ut...labōret**: *that...*; result with pres. subj.
3 **legentium**: *of (those)...*; pres. pple legō
**plērīsque**: *for...*; dat. of interest
4 **quīn... praebitūra sint**: *that...*; substantive cl. after a negative verb of doubt; a periphrastic fut. subj. (fut. pple + subj. sum): translate as a fut.
**proxima**: *(matters) closest to* + dat.; neut. pl.
**minus...voluptātis**: neut. comparative acc. obj.
5 **festinantibus**: *(while)...*; pple modifies plērīsque
**ad haec nova**: i.e. current times; novus, 'recent'
**quibus**: *in which (times)*; abl. time when
**iam pridem**: *for a long time now*

6 **vīrēs**: fem. nom. pl. vīs
**sē...cōnficiunt**: *has been finishing itself off*; i.e. proves its undoing; a verb in the present with iam pridem is translated as perfect progressive
**contrā**: adv.
7 **petam**: fut.
**ut...āvertam**: *(namely) that...*; result, pres. subj.
8 **tantisper...dum**: *so long...as*; 'so long while'
9 **(in) mente**
**expers omnis cūrae**: nom. modifying 1s subject
**quae...posset**: *which would be able...*; relative clause of characteristic or relative of result
**scrībentis**: *of (one)...*; pres. pple, i.e. a historian
10 **etsī nōn flectere ā vērō (posset)**: *even if...*
**vērō**: *truth*; substantive
**efficere**: *make (x) (y)*; double. acc. (obj. pred.)
11 **quae...trāduntur, ea**: *those things, which...are handed down more suitable for (dat) than (dat)*
**ante...urbem**: i.e. before the city was founded or about to be founded; gerundive clarifies PPP
12 **rērum gestārum**: i.e. history; PPP gerō, 'do'

nec adfirmāre nec refellere in animō est. 7. datur haec venia antīquitātī ut miscendō hūmāna dīvīnīs prīmōrdia urbium augustiōra faciat; et sī cui populō licēre oportet cōnsecrāre orīginēs suās et ad deōs referre auctōrēs, ea bellī glōria est populō Rōmānō ut cum suum conditōrisque suī parentem Mārtem potissimum ferat, tam et hoc gentēs hūmānae patiantur aequō animō quam imperium patiuntur.

8. sed haec et hīs similia utcumque animadversa aut exīstimāta erunt haud in magnō equidem pōnam discrīmine: 9. ad illa mihi prō sē quisque ācriter intendat animum, quae vīta, quī mōrēs fuerint, per quōs virōs quibusque artibus domī mīlitiaeque et partum et auctum imperium sit; lābente deinde paulātim disciplīnā velut

---

**ācriter**: keenly, sharply; bitterlys, 1
**adfirmō (1)**: affirm, strengthen, confirm, 3
**aequus, -a, -um**: equal, fair, level, even, 3
**animadvertō, -ere, -tī, -versum**: notice, 2
**antīquitās, -tātis f.**: antiquity, old times, 1
**augustus, -a, -um**: august, majestic, 4
**conditor, -tōris m.**: founder, 5
**cōnsecrō (1)**: consecrate, make sacred, 4
**disciplīna, -ae f.**: training, instruction, 4
**discrīmen, -nis n.**: difference, distinction, 7
**equidem**: for my part; indeed, 1
**existimō (1)**: judge, consider, think, 2
**intendō, -ere, -tendī, -tentum**: stretch, direct, 2
**lābor, -ī, lapsum,**: slip, glide, 2

**licet, -ēre, -uit**: it is allowed, permitted, 3
**Mārs, Mārtis m.**: Mars, 6
**misceō, -ēre, -uī, mīxtum**: mix, mingle, 5
**oportet, -uit**: it is right, proper, fitting, 3
**paulātim**: little by little, 1
**potissimus, -a, -um**: most of all; above all, 2
**prīmōrdium, -ī n.**: (very) beginning, 2
**refellō, -ere, -ī**: refute, prove false, 1
**referō, -ferre, -tulī**: report, relate, 5
**similis, -e**: similar to, like (gen., dat.), 6
**utcumque**: however, in whatever way, 2
**venia, -ae f.**: mercy, indulgence, favor, 3
**vīta, -ae f.**: life, 1

1 **in animō (meō) est**: i.e. I intend to
**haec venia**: *this indulgence*
2 **ut...faciat**: *(namely) that...*; noun result clause with pres. subj. in apposition to haec venia
**miscendō hūmāna dīvīnīs**: *by...*; abl. means gerund (-ing) with two neut. substantives (add 'affairs'): acc. obj. and abl. assocation ('with...')
3 **faciat**: governs a double acc. (obj. and pred.)
**cui populō**: *for any...*; interest; indef. adj. alicui loses the prefix ali- before sī, nisi, num or nē
**licēre**: *that it...*; impersonal inf. after oportet
4 **ad deōs...auctōrēs**: *to the gods as promoters*
**referre (orīginēs)**: *attribute (the origins)*
**ea**: *such...*; equiv. to talis
**populō Rōmānō**: dat. of possession or interest
5 **ut...patiantur**: *that...*; result, dep. subj. patior
**cum...ferat**: *when...it reports*; i.e. populus
**suum (parentem) conditōrisque suī parentem (esse) Mārtem potissimum**: *that Mars (is)...*; ind. disc.; add inf.
6 **tam...aequō animō quam**: *with as calm a spirit as...*; abl. of manner; tam...quam are correlatives

(demonstrative and relative), and quam introduces a clause of comparison
**et hoc**: *this also*; acc. obj.; i.e. Mars' divine role
**gentēs hūmānae**: i.e. those under Roman rule
8 **haec et hīs similia**: *these (things) and (those)...*; acc. neut. pl. substantives
**utcumque...erunt**: *however they...*; fut. sum with two PPP as predicates; concessive clause
9 **in magnō...discrīmine**: *of great importance*
**pōnam**: 1s fut.
**mihi**: *for me*; dat. of interest or ethical dat.
**prō sē quisque**: *each man for his part*
10 **intendat animum**: *let...*; jussive pres. subj.; animum here means 'attention'
**quae...quae...**: *what life (was) what customs...* ind. questions in apposition to illa; pf. subj. sum
11 **quibus artibus**: *and by what...*; ind. question
**domī mīlitiaeque**: *at home and abroad*; locative
**et partum (sit) et auctum...sit**: *both...and...*; pf. pass. subj. pariō, augeō same ind. question
12 **lābente...disciplīnā**: abl. abs.
**deinde...sequātur**: *then let...*; following intendat

dēsidentēs prīmō mōrēs sequātur animō, deinde ut magis magisque lapsī sint, tum īre coeperint praecipitēs, dōnec ad haec tempora quibus nec vitia nostra nec remedia patī possumus perventum est. 10. hoc illud est praecipuē in cognitiōne rērum salūbre ac frūgiferum. omnis tē exemplī documenta in inlūstrī posita monumentō intuērī; inde tibi tuaeque reī pūblicae quod imitēre capiās, inde foedum inceptū foedum exitū quod vītēs.

11. cēterum aut mē amor negōtiī susceptī fallit, aut nūlla unquam rēs pūblica nec maior nec sānctior nec bonīs exemplīs dītior fuit, nec in quam [cīvitātem] tam serae avāritia luxuriaque immigrāverint, nec ubi tantus ac tam diū paupertātī ac parsimōniae honos fuerit. 12. adeō quantō rērum minus, tantō minus cupiditātis

---

**amor, -ōris m.**: love, desire, passion, 5
**avāritia, -ae f.**: greed, avarice, 2
**cēterum**: but, in other respects; besides, 7
**cognitiō, -tiōnis f.**: inquiry, examination, 3
**cupiditās, -tātis f.**: desire, ambition, 6
**dēsidō, -ere, disēdī**: sink, subside, 1
**dītes (dīves), dititis**: wealthy, rich, 2
**diū**: a long time, long, 4
**documentum, -ī n.**: example, lesson, instruction, 3
**exeō, -īre, -iī, -itus**: go out, end, 6
**fallō, -ere, fefellī, falsum**: deceive, cheat, 6
**frūgifer, -a, -um**: fruit-bearing, productive, 1
**imitor, -ārī, -ātum**: imitate, 1
**immigrō (1)**: travel in, move in, 1
**incipiō, -ere, incēpī, inceptum**: begin, 2
**inlūstris, -e**: illustrious, distinguished, 1

**intueor, -tuērī, -tuitus sum**: look upon, 5
**lābor, -ī, lapsum,**: slip, glide, 2
**luxuria, -ae f.**: (excessive) indulgence, 1
**negōtium, iī n.**: task, business, 4
**parsimonia, -ae f.**: frugality, thrift, 1
**paupertās, -tātis f.**: poverty, 1
**praeceps, praecipitis**: headlong, fast, 2
**praecipuē**; especially, 5
**remedium,-ī n.**: remedy, 1
**salūbris, -e**: healthy, useful, 4
**sānctus, -a, -um**: sacred, holy, 4
**serus, -a, -um**: late, a late time, 2
**suscipiō, -ere, cēpī, ceptum**: undertake, take up, 7
**unquam (umquam)**: ever, 3
**vitium, -ī n.**: vice, fault, 1
**vītō (1)**: avoid, 1

1 **velut dēsidentēs...mōrēs**: *as if...*; conditional clause of comparison with previous abl. abs.
   **primō**: *at first*; abl. as adv. modifies dēsidentēs
   **(in) animō**
   **deinde (sequātur)**: *let him...*; quisque subject
   **ut (mōrēs)...lāpsī sint**: *how...*; ind. question governed by sequātur; pf. dep. subj. lābor
2 **coeperint**: pf. subj., same ind. question
   **dōnec...perventum est**: *until they...*; impers. pf. pass.; translate in English in the active voice
   **ad**: *up to..., until...*
3 **quibus...possumus**: *in which*; abl. time when
   **patī**: dep. inf. patior
4 **hoc illud est...frūgiferum**: *this is that...thing in...*; hoc points forward to the next sentence.
   **in cognitiōne rērum**: i.e. study of history
5 **omnis tē...intuērī**: *(namely) that you...*; dep. pres. inf.; all in apposition to hoc above; Livy is addressing the reader in general
   **omnis...exemplī**: gen. sg.

   **in inlūstrī...monumentō**
6 **inde...capiās**: *from there you should pick out*; 2s jussive subj. pres. subj. (or potential: 'may...')
   **tibi...pūblicae**: *for...*; dat. of interest; rēs pūblica, 'government' or 'public state'
   **quod imitēr(is)**: *(that) which...would*; relative clause of chararacteristic; 2s pres. dep. subj.
7 **inde...quod vītēs (capiās)**: *(and) from there (you should pick out)...*; same as above
   **foedum inceptū (et) foedum exitū**: *foul in... and foul in...*; acc. in apposition to quod vītēs; abl. of respect and supine (PPP + ū) for incipiō and exeō; translate as gerunds (-ing) or infs.
8 **bonīs exemplīs**: *in...*; abl. respect
10 **in quam...immigrāverint, ubi...fuerit**: two relative cl. of characteristic with pf. subj. sum
11 **paupertātī ac parsimōniae**: dat. of possession
12 **quantō rērum minus, tantō**: *the less of riches, the less of greed there was*; 'by how much..by so much,' abl. degree of difference; partitive gen.

erat: nūper dīvitiae avāritiam et abundantēs voluptātēs dēsīderium 1
per luxum atque libīdinem pereundī perdendīque omnia invēxēre.
sed querellae, nē tum quidem grātae futūrae cum forsitan
necessāriae erunt, ab initiō certē tantae ōrdiendae reī absint: 13.
cum bonīs potius ōminibus vōtīsque et precātiōnibus deōrum 5
deārumque, sī, ut poētīs, nōbīs quoque mōs esset, libentius
inciperēmus, ut orsīs tantum operis successūs prōsperōs darent.

---

**abundō (1)**: overflow, 2
**avāritia, -ae f.**: greed, avarice, 2
**dēsīderium, -iī n.**: longing; grief (for a loss), 5
**dīvitiae, -ārum f.**: riches, wealth, 4
**forsitan**: perhaps, 2
**grātus, -a, -um**: pleasing, grateful, 6
**incipiō, -ere, incēpī, inceptum**: begin, 2
**invehō, -ere, -vexī, -vectum**: convey, bring in, 5
**libenter**: willingly (*comp.* libentius), 1
**libīdō, libidinis f.**: lust, wanton desire, 4
**luxus, -ī m.**: luxury, extravagance, splendor, 2
**necessārius, -a, -um**: necessary, inevitable, 2

**nūper**: recently, lately, not long ago, 4
**ōmen, ōminis n.**: omen, 3
**perdō, -ere, perdidī**: lose, ruin, destroy, 2
**pereō, -īre, periī**: pass away, perish; be ruined, 4
**poēta, -ae m.**: poet, 1
**potius**: rather, more, preferably, 5
**precātiō, -tiōnis f.**: prayer, entreaty, 1
**prōsperus, -a, -um**: favorable, successful, 2
**querella, -ae f.**: complaint, 3
**successus, -ūs m.**: outcome, result, 1
**voluptās, -tātis f.**: pleasure, 2
**vōtum, -ī n.**: vow, prayer, 2

2 **pereundī perdendīque omnia**: *for...*; gen. sg. gerund (-ing), pereō and perdō; objective gen. following dēsīderium, obj. of main verb; while 'for perishing' is a possible translation for pereundī, more likely it means 'for ruining oneself' (middle voice) and therefore the two gerunds have similar meaning but different objects
**invēxēr(unt)**: syncopated 3p pf.
3 **nē...quidem...futūrae**: *not going to be pleasing even at that time...*; nē...quidem here qualifies the entire pple phrase
**cum...erunt**: *when...*; temporal clause; fut. sum
4 **ab initiō...absint**: *let...*; or 'should...' 3p jussive subj. absum; querellae is the subject,
**certē**: *at least*; restrictive adv. modifiying initiō
**tantae ōrdiendae reī**: *of...*; noun + gerundive; perform a gerund-gerundive flip and translate as a gerund (-ing) + obj.; rēs means 'subject' or 'matter' here; to avoid an jarring pleonasm with initiō, 'beginning' in English, ordior 'begin' may also be translated as 'undertake'
5 **cum bonīs potius...deārumque**: *preferably with...*; comparative adv., prepositional phrase modifying inciperēmus
**sī...mōs esset,...inciperēmus**: *if it were...; we would...*, pres. contrary to fact condition (sī impf. subj., impf. subj.) with an impersonal construction in the protasis
6 **ut poētīs**: *just as for...*; clause of comparison with a dat. of interest
**nōbīs**: dat. of interest nōs; i.e. historians
**libentius**: comparative adv.
7 **ut...darent**: *so that they might...*; purpose with impf. subj.; the gods and goddesses above are the subject
**(nōbīs) orsīs**: *(to us)...*; dat. ind. obj. nōs and dep.PPP ordior (translate as 'having Xed')
**tantum operis**: acc. and partitive gen. opus

## Correlative Pronouns and Adjectives from *Ab Urbe Condita Book I* *

|          | Demonstrative | Relative | Interrogative | Indefinite |
|----------|---------------|----------|---------------|------------|
|          | is, ea, id [322] *this, that* | quī [574*] *who* | quis? *who?* | aliquis [14] *someone, anyone* |
| quality  | tālis [3] *such* | quālis [5*] *which sort* | quālis? *what sort?* | |
| quantity | tantus [42] *so great* | quantus [12*] *as great as* | quantus? *how great?* | aliquantus [5] *some* |
|          | tot [5] *so many* | quot *as many as* | quot? *how many?* | aliquot [6] *some, several* |
|          | totiēns [2] *so many times* | quotiēns *as many times as* | quotiēns? *how many times?* | aliquotiēns [1] *several times* |

## Correlative Adverbs from *Ab Urbe Condita Book I* *

|        | Demonstrative | Relative | Interrogative | Indefinite |
|--------|---------------|----------|---------------|------------|
| place  | ibi [36] *there* | ubi [41] *where* | ubi? *where?* | alicubi *somewhere* |
|        | eō (eōdem) [10] *thither, to there* | quō [8] *whither, to where* | quō? *whither? to where?* | aliquō [1] aliō [1] *to somewhere* |
|        | inde [83] *from there, then* | unde [13] *whence, from where* | unde? *whence? from where?* | alicunde *from somewhere* |
| time   | tum [77] *then* | cum [209] *when* | quando? [3] *when?* | aliquando [1] *some time* |
|        | tamdiū *so long* | quam diū *as long as* | quam diū *how long?* | aliquamdiū [2] *for some long time* |
| manner place | eā [1] *that way, there* | quā [3] *which way, where* | quā? *which way? where?* | aliquā *in some way* |
| degree | tam [21] *so* | quam [20] *as (than)* | quam? *How?* | aliquam *in some degree* |

*The relative and interrogative frequency count are tallied together in the relative column.

## Prepositions in Book I

**ā, ab, abs** (away) from, out of; by (abl), 153
**ad**: to, toward; near (acc), 212
**adversus, -a, -um**: opposite; against + acc., 17
**ante**: before, in front of (acc); before, 27
**apud**: among, in the presence of (acc), 18
**causā**: for the sake of (gen), 5
**citrā**: this side of (acc), 1
**contrā**: against (acc); in reponse, 10
**cum**: with (abl); (quom) when, since, although, 209
**dē**: down from, about, concerning (abl), 31
**ē, ex**: out from, from, out of (abl), 108
**ergā**: toward, for (acc), 3
**extrā**: outside; beyond, outside of (acc.), 3
**in**: in, on (abl) , into, against (acc), 352
**inter**: between, among (acc), 51
**intrā**: within, among (acc), 3
**ob**: on account of (acc), 11
**per**: through, over, across (acc), 49
**post**: after, behind (acc); afterward, next, 18
**prae**: because of, for (acc.); before (abl.), 6
**prō**: before, in front of, for (abl), 20
**propter**: on account of, because of, 1
**secundus, -a, -um**: favorable; following (acc.), 10
**sine**: without (abl), 19
**sub**: under, beneath (abl), 15
**super**: over, above (acc.), 7
**suprā**: above (acc.), 1

## Common Correlatives in Book 1

**eā…quā**: there…where
**eō…quō**: (to) there…(to) where
**eō…quōd**: because of this…because…
**hōc/eō…quō**: the…the…(by this much…by as much)
**ita/sīc…ut**: thus/so…just as
**ita…quemadmodum**: thus/so…in what manner
**tālis…quālis**: such…as
**tam…quam**: as/so…as (just as)
**tantus…quantus**: so (great/much)…as
**tanto…quantō**: the…the (by so much …by as much)

Below is an appoximate count of how many times each construction is identified is the commentary. The actual frequency may be higher since (a) multiple verbs in a series are identified as a single occurrence of a construction and (b) a subordinate verb in an ind. clause includes subjunctive constructions that are not individually identified.

| | How to identify | special translation | example |
|---|---|---|---|
| 1. Purpose, adverbial [67] | ut/quō/nē + pres./impf. | may/might | ut Romulus mitteret<br>*so that Romulus might send* |
| Purpose, relative [14] | quī, quae, quod + pres./impf. | may/might<br>would | quī mitteret<br>*who would send* |
| 2. Cum-Clauses [79] | cum + subjunctive | none | Cum Romulus mitteret<br>*When Romulus sent* |
| 3. Subordinate Verb in Ind. Clause [66] | quī, quae, quod in ind. disc. or subjunctive clause | none | eōs, sī id mitteret, lēgere<br>*that they read it, if he sent it* |
| 4. Indirect Question [52] | interrogatives: e.g. quis, cūr | none | nōvit quōs Romulus mitteret<br>*he learned whom Romulus sent* |
| 5. Result, adverbial [48] or noun clause | tam, tantus, sīc, ita + ut/ut nōn any subj. tense | none | ut Romulus mitteret<br>*that Romulus sent* |
| Result, relative [1] | tam, tantus, sīc, ita + quī any subj. tense | none | quī Romulus mitteret<br>*that Romulus sent* |
| 6. Relative Clause of Characteristic [41] | quī, quae, quod + subj. | none/would | quōs Romulus mitteret<br>*the sort whom Romulus would send* |
| 7. Indirect Command [35] | verb of commanding + ut/nē | none | persuāsit ut Romulus mitteret<br>*he persuaded that Romulus send* |
| 8. Alleged/Reported Cause [14] | quod + subjunctive | none | quod mittat<br>*because/on the grounds that...* |
| 9. Jussive Subj. [12] | main verb (neg. nē) often in 3s or 3p | let/should | Romulus mittat<br>*Let Romulus send...* |
| 10. Anticipated Action [11] | priusquam/antequam/dōnec + subj. | none | priusquam mittat...<br>*before he could send* |
| 11. Deliberative Subj. [6] | main verb (interrogative) or ind. deliberative question | is he/she to X<br>should they X | Quid mittam?<br>*What am I to send? What should...?* |
| 12. Optative Subj. [5] (subj. of wish) | often quod/ut + main verb (neg. nē) | Would that...<br>May... | Ut eōs mittat...<br>*May he see them...* |
| 13. Proviso Clause [1] | dummodo/modo (nē) + pres. subj. | none | dummodo mittat...<br>*provided that he send...* |
| 14. Past General Temporal [1] | ubi/cum/ut/quandō + subj. | none | ubi mīsisset...<br>*whenever he had sent...* |
| 15. Future Less Vivid [2] | sī pres. subj., pres. subj. | should/would | sī sit, mittat<br>*if he should be...he would send* |
| 16. Pres. Contrary to Fact [2] | sī impf. subj., impf. subj. | were/would | sī esset, mitteret<br>*if he were...he would send* |
| 17. Past Contrary to Fact [9] (or mixed) | sī plpf. subj., plpf. subj. | had/would have | sī fuisset, mīsisset<br>*if he had been...he would have* |

## Synopsis: First Conjugation

### amō, amāre, amāvī, amātum: to love

| | active | | translation | passive | | translation |
|---|---|---|---|---|---|---|
| **Indicative** | | | | | | |
| Pres. | amō | amāmus | *I love* | amor | amāmur | *I am (being) loved* |
| | amās | amātis | | amāris | amāminī | |
| | amat | amant | | amātur | amantur | |
| Impf. | amābam | amābāmus | *I was loving* | amābar | amābāmur | *I was (being) loved* |
| | amābās | amābātis | | amābāris | amābāminī | |
| | amābat | amābant | | amābātur | amābantur | |
| Fut. | amābō | amābimus | *I will love* | amābor | amābimur | *I will be loved* |
| | amābis | amābitis | | amāberis | amābiminī | |
| | amābit | amābunt | | amābitur | amābuntur | |
| Perf. | amāvī | amāvimus | *I have loved* | amāta sum | amātae sumus | *I have been loved* |
| | amāvistī | amāvistis | | amāta es | amātae estis | *was loved* |
| | amāvit | amāvērunt | | amāta est | amātae sunt | |
| Plpf. | amāveram | amāverāmus | *I had loved* | amāta eram | amātae erāmus | *I had been loved* |
| | amāverās | amāverātis | | amāta erās | amātae erātis | |
| | amāverat | amāverant | | amāta erat | amātae erant | |
| Fut. Pf | amāverō | amāverimus | *I will have* | amāta erō | amātae erimus | *I will have been* |
| | amāveris | amāveritis | *loved* | amāta eris | amātae eritis | *loved* |
| | amāverit | amāverint | | amāta erit | amātae erunt | |
| **Subjunctive** | | | | | | |
| Pres. | amem | amēmus | *same as* | amer | amēmur | *same as* |
| | amēs | amētis | *indicative* | amēris | amēminī | *indicative* |
| | amet | ament | | amētur | amentur | |
| Impf. | amārem | amārēmus | | amārer | amārēmur | |
| | amārēs | amārētis | | amārēris | amārēminī | |
| | amāret | amārent | | amārētur | amārentur | |
| Perf. | amāverim | amāverīmus | | amāta sim | amātae sīmus | |
| | amāverīs | amāverītis | | amāta sīs | amātae sītis | |
| | amāverit | amāverint | | amāta sit | amātae sint | |
| Plpf. | amāvissem | amāvissēmus | | amāta essem | amātae essēmus | |
| | amāvissēs | amāvissētis | | amāta essēs | amātae essētis | |
| | amāvisset | amāvissent | | amāta esset | amātae essent | |
| **Imperative** | | | | | | |
| | amā | amāte | *love!* | | | |
| **Participle** | | | | | | |
| Pres. | amāns (*gen.* amantis) | | *loving* | | | |
| Perf. | | | | amātus, -a, -um | | *having been loved* |
| Fut. | amātūrus, -a, -um | | *going to love* | amandus, -a, -um | | *going to be loved* |
| **Infinitive** | | | | | | |
| Pres. | amāre | | *to love* | amārī | | *to be love* |
| Perf. | amāvisse | | *to have loved* | amātum esse | | *to have been loved* |
| Fut. | amātūrum esse | | *to be going to love* | | | |

## Synopsis: Second Conjugation

**teneō, tenēre, tenuī, tentum: to hold**

### Indicative

|  | active | | translation | passive | | translation |
|---|---|---|---|---|---|---|
| Pres. | teneō | tenēmus | *I hold* | teneor | tenēmur | *I am (being) held* |
| | tenēs | tenētis | | tenēris | tenēminī | |
| | tenet | tenent | | tenētur | tenentur | |
| Impf. | tenēbam | tenēbāmus | *I was holding* | tenēbar | tenēbāmur | *I was (being) held* |
| | tenēbās | tenēbātis | | tenēbāris | tenēbāminī | |
| | tenēbat | tenēbant | | tenēbātur | tenēbantur | |
| Fut. | tenēbō | tenēbimus | *I will hold* | tenēbor | tenēbimur | *I will be held* |
| | tenēbis | tenēbitis | | tenēberis | tenēbiminī | |
| | tenēbit | tenēbunt | | tenēbitur | tenēbuntur | |
| Perf. | tenuī | tenuimus | *I have held* | tenta sum | tentae sumus | *I have been held* |
| | tenuistī | tenuistis | | tenta es | tentae estis | *was held* |
| | tenuit | tenuērunt | | tenta est | tentae sunt | |
| Plpf. | tenueram | tenuerāmus | *I had held* | tenta eram | tentae erāmus | *I had been held* |
| | tenuerās | tenuerātis | | tenta erās | tentae erātis | |
| | tenuerat | tenuerant | | tenta erat | tentae erant | |
| Fut. Pf. | tenuerō | tenuerimus | *I will have held* | tenta erō | tentae erimus | *I will have been held* |
| | tenueris | tenueritis | | tenta eris | tentae eritis | |
| | tenuerit | tenuerint | | tenta erit | tentae erunt | |

### Subjunctive

|  | active | | | passive | | |
|---|---|---|---|---|---|---|
| Pres. | teneam | teneāmus | same as | tenear | teneāmur | same as indicative |
| | teneās | teneātis | | teneāris | teneāminī | |
| | teneat | teneant | | teneātur | teneantur | |
| Impf. | tenērem | tenērēmus | | tenērer | tenērēmur | |
| | tenērēs | tenērētis | | tenērēris | tenērēminī | |
| | tenēret | tenērent | | tenērētur | tenērentur | |
| Perf. | tenuerim | tenuerīmus | | tenta sim | tentae sīmus | |
| | tenuerīs | tenuerītis | | tenta sīs | tentae sītis | |
| | tenuerit | tenuerint | | tenta sit | tentae sint | |
| Plpf. | tenuissem | tenuissēmus | | tenta essem | tentae essēmus | |
| | tenuissēs | tenuissētis | | tenta essēs | tentae essētis | |
| | tenuisset | tenuissent | | tenta esset | tentae essent | |

### Imperative

| tenē | tenēte | *hold!* |
|---|---|---|

### Participle

|  | active | | passive | |
|---|---|---|---|---|
| Pres. | tenēns (*gen.* tenentis) | *holding* | | |
| Perf. | | | tentus, -a, -um | *having been held* |
| Fut. | tentūrus, -a, -um | *going to hold* | tenendus, -a, -um | *going to be held* |

### Infinitive

|  | active | | passive | |
|---|---|---|---|---|
| Pres. | tenēre | *to hold* | tenērī | *to be held* |
| Perf. | tenuisse | *to have held* | tentum esse | *to have been held* |
| Fut. | tentūrum esse | *to be going to hold* | | |

## Synopsis: Third Conjugation

### dūcō, dūcere, dūxī, ductum: to lead

|  | active |  | translation | passive |  | translation |
|---|---|---|---|---|---|---|
| **Indicative** | | | | | | |
| Pres. | dūcō | dūcimus | *I lead* | dūcor | dūcimur | *I am (being) led* |
| | dūcis | dūcitis | | dūceris | dūciminī | |
| | dūcit | dūcunt | | dūcitur | dūcuntur | |
| Impf. | dūcēbam | dūcēbāmus | *I was leading* | dūcēbar | dūcēbāmur | *I was (being) led* |
| | dūcēbās | dūcēbātis | | dūcēbāris | dūcēbāminī | |
| | dūcēbat | dūcēbant | | dūcēbātur | dūcēbantur | |
| Fut. | dūcam | dūcēmus | *I will lead* | dūcar | dūcēmur | *I will be led* |
| | dūcēs | dūcētis | | dūcēris | dūcēminī | |
| | dūcet | dūcent | | dūcētur | dūcentur | |
| Perf. | dūxī | dūximus | *I have led* | ducta sum | ductae sumus | *I have been led* |
| | dūxistī | dūxistis | | ducta es | ductae estis | |
| | dūxit | dūxērunt | | ducta est | ductae sunt | |
| Plpf. | dūxeram | dūxerāmus | *I had led* | ducta eram | ductae erāmus | *I had been led* |
| | dūxerās | dūxerātis | | ducta erās | ductae erātis | |
| | dūxerat | dūxerant | | ducta erat | ductae erant | |
| Fut.. Pf. | dūxerō | dūxerimus | *I will have led* | ducta erō | ductae erimus | *I will have been led* |
| | dūxeris | dūxeritis | | ducta eris | ductae eritis | |
| | dūxerit | dūxerint | | ducta erit | ductae erunt | |
| **Subjunctive** | | | | | | |
| Pres. | dūcam | dūcāmus | same as | dūcar | dūcāmur | same as indicative |
| | dūcās | dūcātis | indicative | dūcāris | dūcāminī | |
| | dūcat | dūcant | | dūcātur | dūcantur | |
| Impf. | dūcerem | dūcerēmus | | dūcerer | dūcerēmur | |
| | dūcerēs | dūcerētis | | dūcerēris | dūcerēminī | |
| | dūceret | dūcerent | | dūcerētur | dūcerentur | |
| Perf. | dūxerim | dūxerīmus | | ducta sim | ductae sīmus | |
| | dūxerīs | dūxerītis | | ducta sīs | ductae sītis | |
| | dūxerit | dūxerint | | ducta sit | ductae sint | |
| Plpf. | dūxissem | dūxissēmus | | ducta essem | ductae essēmus | |
| | dūxissēs | dūxissētis | | ducta essēs | ductae essētis | |
| | dūxisset | dūxissent | | ducta esset | ductae essent | |
| **Imperative** | | | | | | |
| | dūc(e) | dūcite | *lead!* | | | |

### Participle
| | | | | | |
|---|---|---|---|---|---|
| Pres. | dūcēns (*gen.* dūcentis) | | *leading* | | |
| Perf. | | | | ductus, -a, -um | *having been led* |
| Fut. | ductūrus, -a, -um | | *going to lead* | dūcendus, -a, -um | *going to be led* |

### Infinitive
| | | | | | |
|---|---|---|---|---|---|
| Pres. | dūcere | | *to lead* | dūcī | *to be led* |
| Perf. | dūxisse | | *to have led* | ductum esse | *to have been led* |
| Fut. | ductūrum esse | | *to be going to lead* | | |

## Synopsis: Fourth Conjugation

### sciō, scīre, scīvī, scītum: to know

| | active | | translation | passive | | translation |
|---|---|---|---|---|---|---|
| **Indicative** | | | | | | |
| Pres. | sciō | scīmus | *I know* | scior | scīmur | *I am (being) known* |
| | scīs | scītis | | scīris | scīminī | |
| | scit | sciunt | | scītur | sciuntur | |
| Impf. | sciēbam | sciēbāmus | *I was knowing* | sciēbar | sciēbāmur | *I was (being) known* |
| | sciēbās | sciēbātis | | sciēbāris | sciēbāminī | |
| | sciēbat | sciēbant | | sciēbātur | sciēbantur | |
| Fut. | sciam | sciēmus | *I will know* | sciar | sciēmur | *I will be known* |
| | sciēs | sciētis | | sciēris | sciēminī | |
| | sciet | scient | | sciētur | scientur | |
| Perf. | scīvi | scīvimus | *I have known* | scīta sum | scītae sumus | *I have been known* |
| | scīvistī | scīvistis | | scīta es | scītae estis | |
| | scīvit | scīvērunt | | scīta est | scītae sunt | |
| Plpf. | scīveram | scīverāmus | *I had known* | scīta eram | scītae erāmus | *I had been known* |
| | scīverās | scīverātis | | scīta erās | scītae erātis | |
| | scīverat | scīverant | | scīta erat | scītae erant | |
| Fut. Pf. | scīverō | scīverimus | *I will have known* | scīta erō | scītae erimus | *I will have been known* |
| | scīveris | scīveritis | | scīta eris | scītae eritis | |
| | scīverit | scīverint | | scīta erit | scītae erunt | |
| **Subjunctive** | | | | | | |
| Pres. | sciam | sciāmus | same as indicative | sciar | sciāmur | same as indicative |
| | sciās | sciātis | | sciāris | sciāminī | |
| | sciat | sciant | | sciātur | sciantur | |
| Impf. | scīrem | scīrēmus | | scīrer | scīrēmur | |
| | scīrēs | scīrētis | | scīrēris | scīrēminī | |
| | scīret | scīrent | | scīrētur | scīrentur | |
| Perf. | scīverim | scīverīmus | | scīta sim | scītae sīmus | |
| | scīverīs | scīverītis | | scīta sīs | scītae sītis | |
| | scīverit | scīverint | | scīta sit | scītae sint | |
| Plpf. | scīvissem | scīvissēmus | | scīta essem | scītae essēmus | |
| | scīvissēs | scīvissētis | | scīta essēs | scītae essētis | |
| | scīvisset | scīvissent | | scīta esset | scītae essent | |
| **Imperative** | | | | | | |
| | scī | scīte | *know!* | | | |
| **Participle** | | | | | | |
| Pres. | sciēns (gen. scientis) | | *knowing* | | | |
| Perf. | | | | scītus, -a, -um | | *having been known* |
| Fut. | scītūrus, -a, -um | | *going to know* | sciendus, -a, -um | | *going to be known* |
| **Infinitive** | | | | | | |
| Pres. | scīre | | *to know* | scīrī | | *to be known* |
| Perf. | scīvisse | | *to have known* | scītum esse | | *to have been known* |
| Fut. | scītūrum esse | | *to be going to know* | | | |

# Irregular Synopses

**sum, esse, fuī, futūrum: to be**       **eō, īre, iī, itūrum : to go**

| | | | translation | | | translation |
|---|---|---|---|---|---|---|
| **Indicative** | | | | | | |
| Pres. | sum | sumus | *I am* | eō | īmus | *I go* |
| | es | estis | | īs | ītis | |
| | est | sunt | | it | eunt | |
| Impf. | eram | erāmus | *I was* | ībam | ībāmus | *I was going* |
| | erās | erātis | | ībās | ībātis | |
| | erat | erant | | ībat | ībant | |
| Fut. | erō | erimus | *I will be* | ībō | ībimus | *I will go* |
| | eris | eritis | | ībis | ībitis | |
| | erit | erunt | | ībit | ībunt | |
| Perf. | fuī | fuimus | *I have been,* | iī | iimus | *I have gone,* |
| | fuistī | fuistis | *I was* | īstī | īstis | *went* |
| | fuit | fuērunt | | iit | iērunt | |
| Plpf. | fueram | fuerāmus | *I had been* | ieram | ierāmus | *I had gone* |
| | fuerās | fuerātis | | ierās | ierātis | |
| | fuerat | fuerant | | ierat | ierant | |
| Fut. Pf. | fuerō | fuerimus | *I will have been* | ierō | ierimus | *I will have gone* |
| | fueris | fueritis | | ieris | ieritis | |
| | fuerit | fuerint | | ierit | ierint | |
| **Subjunctive** | | | | | | |
| Pres. | sim | sīmus | *same as* | eam | eāmus | *same as* |
| | sīs | sītis | *indicative* | eās | eātis | *indicative* |
| | sit | sint | | eat | eant | |
| Impf. | essem | essēmus | | īrem | īrēmus | |
| | essēs | essētis | | īrēs | īrētis | |
| | esset | essent | | īret | īrent | |
| Perf. | fuerim | fuerīmus | | ierim | ierimus | |
| | fuerīs | fuerītis | | ieris | ieritis | |
| | fuerit | fuerint | | ierit | ierunt | |
| Plpf. | fuissem | fuissēmus | | īssem | īssēmus | |
| | fuissēs | fuissētis | | īssēs | īssētis | |
| | fuisset | fuissent | | īsset | īssent | |
| **Imperative** | | | | | | |
| | xxx | | | ī | īte | |
| **Participle** | | | | | | |
| Pres. | | | | iēns (euntis) | | *going* |
| Perf. | | | | --- | | |
| Fut. | | | | itūrus, -a, -um | | *going to go* |
| **Infinitive** | | | | | | |
| Pres. | esse | | *to be* | īre | | *to go* |
| Perf. | fuisse | | *to have been* | īsse | | *to have gone* |
| Fut. | futūrum esse (fore) | | *to be going to be* | itūrum esse | | *to be going to go* |

## Ab Urbe Condita Book 1: Alphabetized Vocabulary

The following five pages includes all 425 words in the Book 1 that occur eight or more times arranged in an alphabetized list. The number at the end of each dictionary entry is the frequency of the word in the speech. If there is no number at the end of the entry, the word occurs only once in the work.

**ā, ab, abs**: from, away from, by (abl), 153
**abeō, -īre, -iī, -itus**: go away, depart, 12
**absum, -esse, āfuī**: be away, be absent, 8
**ac**: and, 84
**acciō, -īre, -īvī, -ītum**: rouse to, summon, 8
**accipiō, -ere -cēpī -ceptum**: receive, 19
**aciēs, -ēī f.**: battle line, army, 19
**ad**: to, toward; near; for; in regard to (acc.), 212
**addō, -ere, -didī, -ditum**: bring to, add, 21
**adeō**: so, to such a degree, to such an extent, 8
**adiciō, -ere, -iēcī, -iectum**: add, throw to, 8
**adimō, -ere, -ēmī, -ēmptum**: take (away), 8
**adversus, -a, -um**: opposite; against (acc), 16
**Aenēās, -ae m.**: Aeneas, 17
**aetās, aetātis f.**: age, lifetime, generation, time, 22
**ager, agrī m.**: land, field, territory, 27
**agō, -ere, ēgī, āctum**: drive, lead, spend, 43
**Alba Longa, -ae f.**: Alba Longa (town), 15
**Albānus -a -um**: Alban, of Alba, 59
**aliēnus, -a, -um**: of another, foreign, 11
**aliquis, aliquid** (*adj.* **-quī, -qua, -quod**): someone, something, anyone, anything; *adj.* some, any, 14
**alius, -a, -ud**: other, another, else, 75
**alter, -era, -erum**: other (of two); one…another, 18
**Ancus, -ī m.**: Ancus, 15
**animus, -ī m.**: spirit, soul, mind; passion, anger, 79
**annus, -ī m.**: year, 24
**ante**: before, in front of (acc); *adv.* before, 27
**aperiō, -īre, -uī, -ertum**: open, disclose, 10
**appellō (1)**: call (by name), name, 32
**apud**: among, in the house/presence of (acc), 18
**aqua, -ae f.**: water, 10
**arma, -ōrum n.**: arms, equipment, tools, 24
**armō (1)**: arm, equip, 37
**ars, artis f.**: skill, craft, art, 13
**arx, arcis m.**: citadel, hilltop, 16
**atque**: and, 43
**auctor, -is m.**: author, originator, promoter, 25

**audeō, -ēre, ausum sum**: dare, venture, 11
**audiō, -īre, -īvī, audītum**: hear, listen to, 25
**augeō, -ēre, -xī, -ctum**: increase, enrich, 18
**augurium, -ī n.**: augury, divination, 9
**aut**: or; *aut...aut*, either…or, 37
**āvertō, -ere, -vertī**: turn aside or away, 11
**avis, avis f.**: bird, 9
**bellum, -ī, n.**: war, 98
**bonus, -a, -um**: good, kind, noble, 13
**bōs, bovis m/f**: cow, ox, bull, cattle, 10
**Brūtus, -ī m.**: Brutus, 13
**cadō, -ere, cecidī, cāsum**: fall, 8
**caedēs, -is f.**: murder, killing, 15
**caelestis, -e**: celestial, of the gods; the gods, 11
**capiō, -ere, cēpī, captum**: take, seize, 32
**caput, capitis, n.**: head; life, 23
**castra, -ōrum n.**: camp, 18
**causa, -ae f.**: reason; *causā* for the sake of, 18
**cēnsus, -ūs m.**: census, registration, 10
**centum**: hundred, 9
**centuria, -ae f.**: century (unit), 21
**certāmen, -minis n.**: contest, rivalry, combat 12
**certus, -a, -um**: decided, fixed; sure, reliable, 15
**cēterī, -ae, -a**: the other, remaining, 21
**circā**: about, around, 19
**cīvis, -is m/f**: citizen, 15
**cīvitās. cīvitātis f.**: city-state, state, city, 35
**clāmor, -is f.**: shout, cry, 9
**classis, -is f.**: fleet, 11
**coepī, coepisse, coeptum**: begin, 10
**Collātīnus, -ī m.**: Collatinus (name), 7
**collis, -is m.**: hill, 8
**commūnis, -e**: common, 9
**concilium, -iī n.**: meeting, council, 12
**condō, -ere, -didī, -ditum**: found, establish, 20
**cōnsilium, -iī n.**: plan, advice; council, 29
**cōnsulō, -ere, -uī, consultum**: consult, 9
**contrā**: against (acc); in response, opposite, 10

**conveniō -īre -vēnī -ventum**: come together, 11
**corpus, corporis, n.**: body, 23
**crēdō, -ere, -didī, -ditum**: believe, trust, 28
**creō (1)**: create, appoint, 19
**crēscō, -ere, crēvī, crētum**: grow, 14
**cum**: with (abl); when, since, although, 209
**cūra, -ae f.**: care, concern, worry, 9
**cūria, ae f.**: curia (district); senate house, 15
**Cūriātius, -ī m.**: Curiatius, 9
**dē**: down from, about, concerning (abl), 31
**decus, decōris n.**: distinction, honor, adornment, 7
**dēdō, -ere, -didī, -ditum**: give up, dedicate, 9
**deinde**: then, thereupon, 49
**deus, -ī m.**: god, 54
**dexter, -ra, -rum**: right (hand); skilful, 11
**Diāna, -ae f.**: Diana, 8
**dīcō, -ere, dīxī, dictus**: say, speak, tell, 36
**diēs, -ēī m./f.**: day, time, 27
**dīvidō, -ere, -vīsī, -vīsum**: divide, 8
**dīvīnus, -a, -um**: divine, 11
**dō, dare, dedī, datum**: give, put; grant (+ inf), 67
**domus, -ī f.**: house, home; *domī*, at home, 35
**dōnec**: until, 10
**dubius, -a, -um**: doubtful, uncertain, unsure, 9
**dūcō, -ere, dūxī, ductus**: lead, draw, 13
**duo, duae, duo**: two, 35
**dux, ducis m./f.**: leader, guide, chieftain, 22
**ē, ex**: out from, from, out of; as a result of (abl), 108
**ēdūcō (1)**: bring up, rear, train, 8
**ego, meī, mihi, mē, mē**: I, 34
**enim**: for, indeed, in truth, 27
**eō, īre, iī, itūrum**: go, 18
**eques, equitis m.**: horseman, equestrian, 17
**equus, -ī m.**: horse, 11
**et**: and, also, even, 280
**etiam**: also, even, 37
**Etrūscus, -a, -um**: Etruscan, 16
**exciō, -īre, -īvī, -itum**: rouse, draw out, 9
**exemplum, -ī n.**: example, 8
**exercitus, -ūs m.**: army, 37
**facilis, -e**: easy, 9
**faciō, -ere, fēcī, factum**: make, do, 120
**fāma, -ae f.**: report, rumor, reputation, 13
**fānum, -ī n.**: shrine, 8

**ferō, -re, tulī, lātum**: carry, bear, endure, 48
**ferōx, -ōcis**: fierce, savage, 19
**ferrum, -ī n.**: iron; sword, 8
**Fīdēnātēs, -ium m.**: people of Fidenae, 10
**fidēs, eī f.**: faith, trust, confidence; pledge, 19
**fīlia, -iae f.**: daughter, 11
**fīlius, -iī m.**: son, 26
**fīnis, -is m./f.**: end; border, territory, 15
**fīnitimus -a -um**: neighboring, bordering, 9
**fīō, fierī, factum**: become, be made, 29
**flūmen, -inis n.**: river, 8
**foedus, -eris n.**: treaty, alliance, 26
**fors, fortis**: chance; *forte*, by chance, 18
**fortūna, -ae f.**: fortune, chance, luck, 18
**frāter, -tris m.**: brother, 17
**fuga, -ae f.**: flight, retreat, 16
**fundō, -ere, fūdī, fūsum**: spread out, pour, 11
**Gabiī, -ōrum m.**: Gabii (town), 8
**gēns, gentis f.**: clan, family; race, people, 22
**genus, -eris n.**: race, class, family; birth, 10
**gerō, -ere, gessī, gestus**: carry on, wage, 19
**gladius, -ī m.**: sword, 11
**glōria, -ae f.**: glory, 8
**habeō, -ēre, -uī, -itum**: have, hold; consider, 29
**habitō (1)**: inhabit, dwell, live, 9
**haud**: by no means, not at all, 43
**hic, haec, hoc**: this, these, 139
**hinc**: from here, hence, 8
**homō, -inis m/f**: person, people, human, 25
**honor (honos), -ōris m.**: honor; offering, 11
**Horātius, -ī m.**: Horatius, 10
**hostis, -is m./f.**: stranger, enemy, foe, 43
**hūmānus, -a, -um**: human, humane, 14
**iam**: now, already, soon, 55
**ibi**: there, in that place; then, 36
**iciō, -ere, icī, ictum**: strike, hit, 11
**īdem, eadem, idem**: same, 31
**igitur**: therefore, then, accordingly, 10
**ille, illa, illud**: that, those, 61
**imperium, -iī n.**: power, command, 48
**imperō (1)**: order, command, 8
**impetus, -ūs m.**: attack, assault, 13
**impleō, -ēre, -ēvī, implētum**: fill, fill up, 8
**in**: in, on (abl), into, against (acc), 352

**inclīnō (1)**: incline, lean, bend, turn, 10
**inde**: from there, then, afterward, 83
**indīcō, -ere, -dīxī**: inform, declare, appoint, 16
**inferō, -ferre, -tulī, -lātum**: bring in, wage, 9
**īnfēstus, -a, -um**: hostile, insecure, 9
**īnfimus, -a, -um**: lowest; bottom of, 9
**ingenium, -ī n.**: character, talent, 16
**ingēns, ingentis**: huge, immense, 11
**initium, -ī n.**: beginning, entrance, 8
**iniūria, -ae f.**: wrong, insult, injustice, 10
**inquam, inquis, inquit**: say (direct speech), 29
**īnsignis, -e**: distinguished, noted; *insigne* badge, 9
**īnstituō, -ere, -ī, -tum**: set up, establish, 16
**īnstruō, -ere, -xī, -ctum**: set up, arrange, 9
**inter**: between, among (acc), 51
**interficiō, -ere, -fēcī, -fectum**: kill, 8
**inveniō, -īre, -vēnī, -ventum**: find, 8
**ipse, ipsa, ipsum**: -self; the very, 81
**īra, īrae f.**: anger; passion, 15
**is, ea, id**: this, that; he, she, it, 332
**ita**: so, thus, 61
**itaque**: and so, 18
**iubeō, -ēre, iussī, iussum**: order, bid, 34
**iungō, -ere, iunxī, -iunctum**: join, 11
**Iuppiter, Iovis, Iovī, Iovem, Iove m.**: Jupiter, 23
**iūs, iūris n.**: justice, law, right; oath; court, trial, 31
**iuvenis, -is m.**: youth, young man, 30
**L.**: Lucius, 11
**Latīnus, -a, -um**: Latin; King Latinus, 55
**Lāvīnium, -ī n.**: Lavinium (town), 8
**lēgātus, -ī m.**: legate, ambassador, envoy, 10
**legō, -ere, lēgī, lectum**: choose, select; read, 16
**lēx, lēgis f.**: law; term, condition, regulation, 13
**līber, lībera, līberum**: free, 9
**līberī, -ōrum n.**: children, 13
**līctor, līctōris m.**: lictor (bodyguard), 9
**locus -ī m.** (*pl.* loca): place; *pl.* region, 55
**longē**: far, by far, far and wide, 10
**Lucrētia, -iae f.**: Lucretia, 12
**magis**: more, rather, 28
**magnitūdō, -tūdinis f.**: size, greatness, 9
**magnus, -a, -um**: great, large; important, 31
**maior, maius**: greater, larger; older, 14
**malus, -a, -um**: bad, wicked, evil, 14

**maneō, -ēre, mānsī**: stay, wait, wait for, 12
**manus, -ūs f.**: hand; band, group, 21
**mare, maris n.**: sea, 8
**māter, matris f.**: mother, 10
**maximus, -a, -um**: greatest; *adv.* especially, 32
**medius, -a, -um**: middle of, 14
**Mettius, -ī m.**: Mettius, 16
**metus, -ūs f.**: dread, fear, 14
**meus, -a, -um**: my, mine, 12
**mīlitia, -ae f.**: military service, 8
**mīlle** (pl. **mīlia**): thousand, 13
**minor, minus**: smaller, less, 27
**mīrāculum, -ī n.**: marvel, wonder, 10
**mīror, -ārī, -ātum**: wonder, be amazed/surprised, 8
**mittō, -ere, mīsī, missum**: send, let go, 23
**modus, -ī m.**: way, manner; *modo,* only, 21
**moenia, -ōrum n.**: city-walls, 10
**mons, montis m.**: mountain, 14
**monumentum, -ī n.**: monument, memorial, 8
**mors, mortis, f.**: death, 16
**mōs, mōris m.**: custom, habit; morals, character, 13
**moveō, -ēre, -vī, mōtum**: move, set in motion, 16
**muliebris, -e**: womanly, of a woman, 10
**mulier, -is f.**: woman, 12
**multitūdō, -tūdinis f.**: population, multitude, 27
**multus, -a, -um**: much, many, 24
**mūrus, -ī m.**: wall, rampart, 10
**nam**: for, 13
**nāscor, nascī, nātum**: be born, 21
**nē**: lest, that not, so that not, 43
**nec**: and not, neither…nor, 87
**neque**: and not; neither…nor, 24
**nihil**: nothing; *adv.* not at all, 18
**nōmen, nōminis, n.**: name, 44
**nōn**: not, 87
**nōs, nostrī, nōbīs, nōs, nōbīs**: we, us, 8
**noster, nostra, nostrum**: our, 9
**novus, -a, -um**: new, recent, strange, 31
**nūllus, -a, -um**: none, no, not any, 17
**Numa, -ae m.**: Numa Pompilius, 23
**numerus, -ī m.**: number; group, 16
**Numitor, -ōris m.**: Numitor, 8
**nunc**: now, 20
**nūntiō (1)**: announce, report, 12

# Alphabetized Vocabulary

**nūntius, -iī m.**: messenger, 11
**ob**: on account of, because of (acc), 11
**occupō (1)**: seize, occupy, 8
**omnis, omne**: every, all, 107
**oppidum, -ī n.**: town, 8
**ops, opis f.**: power, help; *pl.* resources, wealth, 22
**opus, -eris n.**: work, project; *opus est*, is a need, 24
**ordior, -īrī, -sum**: begin, undertake, 8
**ōrdō, -inis m.**: order, rank, line, 11
**orīgō, orīginis f.**: origin, 10
**orior, orīrī, ortum**: arise, spring up, 19
**Palātinum, -iī n.**: Palatine hill, 9
**pār, paris**: equal, 9
**parēns, -entis m.**: parent, ancestor, 17
**pariō, -ere, peperī, partum**: bring forth, produce, 8
**parō (1)**: prepare, make ready, 17
**pars, partis, f.**: part; direction, side, 27
**parvus, -a, -um**: small, little, 8
**pāstor, -is m.**: shepherd, 9
**pater, patris, m.**: father; senator, 87
**patior, -ī, passum**: suffer, endure; allow, 11
**patria, -ae f.**: fatherland, country, 15
**pavor, -is m.**: panic, terror, 10
**pāx, pācis f.**: peace, 36
**pellō, -ere, pepulī, pulsum**: drive, beat, 8
**per**: through, over, across, 49
**peragō, -ere, -ēgī**: carry/drive through, continue, 8
**peregrīnus, -ī m.**: foreigner, stranger, 11
**perveniō, -īre, -vēnī, -ventum**: arrive, come to, 10
**petō, -ere, -īvī, petītum**: seek, head for; attack, 17
**plēbs, plēbis, f.**: plebs, masses, 16
**plūs, plūris**: more, many, 12
**pōnō, -ere, posuī, positum**: put, place, 13
**populus, -ī m.**: people; population, 89
**porta, -ae f.**: gate, 13
**possum, posse, potuī**: be able, can; be powerful, 60
**post**: after, behind (acc); *adv.* afterward, next, 18
**posterus, -a, -um**: following, next; posterity, 13
**postquam**: after, when; after that, 12
**praeda, -ae f.**: plunder (=cattle), spoils, 18
**praesidium, -iī n.**: protection, garrison, 11
**prīmōrēs, -um m.**: first ranks, leaders, 16
**prīmus -a -um**: first, foremost; early, 56
**prīnceps, -cipis m.**: leader; foremost, leading, 9

**prior, prius**: before, earlier, 25
**priscus, -a, -um**: ancient; Tarquinius Priscus, 17
**prīvātus, -a, -um**: private, 8
**prō**: before; for, in proportion to, in place of, 20
**prōdigium, -ī n.**: prodigy, omen, 13
**proelium, -iī n.**: battle, 10
**proficīscor, -ī, profectum**: set out, 10
**prope**: near, close; *adv.* nearly, 17
**proximus, -a, -um**: nearest, next, 13
**pūblicus, -a, -um**: public, of the people, 34
**puer, -ī, m.**: boy, 12
**pugna, -ae f.**: fight, 19
**quaerō, -ere, -sīvī, -sītum**: seek, ask, 13
**quamquam**: although, 9
**quantus, -a, -um**: how great/much, as great as, 12
**que**: and, 420
**quī, quae, quod (quis quid)**: who, which, 574
**quia**: because, seeing that, 31
**quīcumque, quae-, quod-**: whosoever, which- 11
**quīdam, quaedam, quoddam**: certain, some, 15
**quidem**: indeed, in fact, certainly; for one's part, 25
**quīn**: why not?; that, but that, 8
**quippe**: certainly, of course, obviously, 8
**Quirītēs, -ium m.**: Quirites (Romans), 11
**quisquam, quicquam (quidquam)**: anyone, anything, someone, something, 17
**quoque**: also, 46
**rapiō, -ere, -uī, raptum**: snatch, kidnap, 14
**reddō, -ere, -didī, -ditum**: give back, render, 8
**redeō, -īre, -īvī**: go/come back, return, 21
**rēgia, -ae f.**: palace, royal house, 25
**regiō, -ōnis f.**: region, district, 9
**rēgius, -a, -um**: regal, of the king/queen, 10
**rēgnō (1)**: rule, reign, 33
**rēgnum, -ī n.**: kingdom, kingship, 59
**relinquō, -ere, -uī, -lictum**: leave behind, 19
**Remus, -ī m.**: Remus, 10
**reor, -ī, ratus**: think, reckon; ratify, confirm, 26
**repetō, -ere, -īvī, -ītum**: seek again or back, 15
**rēs, reī, f.**: matter, situation; restitution; state, 140
**rēx, rēgis m.**: king, 148
**Rōma, -ae f.**: Rome, 51
**Rōmānus, -a, -um**: Roman, 129
**Rōmulus, -ī m.**: Romulus, 43

**Sabīnus, -a, -um**: Sabine, 45
**sacer, -cra, -crum**: sacred; *sacra,* sacred rites, 21
**sacerdōs, -dōtis m/f**: priest, priestess, 8
**satis**: enough, sufficiently, 19
**scelus, sceleris n.**: wickedness, crime, 14
**sciō, -īre, -īvī. -ītus**: know, 16
**sē**: himself, herself, itself, themselves, 126
**secundus, -a, -um**: favorable; following (acc.), 10
**sed**: but, moreover, however, 56
**sēdes, sēdis f.**: seat; abode, home, 16
**semper**: always, forever, 9
**sequor, -ī, secūtum**: follow, pursue; attend, 21
**Servius, -ī m.**: Servius, 21
**servus, -ī, m.**: slave, 9
**seu (sīve)**: or if; whether...or, 14
**Sex.**: Sextus, 8
**sī**: if, whether, 55
**sīc**: thus, in this way, 11
**signum, -ī n.**: sign, signal; military-standard, 10
**simul**: at the same time (as), 14
**sine**: without (abl), 19
**singulī, -ae, -a**: one by one, individual, 13
**sinō, -ere, sīvī, situm**: let, permit; lay, 9
**sollemnis, -e**: regular; sacrifice, sollemn rite, 13
**sōlus, -a, -um**: only, alone, sole, 19
**species, -ēī f.**: sight, look, appearance, 11
**spectāculum, -ī n.**: spectacle; spectator's seat, 9
**spēs, -eī f.**: hope, expectation, 23
**spolium, -iī n.**: spoils, loot, booty, 8
**statuō, -ere, -uī, -ūtus**: establish, set up; decide, 8
**stirps, stirpis f.**: offspring; roots, lineage, 15
**sub**: under, beneath (abl), 15
**sum, esse, fuī, futūrum**: to be, 583
**summus, -a, -um**: highest, top of; *subst.* sum, 16
**suus, -a, -um**: his, her, its, their (own), 82
**tam**: so, so much, so very, 21
**tamen**: nevertheless, however, 36
**tantus, -a, -um**: so great/many/much; *adv.* only, 42
**Tarquinius, -ī m.**: Tarquinius, 66
**Tatius, -ī m.**: Tatius, 12
**templum, -ī n.**: temple, 21
**tempus, -poris n.**: time, 21
**teneō, -ēre, -uī, tentum**: hold, keep, 19
**terra, -ae f.**: land, earth, ground, 18

**terror, terrōris m.**: terror, fright, 8
**Tiberis, -is m.**: Tiber, 12
**tōtus, -a, -um**: whole, entire, 12
**trādō, -dere, -didī, -ditum**: hand over, say, 18
**trānseō, -īre, -iī, itus**: go across or over, cross, 8
**trēs, tria**: three, 12
**Troiānī, -ōrum m.**: Trojans, 11
**tū, tuī, tibi, tē, tē**: you, 33
**Tullus, -ī m.**: Tullus, 39
**tum**: then, at that time, 77
**tumultus, -ūs m.**: tumult, uproar, confusion, 9
**Turnus, -ī m.**: Turnus, 13
**tuus, -a, -um**: your, yours, 14
**ubi**: where, when, 41
**ultimus, -a, -um**: farthest, last, 12
**unde**: from where, whence, 13
**ūnus, -a, -um**: one, single, 34
**urbs, urbis, f.**: city, 87
**ut (utī)**: as, when (ind); that, so that, 190
**uterque utra- utrum-**: each (of two), both, 13
**utrimque**: on both sides, 10
**uxor, uxōris f.**: wife, 9
**ve**: or, either...or, 9
**Vēiēns, -entis m.**: Veientii (people), 12
**vel**: or, either...or, 8
**velut (velutī)**: just as, as if, as, 20
**veniō, -īre, vēnī, ventus**: come, 38
**verbum, -ī n.**: word, speech, 12
**vertō, -ere, -tī, versum**: turn, change, 16
**vērus, -a, -um**: true, real; *vērō,* actually, indeed, 11
**vetus, veteris**: old, experienced, ancient, 11
**victor, -ōris m.**: conquerer, vanquisher, 8
**victōria, -ae f.**: victory, 9
**videō, -ēre, vīdī, vīsum**: see; *videor,* seem, 61
**vincō, -ere, vīcī, victum**: conquer, beat, 13
**vir, virī m.**: man; husband, 42
**virtūs, -ūtis f.**: valor, manliness, virtue, 9
**vīs, vīs, f.**: force, power; *pl. vīrēs,* strength, 52
**vocō (1)**: call, name; invite, summon, 22
**volō, velle, voluī**: will, wish, be willing, 17
**vōs, vestrī, vōbīs, vōs, vōbis**: you (all), 15
**vōx, vōcis, f.**: voice, utterance, word, 19
**vulnus (volnus), -eris n.**: wound, blow, 9